음운변화와 국어사 자료 연구

음운변화와 국어사 자료 연구

음운변화와 국어사 자료 연구

김 주 필

역락

머리말

국어학을 전공하겠다고 대학원에 진학한 지 벌써 서른 해가 다 되어 간다. 그 사이 발표한 음운사 관련 논문이 한두 권의 책으로 묶일 정도가 되었다. 내세울 만한 성과를 거둔 것도 아니지만, 책으로 간행하기로 하였다.

음운사를 전공하겠다고 마음 먹은 데에는 선생님들의 영향이 컸던 것 같다. 훌륭한 선생님들이 밑에서 학문적 기반을 튼튼히 하면, 좀더 나은 성과를 낼 수 있지 않을까 내심 기대했기 때문이다. 문헌을 대상으로 하는 음운사 연구의 내용이 다른 분야보다 구체적이어서 그 성과도 분명하게 나오리라 생각하기도 했었던 것 같다. 그러나 무엇보다 중요한 이유는 '변화'의 문제에 매력을 느끼고 있었기 때문이 아니었나 생각된다.

"살아 있는 것은 모두 움직인다. 움직이는 것은 모두 변화한다. 그러므로 살아 있는 것은 모두 변화한다. 그렇다면 문헌 속에 고이 잠자고 있는 문자들의 변화는 언어의 문제인가 그 언어를 사용한 사람들의 문제인가? 국어사는 한국사의 일부인가 한국사의 일부가 아닌가". 대학원 과정에서 피상적으로 하던 고민은 대학으로 자리를 옮겨서도 수행 중인 과제와 함께 뒤섞여 연구를 어렵게 만들기 일쑤였다.

그리하여 문자 A가 B로 변화한다고 할 때, 그것이 문자의 변화인지 소리의 변화인지 파악하기 어려워졌고, 소리의 변화로 단정하고 나서도 그것이 음성의 변화인지 음소의 변화인지 고민하지 않을 수 없었다. 변화의 시기를 파악하려 하면 변화의 과정이 문제되었고, 과정을 파악하려하면 다시 시기가 문제되기도 하였다. 그리하여 또 다시 변화의 시작과 완성이 문제로 부각되었고, 그래서 변화의 과정을 파악하는 것이 중요하다고 주장하였다. 그러나 이러한 변화의 과정에서도 변화를 보이는 예들의 질이 중요한지 양이 중요한지 알 수가 없었고, 변화를 보이지 않는 예들도 변화와 관련이 있는 것인지 없는 것인지 아직도 분명히 말하기 어렵다.

이 책의 논문들은 대부분 이러한 고민을 학술적으로 풀어서 쓴 연구 결과이다. 박사 과정에서 최근에 이르기까지 쓴 음운사 관련 이들 논문은 총 29편으로서, 그 중 음운변화 관련 논의가 많은 17편을 『국어의 음운현상과 음운변화 연구』로, 문헌의 성격을 밝히는 내용이 많은 12편을 『음운변화와 국어사 자료 연구』로 나누었다. 그러나 이러한 기준은 엄격한 것이 아니어서 그 구분에 큰 의미를 둘 필요는 없다.

이 책의 논문들은 발표 시기도 다르고 게재지도 다양하다. 그래서 글의 형식이나 내용에 일관성을 갖추지 못한 부분이 적지 않다. 원 논문의 상태를 따르기로 하고 각주와 참고문헌, 도표, 예시, 참고문헌 등에 한해 통일을 기하고자 하였다. 문장은 최소한으로 교열하고 내용과 논조가 맞지 않는 부분에는 손을 대지 않았다. 그 중 일부 내용은 나중 글에서 고쳐지기도 하였으나 그러지 못한 부분에 대해서는 독자 여러분의 질정을 구한다.

이 책이 나오기까지 많은 분들의 도움을 받았다. 대학원 시절부터 오늘에 이르기까지 한결같이 스승의 참모습을 보여주시는 이병근 선생님께는 드릴 말씀이 없다. 부족하고 모자란 모습만 보여 드려 송구스럽고 죄송할 따름이다. 이기문 선생님과 안병희 선생님께도 깊이 감사드린다. 국어연구소 시절, 두 분 선생님께서는 학교에서 배운 지식을 정책이나 교육에 어떻게 반영해야 하는지 가르쳐 주셨다. 항상 멀리서 지켜봐 주시는 강신항 선생님께도 감사드린다.

언제나 따뜻하게 감싸 안아주신 서종학 선생님이 눈에 선하게 떠오른다. 열정으로 젊은 시절을 같이 보낸 영남대학교 국어교육과 선생님들께 감사드린다. 국민대학교로 오면서 송민 선생님과 조희웅 선생님 같은 분을 뵈리라고 생각지도 못하였다. 행운이란 말 외에 달리 할 말이 없다. 김흥수 선생님, 조흥욱 선생님, 정선태 선생님께도 감사드린다. 선생님들은 교육은 인간에 대한 예우에서 비롯된다는 평범한 진리를 새롭게 해 주셨다.

이런 모습으로 책이 나오게 된 데에는 박순란 선생의 힘이 크다. 교정에서 색인에 이르기까지 박 선생의 손이 미치지 않은 부분이 없다. 교정과 참고문헌 작성에는 김성기 선생, 이경진 선생, 윤희선 선생이 도와주었다. 그리고 상업성이 전혀 없는 이 책을 흔쾌히 출판하여 주신 도서출판 역락의 이대현 사장과 이렇게 멋진 책을 만들어준 이소희 선생을 비롯한 편집부 여러분께 감사드린다.

마지막으로, 돌아가신 아버지와 형님께 머리 숙여 감사드린다. 건강이 좋지 않으신 어머니께도 죄송한 마음 금할 길이 없다. 부모님을 모시며 헌신해준 형제들에게 고맙다는 말을 전한다. 모두 단란한 가정을 이끌어 가기를 바랄 뿐이다. 그리고 나의 사랑하는 가족, 기쁨이든 슬픔이든 언제나 같이 하고픈 아내와, 새 각오로 새 출발선에 선 지우에게 건강과 행운이 늘 함께 하기를 바라며……

2011년 12월
눈 덮인 북한산 자락에서
저자 삼가 씀

차 례

제 1 부

⟦1⟧ 18세기 역서류 문헌과 왕실 문헌의 음운변화*

ㄷ구개음화와 원순모음화를 중심으로

1. 논의의 방향

국어사 문헌의 언어 상태는 문헌의 간행에 관여한 사람들의 사회적 부류에 따라 달랐을 가능성이 크다. 이에 홍윤표(1994 : 74~76)에서는 왕실 문헌과 譯書類역서류 문헌 사이에 경어법의 사용 양상에 차이가 있다는 사실에 주목하여, 문헌을 사회직 부류도 나누어 국어의 변화를 검토할 필요가 있음을 강조한 바 있다. 그러나 아직까지 국어의 역사적 연구에 있어서 국어사 문헌을 사회적 부류로 나누어 국어의 음운변화를 검토한 적은 없었던 듯하다. 이에 본 연구에서는 역서류 문헌과 왕실 문헌을 대상으로 하여 음운변화의 과정을 검토해 보고자 한다.

이 글의 대상 문헌은 18세기 중기와 후기의 역서류 문헌과 왕실 문헌에 한정하기로 한다. 역서류 문헌은 사역원 간행의 중국어 대역서인 『朴

---

* 이 글은 같은 제목으로 『어문연구』 126(어문교육연구회, 2005 : 29~57)에 수록되었다.

通事新釋諺解박통사신석언해』(1764, 이하『박신』)와『重刊老乞大諺解중간노걸대언해』(1795, 이하『중노』)로 한정하고, 왕실 문헌은 한문으로 된 국왕의 글을 언해한 '御製類어제류'로서, 18세기 중기 영조의『어제』·『경세문답』(이하『어경』)과 18세기 후기 정조의『綸音윤음』에 한정하기로 한다.[1] 그리고 이 글의 대상 음운변화는 ㄷ구개음화(이하 구개음화)와 원순모음화에 한정하기로 한다. 이 두 현상은 근대국어의 대표적인 음운변화 현상으로서, 구개음화는 모음에 의한 자음의 자질이 교체되는 현상이고 원순모음화는 자음에 의한 모음의 자질이 교체되는 조건 변화 현상으로서, 계량화하기에 적절하면서도 동화주와 피동화음에서 대조적인 특성을 보이기 때문이다. 따라서 본 연구에서는 이들 음운현상의 확산 과정을 18세기 중기와 후기의 역서류 문헌과 왕실 문헌에서 검토하여, 이들 문헌에 나타나는 이들 음운현상의 확산 과정을 계량화하여 살펴보기로 한다.[2]

---

1) 『어경』(『어제』·『경세문답』) :『어제』는 한국학중앙연구원 장서각 소장의 유일본으로서, 반흘림체의 한글로 된 1책(53면)의 필사본이다. 「셕년을 튜모ᄒ여 틍ᄌ롤 뵈노라」, 「경세편 언희」, 「어졔 ᄌ성 면틱 눈음」, 「어졔 빅힝원」 등 네 편의 글이 실려 있다. 거의 같은 시기에 간행된『박통사신석언해』와 분량을 맞추기 위해, 동일한 성격의『경세문답』을 검토 대상 문헌에 포함하여 함께 활용한다.『경세문답』도 한국학중앙연구원 장서각 소장의 한글로 된 1책의 유일본이다. 1760년대에 필사된 것으로 추정되는『어제』와『경세문답』을 합한 총 어절 수는 14,257개로서『박통사신석언해』(총 어절 수 15,681개)와 크게 차이 나지 않는다.

『윤음』은 비상 시국에 민심을 수습하기 위하여 왕이 백성이나 관리들에게 내린 일종의 조칙이다. 이 글에서는 정조대의『윤음』(규장각 소장, 전북대 영인본) 가운데 "御製濟州大靜旌義等邑父老民人書(1781), 諭京畿大小民人等綸音(1782), 諭湖西大小民人等(1782), 諭中外大小臣庶綸音(1782), 諭京畿洪忠全羅慶尙原春咸鏡六道綸音(1783), 諭京畿民人綸音(1783), 諭湖南民人等綸音(1783), 諭慶尙都事兼督運御史金載人書(1783), 諭京畿洪忠道監司守令等綸音(1783), 諭慶尙道觀察使及賑邑守令綸音(1783), 御製諭咸鏡道南關北關大小士民綸音(1783), 御製諭原春道嶺東嶺西大小士民綸音(1783), 字恤典則(1783), 御製賜畿湖別賑資綸音(1784), 御製諭濟州民人綸音(1785), 御製王世子冊禮後各道臣軍布折半蕩減綸音(1785), 御製咸鏡道南北關大小民人等綸音(1788), 御製諭楊州抱川父老民人等書(1792), 諭濟州大靜旌義等邑父老民人書(1793), 諭諸道道臣綸音(1794), 諭湖南六邑民人等綸音(1794), 御製養老務農頒行小學五倫行實饗儀式鄕約條例綸音(1795)" 등을 대상으로 한다. 이『윤음』의 총 어절 수는 19,436개로『중간노걸대언해』의 11,684개보다 많다.

본 연구의 계량화 작업은 다음 순서로 진행하였다. (1) 대상 문헌의 자료를 한글97.exe로 입력한다. (2) 구개음화와 원순모음화의 환경에 있는 모든 어절을 추출하여 ①변화 유형, ②어휘 특성, ③동화주, ④음절 위치 등의 환경으로 나누어 해당 용례에 일정한 분류 번호를 부여한다. (3) 용례는 국립국어원에서 사전 편찬을 위해 개발한 문자열 단어 검색 프로그램인 hgrep97.exe를 이용하여 어절 단위로 추출한다. (4) (2)의 기준에 따라 분류 번호를 표제어 앞에 숫자로 기입한다. (5) 분류 번호, 표제어, 용례 등을 엑셀Excel 프로그램으로 전환하여 유형별로 용례를 정리한다. (6) 필요한 예들을 추출하여 계량화한다.

2. ㄷ구개음화

『박신』의 구개음화 예들을 보기로 한다. 다음 <표 1>에서 '구개음화'는 'ㄷ, ㅌ'이 i나 y 앞에서 각각 'ㅈ, ㅊ'으로 구개음화된 예들을, '과도교정'은 i나 y 앞에서 'ㅈ, ㅊ'이 'ㄷ, ㅌ'으로 바뀐 예들을 말한다. '그대로'는 i나 y 앞에서 원래의 'ㄷ, ㅌ, ㅈ, ㅊ'이 변화 없이 '그대로' 나타난 예들을 말한다.

---

2) 지면의 한계로 이 글에서는 구개음화와 원순모음화의 확산 과정에 대해서는 논의를 하지 못하였다. 국어 음운변화의 구체적인 과정에 대한 논의는 여기에서 검토한 구개음화와 원순모음화의 조사 결과에 대한 다각적인 분석을 통하여 이루어져야 할 것이다. 이 조사 연구의 결과를 바탕으로 앞으로 연구가 진행되어야 할 방향에 대해서는 4장을 참조하기 바람.

<표 1> 『박통사신석언해』

| | 변화 유형 | 전 체 | 고 유 어 | | 한자어 |
			어 휘 (어두 / 비어두)	문 법 (경계 / 문법)	
구개음화	ㄷ>ㅈ	447	153(54/99)	265(5/260)	29
	ㅌ>ㅊ	176	74(42/32)	99(25/74)	3
그 대 로	ㄷ	548	485(453/32)	21(0/21)	42
	ㅌ	35	23(18/5)	10(6/4)	2
	ㅈ	785	545(285/260)	140(0/140)	100
	ㅊ	99	39(8/31)	15(15/0)	45

1) ㄷ>ㅈ : ▼어휘 : $1 찟고, 찟는(2), 지겨, 지기니, 지나, 지나가니, 지나
(6), 지내-(3), 지르고, 지며, 지새에, 지우지, 지위(9), 지크여, 질리엿는이
라, 질채(2), 집고, 집팡이, 집흔, 징징이질, 쟈른, 져(3), 져긔(4), 져른, 져
를, 져룰, 져의게, 져적의, 져즘끠, 졉시와, 졔, $2 거짐애, 건질, 고지식이,
고지식흔(4), 다질려, 디질러, 문지르는, 빠질, 엇지(63), 징징이질, 퍼지지,
퍼질, $3 구러지믈, 구러짐을, 믄허지-(3), 스러지리라, 깨야진(3), 쩌러지
고, 하야지니, 훗터지-(6), $4 것구러져, 것구러지-(3). ▼문법 : 1) 경계 :
$2 고지, 맛져, $3 빵다지와, 이바지롤, 이바지흐면, 외다지와, 2) 문법 :
됴한지, 가도완지,3) 이션지, 흔지, 훌진대, 쓸지라, ᄀ튼지라, 업는지라,
부르는지라, 셰웟는지, 어려온지라, 언메런지, 行樂훌지라, 浩蕩흔지라, 지
차린지,4) '어간+-지(부정)'(245). ▼한자음 : 지쳐홀, 진덕지, 진덕흐냐,
지연흐여, 지함을, 질, 쟝(7), 쟝활(2), 전당흐리, 전흐여, 졍흐-(2), 즁믜, 즁
에(2), 즁품에, 샹직흐여, 하직흐고, 디젹흐리오, 일졍(3).

2) ㅌ>ㅊ : ▼어휘 : 치-(24), 치이-(6), 칠(6), 쳐(5), 쳐다가, 고치-(9), 긁치니,
쩔치고, 믜치고, 고쳐(2), 긁쳐(2), 제쳐, 구르치지, 느리치니, 드릐치느니,
드리치-(6), 마조치니, 쩌르치-(3), 더위쳐, 쩌르쳐. ▼문법 : 1) 경계 : $2

---

3) '가도완지, 훌지라, 浩蕩흔지라' 등에서 '지'는 의존명사로 간주할 수도 있지만, 어미의 일
   부로 간주해야 할 경우도 있다. 그러나 항상 의존적인 형태로 사용된다는 점에서 편의상
   문법형태소로 다루기로 한다.
4) '지차리(그리마)+이-+-ㄴ지'.

ㄱ치, 돗치고져, 돗친, 무친, 뭇치엿고, 무쳐, 바쳣눈, 가치엿ᄂᆞ뇨, 거치고, 부치고(4), 부쳐, 부쳐오믈, 부쳐와, 부쳣ᄂᆞ냐,[5) $3 너ᄀᆞ치, 씌ᄀᆞ치, 등ᄀᆞ치, 이ᄀᆞ치, 먹댱ᄀᆞ치, $4 璧月ᄀᆞ치, 血點ᄀᆞ치, 親兄弟ᄀᆞ치, ▼문법 : 콩만치, 燈盞만치, 五寸만치, 부정의 '-티>-치'(71). ▼한자음 : 침향, 체ᄒᆞ리오, 대쳥이.

  3) ㅈ>ㄷ : ▼어휘 : $1 디디여(2), 디딘(2), 디질러, 댱만ᄒᆞ여, 뎐갈이로다, 뎐메오-~뎐메우-(11), 뎌기[少], 됴희[紙], 듕(6), $2 슬디-(2), 홍뎡이라, $3 가락디와. ▼문법 : 없음. ▼한자음 : 됴리와.

  4) ㅊ>ㅌ : 없음.

『박신』에서는 구개음화 환경에 있는 1,206회 중 623회가 구개음화되어 51.65%의 확산 비율을 보여준다. 구개음화된 예들이 고유어에서는 1,130회 중 591회가 나타나 52.30%, 한자어에서는 76회 중 32회가 나타나 42.11%였다. 그러므로 전체적으로 보면 고유어에서 한자어보다 구개음화의 비율이 높았지만, 한자어와 고유어 어휘형태소를 비교하면 그렇지 않았다. 고유어 어휘형태소에서는 총 735회 가운데 227회가 구개음화되어(30.88%) 한자어의 42.11%보다 낮게 나타났기 때문이다. 그리고 'ㄷ>ㅈ' 구개음화는 995회 중 447회가 일어나 44.93%, 'ㅌ>ㅊ' 구개음화는 211회 중 176회가 일어나 83.41%가 구개음화되어 'ㄷ'의 구개음화보다 'ㅌ'의 구개음화가 활발하게 일어났다.

고유어의 문법형태소는 359회 중에서 334회가 구개음화되어 93.04%로 나타났으며, 형태소 경계에서는 36회 중에서 30회가 구개음화되어 83.33%로 나타나, 문법형태소와 형태소 경계에서는 구개음화된 형태가 이미 일반

---

5) '부쳐, 부쳐오믈, 부쳐와, 부쳣ᄂᆞ냐' 등의 기저형을 '부치-'로 이미 굳어진 것으로 볼 것이냐, '붙-+-이-'로 분석하여 볼 것이냐는 간단한 문제가 아니다. 여기에서는 일단 어원적인 분석을 하여 형태소 경계에서 구개음화가 일어난 것으로 간주하기로 한다.

화되었다고 할 정도로 널리 확산되었음을 보여준다. 특히 문법형태소의 구개음화가 90%를 넘어설 정도로 널리 확산되어 나타났다. 이와 같이 구개음화의 비율이 높은 이유는 부정의 어미 '-디'가 '-지'(234회)로 일반화되었을 뿐 아니라, '-디라', '-ㄴ디' 등의 어미들이 '-지라', '-ㄴ지' 등과 같이 'ㄷ'이 대부분 'ㅈ'으로 구개음화되어 나타났기 때문이다.

어휘형태소에서는 735회 중 227회가 구개음화되어 30.88%로 나타났다. 그 중 어두음절에서는 567회 중 96회가 구개음화되어 16.93%, 비어두음절에서는 168회 중 131회가 구개음화되어 77.97%로 나타나 비어두음절에서의 구개음화된 비율이 어두음절에서보다 상당히 높게 나타났다. 어휘형태소에서는 문법형태소나 형태소 경계에서와 달리 'ㄷ'보다 'ㅌ'의 구개음화가 보다 활성화된 상태로 나타났다. 'ㄷ>ㅈ' 구개음화는 비어두음절에서 131회 중 99회로서 75.57% 정도, 어두음절에서 507회 중 54회로서 10.65% 정도 구개음화된 것으로 나타났다. 고유어 어휘형태소에서는 총 638회 중 153회가 구개음화가 일어나 23.98%의 비율을 보여주는 데 비해, 'ㅌ>ㅊ' 구개음화는 비어두음절에서는 37회 중 32회가 일어나 86.49%의 비율로 나타났다. 또 어두음절에서는 60회 중 42회가 일어나 70%가 구개음화되어 나타났으며, 고유어 어휘형태소의 97회 중 74회가 일어나 76.29%가 구개음화되어 나타났다.

과도교정은 고유어와 한자어 모두 'ㅈ'을 'ㄷ'으로 교정한 예만 나타났다. 고유어에서는 30회가 나타났으며, 한자어에서는 1회(죠린>됴린) 나타났다. 고유어의 과도교정은 어휘형태소에 국한하여 30회가 나타났으며, 그 가운데 어두음절에서는 '디디-'가 4회, '던메오-~던메우-'가 11회, '듕'이 6회, '슬디-'가 2회 등 총 26회가, 비어두음절에서는 '슬디-(2회), 홍덩이라, 가락디' 등 총 4회가 나타났다. 'ㅊ>ㅌ'의 과도교정은 한

예도 나타나지 않았고 'ㅈ>ㄷ'의 과도교정 예만 나타났다. 과도교정은
한자어보다 고유어에서 보다 활발하게 일어났고, 'ㅈ>ㄷ'에 국한하여 일
어난 것으로 나타났다.

<표 2> 『어제』와 『경세문답』

| | 변화 유형 | 전 체 | 고 유 어 | | 한자어 |
			어 휘 (어두 / 비어두)	문 법 (경계 / 문법)	
구개음화	ㄷ>ㅈ	64	6(3/3)	1(0/1)	57
	ㅌ>ㅊ	63	13(2/11)	19(18/1)	31
과도교정	ㅈ>ㄷ	40	11(4/7)	1(1/0)	28
	ㅊ>ㅌ	7	5(0/5)	1(1/0)	1
그 대 로	ㄷ	1066	387(73/314)	458(6/452)	221
	ㅌ	273	5(2/3)	146(20/126)	122
	ㅈ	736	188(97/91)	47(0/47)	501
	ㅊ	211	35(7/29)	2(2/0)	174

1) ㄷ>ㅈ : ▼어휘 : $1 져(3), $2 더져시니, 빠져, 써러지고. ▼문법 : $3 ᄒᆞ과
져. ▼한자음 : 전에, 젼젼훈, 졔롤, 쥬지, 명졔훈, 슈졔ᄒᆞᄂᆞ니, 슝졍, 스져
의, ᄂᆞᆷ일졔롤, 금일졔의, 졍신은, 구질에, 지우현블쵸의, 지지훈, 지취, 진
압ᄒᆞ면, 져ᄒᆞ니, 젹심을, 젼에, 젼젼츄와, 졍문샹의, 졍신들이, 졍졍ᄒᆞ나,
졍ᄌᆞ의, 졍지(4) 졍호에, 졔ᄒᆞ고, 즁쥐롤, 즁화롤, 지지훈, 칠질을, 과쟝ᄒᆞ
고, 과쟝ᄒᆞ나, 방쟝과, ᄌᆞ쟝과, 계졔, 대져(2) 던졍의, 동졍의셔, 면젼(緬甸)
의, 왕졍이, 익졔롤, 젼젼훈, 졍졍ᄒᆞ나, 좀져로, 츠졔, 관즁과, 관즁이, 누
쥬통의例, 탁쥬는, 허힝진샹이, 뉴아쟝을, 금과옥죄.

2) ㅌ>ㅊ : ▼어휘 : $1 치는(2), $2 곳칠, 기친, 깃치며, 들치디, 찌치-(4), 고
쳐, 들쳐, 벗쳐시니. ▼문법 : 1) 경계 : $2 볏치, 붓치(屬)롤, 다쳐시면, 브
치디(2), 붓치는, 붓치리라, 붓쳐, $3 즛붓친, 이굿치, $4 ᄒᆞᆫ굴ᄀᆞ치, ᄒᆞᆫ굴굿
치(6), $5 경계함굿치, 2) 문법 : $2 키쳐로. ▼한자음 : 침톄ᄒᆞ니롤, 침톄
(4), 도쳑의, 파쳘훈, 낙쵹이, 셔쵹에, 쳥쵹ᄒᆞ미, 챡의훈, 쳑강(9), 쳑넘ᄒᆞ미,

척연ᄒᆞ미, 척연홀, 쳠보ᄒᆞ야, 츄회ᄒᆞ미, 고치롤, 의챡ᄒᆞ미, 화챵ᄒᆞ더면, 경
척ᄒᆞ노라, 젼쳘이, 후쳘이.

3) ㅈ>ㄷ : ▼어휘 : $1 디고져, 디ᄂᆞᆫ, 디ᄆᆞᆫ, 디혀며(의지하며), $2 ᄆᆞᆫ디며(2),
$3 거슯디면, 거슯디므로, 못ᄀᆞ디, $4 브르지디미, 어릭ᄆᆞᆫ디시니. ▼문
법 : 경계 : $2 나디나. ▼한자음 : 듕(衆, 2), 듕인(衆人, 4), 디(志)의, 디귄
에, 디긔(志氣, 2), 디쳑문외(咫尺門外), 댱(章)에, 댱주(章奏, 5), 뎡셥(靜攝),
뎡(正)ᄒᆞᄂᆞᆫ, 됴서(詔書, 3), 뎨왈(制曰), 뎨ᄌᆞ(諸子), 안뎡(安靜)ᄒᆞ고, 질뎡(質
正)티, 하뎐(廈氈)에, 금슈댱(錦繡障)을.

4) ㅊ>ㅌ : ▼어휘 : $2 굿티-(3), 슷티건대, 그릇티며. ▼문법 : 경계 : $2 것
티. ▼한자음 : $1 텸망코져.

『어경』에서는 1,466회 중 127회(8.66%)가 구개음화되어 나타났다. 고
유어에서는 1,035회 중에서 구개음화된 예가 39회(3.76%)로, 한자어에서
는 431회 중 88회(20.41%)가 구개음화되어 나타나서 한자어보다 고유어
에서 구개음화의 확산 비율이 상당히 낮았음을 보여준다.6) 『어경』의 이
러한 구개음화 비율은 거의 같은 시기의 역서류 문헌인 『박신』의 전체
51.65%, 고유어 52.30%, 한자어 42.11%보다 현저하게 낮게 나타났다.
『어경』에서도 『박신』에서처럼 'ㄷ'의 구개음화보다 'ㅌ'의 구개음화가
높은 비율로 나타났다. 구개음화 환경에 있는 'ㄷ'의 1,130회 중 64회
(5.66%)로서, 'ㅌ'의 336회 중 63회(18.75%)가 구개음화되었기 때문이다.
　고유어의 문법형태소에서는 580회 중에서 2회(0.35%)가 구개음화된
상태로 나타났으며, 형태소 경계에서는 44회 중에서 18회(40.91%)가 구
개음화되어 나타났다. 그러므로 문법형태소에서는 구개음화가 거의 나타

---

6) 그러나 한자어와 고유어 어휘형태소를 비교하면, 한자어는 20.41%로서 411회 가운데 19회
가 구개음화되어 4.62%의 비율을 보여주는 고유어 어휘형태소보다 구개음화가 많이 일어
났음을 보여준다.

나지 않았으나 형태소 경계에서는 상당히 확산되어 나타났다. 문법형태소에서는 580회 가운데 '흐과져, 키쳐로' 두 예만 구개음화되어 나타나고, 나머지는 구개음화되지 않은 상태로 나타났다. 문법형태소의 이러한 구개음화 비율은 『박신』의 93.04%와 비교하면 두 문헌 사이에 현격한 차이가 드러난다. 부정의 '아니–' 앞에 오는 어미 '–디'가 『어경』에서는 한 예도 구개음화되어 나타나지 않았지만, 『박신』에서는 대부분 '–지'로 나타났기 때문이다.7) 『어경』에서는 '볏치, 붓치(속)롤, 다쳐시면, 브치–~붓치–, 즛붓친, Xᄀᆾ치~Xᄀᆽ치' 등과 같이 형태소 경계에서 구개음화된 예들도 적지 않게 나타났다.

어휘형태소에서는 411회 중에서 19회(4.62%)가 구개음화되어 나타났다. 그 가운데 어두음절에서는 80회 중 '져'(3회)와 '치는'(2회) 두 어휘에서 총 5회(6.25%) 나타났으며, 비어두음절에서는 331회 중 '더져시니, 싸져, 쩌러지고, 곳칠, 기친, 깃치며, 들치디, 씨치–(4회), 고쳐, 들쳐, 벗쳐시니' 등에서 14회 나타나 4.23%의 확산 비율을 보여준다. 이러한 어휘형태소에서의 구개음화 비율은 『박신』에서 어휘형태소에서의 30.88%(어두음절 16.93%, 비어두음절 *11.91%*)와 비교하면 현격하게 차이가 난다.

그러나 『어경』에서 과도교정은 고유어에서 18회, 한자어에서 29회로서 총 47회 나타나 구개음화에 비하여 과도교정이 상대적으로 많이 나타났다. 고유어나 한자어의 과도교정 예들은 대부분 'ㅈ'을 'ㄷ'으로 교정

---

7) 문헌을 간행할 때에는 문헌의 언어적 기준을 어떻게 정하느냐의 문제가 제기될 수 있다. 특히 변화하고 있는 여러 형태들이 공존할 때, 표기의 대상이 되는 언어 형태의 선정은 중요한 문제가 될 수 있다. 그동안 국어사 연구에서 훈민정음을 창제한 후에 편찬된 15세기 중기의 일부 문헌에 대해서는 이러한 태도를 중요시하기도 하였으나, 그 외에는 이러한 기준의 문제에 크게 관심을 두지 않았던 듯하다. 『어경』의 경우, 구개음화 확산 상태로 보아, 이 시기의 왕실 문헌인 『어경』에서도 부정의 어미 '–디'에 구개음화가 일어나고 있지 않았다고 할 수는 없을 것으로 보인다. 이들 문헌에 반영된 언어적 기준에 대해서도 앞으로 논의되어야 할 것으로 생각된다.

한 것으로서, 한자어 28회, 고유어의 어휘형태소 11회, 형태소 경계 1회 등 총 44회 중 40회가 'ㅈ'의 과도교정이었다. 고유어에서의 과도교정은 어휘형태소에서 주로 나타났는데, 어두음절에서 4회, 비어두음절에서 12회가 나타났다. 그러므로 과도교정은 고유어보다 한자어에서 활발하게 나타났으며, 'ㅊ>ㅌ'보다 'ㅈ>ㄷ'의 변화가 많이 나타났다.

이와 같이 구개음화의 확산 비율이 낮은 『어경』의 상태는 왕실 문헌에 관여한 당시 사람의 언어에서 구개음화가 거의 확산되지 않은 상태에 있었거나, 문헌에 나타난 상태보다 확산되었음에도 『어경』의 편찬 기준이 구개음화되지 않은 형태를 기준으로 삼았기 때문이라 할 수 있다. 설사 『어경』의 편찬자들이 보다 보수적인 형태를 표기의 대상으로 삼았다 할지라도 그러한 판단은 구개음화가 그리 확산되지 않은 상태였기 때문에 가능한 것이 아니었나 생각된다. 이러한 관점에서 『어경』의 구개음화 상태를 역서류 문헌 상태와 비교할 때 왕실 문헌의 특성이 분명하게 드러나는 것으로 보인다.

<표 3> 『중간노걸대언해』

| | 변화 유형 | 전 체 | 고 유 어 | | 한자어 |
			어 휘 (어두 / 비어두)	문 법 (경계 / 문법)	
구개음화	ㄷ>ㅈ	704	453(357/96)	216(0/216)	35
	ㅌ>ㅊ	82	26(5/21)	52(3/49)	4
과도교정	ㅈ>ㄷ	4	4	0	0
	ㅊ>ㅌ	0	0	0	0
그 대 로	ㄷ	21	6(5/1)	0	15
	ㅌ	4	0	0	4
	ㅈ	652	455(232/223)	126(0/126)	71
	ㅊ	93	66(27/39)	0(0/0)	27

1) ㄷ 그대로 : 어휘 : 뎌(2), 됴흔(2), 됴히, 엇디. ▼한자음 : 딩즈, 뎐피(狄皮), 뎜(店, 4), 뎡ᄒ고(定-), 뎡훈(4), 쳐뎨(妻弟), 듕(中, 2), 金딩즈.

2) ㅌ 그대로 : ▼한자음 : 텰쳥총이(鐵靑驄-), 시톄에(時體), 툐ᄋ(條兒), 툐환(條環).

3) ㅈ>ㄷ : ▼어휘 : $1 디달(3), $2 슬디고.

4) ㅊ>ㅌ : 없음.

『중노』에서는 811회 중 786회가 구개음화되어 96.92%라는 매우 높은 구개음화 확산 비율을 보여준다. 고유어에서는 753회 중 747회가 구개음화되어 99.20%, 한자어에서는 58회 중 39회가 구개음화되어 67.24%로 나타났다. 98.76%의 구개음화 비율을 보여주는 고유어 어휘형태소와 한자어를 비교하면, 고유어 어휘형태소의 구개음화 비율이 한자어보다 높은 것으로 나타났다. 전체적으로 보아, 『중노』에서는 구개음화되지 않은 일부 예(고유어 39회, 한자어 19회)를 제외하면 대부분이 구개음화되었음을 보여준다. 이러한 비율은 『박신』보다도 상당히 높아 구개음화가 일반화되었음을 말해주는 것으로 보인다.

고유어 문법형태소는 265회 모두 구개음화되어 나타나고, 형태소 경계에시는 3회 모두 구개음화되어 나타나, 문법형태소에서는 구개음화가 이미 100% 확산되었음을 보여준다. 어휘형태소에서는 485회 중에서 479회가 구개음화되어 98.76%로 나타났는데, 그 중 어두음절에서는 367회 중 362회(98.64%)가 구개음화되고, 비어두음절에서는 118회 중 117회(99.15%)가 구개음화되어 어휘형태소에서도 100%에 가까울 정도로 구개음화가 일반화되어 나타났다. 구개음화되지 않은 예들은 어휘형태소의 어두음절과 한자어에 한정되어 있었다.

『중노』는 구개음화가 100%에 육박할 정도로 널리 확산된 상태에 있었음에도 불구하고 과도교정의 형태가 4회 나타났다. 그 예들은 이전 시기에도 과도교정의 형태로 나타나던 '디달'(3회)과 '슬디고'(1회)로서 고유어의 두 어휘에서 4회 나타난 것이다. 이 두 어휘는 이전 시기의 문헌에도 자주 보이던 과도교정의 형태들로서 반복하여 나타난 점에서 과도교정의 형태들이 발화에서 실제로 사용된 형태였을 것으로 생각된다.

<표 4> 『윤음』

	변화 유형	전 체	고 유 어		한자어
			어 휘 (어두 / 비어두)	문 법 (경계 / 문법)	
구개음화	ㄷ>ㅈ	997	254(57/197)	416(8/408)	327
	ㅌ>ㅊ	317	85(5/80)	144(45/99)	88
과도교정	ㅈ>ㄷ	23	5(4/1)	0	18
	ㅊ>ㅌ	1	0	0	1
그 대 로	ㄷ	134	8(6/2)	9(0/9)	117
	ㅌ	30	1(0/1)	1(1/0)	28
	ㅈ	1509	384(169/215)	90(0/90)	1035
	ㅊ	296	43(18/25)	10(9/1)	243

1) ㅈ>ㄷ : ▼어휘 : $1 댱만ᄒ여, 됴금도, 됴희(2), $2 몬뎌. ▼한자어 : 딘비ᄒ미(進排), 뎡ᄉ(政事, 2), 뎨도를(制度), 뎨민챵(濟民-, 2), 뎨향의(祭享), 듀역(周易, 2), 대뎡(大靜, 2), 법뎨(法制, 2), 어뎨(4), 하뎐이(廈氊-).

2) ㅊ>ㅌ : ▼한자음 : 호툐(胡椒).

3) ㄷ 그대로 : ▼어휘 : $1 디난, 댱마, 됴치, 됴코, 됴타, 됴흘, $2 건디미니, 엇디. ▼문법 : $2 밋디, $3 ᄀᆺ흔디라, 니를디라, 져근디라, $4 니ᄅᆫ는디라, 빅셩인디라, $5 싱각ᄒᆫ는디라. ▼한자음 : 댱흥(長興), 댱흥은, 뎐거ᄒ여(奠居), 뎐과(展), 뎐교(傳敎), 뎐교ᄒ야, 뎐년호(顚連), 뎐에(傳), 뎐졉홀(奠接), 뎐하(殿下)의, 뎐미(殿屎)ᄒ야, 뎐비홀시(展拜), 뎡녈을(貞烈), 뎡대용으로뼈, 뎡렬(鄭烈), 뎡봉ᄒ는(停捧), 뎡지검(鄭志儉), 뎡퇴(停退)홀, 뎡호ᄒ기를, 뎡ᄒ미(定), 뎡ᄒ시고, 뎡혼, 됴가의(4), 됴가의셔, 됴관과(朝官), 됴셕을(朝夕), 됴야를(朝野), 됴졍(朝廷, 3), 됴졍과, 됴졍에(2), 됴졍은(2), 됴졍을, 됴졍의

(2), 됴휼(賙恤)ᄒ며, 듕, 듕궁의, 듕야에, 듕에도, 듕외(中外), 듕하의, 듕히,
듕ᄒ고, 듕ᄒ야, 듕ᄒ옴을, 듕혼, 디경에(地境, 2), 갑듀, 경듕을, 고됴긔,
국됴에(國朝), 궁듕, 긔던(3), 긔던과, 긔던엣(3), 긔던이, 냥뎐(兩殿), 뉵디(陸
地), 대뎐(大殿), 각뎐(展), 뎡지검, 산댱의(山場), 샤뎐을(赦典), 샹뎐(上典),
션됴, 션됴에, 시뎐의(市廛), 억됴의(億兆), 요뎐의(-旬), 월됴에, 이뎐홈은
(移轉), 이뎐ᄒ기의, 이뎐ᄒ는(2), 이뎐혼, 인뎐(仍傳), 젼뎐ᄒ여(轉轉), 죵듕
ᄒ야(從重), 텬디로, 텬디에, 텬디의(2), 텬디를, 협듕으로부터, 형뎨(兄弟,
3), 형뎨란, 형뎨의, 니뎐을(內殿), 셩됴라, ᄌ댱ᄒ여(自當?), ᄌ뎐과(慈殿, 4),
ᄌ뎨들이, ᄌ뎨를, 추뎨(次第), ᄌ휼뎐측(字恤典則), 즁궁뎐의, 쇽대뎐(續大
典), 녈셩됴로붓터, 졍퇴됴를, 조종됴.

4) ㅌ 그대로 : ▼어휘 : $2 바티고. ▼문법 : 경계 : $2 흐텨져. ▼한자음 : 텬
구샹ᄉ를, 튜셩, 경텽으로부터, 박텬형을, 목튝이, 산튜시를, 신튝(辛丑),
총융텽보, 텬근이, 텬디(5), 텬명을, 텬셔(2), 텬질(2), 텬하를, 텬해, 톄결ᄒ
야(締結), 샹텬이, 일톄로(3), 평텬하, 홍튱(-忠).

『윤음』에서는 1,478회의 환경에서 1,314회(88.90%)가 구개음화되어
나타났다. 이러한 구개음화 비율은『즁노』에는 미치지 못하지만『어경』
보다는 많이 확산되어 나타난 것이다. 고유어에서는 918회 중 899회가
구개음화되어 98.03%로, 한자어에서는 560회 중 415회가 구개음화되어
74.11%로 나타났다. 이러한 구개음화의 비율은『어경』에 비하면 상당히
많이 확산된 상태이다. 이러한『윤음』의 상태는 18세기 중기의 역서류
문헌인『박신』의 전체 비율 51.65%나 고유어의 52.30%, 한자어의 42.11%
보다는 상당히 높은 확산 비율이다. 그러나『즁노』와 비교하면, 전체 비
율이 96.92%로 고유어의 99.20%에는 다소 못 미치지만, 한자어에 있어
서『윤음』의 74.11%는『즁노』의 67.24%보다 다소 높은 확산 비율을 보
여준다.

고유어에서 문법형태소는 516회 중에서 507회가 구개음화되어 98.26%

로 나타났으며, 형태소 경계에서는 54회 중에서 53회가 구개음화되어 98.15%로 나타나 문법형태소와 형태소 경계에서는 구개음화된 형태가 일반화될 정도로 널리 확산되었음을 보여준다. 문법형태소에서는 '밋디, ᄀᆞ호디라, 니를디라, 져근디라, 니르ᄂᆞᆫ디라, 빅성인디라, 싱각ᄒᆞᄂᆞᆫ디라'의 예에서 알 수 있듯이, 부정의 어미 '-디' 한 예와 '-디라' 6예로서 2개의 형태소에서 구개음화되지 않은 상태를 보여준다.8) 이러한 특성을 고려하면 『윤음』은 문법형태소와 형태소 경계에서는 100%에 육박할 정도로 구개음화가 일반화되었음을 보여준다고 할 수 있다.

어휘형태소에서는 348회 중에서 339회가 구개음화되어 97.41%로 나타났다. 어두음절에서는 68회 중 62회가 구개음화되어 92.18%로 나타났으며, 비어두음절에서는 280회 중 277회가 구개음화되어 98.93%로 나타나 비어두음절에서뿐만 아니라 어두음절에서도 구개음화가 90% 이상 확산되어 있었음을 보여주었다. 비어두음절에서 구개음화되지 않은 예는 '건디미니, 엇디, 바티고' 등이며, 어두음절에서는 '디난, 댱마, 됴치, 됴코, 됴타, 됴흘' 등 6예이지만, 어휘로 보면 세 예에 불과하였다.

『윤음』에도 과도교정의 예들이 나타났다. 전체적으로 23회의 과도교정의 예들이 나타났는데 고유어에서 5회, 한자어에서 19회 나타났다. 고유어에서는 '댱만ᄒᆞ여, 됴금도, 됴희(2, 종이), 몬뎌' 등으로서, '몬뎌'를 제외하면 모두 어두음절에서 나타났다. 한자어에서는 '딘비ᄒᆞ미(進排), 뎡ᄉᆞ(政事, 2), 톄도를(制度), 톄민창(濟民-, 2), 톄향의(祭享), 듀역(周易, 2), 대뎡(大靜, 2), 법톄(法制, 2), 어톄(4), 하뎐이(廈氈-), 호툐(胡椒)' 등이었다. 그러므로 어휘형태소에 한정되는 과도교정은 고유어보다 한자어에

---

8) 형태소 경계에서 구개음화된 예로 '흐텨져' 한 예가 있으나 이 예는 '흐터져'의 오각으로 여겨진다.

서 나타나며, 고유어의 경우에는 비어두음절보다는 어두음절에서 나타나
는 특징을 보여주었다.

3. 원순모음화

먼저 『박신』에 나타난 원순모음화 현상을 살펴보기로 한다.

<표 5> 『박통사신석언해』

	변화 유형	전 체	고 유 어		한자어
			어 휘 (어두 / 비어두)	문 법 (경계 / 문법)	
원순모음화	─>ㅜ	187	167(149/18)	17(5/12)	3
	·>ㅗ	5	5(0/5)	0(0/0)	0
비원순모음화	ㅜ>─	19	19(12/7)	0	0
	ㅗ>·	0	0	0	0
그 대 로	─>─	275	208(100/108)	67(65/2)	0
	·>·	342	331(319/12)	0	11
	ㅜ	116	84(69/15)	2(1/1)	30
	ㅗ	557	503(457/46)	9(9/0)	45

1) ─>ㅜ : ▼어휘 : $1 무니(믈-), 무던ᄒ-(18), 무르0(6), 무르녹게, 무릇, 무
섯(9), 무슴(5), 무엇(2), 문득, 문지르는, 물(27), 물고기(2), 물러도, 물리-
(3), 부리-(5), 부로되, 부르-(3), 부리되, 부리우-(2), 부륵-(10), 부룹쓰고,
부어(3), 부즈러니(2), 부치-(8), 부티-(5), 불(9), 불근(2), 불러(8), 불러오-
(7), 푸른, 풀미, 풀을다가(<플), 풀이(<플), $2 가풀, 니부자리롤다가(<니
블), 니불(2), 더부러(5), 머무디(<머믈다), 머무러, 머무지, 버무려(<버므
리다), 비ㅅ물을다가(<믈), 비부르다(<비브르다), 숫불을(<숫블), 제물에,

$3 등잔불(<블). ▼문법 : (1) 경계 : $2 올무리라, 너분(넙-), 깃분(<깃브-),[9] 밧부니(<밧브-), 밧분(2), 문법 : $2 네부터(2), $3 그제부터, 네로부터(3), 언제부터, 後로부터(2), 후로부터, $4 이제로부터, 西墻으로부터. ▼한자음 : 북편, 불과(不過), 지물이.

2) ·>ㅗ : ▼어휘 : $2 다못(5).

3) ㅜ>ㅡ : ▼어휘 : $1 블면(<불면), 븨기롤(<뷔기롤), 븨여시니(뷔여시니), 븬(<뷘, 2), 픈(<푼), 픈도(<푼), 플무, 픠오-(4), $2 그므니(그물-), 그므ᄂ나(2), 나븨와, 닛븨, 아므, 짓븨로다가.

4) ㅗ>· : 없음.

『박신』에서는 순자음 다음에 '·'나 'ㅡ'가 결합된 원순모음화 환경의 총 819회 중 192회가 원순모음화되어 원순모음화의 비율이 23.73%로 나타났다. 고유어에서는 총 795회 중 189회가 원순모음화되어 23.77%로 나타났으며, 한자어에서는 총 14회 중 3회가 원순모음화되어 21.42%로 나타났다. 『박신』에는 'ㅡ>ㅜ' 변화가 187회 나타나고 '·>ㅗ' 변화가 5회 나타났다. 고유어의 문법형태소는 총 14회 중 12회가 원순모음화되어 원순모음화가 85.71%로 나타났으며, 형태소 경계에서는 총 70회 중 5회가 원순모음화되어 7.14%로 나타났다. 문법형태소는 12회 모두 '-브터'가 '-부터'로 된 예들로서 한 형태소에만 원순모음화된 형태로 반복하여 나타난 것이었다. 형태소 경계에서 일어난 예들은 '너분(넙-), 깃분(<깃브-), 밧부니(<밧브-), 밧분(2)'으로서, 'ㅂ'으로 끝나는 어간 다음에 오는 어미의 'ㅡ'가 'ㅜ'로 바뀐 예들이었으며 'ㅁ' 다음에는 원순

---

9) '깃분, 밧부니, 밧분' 등의 원순모음화 환경은 관점에 따라 어간형태소 내부로 볼 수도 있고 형태소 경계로 간주할 수도 있다. 현대국어에서 '으' 전치성 접미사는 비자동적인 교체를 보이는 것으로 기술되지만(김성규, 1988), 중세나 근대국어에서 '으'로 끝나는 어간은 모음으로 시작되는 어미 앞에서는 어간의 '으'가 자동적으로 탈락되었으므로 '깃분, 밧부니, 밧분' 등에서는 어간 '깃브-, 밧브-'의 마지막 '으'가 탈락되고 어미의 '으'가 원순모음화ㄴ된 것으로 간주하여 형태소 경계에서 원순모음화가 일어난 것으로 간주한다.

모음화된 예들이 거의 나타나지 않았다. 어휘형태소에서는 총 711회 중 172회로서 원순모음화된 예들이 24.19%로, 어두음절에서는 총 568회 중 149회로서 26.23%로 나타났으며, 비어두음절에서는 총 143회 중 23회로서 16.84%로 나타났다. 어두음절에서 원순모음화의 예들은 모두 'ㅡ>ㅜ' 변화의 예들이었으며, 'ㆍ>ㅗ' 변화는 단 한 예도 나타나지 않았다. 비어두음절에서는 'ㆍ>ㅗ' 변화가 '다믓>다못'으로 5회 나타났다. 한 예이기는 하지만 'ㆍ'가 'ㅗ'로 비원순모음화된 예가 나타났다는 사실은 이 시기의 비어두음절에 있던 모든 'ㆍ'가 'ㅡ'로 바뀐 것이 아니었음을 보여주는 좋은 예라고 할 수 있다.

원순모음화 현상의 과도교정에 해당하는 비원순모음화는 한자어에서는 단 한 예도 보이지 않고 고유어에서만 나타났다. 고유어에서의 비원순모음화는 문법형태소와 형태소 경계에서는 단 하나의 예도 보이지 않고 어휘형태소에서만 나타났다. 고유어의 어휘형태소에서도 비원순모음화는 'ㅗ>ㆍ' 변화는 단 하나의 예도 나타나지 않았고, 'ㅜ>ㅡ' 비원순모음화의 예가 어두음절에서 12회, 비어두음절에서 7회 나타나 총 19회 나타났다. 이두음절의 예들은 '블-(<불다), 븨-(<뷔다, 4회), 픈(<푼, 2), 플무, 피오-(퓌오-, 4회)' 등이었고, 비어두음절의 예는 '그므-(그물-, 3), 나븨(<나뷔), 닛븨(<닛뷔), 아므,[10] 짓븨(짓뷔)' 등이었다. 비원순모음화가 고유어의 어휘형태소에만 나타난 사실은 원순모음화가 주로 고유어의 어휘형태소에서 나타났기 때문인데, 이 환경에서 비원순모음화가 많이 나타났다는 사실은 이 문헌의 편찬자들이 원순모음화에 의한 언어 변화에 대해 다소 부정적인 태도를 가지고 있었음을 보여주는 것으로 이해된다.

---

10) '아므'는 '아모'가 바뀐 예로 추정된다. 즉 '아모'가 '아믜'로 비원순모음화된 다음, 비어두음절의 'ㆍ'가 'ㅡ'로 바뀐 것으로 생각된다.

<표 6> 『어제』, 『경세문답』

	변화 유형	전 체	고 유 어		한자어
			어 휘 (어두 / 비어두)	문 법 (경계 / 문법)	
원순모음화	ㅡ>ㅜ	10	4(3/1)	1(0/1)	5
	·>ㅗ	3	0	3(3/0)	0
비원순모음화	ㅜ>ㅡ	39	39(39/0)	0	0
	ㅗ>·	5	5(5/0)	0	0
그 대 로	ㅡ>ㅡ	613	276(98/178)	267(248/19)	70
	ㅗ>·	464	327(268/59)	4(4/0)	133
	ㅜ	281	118(117/1)	13(0/13)	150
	ㅗ	761	427(380/47)	0	334

1) ㅡ>ㅜ : ▼어휘 : $1 무어시, 부르믈, 푸디, $2 비부리디. ▼문법 : $4 나면서부터. ▼한자음 : 뷔랄(儻薾), 뷔(儻)와혼, 뷔ᄒ나, 뷔ᄒ야, 곤뷔ᄒ야.

2) ·>ㅗ : ▼문법 : $4 말미아모미, 시봉ᄒ모매, 아니ᄒ몬.

3) ㅜ>ㅡ : ▼어휘 : $1 므고, 므어, 므은, 븍(鼓, 3), 블회(3), 블희로, 븟그러오-~븟그럽-(11), 븟그려(9), 븟그리고, 븟그리며(4), 븟그리믈, 븟그릴, 쓰리며.

4) ㅗ>· : ▼어휘 : $1 브야ᄒ로(5).

『어경』에서는 순자음 다음에 '·'나 'ㅡ'가 결합된 원순모음화 환경의 1,090회 가운데 13회로 1.19%로 나타나, 매우 미미한 정도의 원순모음화 상태를 보여준다. 고유어에서는 882회 중 8회, 한자어에서는 208회 중 5회가 나타났다. 원순모음화는 'ㅡ>ㅜ' 변화가 '·>ㅗ' 변화보다 많았다. '·>ㅗ' 변화는 비어두음절의 문법형태소에서만 세 예가 나타났다.

고유어의 문법형태소는 20회 중 'ㅡ>ㅜ' 변화가 '나면서부터'에 1회 나타났다. 형태소 경계에서는 255회 중 3회가 '·>ㅗ' 원순모음화 변화로 나타났다. '말미아모미, 시봉ᄒ모매, 아니ᄒ몬' 등이 그 예들이다. 이 예들은 모두 명사형 어미 'ㅁ' 다음에 오는 'ㆍ'가 'ㅗ'로 된 예들로서, 『어경』이 편찬된 18세기 중기에도 비어두음절의 'ㆍ'가 모두 'ㅡ'로 바뀐 것이 아니었음을 보여준다. 어휘형태소에서는 607회 중 4회의 원순모음화 예가 나타났는데, 어두음절에서 3회, 비어두음절에서 1회가 나타났을 뿐이다. 어휘형태소의 원순모음화 예들은 모두 'ㅡ>ㅜ' 변화의 예들로, 'ㆍ'가 'ㅗ'로 변한 예들은 단 하나의 예도 보이지 않는다는 사실이 주목된다. 이와 같이 『어경』의 원순모음화 상태는 매우 미미하여 17세기 중기의 『노걸대언해』, 『박통사언해』에도 미치지 못한다.

　『어경』에는 원순모음화의 예들보다는 비원순모음화의 예들이 오히려 많이 나타났다. 비원순모음화의 예는 고유어에서만 나타났으며, 고유어 중에서도 어휘형태소에서만 나타났다. 『어경』에서 비원순모음화의 예는 어휘형태소의 어두음절에서만 44회 나타났는데, 'ㅜ>ㅡ' 변화가 39회, 'ㅗ>ㆍ' 변화가 5회 나타났다. '믁고, 믁어, 믁은'은 모두 원래의 동사 어간 '묵-'의 'ㅜ'가 'ㅡ'로 바뀌었음을 보여주며, '븍(鼓, 3), 블회(3), 블희로, 붓그러오-～붓그럽-(11), 붓그려(9), 붓그리-(7), 쓰리며' 등은 'ㅂ' 다음의 'ㅜ'가 'ㅡ'로 비원순모음화되었음을 보여준다. 특이하게도 '보야흐로'가 바뀐 'ㅂ야흐로'의 5회는 'ㅂ' 다음에 오는 'ㅗ'가 비원순모음화되어 'ㆍ'로 바뀌었음을 보여주는데, 'ㅂ야흐로'의 제1음절 'ㅂ'가 '바'로 바뀌어 '바야흐로'로 바뀐다는 점에서 이 비원순모음화가 실제의 음성형에서 일어난 변화임을 알 수 있다. 또한 이 '보야흐로>ㅂ야흐로'의 변화는 제1음절의 'ㆍ'가 이 시기에 'ㅏ'로 바뀌지 않고 'ㆍ'로도 실현되고 있었음을 보여주는 좋은 예이다. 이러한 'ㅗ>ㆍ' 비원순모음화는 『박신』에서는 나타나지 않았던 예로서, 『어경』에서는 'ㅜ>ㅡ' 변화만이 아니라 'ㅗ>ㆍ' 변화의 예도 있었음을 보여준다.

<표 7> 『중간노걸대언해』

변화 유형		전 체	고 유 어		한자어
			어 휘 (어두 / 비어두)	문 법 (경계 / 문법)	
원순모음화	ㅡ>ㅜ	48	46(28/18)	1(0/1)	1
	·>ㅗ	0	0	0	0
비원순모음화	ㅜ>ㅡ	20	14(13/1)	0	6
	ㅗ>·	0	0	0	0
그 대 로	ㅡ	390	318(167/151)	70(14/56)	2
	·	399	387(346/41)	0	12
	ㅜ	70	44(33/11)	0	26
	ㅗ	408	390(341/49)	0	18

1) ㅡ>ㅜ : ▼어휘 : $1 무던ㅎ-(5), 무서시, 무섯고, 무슨, 무슴(2), 무어슬,
무어시, 무엇고, 무엇ㅎ료, 문허지미, 문허지지, 부리오-(7), 부즈런이, 불
러, 불러시니, 붉힌, 풀, $2 나무라, 머무러(6), 머무로지(2), 머무르리오,
머무지, 버무리-(6), 쇠뿔. ▼문법 : $4 어려셔붓터. ▼한자음 : $1 북녁.

2) ·>ㅗ : 없음.

3) ㅜ>ㅡ : ▼어휘 : $1 므르라, 믄비와, 믓히, 블무, 블친믈, 픈(6), 픈즈끠(2),
$2 잠블믈. ▼한자음 : 셔픔, 즁픔에, 즁픔으로, 六雲믄혼, 四花믄혼, 織金
믄혼.

4) ㅗ>· : 없음.

『중노』에서는 총 837회 중 48회가 원순모음화되어 5.73%로 나타났다.
고유어에서는 822회 중 47회가 원순모음화되어 5.71%로 나타났으며, 한
자어에서는 15회 중 '븍녁>북녁' 한 예에서 원순모음화가 나타났다.
'·>ㅗ' 원순모음화는 한 예도 보이지 않아 원순모음화된 48회 모두
'ㅡ>ㅜ' 변화의 예였다.

고유어의 문법형태소는 57회 중 '어려셔붓터'의 '붓터'가 원순모음화

되어 나타났으나, 형태소 경계에서는 14회 중 원순모음화 예가 하나도 나타나지 않았다. 어휘형태소에서는 751회 중 46회의 원순모음화 예가 나타났다. 그 가운데 어두음절에서는 541회 중 28회(5.17%), 비어두음절에서는 210회 중 18회(8.57%)가 원순모음화되어 나타났다. 이러한 상태를 『박신』과 비교하면 원순모음화된 예들의 비율이 상당히 줄어들었음을 알 수 있다. 구개음화와 달리 『박신』보다 『중노』에서 왜 원순모음화 현상이 활발하지 않은지 현재로서는 설명하기 어렵다.

『중노』에는 비원순모음화의 예가 총 20회 나타났다. 다른 문헌과 달리 '셔픔, 즁픔에, 즁픔으로, 육운문흔, 사화문흔, 직금문흔' 등에서처럼 한자음에서도 6회 나타났다. 고유어의 비원순모음화는 이 문헌에서도 'ㅗ〉·' 비원순모음화는 단 하나의 예도 나타나지 않았으며, 'ㅜ〉ㅡ' 비원순모음화의 예만 어두음절에서 13회, 비어두음절에서 1회 나타나 14회 나타난 한자어에서의 6회를 합치면 총 20회의 비원순모음화가 나타났다.

<표 8> 『윤음』

	변화 유형	전 체	고 유 어		한자어
			어 휘 (어두 / 비어두)	문 법 (경계 / 문법)	
원순모음화	ㅡ〉ㅜ	201	129(83/46)	34(12/22)	38
	·〉ㅗ	12	5(0/5)	7(7/0)	0
비원순모음화	ㅜ〉ㅡ	28	25(25/0)	0	3
	ㅗ〉·	14	14(12/2)	0	0
그 대 로	ㅡ	547	325(114/211)	153(145/8)	69
	·	643	288(267/21)	8(8/0)	347
	ㅜ	436	73(69/4)	11(0/11)	352
	ㅗ	910	614(549/65)	2(0/2)	294

1) ㅡ>ㅜ : ▼어휘 : $1 부듯쳐, 부르미(2), 부르미요, 부르지져, 부르지지-(6), 부어, 부으면, 부즈런이, 부즈런ᄒ-(9), 불근, 불너(2), 불붓는(2), 불에, 붓는, 붓들고, 붓쳐(2) 붓쳐시니, 쏼이시라, 풀고져, 풀우헤, 부처(煽), 부처내여(2), 부쳐시니, 부치-(5), 무겁고, 무던ᄒ, 무릇(3), 무리(13), 무셥고, 무슨, 무슴, 무어스로(2), 무어슬(2), 무어시, 무지게, 물(8), 물ㄱ의셔, 뮈워ᄒ지, $2 가부야이, 거뷔야이, 깃부-(5), 더부러(13), 베푸는, 불붓는(3), 비부르고, 비불으면, 비불은, 슬푸다(3), 쵸불을, 쵹불이, 헐쑤려(<헐쓰리다), 헐쑤리고(3), 가무다가, 나물ᄭ지, 머무러, 머믓기믈, 허물이, ᄒ물며(3), $3 가족부치라, 지버무는. ▼문법 : 1) 경계 : 거문, 시무기의, 시무며, 푸문, 그러무로, 믈니물, 이러무로, 베푼(2), 베품이, 베품이라, 에엿분, 2) 문법 : 써부터, $$부터(4), $$$부터(8), $$$$부터(8), 어극홈으로부터. ▼한자음 : 부도ᄒ는, 부죡다, 부죡ᄒ, 북관(5), 북도(4), 북방(2), 북슈, 북(3), 북풍이, 불궤혼, 남북관, 관북, 동북, 젼불괘겸혼, 물션(2), 물휘, 곡물노뼈, 곡물은, 곡물을, 공물, 만물, 방물, 어물이란, 지물(4).

2) ·>ㅗ : ▼어휘 : $2 다못, 스못ᄂ니, 스못지, 스못츤, 스못촛더니. ▼문법 : 경계 : $3 그러모로, 보내모로부터, 엄ᄒ모로도, 이러모로, 이시모로부터, $4 두려ᄒ모로, 증첩ᄒ모로.

3) ㅜ>ㅡ : ▼어휘 $1 므드러, 므드지, 므르며(<묻-), 블샹이(5), 블샹치, 블샹히(2), 블샹ᄒ-(8), 븨기롤, 븨여, 븨지, 븸을, 블희, 븍. ▼한자음 : 픙패(豊沛), 픙지(風災)도, 반븐(半分)의.

4) ㅗ>· : ▼어휘 $1 비야흐로(5), ᄇ야흐로(7), $2 즈믓(2).

『윤음』에서는 원순모음화의 환경에 있는 총 1,403회 중에서 213회가 원순모음화되어 15.18%로 나타났다. 고유어에서는 949회 중 175회가 원순모음화되어 18.44%로 나타났으며, 한자어에서는 454회 중 38회가 원순모음화되어 8.37%로 나타났다. 한자어에서는 'ㅡ>ㅜ' 변화만 38회 나타났지만, 고유어에서는 'ㅡ>ㅜ' 변화가 163회, '·>ㅗ' 변화가 12회 나타났다. 이러한 원순모음화의 비율을 『어경』과 비교하면 상당히 높아

진 것이다. 역서류 문헌에서는 후대로 올수록 원순모음화의 비율이 낮아진 것과 비교하면, 이러한 왕실 문헌에서 보여주는 원순모음화 예들의 확산 상태를 현대 국어가 계승하고 있다는 점에서 주목할 필요가 있을 것으로 생각된다.

고유어의 문법형태소는 30회 중 22회가 원순모음화되어 73.33%로 나타났으며, 문법형태소의 원순모음화는 모두 '-브터'가 '-부터'로 변한 예들로서 형태소는 한 예에 불과하다. 형태소 경계에서 '거문, 시무기의, 시무며, 푸문, 그러무로, 믈니물, 이러무로, 베푼(2), 베품이, 베품이라, 에엿분' 등은 'ㅡ>ㅜ' 변화를 보여주지만, '그러모로, 보내모로부터, 엄ㅎ모로도, 이러모로, 이시모로부터, 두려ㅎ모로, 층첩ㅎ모로' 등에서는 'ㆍ'가 'ㅗ'로 바뀌어 나타났다. 이 가운데 명사형 어미 'ㅁ' 다음에 오는 'ㆍ'가 'ㅗ'로 바뀐 후자의 예들은 이 시기 문헌의 비어두음절에 있던 모든 'ㆍ'가 'ㅡ'로 바뀐 것이 아니라는 점을 보여준다는 점에서 의미 있는 예들이라 할 수 있다.

어휘형태소에서는 747회 중 134회가 원순모음화되어 17.94%로 나타났는데, 이 가운데 어두음절에시는 464회 중 83회가 원순모음화되어 17.89%로 나타났으며, 비어두음절에서는 283회 중 51회가 원순모음화되어 18.02%로 나타났다. 어휘형태소에 나타나는 원순모음화 가운데 'ㅡ>ㅜ'의 예가 201회, 'ㆍ>ㅗ'의 예가 '다못, 스못ᄂ니, 스못지, 스못츤, 스못촷더니' 등의 5회였다. 후자의 유형은 형태소 경계에서의 예들과 마찬가지로 'ㆍ'가 'ㅗ'로 원순모음화되어 나타난 예들로, 이 문헌에서 비어두음절의 모든 'ㆍ'가 'ㅡ'로 바뀐 것이 아니라는 사실을 알려준다는 점에서 의미 있는 예들이다.

『윤음』에는 비원순모음화된 예가 총 32회 나타났다. 순자음 다음에 오는 원래의 'ㅜ'가 'ㅡ'로 바뀐 경우가 총 28회, 원래의 'ㅗ'가 'ㆍ'로 바뀐 예가 14회 나타났다. 전자는 '퐁패(豊沛), 퐁지(風災)도, 반븐(半分)' 등의 한자어에 3회, '므드러, 므드지, 므르며(<묻-), 블샹이(5), 블샹치, 블샹히(2), 블샹ᄒ-(8), 븨기롤, 븨여, 븨지, 븸을, 블희, 븍' 등의 어휘형태소 어두음절에 25회 나타났다. 어두음절에서 'ㅗ'가 'ㆍ'로 바뀐 경우는 '비야흐로(5), 부야흐로(7)' 등의 12회이며, 비어두음절에서 'ㅗ'가 'ㆍ'로 바뀐 경우는 'ᄌᆞ못'이 2회 나타났다. 'ㅗ>ㆍ'라는 비원순모음화는 이 시기에도 비어두음절의 모든 'ㆍ'가 'ㅡ'로 바뀐 것은 아니었으며, 어두음절의 모든 'ㆍ'가 'ㅏ'로 바뀐 것이 아니었음을 보여주는 것으로 간주된다.

4. 검토 결과의 의미와 전망

이상 18세기 중·후기의 역서류 문헌과 왕실 문헌의 구개음화와 원순모음화를 계량화하여 검토하였다. 이 검토를 통하여, ① 구개음화와 원순모음화의 확산 과정에 대한 검토에서 드러난 역서류 문헌과 왕실 문헌의 특성, ② 이들 두 부류 문헌의 구개음화와 원순모음화에 대한 검토 결과의 의미와 음운사 연구의 방향을 제시하면서 이 글을 마무리하고자 한다.

첫째, 역서류 문헌과 왕실 문헌에 나타난 구개음화와 원순모음화의 확산에 대한 검토 결과, 두 부류의 문헌 사이에 유의미한 차이가 있음이 드러났다. 구개음화는 역서류 문헌인 『박신』에서 51.65%, 『중노』에서 96.92%로 나타나, 왕실 문헌인 『어경』의 8.66%, 『윤음』의 88.90%보다 월등히 높은 구개음화의 확산 비율을 보여주었으며, 원순모음화는 역서류 문헌의 경우『박신』에서 원순모음화가 23.73%, 『중노』에서 5.73%로 나타나 후대 문헌에서 위축되어 나타난 반면, 왕실 문헌의 경우『어경』에서 1.19%, 『윤음』에서 15.07%로 나타나 이전보다 확산된 상태로 나타났기 때문이다. 두 부류의 문헌에서 드러난 음운변화 확산의 차이는 문헌의 사회적 특성에 기인하는 것으로 간주된다.

역서류 문헌의 편찬 업무는 사역원의 역관들이 담당해 왔다. 이를 달리 말하면 역서류 문헌의 언어에는 역관들의 언어 사용 상태나 언어 태도가 반영되었다고 할 수 있다. 그러므로 역서류 문헌의 사회적 특성은 역관들의 언어 사용 상태나 언어 변화에 대한 역관들의 태도가 반영된 것이라고 할 수 있다. 그러나 역서류와 달리, 왕실 문헌에 반영된 언어 사용자 집단을 설정하는 것은 쉽지 않다. 왕실 문헌의 언어 상태가 왕실의 언어가 그대로 반영된 것이라고 할 수는 없어 보인다.『어제』,『경세문답』,『윤음』 등은 한문으로 된 국왕의 글을 언해한 것으로서 언해자도 국왕으로 간주할 수는 없을 것이다.『어제』나『경세문답』 등과 같은 '어제류'의 필사본은 한문으로 된 국왕의 글을 왕실에 보관하기 위해 만든 유일본으로서, 언해나 편찬 당시의 상류층 지식인 또는 고위 관리가 관여했을 가능성이 크다는 점에서(박용만, 2004), 그리고『윤음』도 국왕이 내린 조칙이었다는 점에서 '어제류' 문헌의 언해와 편찬에는 상류층 지식인이나 고위 관리가 관여한 것으로 추정할 수 있다. 그렇다면 왕실 문헌에는 당시 상류층 양반의 언어 사용 상태나 언어 변화에 대한 그들의 언어 태도가 반영되어 있는 것으로 추정할 수 있다.

국어 음운사 연구에서 음운변화가 문헌의 지리적 특성에 따라서 달리 진행된다는 사실은 일찍이 지적되어 왔으나(안병희, 1957), 문헌의 사회적 특성에 대해서는 그리 관심을 보이지 않았었다. 음운변화가 문헌의 사회적 특성에 따라서도 달리 진행되었으리라는 개연성은 있었으나, 국어사 문헌을 몇몇 사회적 부류로 나누어 구체적으로 접근하여 이러한 개연성을 확인한 작업은 없었던 것이다. 이러한 맥락에서 본 연구의 검토 결과는 앞으로 국어 음운사 연구에서 국어사 문헌을 몇몇 사회적 부류로 나누어 음운현상을 검토하여 사회언어학적 관점에서 음운변화에 대한 연구를 구체적으로 할 필요가 있음을 시사한다.

둘째, 국어사 문헌의 검토 결과, 문헌의 부류에 따라 구개음화와 원순모음화의 확산 과정은 상당한 차이를 보인다. 역서류 문헌의 경우 구개음화의 확산 비율이 18세기 중기의 『박신』에서 51.65%, 18세기 후기의 『중노』에서 96.92%로 나타나고, 왕실 문헌의 경우 18세기 중기의 『어경』에서 8.66%, 18세기 후기의 『윤음』에서 88.90%로 나타나 18세기 중기 문헌보다 18세기 후기 문헌에서 월등히 높은 비율을 보여주었다. 그러나 원순모음화는 구개음화와 달리, 역서류 문헌의 경우 『박신』에서 원순모음화가 23.73%, 『중노』에서 5.73%로 나타나 후대 문헌에서 줄어든 반면, 왕실 문헌의 경우 『어경』에서 1.19%, 『윤음』에서 15.07%로 높아져 이전보다 확산된 것으로 나타났다. 이러한 변화 가운데 구개음화는 언어변화에 대한 사회언어학적 기제mechanism와 큰 차이가 없지만, 원순모음화는 그렇지 않은 특징을 보여준다.

구개음화는 1760년대의 역서류 문헌인 『박신』보다 18세기 후기 문헌인 『중노』에서, 1760년대 중기 문헌인 『어경』보다 18세기 후기 문헌인 『윤음』에서 상당히 널리 확산되었다. 그러므로 역서류나 왕실 문헌 모두 18세기 중기에서 후기로 넘어가는 시점에서 구개음화의 예들이 급격하게 확산되는 경향을 보여준다. 이와 같이 문헌의 부류에 따른 구개음화의 확산 과정은 사회언어학에서 일반화된 계층별 언어 변화의 기제를 그래프로 나타낸 S자 곡선S-curve과 유사한 특징을 보여준다(Trudgill, 1974). 18세기 중기에서 후기로 넘어가는 시기는 두 문헌 부류에서 모두 구개음화의 급격한 확산을 의미하는 S자 곡선의 급커브(올라가는 선 ‘／’)에 해당하며, 18세기 후기는 그 변화가 일반화된, S자 곡선의 급커브의 위쪽 부분에 해당하는 시기라고 할 수 있기 때문이다. 이러한 특징을 바탕으로 하면, 구개음화의 확산 과정에 대한 연구에서는 언어 변화의 보편성을 중시하면서 특수성에 관심을 가질 필요가 있다.

구개음화와 달리, 왕실 문헌에서의 원순모음화 현상은 18세기 후기 문헌에서 다소 확산되어 나타났으나 역서류 문헌에서는 오히려 위축되어 나타났다. 원순모음화의 변화는 느리면서도, 역서류 문헌과 왕실 문헌에서 달리 나타나기 때문에 일반적인 변화의 기제로는 설명하기가 어렵다. 그러므로 원순모음화의 확산에 대한 기제를 알기 위해서는 원순모음화가 진행되던 시기의 음운론적 특성에 대한 다각적인 접근이 필요하다고 생각된다. 각 문헌에 나타나는 원순모음화 예와 비원순모음화의 예, 원순모음화되지 않은 예들의 특성은 물론, ‘·’ 변화의 과정과 특성도 아울러 살펴볼 필요가 있다. ‘·’는 비어두음절에서 ‘ㅡ’로 변화하고 어두음절에서는 ‘ㅏ’로 변화하지만, 18세기 중·후기에도 ‘·’의 변화는 완성된 것으로 보이지 않는다는 점에서(김주필, 2004), 진행 중인 원순모음화의 입력부인 동시에 비원순모음화의 출력부가 되는 ‘·’의 변화 상태는 원순모음화와 밀접한 관련이 있을 것으로 판단되는 것이다. 이 글의 검토에서도 순자음 뒤에서 ‘ㅗ’가 ‘·’로 되는 비원순모음화나 ‘·’가 ‘ㅗ’로 되는 원순모음화의 예가 전혀 없는 것은 아니었지만, 한두 예를 제외하면 이 환경에서 원순모음화의 예가 나타나지 않는다는 점에서 원순모음화의 확산 과정에 ‘·’의 변화는 주요 변인으로 작용하지 않았나 여겨진다.

이러한 관점에서 음운변화의 과정에 대한 앞으로의 연구에서는 시간의 길이가 충분히 고려될 필요가 있으며, 그 시간의 길이도 음운현상에 따라, 문헌의 사회적 부류에 따라 다를 수 있다는 점도 간과하지 말아야 할 것으로 생각된다. 구개음화는 18세기 중기와 후기의 역서류 문헌과 왕실 문헌에서 문법형태소, 형태소 경계, 어휘형태소의 비어두음절, 어휘형태소의 어두음절 순서로 확산되었음을 보여준다. 원순모음화도—구개음화보다 느리기는 하지만—왕실 문헌에서는 서서히 확산되는 경향을 보여주지만, 역서류 문헌에서는 오히려 줄어드는 경향을 보여주었다. 비어두음절의 ‘·>ㅗ’ 원순모음화나 어두음절의 ‘ㅗ>·’ 비원순모음화의 예들은 18세기 중·후기에도 ‘·’의 변화가 어두음절에서뿐만 아니라 비어두음절에서도 완성되지 않았음을 보여주었다. 이와 같이 구개음화와 원순모음화의 진행 과정, 원순모음화 과정에 보이는 ‘·’의 특성 등은 음운변화의 과정에 시간의 길이가 도입되어야 함을 말해주며, 그러한 음운변화가 진행되는 시간 길이의 범위 내에서 또 다른 음운변화가 개입될 수도 있다는 점도 고려되어야 함을 말해준다.

음운변화의 과정에 시간의 길이와 음운규칙의 어휘적 적용이 음운 현상의 확산에서 충분히 고려되어야 한다면, 구개음화, 원순모음화 같은 음운변화의 과정은 소장문법학자neo-grammarian 이래 음운사 연구의 전통이 되어 버린 ‘예외 없는 규칙성의 가설’보다는 Wang(1969)이나 Chen et al. (1971)의 ‘어휘적 확산lexical diffusion 가설’이나 Kiparsky(1996)의 ‘어휘적 유추lexical analogy 가설’을 지지해 준다. 그러나 구개음화나 원순모음화와 같은 조건 변화에는 규칙성이 있다는 사실도 간과할 수 없기 때문에 규칙성의 가설도 완전히 배제될 성질의 것은 아닌 것으로 생각된다. 또한 구개음화의 경우처럼 문법형태소, 형태소 경계, 어휘형태소의 비어두음절, 어휘형태소의 어두음절 등으로 음운변화가 점진적으로 확산되는 경향을 보이기 때문에 어휘형태소 중심의 어휘적 확산 가설보다는 첨가어적인 특성이 고려되는 어휘적 유추 가설이 보다 설명적 타당성을 갖는 것으로 보이지만, 어휘적 유추 가설 역시 어휘 음운론의 바탕 위에서 언어의 층위stratum에 따라 변화가 규칙적으로 적용되며, 각 층위의 변화에도 시간의 길이가 고려되어야 한다는 점에서 보다 많은 검토와 논의가 구체화될 필요가 있다. 이러한 관점에서 구개음화와 원순모음화의 변화를 지배하는 규칙이 형태소들에 적용되는 추이를 검토하고, 규칙의 어휘적 적용에서 드러나는 추이에 대한 검토 결과를 보다 정밀하게 분석하고 심도 있는 논의를 전개할 필요가 있다.

② 자석류 문헌의 원순모음화와 구개음화*

1. 연구의 방향

'字釋類자석류 문헌'은 千字文천자문, 類合유합 등과 같이 한문의 이해에 기초가 되는 한자의 훈과 음을 달아 초학자들에게 기본 한자를 교육하기 위해 펴낸 한자 학습서를 말한다. 이러한 자석류 문헌은 기초 한자를 교육하기 위해 매 한자마다 훈과 음을 훈민정음, 즉 한글로 달았기 때문에 한자의 훈과 음을 주의를 기울여 정확하게 달고자 했을 것으로 추정된다. 그러므로 자석류 한자의 훈과 음에 사용된 국어는 문장으로 된 일반 언해문보다 규범적이면서도 보수적인 언어 사용의 특성을 보여줄 것으로 기대된다.

자석류 문헌의 언어 사용 상태는 훈과 음 사이에도 차이가 있을 가능성이 있다. 주로 고유어로 한자의 뜻을 풀이한 한자의 훈은 알기 쉬운

* 이 글은 같은 제목으로 「어문학논총」 25(국민대학교 어문학연구소, 2006 : 87~109면)에 수록되었다.

일상 용어로 달고 한자의 음은 당시에 교육해야 할 보다 규범적인 한자의 음을 제시했을 가능성이 있기 때문이다. 그렇다면 자석류 문헌에 제시되는 한자의 훈보다는 음에서 보수적이고 규범적인 특성을 드러낼 가능성이 크다. 이러한 관점에서 자석류 문헌에 제시된 한자의 훈과 음은 별도로 검토하여 이들 문헌에 나타나는 국어사용의 특징을 살펴보는 것도 의미있는 작업이 될 것이다.

이에 본 연구에서는 자석류 문헌에 나타나는 국어사용의 특징을 검토해 보고자 한다. 자석류 문헌의 국어사용의 특징은 16세기부터 근대국어 시기까지 진행 중이었던 음운변화 가운데, 조건 변화인 구개음화와 원순모음화 예들의 출현 빈도를 통하여 확인할 것이다. 구개음화는 모음에 의한 자음의 동화 현상이고 원순모음화 현상은 자음에 의한 모음의 동화 현상으로서 두 현상 모두 근대국어 시기에 광범위하게 확산되기 때문에 이들 현상을 보여주는 예들의 출현 빈도를 통하여 국어사용의 특징을 검토할 수 있을 것으로 기대되기 때문이다. 그러므로 본 연구에서는 자석류 문헌에 제시된 한자의 훈과 음에 나타나는 구개음화와 원순모음화의 예들을 검토하여[1] 자석류 문헌에 반영된 국어사용의 특징을 검토해 보고자 한다.

이 글에서 검토하고자 하는 자석류 문헌은 '천자문'과 '유합'의 여러

---

[1] 자석류 문헌에 나타난 구개음화와 원순모음화 현상의 변화를 검토하고자 하는 본 연구에서는 구개음화와 원순모음화 예들을 모두 추출하여 변화의 과정을 계량화하여 비교하는 방법을 활용할 것이다. 구개음화와 원순모음화의 예들을 모두 추출하기 위해 먼저 문헌의 자료를 한글97로 입력하여, 구개음화와 원순모음화 환경의 모든 어절을 문자열 검색프로그램(hgrep97.exe)으로 검색하여 어절 단위의 모든 용례 추출할 것이다. 이러한 방법으로 추출된 각 어절에 대하여 구개음화와 원순모음화의 변화 유형, 어휘 특성, 음운 환경 등에 따라 분류 번호 부여하여. 표제어인 용례들을 엑셀(Excel) 프로그램으로 전환하고, 엑셀 프로그램에서 필요한 예들을 추출하여 계량화하는 방법을 활용할 것이다.

이본들이다. 16세기의 『光州광주 千字文천자문』(1575), 『新增신증 類合유합』
(1576), 『石峰석봉 千字文천자문』(1583), 17세기의 『七長寺칠장사 千字文천
자문』(1677)과 『七長寺칠장사 類合유합』(1677), 18세기의 『靈藏寺영장사 千
字文천자문』(1702)과 『靈藏寺영장사 類合유합』(1702), 『松廣寺송광사 千字文
천자문』(1730), 『註解주해 千字文천자문』(1754) 등을 대상 문헌으로 하되,
구개음화와 원순모음화의 상태를 비교하기 위해 20세기의 『歷代역대 千
字文천자문』(1910)을 대상 문헌에 포함시킬 것이다. 이 가운데에는 지방
간행의 문헌도 포함되어 있어서 각 시기의 방언에서 구개음화와 원순모
음화가 확산되는 정도를 비교하여 지역에 따른 이들 음운변화의 특성에
대해서도 관심을 둘 것이다.

2. 자석류 문헌의 구개음화

16세기 중기에 간행된 『광주 천자문』과 『석봉 처자문』에는 구개음화
나 과노교정2)의 예가 보이지 않는다. 그러나 『신증 유합』3)에 다음과 같

---

2) 문헌 자료에서 구개음화는 남부 지방에서 간행된 16세기 문헌에서부터 먼저 나타나기 시
작한다. 전라도 순천에서 간행된 『無量窟版무량굴판 月印釋譜월인석보』 권21(1562)에 한자음
의 구개음화와 과도교정이 나타나기 시작하여(김주필, 1994), 松廣寺송광사에서 간행된 『佛
說大報父母恩重經불설대보부모은중경』(1563), 『蒙山和尙六道普說몽산화상육도보설』(1567), 『蒙山
法語諺解몽산법어언해』(1577), 『四法語諺解사법어언해』(1577), 『誡初心學人文계초심학인문』(1577)
등에 계속 나타난다. 경상도에서 간행된 『七大萬法칠대만법』에 '듀화'(朱花, 해바라기)가 '규
화'로 일종의 과도교정 현상이 보인 이후(김주원, 1997), 17세기 초기의 「진주 하씨 묘 출
토 한글 편지」, 『重刊중간 杜詩諺解두시언해』(1632), 『語錄解어록해』(1657) 등에 계속하여 구
개음화와 과도교정 예들이 나타난다. 중앙에서 간행된 17세기 중엽의 『警民編諺解경민편언
해』(1656), 『朴通事諺解박통사언해』(1677), 『譯語類解역어유해』(1690), 『伍倫全備諺解오륜전비언
해』(1721)에 등에 구개음화나 과도교정의 예들이 나타나 늦어도 16세기 중·후기에는 구개
음화가 어느 정도 확산되고 있었던 것으로 확인된다. 함경도 간행의 문헌에는 17세기에 간

은 예들이 보인다.

> (1) 『광주 천자문』, 『석봉 천자문』
>> 1) ㄷ>ㅈ : ▼훈 : {건질} 증(拯, 하 ; 11a), {죽순} 슌(筍, 상 ; 11a)
>> 2) ㅌ>ㅊ : ▼음 : 내틸 {츌}(黜, 하 ; 45a)
>> 3) ㅈ>ㄷ : ▼훈 : {긔디} 긔(記, 하 ; 17a). 識 : 알 식, 싱각 지(下 ; 18a)
>> 記識.
>> 4) ㅌ>ㅊ : 없음.

전라남도의 해남 출신인 유희춘이 편찬한 『신증 유합』에는 (1)과 같이 '건디->건지-, 듁(竹)>죽, 튤(黜)>츌' 등의 구개음화의 예가 3회 나타난다. 한자어에서 구개음화가 2회 나타나는데, 고유어로 된 한자의 훈에 1회, 한자의 음에 1회 나타났다. '긔디 긔'로 된 '記'의 훈 '긔디'의 '디(識)'가 과도교정된 예로 간주된다. '긔디 긔'와 함께 '디(識)'의 훈과 음을 '알 식', '생각 디'로 달아 놓고, 그 뒤에 나오는 보충 설명에서는 '識'의 훈과 음을 '싱각 지'라고 해 놓았기 때문이다. 그러므로 자석류 문헌에서는 구개음화와 과도교정이 『신증 유합』에서 가장 먼저 나타난다고 할 수 있다. 『신증 유합』에 구개음화와 과도교정이 보이는 점은 해남 출신인 유희춘이 편찬하였기 때문이 아닌가 추정된다.

1677년에 간행된 『칠장사 천자문』과 『칠장사 유합』에도 구개음화와 과도교정의 예들이 보인다.

행된 『練兵指南연병지남』(1612), 『火砲式諺解화포식언해』(1635) 등에 구개음화와 과도교정 예들이 나타난다.
3) 유희춘柳希春(1513, 중종 8)∼1577, 선조 10) : 조선 중기의 문신. 본관은 문화文化, 자는 인중仁仲, 호는 미암眉巖. 해남 출신.

(2) 『광주 천자문』(1677)

변화 유형		전 체	훈			음
			고 유 어		한자어	
			어휘(어두/비어두)	문 법		
구개음화	ㄷ>ㅈ	5	1(0/1)	0	1	3
	ㅌ>ㅊ	0	0	0	0	0
과도교정	ㅈ>ㄷ	2	1(1/0)	0	0	1
	ㅊ>ㅌ	0	0	0	0	0
그대로	ㄷ	67	23(11/12)	0	8	36
	ㅌ	26	7(0/7)	0	1	18
	ㅈ	94	34(25/9)	0	12	48
	ㅊ	41	10(4/6)	0	5	26

1) ㄷ>ㅈ : ▼훈(2) : {모지} 악 惡(8a), {지의} 연 筵(15a), ▼음(3) : 베플 {쟝} 張(1b), 집 {젼}, 殿(14a), 뜰 {졍} 庭(21a)

2) ㅌ>ㅊ : 없음.

3) ㅈ>ㄷ : ▼훈(1) : {딧} 우 羽(3a), ▼음(1) : 담 {댱} 墻(26a)

4) ㅊ>ㅌ : 없음.

『칠장사 천자문』에는 구개음화가 한자이 훈에 2회, 한사의 음에 3회 나타났다. 훈에 나타난 구개음화 가운데 '지의 연'의 '지의'는 한자어이므로 훈에서는 고유어와 한자음에 각각 한 예씩 나타난 것이다. 이 문헌에는 과도교정의 예들도 보인다. '딧 우'(羽)의 훈은 '짓'이 '딧'으로 과도교정된 것이고 '담 댱'(墻)의 '댱'은 '墻'의 음 '쟝'이 과도교정된 것이다. 특이하게도 고유어에는 구개음화와 과도교정이 1회씩 나타났지만, 한자의 음에서는 각각 3회와 1회 나타나고, 훈으로 제시된 한자어에서도 구개음화 예가 1회 나타났다.

(3) 『칠장사 유합』(1677)

| 변화 유형 | | 전 체 | 훈 | | | 음 |
| | | | 고 유 어 | | 한자어 | |
			어휘(어두/비어두)	문 법		
구개음화	ㄷ>ㅈ	19	2(1/1)	0	2	15
	ㅌ>ㅊ	7	0	0	1	6
과도교정	ㅈ>ㄷ	12	4(4/8)	0	0	4
	ㅊ>ㅌ	0	0	0	0	0
그대로	ㄷ	69	24(15/9)	0	10	35
	ㅌ	29	10(2/7(1))	0	4	15
	ㅈ	119	35(20/15)	0	17	67
	ㅊ	70	9(2/7)	0	10	51
ㄱ구개음화	ㄱ>ㅈ(ㄷ)	1	1	0	0	0

1) ㄷ>ㅈ : ▼훈(5) : {쟝가들} 취(娶), {주러질} 츅(縮), {즁이} 군(裙), {졍즈}
정(亭), ▼음 : ▼음(21) : 기동 {쥬}(柱), 명지 {쥬}(紬), 막대 {쟝}(杖), 모시
{져}(苧), {뎐}(殿, 구을) {뎐}(轉), 업더딜 {뎐}(顚), 나븨 {졉}(蝶), 들
{졍}(庭), 솓 {졍}(鼎), 믓곧 {졍}(汀), 졍즈 {졍}(亭), 잔자리 {졍}(蜻), 자블
{졔}(提), 츠례 {졔}(第)

2) ㅌ>ㅊ : ▼훈 : {쳥} 쳥(廳, 14a). ▼음 : 쇠 {쳘}(鐵, 17a), 저즐 {쳠}(26a),
쳥 {쳥} (廳, 14a), 드롤 {쳥}(聽, 20a), {쳬}(體, 14a), 배알 {츄}(抽, 7a)

3) ㅈ>ㄷ : ▼훈(8) : {딤} 각(閣, 14a), {딥} 막(幕, 14a), {딥} 실(室, 14a),
{딥} 옥 (屋, 14a), {남딘므틀} 가(嫁, 26a), {밥디슬} 취(炊, 18a), {술딜}
비(肥, 20a), {녀늠디슬} 롱(農, 22a). ▼음(4) : 갈 {디}(之, 7a), 괴올 {디}
(支, 23b), 병 {딜}(疾, 23b), 불 {둑}(足, 13b).

4) ㅊ>ㅌ : 없음.

5) ㄱ>ㄷ : ▼훈(1) : 디장 세 黍(7a)

『칠장사 유합』에는 『칠장사 천자문』에서보다 구개음화와 과도교정이
많이 나타나며, ㄱ구개음화와 관련된 예도 나타난다는 점에서 이전의 자

석류 문헌과 뚜렷한 차이를 보인다. 『천자문』에서는 구개음화가 훈에서 2회, 음에서 3회, 과도교정이 훈에서 1회, 음에서 1회 구개음화의 예가 보였으나, 『유합』에서는 구개음화가 훈에서 5회 음에서 21회, 과도교정이 훈에서 8회 음에서 4회가 나타났다. 그러므로 『유합』이 『천자문』보다 구개음화가 보다 확산된 모습을 보여주지만, 『유합』이나 『천자문』 모두 한자의 훈보다는 음에서 구개음화가 더 확산된 특성을 보여준다.

『유합』에 나타난 구개음화의 예는 한자의 음에서 {쥬}(柱), {쥬}(紬), {쟝}(杖), {져}(苧), {뎐}(殿), {뎐}(轉), {뎐}(顚), {뎝}(蝶), {뎡}(庭), {뎡}(鼎), {뎡}(汀), {뎡}(亭), {뎡}(蜓), {뎨}(提), {뎨}(第) 등이었으며, 훈에서는 {쟝가들}, {주러질}, {즁이} 군(裙), {뎡즈} 뎡(亭) 등으로서 고유어에서는 '댱가>쟝가'와 주러디->주러지-' 2회였고, 한자어 훈에서는 {즁이} 군(裙), {뎡즈} 뎡(亭) 2회였다. 이 문헌에는 'ㅌ'이 'ㅊ'으로 구개음화된 예들도 많이 나타났는데 그 예들은 '{쳘}(鐵), {쳡}(26a), {쳥}(廳), {쳥}(聽), {쳬}(體), {츄}(抽)' 등 모두 한자의 음이거나 '{쳥} 쳥(廳)'과 같이 훈에 사용된 한자어에 국한되어 나타났다. 과도교정도 'ㅍ'이 'ㅌ'으로 된 예는 없고 'ㅈ'이 'ㄷ'으로 된 예가 12회 나타났다. 음에 나타닌 과도교정은 {디}(之), {디}(支), {딜}(疾), {둑}(足)이었고, 훈에 나타난 과도교정은 '{딤} 각(閣), {딥} 막(幕), {딥} 실(室), {딥} 옥(屋), {남딘므틀} 가(嫁), {밥디슬} 취(炊), {술딜} 비(肥), {녀늠디슬} 롱(農) 등으로서 모두 고유어의 'ㅈ'이 'ㄷ'으로 과도교정된 것들이었다.

『칠장사 유합』에는 특이하게도 'ㄷ'의 구개음화와 관련되는 예들만이 아니라 '디장 세'(黍)에서와 같이 ㄱ구개음화와 관련되는 예가 나타났다. '디장'은 15세기 문헌의 『楞嚴經諺解능엄경언해』나 16세기의 『小學諺解소학언해』 등에 '기장'으로 나타나던 형태였다. 『칠장사 유합』의 '디장'은 '기장’이 구개음화되어 ‘지장’으로 된 다음, ‘지장’을 ‘디장’으로 과도교정하였기 때문인 것으로 해석된다. 이와 유사한 예가 16세기 후반의 경상도 방언이 반영된 『七大萬法칠대만법』에 보이는데(김주원, 1997), 이러한 유형의 과도교정은 경상도에서 간행된 18세기 불서류 문헌에 상당히 많이 나타난다.

이러한 유형의 예가 『칠장사 유합』에 보인다는 사실은 이 문헌의 판목이 칠장사에 보관되어 있지만(홍윤표, 1994), 이 문헌에 반영된 언어가 남부 방언이었을 것으로 추정하도록 해 준다. 적어도 중부 지방에서 간행된 문헌에서는 ㄱ구개음화가 일어나지도 않아서 이러한 유형의 예가 이 시기의 다른 문헌에는 전혀 나타나지 않기 때문이다. 그러므로 『칠장사 유합』4)은 그 책판이 안성의 칠장사에 보관되어 있다고 하더라도 이 문헌에 반영된 언어는 남부 방언으로 추정하는 것이 타당하지 않나 생각된다.5)

『영장사 천자문』과 『영장사 유합』에도 구개음화와 과도교정 예들이 보인다.

---

4) 『칠장사본 유합』에 나오는 ‘{저} 뎌(新類合上27a)져 {저}, 곤믈 {졔} 涕, (*명듀) {명지} 쥬 紬, (*브티- / 브치-){브질} 긔 喬, {여티} 공 蛩, {기쳔} 쳔 薦’ 등이 구개음화와 관련하여 단순한 오기인지 언어 변화를 반영하는 오기인지 검토할 필요가 있다. 위의 통계에는 이 예들을 제외하였다.

5) 『칠장사 천자문』에는 ㄱ구개음화 관련 예가 보이지 않는다 하더라도 『칠장사 유합』과 같은 성격의 문헌으로 다루어야 할 것으로 보인다. 『천자문』이 『유합』과 구개음화의 출현 빈도에 있어서는 다소 차이가 있다고 하더라도 판목이 칠장사에 같이 보관되어 있을 뿐 아니라 글씨체나 간행 시기 등이 대체로 대동소이한 것으로 보이기 때문이다.

(4) 『영장사 천자문』(1702)

<table>
<tr><td rowspan="3"></td><td rowspan="3">변화 유형</td><td rowspan="3">전 체</td><td colspan="4">훈</td><td rowspan="3">음</td></tr>
<tr><td colspan="2">고 유 어</td><td rowspan="2">한자어</td></tr>
<tr><td>어휘(어두/비어두)</td><td>문 법</td></tr>
<tr><td rowspan="2">구개음화</td><td>ㄷ>ㅈ</td><td>8</td><td>1(0/1)</td><td>0</td><td>1</td><td>6</td></tr>
<tr><td>ㅌ>ㅊ</td><td>1</td><td>0</td><td>0</td><td>0</td><td>1</td></tr>
<tr><td rowspan="2">과도교정</td><td>ㅈ>ㄷ</td><td>2</td><td>2(2/0)</td><td>0</td><td>0</td><td>0</td></tr>
<tr><td>ㅊ>ㅌ</td><td>1</td><td>1(1/0)</td><td>0</td><td>0</td><td>0</td></tr>
<tr><td rowspan="4">그대로</td><td>ㄷ</td><td>60</td><td>22(11/11)</td><td>0</td><td>7</td><td>31</td></tr>
<tr><td>ㅌ</td><td>22</td><td>4(0/4)</td><td>0</td><td>1</td><td>17</td></tr>
<tr><td>ㅈ</td><td>99</td><td>35(25/10)</td><td>0</td><td>12</td><td>52</td></tr>
<tr><td>ㅊ</td><td>42</td><td>10(4/6)</td><td>0</td><td>7</td><td>25</td></tr>
<tr><td>ㄱ구개음화</td><td>ㄱ>ㅈ</td><td>4</td><td>4(4/0)</td><td>0</td><td>0</td><td>0</td></tr>
</table>

1) ㄷ>ㅈ : ▼훈(2) : {모지} 악(惡, 천 ; 8a), {지의} 연(筵, 천 ; 15a), ▼음(7) : 짜 {지}(地, 천 ; 1a), 몰굴 {징}(澄, 천 ; 10b), 베플 {쟝}(張, 천 ; 1b), 집 {뎐}(殿, 천 ; 14a), 뜰 {뎡}(庭, 천 ; 21a), 아춤 {죠}(朝, 천 ; 4a), 하놀 {쳔} (天, 천 ; 1a)

2) ㅈ>ㄷ : ▼훈(3) : {딥} 우(宇, 천 ; 1a), {딥} 듀(宙, 천 ; 1a), {틸} 육(育, 천 ; 4b)

3) ㅌ>ㅊ : 없음.

4) ㅊ>ㅌ : 없음.

5) ㄱ>ㅈ : ▼훈(4) : {지울} 측(仄, 천 ; 1a), {져} 강(糠, 천 ; 26b), {져의} 동 (冬, 천 ; 1b), {계집} 녀(女, 천 ; 6a).

경남 남해도 소재의 영장사에서 간행된 『영장사 천자문』에는 구개음 화와 과도교정의 예들이 나타나지만 예는 그리 많지 않다. ㄷ의 구개음 화는 한자의 음에서 7회, 고유어로 된 훈에서 1회, 한자어로 된 훈에서 1 회 나타났으며, 'ㅌ'의 구개음화 예는 나타나지 않았다. 과도교정은 '{딥}

우(宇), {딥} 듀(宙), {틸} 육(育)’ 등 고유어로 된 훈에서만 3회 나타나 역시 ㄷ구개음화가 고유어에서 활발하게 진행되고 있었음을 보여준다.

『영장사 천자문』에 남해도 방언이 반영된 것으로 간주된다(백두현, 1988). 이 문헌에 보이는 ㄱ구개음화의 예들도 그러한 사정을 뒷받침해 준다. 이 문헌에는 ㄱ구개음화가 한자의 음에는 나타나지 않고, ‘{지울} 축(仄), {져} 강(糠), {져의} 동(冬), {계집} 녀(女)’ 등과 같이 훈에서만 4회 나타났다. 이 예들은 각각 ‘기울-, 겨, 겨을, 계집’의 ‘ㄱ’이 ‘ㅣ’나 반모음 ‘ㅣ’ 앞에서 ‘ㅈ’으로 구개음화된 것이다. ㄱ구개음화에 대해서는 과도교정이 나타나지 않았지만, 이런 정도의 예들이라면 다른 문헌에 비해 ㄱ구개음화의 예가 적지 않게 나타났다고 할 수 있다.

(5) 『영장사 유합』(1702)

	변화 유형	전 체	훈			음
			고 유 어		한자어	
			어휘(어두/비어두)	문 법		
구개음화	ㄷ>ㅈ	19	11(7/4)	0	3	5
	ㅌ>ㅊ	5	1(1/0)	0	1	3
과도교정	ㅈ>ㄷ	11	5(2/3)	0	2	4
	ㅊ>ㅌ	1	0	0	0	1
그대로	ㄷ	74	20(11/9)	0	9	45
	ㅌ	29	12(2/10)	0	1	16
	ㅈ	119	48(30/18)	0	15	56
	ㅊ	67	7(1/6)	0	11	49

1) ㄷ>ㅈ : ▼훈(16) : {지를} 즉(刺, 유 ; 29a), {지클} 슈(守, 유 ; 27a), {직조 술} 탁(啄, 유 ; 08b), {쟝가들} 취(娶, 유 ; 26b), {져} 뎍(笛, 유 ; 15a), {져올} 단(短, 유 ; 30a), {졀} 스(寺, 유 ; 11b), {더질} 텩(擲, 유 ; 29a), {더질} 투(投, 유 ; 29a), {삽쥬} 츨(菜, 유 ; 05b), {스라질} 쇼(消, 유 ; 31a),

{졍두} 듀(廚, 유 ; 14b), {졍즈} 뎡(亭, 유 ; 14a), {즈지} 즈(紫, 유 ; 03b), {고칠} 변(變, 유 ; 32a), {신쳥} 신(神, 유 ; 11b). ▼음(8) : 더들 {지}(遲, 유 ; 30b), 싀두 {질}(迭, 유 ; 02b), 업기실 {젼}(顚. 유 ; 24b), 뜰 {졍}(庭, 유 ; 14b), 명들 {쥬}(紬, 유 ; 16a), 방하돌 {침}(砧, 유 ; 14b), 쇠 {쳘}(鐵, 유 ; 17a), 드를 {쳥}(聽, 유 ; 20a)

2) ㅈ>ㄷ : ▼훈(7) : {녀름디을} 롱(農, 유 ; 22a), {디즐} 인(茵, 유 ; 15a), {걱디} 극(屐, 유 ; 15a), {계딥죵} 비(婢, 유 ; 12b), {술딜} 비(肥, 유 ; 20a), {듀셕} 셕(錫, 유 ; 15b), {구뎨} 구(救, 유 ; 23a), ▼음(5) : 고 {뎌}(杵, 유 ; 14b), 챠근 {뎨}(渚, 유 ; 04b), 고올 {듀}(州, 유 ; 12a), 믈ㄱ {듀}(洲, 유 ; 04b), 수리 {튝}(鷲, 유 ; 08a)

3) ㅌ>ㅊ : 없음.

4) ㅊ>ㅌ : 없음.

『영장사 유합』6)에 구개음화는 한자의 훈에 16회, 한자의 음에 8회 나타났으며, 과도교정은 한자의 훈에 7회, 한자의 음에 5회 나타났다. 훈에 나타난 예는 '{지를} 즈(刺), {지킬} 슈(守), {식조술} 박(啄), {쟝가늘} 취(娶), {뎌} 뎍(笛), {뎌울} 단(短), {뎔} 스(寺), {더질} 텩(擲), {더질} 투(投), {삽쥬} 츨(莱), {스라질} 쇼(消), {졍두} 듀(廚), {졍즈} 뎡(亭), {즈지} 즈(紫), {고칠} 변(變), {신졍} 신(神)' 등으로서, 고유어로 된 훈에서 13회, 한자의 음으로 된 훈에서 3회 나타나 주로 고유어에서 구개음화가 일어났음을 보여준다. 한자음에서는 '{지}(遲), {질}(迭), {젼}(顚), {졍}(庭), {쥬}(紬), {침}(砧), {쳘}(鐵), {쳥}(聽)' 등이 구개음화되어 나타났다. 한자의 음보다는 훈에서 구개음화가 많이 일어났으며 훈에서

---

6) 이 『유합』에는 '腸'을 '애 {챵}'이라 해 놓아 『신증 유합』의 '챵즈 댱(新類合 上 ; 22a)'과 비교하면 '챵'이 구개음화되었다고 볼 수도 있다. 이 예는 구개음화의 예에서 제외하였다. 이 문헌에는 '闞 {잡쳡} 쇼, 護 {조뎨} 호' 등의 예도 보인다. 이전 시기 이 한자들의 훈이 무엇이었는지를 분명히 확인하기 어려워 구개음화 관련 예에 포함하지 않았다.

도 한자로 된 훈보다는 고유어로 된 훈에서 구개음화가 많이 나타났다.

과도교정의 예는 훈에서 '{녀름디을} 롱(農), {디줄} 인(茵), {격디} 극(展), {계딥죵} 비(婢), {술딜} 비(肥), {듀셕} 셕(錫), {구뎨} 구(救)' 등 7회 나타났는데, 구개음화의 예와 마찬가지로 한자로 된 훈보다는 고유어로 된 훈에서 과도교정이 많이 일어났다. 표제 한자의 음에서는 '{뎌}(杵), {뎨}(渚), {듀}(州), {듀}(洲), {튝}(鷲)' 등 5회 나타났다. 전체적으로 표제 한자의 음보다는 훈에서, 훈 중에서도 한자로 된 훈보다는 고유어로 된 훈에서 과도교정이 많이 일어났다.

(6) 『송광사 천자문』(1730)

| | 변화 유형 | 전 체 | 훈 | | | 음 |
| | | | 고 유 어 | | 한자어 | |
			어휘(어두/비어두)	문 법		
구개음화	ㄷ>ㅈ	7	2(0/2)	0	0	5
	ㅌ>ㅊ	0	0	0	0	0
과도교정	ㅈ>ㄷ	1	0	0	0	1
	ㅊ>ㅌ	0	0	0	0	0
그대로	ㄷ	71	23(12/11)	0	10	38
	ㅌ	26	7(0/7)	0	1	18
	ㅈ	101	39(30/9)	1	12	49
	ㅊ	46	13(6/7)	0	8	25

1) ㄷ>ㅈ : ▼훈(2회) : {모질} 악(惡, 8a), {어질} 냥(良, 6a), ▼음(5회) : 진 {쟝}(長, 6b), 구을 {젼}(轉, 15a), 옴길 {젼}(傳, 7b), 업더딜 {젼}(顚, 12b), 무기울 {즁}(重, 2b)

2) ㅌ>ㅊ : 없음

3) ㅈ>ㄷ : ▼훈 : 없음. ▼음(1) : 마촘 {둉}(終, 10a)

4) ㅊ>ㅌ : 없음.

5) ㄱ>ㅈ : ▼훈(1회) : {진} 쟝 長(6b)

『송광사 천자문』에는 구개음화의 예가 그리 많지 않으나 ㄷ구개음화
와 그 과도교정, ㄱ구개음화의 예가 모두 나타났다. ㄷ구개음화는 표제
한자의 훈에 2회, 표제 한자의 음에 7회 나타나 다른 자석류와 달리 표
제 한자의 음에서 구개음화가 많이 일어났음을 보여준다. 과도교정은 표
제 한자의 훈에서만 3회 나타났다. 이러한 상태는 전라도 지역에서 간행
된 문헌과 비교하면 구개음화와 과도교정의 예들이 매우 적은 상태이다.
1637년 구례 화엄사에서 간행된『勸念要錄권념요록』에만 하더라도 이 예
들보다 많은 구개음화 예들이 나타나기 때문이다. 그러나 이 문헌에서는
ㄱ구개음화의 예도 나타났다. '{진} 쟝 長(6b)'과 같이 고유어로 된 훈에
서 '길-'이 '질-'로 구개음화되어 나타나는 것이다. ㄱ구개음화의 예도
나타난다는 점에서 이 시기에 구개음화가 그리 확산되지 않았다고 단정
하기는 어렵다.

　『주해 천자문』의 구개음화 관련 예들을 보기로 한다.

(7)『주해 천자문』(1754)

	변화 유형	진 체	훈			음
			고 유 어		한자어	
			어휘(어두/비어두)	문 법		
구개음화	ㄷ>ㅈ	90	31(15/16)	0	18	41
	ㅌ>ㅊ	40	14(1/13)	0	5	21
과도교정	ㅈ>ㄷ	5	5(0/5)	0	0	0
	ㅊ>ㅌ	0	0	0	0	0
그대로	ㄷ	97	25(11/14)	0	28	44
	ㅌ	8	3(0/3)	0	0	5
	ㅈ	209	63(43/22)	1	48	95
	ㅊ	93	18(9/9)	0	15	60

1) ㄷ>ㅈ : ▼훈 : 지날, 직킬, 직휠, 직휠, 찔, 져, 져를, 더질, 맛질, 엇지(9), 커질, 쓴허질, 쩌러질, 허러질, ㅎ야질, 若 {지혜} 약, 知 {지혜} 지, 陳 {진} 진, 帳 {쟝} 쟝, 帷 {쟝} 유, 夫 {쟝부} 부, 禪 {젼홀} 션, 傳 {젼홀} 젼, 節 {졀조} 졀, 操 {졀조} 조, 奏 {졀주} 주, 趙 {죠국} 죠, 朝 {죠뎡} 죠, 王 {죠회} 왕, 朝 {죠회} 죠, 筍 {쥭슌} 슌, 簡 {쥭칙} 간, 策 {쥭칙} 칙, 華 {즁화} 화, 傳 {관젼} 젼, 傳 {역젼} 젼, 節 {존졀} 졀, 箱 {수뤼젼} 샹. ▼음 : 池 못 {지}, 知 알 {지}, 持 가딜 {지}, 知 지혜 {지}, 直 쏠 {직}, 直 곳믈 {직}, 直 다만 {직}, 陳 진 {진}, 陳 무글 {진}, 陳 베플 {진}, 珍 보비 {진}, 澄 믈꼴 {징}, 長 긴 {쟝}, 帳 쟝 {쟝}, 長 기릐 {쟝}, 場 마당 {쟝}, 長 미양 {쟝}, 長 어룬 {쟝}, 腸 챵ᄌ {쟝}, 張 커질 {쟝}, 張 활지을 {쟝}, 傳 관젼 {젼}, 轉 구울 傳 글월 {젼}, 傳 역젼 {젼}, 傳 젼홀 {젼}, 轉 구울일 {젼}, 切 근졀 {졀}, 節 ᄆ디 {졀}, 切 버힐 {졀} 節 졀조 {졀}, 節 존졀 {졀}, 貞 고들 {졍}, 朝 아ᄎᆷ {죠}, 趙 죠국 {죠}, 朝 죠뎡 {죠}, 朝 죠회 {죠}, 趙 풀밀 {죠}, 晝 낫 {쥬}, 誅 버힐 {쥬}, 誅 ᄽᅮ지즐 {쥬}, 宙 집ᄆᆞᆯ {쥬}, 重 겹 {즁}, 重 다시 {즁}, 中 마즐 {즁}, 中 마칠 {즁}, 中 즁도 {즁}, 中 가온대 {즁}, 重 무거올 {즁}, 中 {즁도} 즁.

2) ㅌ>ㅊ : ▼훈 : 칠(3), 고칠(2), 내칠(4), 밀칠, 바칠, 깨칠, 업칠, 눌애칠, 물리칠(2), 治 {치 슈} 치, 老 {치ᄉ홀} 로, 勅 {칙셕} 칙, 逸 {쵸일홀}, 税 {츄복홀}, 忠 {츙셩} 츙. ▼음 : 植 둘 {치}, 植 세울 {치}, 致 닐윌 {치}, 治 다슬 {치}, 馳 둘릴 {치}, 治 치슈 {치}, 致 극진홀 {치}, 治 다ᄉ릴 {치}, 恥 붓그릴 {치}, 勅 칙셕 {칙}, 勅 다ᄉ릴 {칙}, 沈 줌길 {침}, 陟 올올 {쳑}, 超 뛸 {쵸}, 超 너믈 {쵸}, 招 브롤 {쵸}, 寵 괼 {츙}, 寵 ᄉ랑 {츙}, 抽 ᄲᅢ힐 {츄}, 逐 ᄶᅩ출 {츅}, 逐 조출 {츅}, 黜 내칠 {츌}, 忠 츙셩 {츙}.

3) ㅈ>ㄷ(5) : ▼훈 : $2 가딜(3), 겨딉, 도디게

『주해 천자문』에서도 구개음화의 환경에 있는 총 250회 가운데 구개음화된 예가 141회로 전체적으로 55% 이상의 구개음화 비율을 보여준다. 이러한 비율은 한자어나 고유어 모두 비슷한 비율로 나타나며, 고유

어의 경우에도 어두음절과 비어두음절 모두 비슷한 비율로 나타난다. 그러나 이러한 구개음화의 비율에 비해 과도교정의 예는 고유어의 비어두음절에서 5회 나타나는 데에 그치고 있다. 구개음화가 상당히 일반화되면서 과도교정이 그리 많지 않은 상태로 나타났다고 할 수 있다.

『주해 천자문』의 이러한 정도는 10%도 되지 않는 18세기 영조대 후기의 왕실 문헌(<어제>, <경셰문답> 등)의 8.66%보다 구개음화가 상당히 확산된 상태에 있었음을 보여주며, 역서류 문헌인『朴通事新釋諺解 박통사신석언해』(1764)의 51.65%보다는 구개음화가 다소 확산 상태에 있었음을 보여준다. 『주해 천자문』(1754)의 구개음화 확산 상태가『박통사신석언해』(1764)보다 많이 확산되어 나타난다는 사실은 자석류 문헌의 언어 사용 상태가 문장으로 된 언해문보다 정확을 기하여 편찬했으리라는 애초 가정을 뒤집는 결과이다. 이와 같이 자석류 문헌에 반영된 언어에 구개음화가『박통사신석언해』보다 더 확산되어 나타난다는 사실은 자석류 문헌의 언어가 역서류 문헌보다 일상적으로 사용하던 언어가 일정한 기준에 따라 걸러지지 않은 채 반영되었기 때문이라고 할 수 있다.

『주해 천자문』에서는 표제 한자의 훈에서뿐만 아니라 음에서도 구개음화가 많이 일어나 전반적으로 구개음화가 매우 확산된 상태를 보여준다. 고유어로 된 훈에서는 43회가 구개음화되어 나타났지만, 한자로 된 훈에서도 29회가 구개음화되어 나타났다. 표제 한자의 음에서는 73회가 구개음화되어 나타났다. 그러나 과도교정은 '가딜(3), 겨딥, 도디게' 등과 같이 고유어로 된 훈에서만 나타났다. 전체적으로 한자의 음에도 구개음화가 상당히 확산되었음을 보여주지만, 그래도 여전히 한자로 된 훈에서보다 고유어로 된 훈에서 구개음화가 많이 나타나며 과도교정도 고유어로 된 훈에서만 나타났다는 점에서 이전의 문헌과 크게 다르지 않다.

(8) 『역대 천자문』(1910)

변화 유형		전 체	훈			음
			고 유 어		한자어	
			어휘(어두/비어두)	문 법		
구개음화	ㄷ>ㅈ	68	22(7/15)	0	9	37
	ㅌ>ㅊ	18	6(3/3)	0	2	10
과도교정	ㅈ>ㄷ	1	0	0	1	0
	ㅊ>ㅌ	0	0	0	0	0
그대로	ㄷ	1	1(0/1)	0	0	0
	ㅌ	1	0	0	0	1
	ㅈ	82	29(16/13)	0	18	35
	ㅊ	38	7(0/7)	0	6	25

1) ㄷ>ㅈ : 1회를 제외한 68회가 모두 구개음화되어 나타남. cf : ▼훈 : {엇디} 거(17a)

2) ㅌ>ㅊ : 1회를 제외한 18회가 모두 구개음화되어 나타남. cf : ▼음 : 달 {텸}(甛, 18a)

3) ㅈ>ㄷ : ▼훈 : {뎜} 복(卜, 3b)

4) ㅊ>ㅌ : 없음.

5) ㄱ>ㅈ : {진} 쟝(長, 3), {질} 연(延, 21a), {질} 졍(程, 22b), {집슉} 유(幽, 5b), {젼쥴} 비(比, 12a), {믈질} 급(汲, 14b), {옷짓} 금(襟, 16b), {지졍} 셔(黍, 6a)

『역대 천자문』에는 구개음화가 거의 완성되었다고 할 수 있을 정도로 대부분의 어휘가 구개음화되어 나타났다. 표제 한자의 훈에서 '{엇디} 거(17a)', 음에서 '달 {텸}(甛, 18a)'이 구개음화되지 않았을 뿐 나머지는 모두 구개음화되어 나타났기 때문이다. 그러나 이 문헌에는 과도교정도 '{뎜} 복(卜, 3b)' 한 예가 표제 한자의 훈에서 나타났다.

이 문헌에는 ㄱ구개음화도 상당히 많이 나타났다. '{진} 쟝(長, 3), {질}

연(延, 21a), {질} 졍(程, 22b), {집숙} 유(幽, 5b), {전쥴} 비(比, 12a), {물질} 급(汲, 14b), {옷 짓} 금(襟, 16b), {지졍} 셔(黍, 6a)' 등으로서, 모두 고유어 어휘형태소의 1음절에서 ㄱ구개음화가 일어났음을 보여준다. 한 자에서는 ㄱ구개음화 예가 1회도 나타나지 않았다. 이러한 특성 역시 전 반적으로 자석류 문헌에서의 구개음화는 한자로 된 훈에서보다 고유어로 된 훈에서 활발하게 나타나는 일반적인 특징과 궤를 같이 한다.

3. 자석류 문헌의 원순모음화

16세기 후기의 『광주 천자문』(1575)과 『석봉 천자문』(1583)에는 원순모음화 예가 보이지 않고 비원순모음화의 예들만 보인다.

(9) 『광주 천자문』, 『석봉 천자문』
   1) ㅡ>ㅜ : 없음.
   2) ㆍ>ㅗ : 없음.
   3) ㅜ>ㅡ : ▼훈 : {붓그릴} 티(恥, 광주, 30b), {묏브리} 강(岡, 광주, 3a), {묏브리} 곤(崑, 광주, 3a), {므들} 염(染, 광주, 9a), {붓그릴} 티(恥, 석봉, 30b), {붓그릴} 티(恥, 석봉, 30b)
   4) ㅗ>ㆍ : ▼훈 : ㅗ→ㆍ : {자ᄆ} 파(頗, 광주, 25b), {자ᄆ} 파(頗, 석봉, 25b)

비원순모음화도 원순모음화와 마찬가지로 'ㅜ>ㅡ' 변화와 'ㅗ>ㆍ' 변화 두 종류가 있었다. 이 가운데 'ㅜ>ㅡ' 비원순모음화는 『광주 천자문』과 『석봉 천자문』의 한자의 훈에서 총 6회 나타났다. 'ㅗ>ㆍ' 비원순모음화도 『광주 천자문』과 『석봉 천자문』의 한자의 훈에서 총 2회 나타났다. 특이한 것은 『광주 천자문』에 '칠 믁(牧, 광주, 25b)'이 보이는데 다른 문헌에 한자의 음에서 '목'이 '믁'으로 된 예들이 거의 보이지 않는 다는 점에서 실제의 변화가 반영된 예라기보다는 표기 상의 오류가 아닌 가 생각된다.

앞의 두 문헌과 유사한 시기에 간행된 『신증 유합』(1576)에는 원순모 음화와 비원순모음화의 예가 보인다. 다음의 (10)과 같이 원순모음화는 고유어로 된 '거믈'(검-+-을)이 '거물'로 되어 나타났으며, 비원순모음 화는 『광주 천자문』과 『석봉 천자문』에도 나타났던 고유어 훈 '붓그리-' 가 4회 나타났다. 모두 고유어로 된 한자의 훈에서 나타났으며, 그 예들 은 모두 'ㅡ'와 'ㅜ'가 교체되는 유형이었다.

(10) 『신증 유합』
   1) ㅡ>ㅜ : ▼훈 : {거물} 검(黔, 하 ; 22a)
   2) ·>ㅗ : 없음
   3) ㅜ>ㅡ : ▼훈 : {붓그릴} 괴(愧, 하 ; 15a), {붓그릴} 슈(羞, 하 ; 32b), {붓그릴} 참(慙, 하 ; 15a), {붓그릴} 티(恥, 하 ; 15a)
   4) ㅗ>· : 없음

『광주 천자문』, 『석봉 천자문』, 『신증 유합』 등 16세기의 자석류 문헌 에는 원순모음화와 비원순모음화의 예가 극히 한정되어 나타나지만, 원 순모음화의 예보다는 비원순모음화의 예들이 다소 많이 나타났다. 그러 나 이들 문헌에는 원순모음화든 비원순모음화든 모두 한자의 음에는 물 론, 한자로 된 훈에는 나타나지 않고 고유어로 된 훈에만 나타났다. 이러 한 특성은 구개음화에서도 나타나던 현상으로서 자석류 문헌에서 보여 주는 중요한 국어 사용의 특징이라 할 수 있다.

(11) 『칠장사 천자문』과 『칠장사 유합』

   1) ㅡ>ㅜ : ▼훈(0/1) : {니불} 금(襟, 유 ; 18b)

   2) ㆍ>ㅗ : 없음.

   3) ㅜ>ㅡ : ▼훈(2/8) : {붓그릴} 티(恥, 천 ; 23a), {곳쓰리} 영(英, 천 ; 16a), {브업} 죠(유 ; 14b), {브엉이} 유(鵂, 유 ; 8a), {블} 취(吹, 유 ; 21b), {블희} 근(根, 유 ; 6a), {픨} 발(發, 유 ; 30b), {븐} 분(粉, 유 ; 14a), {그믐} 회(晦, 유 ; 2b), {므들} 연(延, 유 ; 31a)

   4) ㅗ>ㆍ : 없음.

『칠장사 유합』(1766)에 'ㅡ>ㅜ' 원순모음화가 '니불' 한 예 나타났다. '니불' 역시 고유어로 된 훈에서 원순모음화가 일어난 것이다. 이들 문헌에도 원순모음화보다 비원순모음화가 많이 나타났다. 비원순모음화의 예들은 10회가 나타났는데, 모두 'ㅜ'가 'ㅡ'로 된 예들로서 '븐'을 제외하면 모두 고유어로 된 훈에서 나타난 것이다. 원순모음화와 비원순모음화의 예들이 모두 'ㅜ'와 'ㅡ'의 교체 현상에만 한정되고 'ㆍ'와 'ㅗ'의 교체를 보여주는 예들이 없다는 점은 원순모음화의 일반적인 진행 과정과 동일하다.

(12) 『영장사 천자문』과 『영장사 유합』

   1) ㅡ>ㅜ : ▼훈 : {노풀} 쇼(邵, 천 ; 31a), {무쇼} 셔(犀, 유 ; 8b), {문들} 홀(忽, 유 ; 31b), {니불} 금(襟, 유 ; 18b), {밀물} 됴(潮, 유 ; 4b), {두풀} 부(覆, 유 ; 1b), {시불} 작(嚼, 유 ; 21b). ▼음 : 줌줌올 {묵}(默, 유 ; 25a), 벋 {붕} (朋, 유 ; 11a),

   2) ㆍ>ㅗ : ▼훈 : {너볼} 광(廣, 천 ; 15b), {푸올} 회(懷, 천 ; 12a), {뵈} 션(船, 유 ; 12a), {스모출} 달(達, 유 ; 1a), {너몰} 유(踰, 유 ; 25b), {드몰} 팀(沈, 유 ; 31b), {자볼}(提, 유 ; 29a), {자볼} 집(執, 유 ; 29a), {고기자볼} 어(漁, 유 ; 22a), {보뵈} 보(寶, 유 ; 16a)

    3) ㅜ>ㅡ : ▼훈 : {붓그릴} 티(恥, 천 ; 23a), {나믜} 목(木, 천 ; 5a), {므
　　　를} 문(問, 유 ; 25a), {브새} 조(竈, 유 ; 14b), {브헝이} 류(鸜, 유 ;
　　　8a), {블휘} 근(根, 유 ; 6a), {브틸} 브(付, 유 ; 26b), {그믐} 회(晦,
　　　유 ; 2b)

    4) ㅗ>ㆍ : 없음.

『영장사 천자문』(1702)과 『영장사 유합』(1702)에는 원순모음화와 비원
순모음화 현상이 적지 않게 나타났다. 이들 문헌에 나타나는 중요한 특
징은 원순모음화와 비원순모음화가 음보다는 훈에서, 그중에서도 대부분
고유어로 된 훈에서 나타났다는 점이다. 'ㅡ>ㅜ' 변화가 '{노풀} 쇼(邵),
{무쇼} 셔(犀), {문들} 홀(忽), {니불} 금(襟), {밀물} 됴(潮), {두풀} 부
(覆), {시불} 작(嚼)' 등과 같이 고유어로 된 훈에서 7회 나타났으나, 음
에서 '{묵}(默), {붕}(朋)' 2회 나타났을 뿐이었다.

　이 두 문헌의 원순모음화는 형태소 경계에서도 이전의 문헌에 비하여
상당히 많이 확산되었음을 보여준다. '{노풀}, {두풀}, {시불}' 등과 같
이 어간에 어미가 결합되는 환경, 즉 형태소 경계에서 원순모음화 현상
이 일어났음을 보여준다. 이와 같이 형태소 경계에서의 원순모음화 현상
은 18세기 후기의 왕실 문헌에도 거의 보이지 않으며, 역서류 문헌에서
도 많이 나타나지 않는다. 그러므로 이러한 변화들이 나타나는 자석류
문헌들의 언어 사용이 언어 변화를 가능하면 반영하지 않아 왕실 문헌이
나 역서류 문헌보다 보수적이고 규범적인 특성을 보이리라는 가정이 잘
못되었음을 보여준다. 그러나 표제 한자의 음에 있어서는 이러한 가정이
어느 정도 부합된다. 변화의 예들 대부분이 한자의 훈, 그중에서도 고유
어로 된 훈에서 나타나기 때문이다.

　이 두 문헌에서 'ㆍ'가 'ㅗ'로 원순모음화된 예들이 상당히 많이 나타

난다는 점이 특이하다. '{너볼} 광(廣), {푸올} 회(懷), {뵈} 션(船), {스모출} 달(達), {너몰} 유(踰), {두몰} 팀(沈), {자볼} 제(提), {자볼} 집(執), {고기자볼} 어(漁), {보뵈} 보(寶) 등이 그 예들로서, 그 가운데 '{너볼}, {푸올}, {스모출}, {너몰}, {두몰}, {자볼}, {고기 자볼}' 등은 어간과 어미가 결합되는 형태소 경계에서, '{뵈}, {보뵈}' 등은 형태소 내부에서 원순모음화가 일어난 예들이다. 이 예들은 모두 표제 한자의 음에서가 아니라 훈에서 원순모음화가 일어난 예들이며, 그중에서도 '보뵈'만 제외하면 고유어로 된 훈에서 원순모음화가 일어난 예들이다. 그러나 이들 문헌에는 'ㅗ>ㆍ' 비원순모음화의 예는 보이지 않는다. 비원순모음화의 예들은 '{붓그릴} 티(恥), {나믜} 목(木), {므를} 문(問), {브새} 조(竈), {브헝이} 류(鵂), {블휘} 근(根), {브틸} 브(付), {그믐} 회(晦)' 등과 같이 모두 'ㅜ>ㅡ' 비원순모음화된 것들로서, 고유어로 된 훈에서만 나타나는 공통점을 보여준다.

근대국어 시기 대부분의 문헌에 'ㆍ'가 'ㅗ'로 원순모음화되는 예들은 거의 없다. 'ㆍ'가 비어두음절에서는 이미 15세기부터 'ㅡ'로 바뀌기 시작하여 근대국어 시기에 이르면 비어두음절에서 순음 다음에 있던 'ㆍ'는 거의 'ㅡ'로 변한 상태였기 때문이다. 그러나 'ㆍ'가 'ㅡ'로 바뀌지 않고 남아 있던 일부의 'ㆍ'는 'ㅗ'로 바뀐 예들이 간혹 나타났으며, 비어두음절이나 어두음절에 남아 있던 일부의 'ㆍ'가 'ㅗ'로 원순모음화되어 나타나기도 하였다. 이러한 사실은 당시의 경상도 방언에 비어두음절의 'ㆍ'가 모두 [ɨ]로 바뀌지 않았음을 보여준다고 할 수 있다.

비어두음절에서의 'ㆍ'와 달리 어두음절에서는 'ㆍ'가 이 시기에도 상당히 많이 남아 있었던 것으로 보인다. 18세기 들어 어두음절의 'ㆍ'는 'ㅏ'로 바뀌는 것이 일반적이어서 어두음절의 'ㆍ'가 순음 다음에서 'ㅗ'

로 원순모음화되어 나타나는 예는 거의 찾아볼 수 없다. 그런데 이 문헌에는 '{뵈} 션(船)'은 '뵈'가 바뀐 것으로서 어두음절에서 'ㆍ'가 'ㅗ'로 원순모음화되었음을 보여주는 것이다. 어두음절에서 이러한 변화가 일어난 이유는 이 문헌이 남해도 방언이 반영된 자석류 문헌으로서 매우 보수적인 상태를 유지하여 'ㆍ'가 어두음절에서도 'ㅏ'로 되는 변화와 경쟁 관계에 놓일 수 있었기 때문이라고 생각된다.

(13) 『송광사 천자문』(1730)

| | 변화 유형 | 전 체 | 훈 | | | 음 |
| | | | 고 유 어 | | 한 자 | |
			어휘(어두/비어두)	문 법		
원순모음화	ㅡ>ㅜ	0	0	0	0	0
	ㆍ>ㅗ	2	2(2/0)	0	0	0
비원순모음화	ㅜ>ㅡ	3	2(1/1)	0	1	0
	ㅗ>ㆍ	1	1(1/0)	0	0	0
그대로	ㅡ	64	31(22/9)	27	0	6
	ㆍ	74	39(30/9)	15	5	15
	ㅜ	47	24(18/6)	0	2	21
	ㅗ	71	37(35/2)	2	10	22

1) ㅡ>ㅜ : 없음.

2) ㆍ>ㅗ : ▼훈(2) : {몰} 빅 佰(11b), {몰굴} 딩 澄(9b).

3) ㅜ>ㅡ : ▼훈(3) : {곳쓰리} 영 英(15b), {풍속} 쇽 俗(30a), {붓그릴} 티 恥 (23a)

4) ㅗ>ㆍ : ▼훈(1) : {밑쑤리} 슈 岫(21a)

이 문헌에도 많지는 않지만, 원순모음화와 비원순모음화의 예가 보인다. 이 문헌에는 'ㅡ'가 'ㅜ'로 원순모음화된 예는 보이지 않고[7] '{몰}

빅 佰(11b), {몰굴} 딩 澄(9b)'에서와 같이 제1음절의 'ㆍ'가 'ㅗ'로 원순모음화된 예들이 보인다. 또한 이 문헌에는 순자음 뒤의 'ㆍ'가 'ㅗ'로 되는 원순모음화와 반대 방향의 변화를 보이는 '{믯뿌리} 슈(岫)'가 보인다. 『영장사 천자문』과 『영장사 유합』에도 이러한 유형의 비원순모음화는 보이지 않던 예이다. 이 문헌에 보이는 원순모음화와 비원순모음화의 예들도 모두 표제 한자의 음에서가 아니라 훈에서 나타났으며, '풍속'을 제외하면 나머지는 모두 고유어 훈에서 나타났다.[8]

(14) 『주해 천자문』(1754)

| | 변화 유형 | 전 체 | 훈 | | | 음 |
| | | | 고 유 어 | | 한자어 | |
			어휘(어두/비어두)	문 법		
원순모음화	ㅡ>ㅜ	56	37(27/10)	10	2	7
	ㆍ>ㅗ	0	0	0	0	0
비원순모음화	ㅜ>ㅡ	9	8(6/2)	0	1	0
	ㅗ>ㆍ	3	3(2/1)	0	0	0

---

7) 이 문헌에 'ㅡ>ㅜ' 원순모음화의 예는 보이지 않는다. 그러나 순자음 뒤의 'ㅜ'가 'ㅡ'로 되는 비원순모음화의 예들이 '{곳쌔리} 영(英), {풍속} 속(俗), {붓그릴} 티(恥)' 등과 같이 나타난다. 이 시기까지 대부분의 자석류 문헌에서 원순모음화보다 비원순모음화가 먼저 나타나고 그 예들도 다소 많이 나타난다는 특징을 보인다. 이러한 자석류 문헌의 특징은 자석류 문헌에서 원순모음화를 거부하는 의식이 작용하지 않나 생각된다. 즉 원순모음화 현상이 그리 많이 확산되지는 않았지만, 그 확산 상태가 화자들에게 의식이 되어 원순모음화된 어형을 선택하지 않으려는 노력이 원순모음화와 관련없는 원래의 원순모음을 비원순모음으로 바꾸는 결과를 낳은 것으로 생각되기 때문이다.

8) 이 문헌에서 'ㆍ>ㅗ' 원순모음화나 'ㅗ>ㆍ' 비원순모음화가 영장사본과 달리 어두음절에서만 보인다. 이러한 사실은 비어두음절에서의 'ㆍ>ㅡ' 변화가 영장사본보다 송광사본에서 더 많이 진행되었음을 말해주는 것으로 생각된다. 다시 말해 17세기 전기의 전라도 방언에서는 비어두음절의 'ㆍ>ㅡ' 변화는 경상도 방언(적어도 영장사본에 반영된 언어)보다 많이 진행된 상태에 있었을 것으로 추정되는 것이다. 그러나 중앙 간행의 문헌에서 거의 보이지 않는 어두음절에서의 'ㆍ>ㅗ' 원순모음화가 보인다는 사실은 이 문헌에 반영된 언어가 영장사본의 경우와 거의 같다는 점에서 어두음절에서의 'ㆍ' 변화 과정이 남부의 두 방언들 사이에는 상당히 유사하지만, 중앙어와 남부 방언 사이에는 적지 않은 차이가 있었을 것임을 시사한다.

	변화 유형	전 체	훈			음
			고 유 어		한자어	
			어휘(어두/비어두)	문 법		
그대로	―	80	30(17/13)	44	2	4
	·	92	57(38/19)	1	13	21
	ㅜ	95	31(23/8)	0	16	48
	ㅗ	117	52(46/6)	0	27	38

1) ―>ㅜ : ▼훈(49) : 重 {무거올} 즁, 鈞 {무거울} 균, 頓 {문득} 돈, 奄 {문득} 엄, 池 {물} 타, 沛 {물} 패, 淡 {물거동} 담, 湯 {물결} 샹, 州 {물ス̌} 쥬, 外 {물리칠} 외, 退 {물리칠} 퇴, 惡 {뮈올} 오, 火 {불} 화, 絳 {불글} 강, 紫 {불글} ス, 赤 {불글} 젹, 扶 {붓들} 부, 靑 {푸를} 쳥, 莽 {풀} 망, 蕪 {풀} 무, 草 {풀} 초, 趙 {풀밀} 죠, 釋 {풀} 셕, 解 {풀} 기, 弗 {불져} 불, 殷 {검불글} 안, 羅 {그물} 라, 短 {나무라홀} 단, 與 {더 불} 여, 厭 {비불을} 염, 飽 {비불을} 포, 林 {수풀} 림, 韓 {우물담} 한, 疲 {잇쓸} 피, 過 {허물} 과, 琴 {거문고} 금, 俯 {구불} 부, 徘 {머물} 비, 次 {머물} 츠, 約 {밋불} 약, 隱 {수물} 은, 取 {자불} 추, 覇 {자불} 파, 資 {지물} ス, 要 {부룰} 요, 唱 {부룰} 챵, 兄 {부룰} 황, 傅 {부틀} 부, 屬 {부틸} 쇽. ▼음(7) : 物 것 {물}, 勿 긔 {물}, 勿 말 {물}, 物 일 {물}, 不 아닐 {불}, 弗 불져 {불}, 弗 아닐 {불}.

2) ·>ㅗ : 없음

3) ㅜ>― : ▼훈(9) : 恥 {붓그릴} 치, 空 {븰} 공, 素 {븰} 소, 寥 {븰} 요, 虛 {븰} 허, 懷 {픔을} 회, 晦 {그믐} 회, 秉 {벼므슴} 병, 性 {셩픔} 셩.

4) ㅗ>· : ▼훈(3) : 方 {ㅂ야ㅎ로} 방, 催 {빗알} 최, 頗 {ス못} 파.

『주해 천자문』에는 원순모음화 예들과 비원순모음화 예들이 같이 나 타나고 있으나 원순모음화가 상당히 확산되어 있었음을 보여준다. 중앙 어 문헌에 나타나지 않는 '·>ㅗ' 변화의 환경을 제외하면 '―>ㅜ' 변 화의 환경에 있는 136회 가운데 57회가 원순모음화되어 나타나 42% 정도의 원순모음화 비율을 보여주기 때문이다. 원순모음화된 예들의 비율은 한자음이나 고유어에서는 더욱 높은 비율로 나타난다. 고유어는 '—>ㅜ' 변화의 환경에 있는 총 87회 가운데 43회가 원순모음화되어 약 50% 정도의 비율을 보여주며, 그 중에서도 어두음절에서는 총 48회 가운데 31회가 원순모음화되어 65% 정도의 비율을 보여주는 것이다.

『주해 천자문』의 이러한 원순모음화 비율은 왕실 문헌보다 상당히 많이 확산된 상태를 보여준다. 18세기 중후기의 영조 대 왕실 문헌인『어제』와『경셰문답』에서는 총 1,090회의 원순모음화 환경에서 13회가 원순모음화되어 1.19%의 원순모음화 확산 상태를 보여주기 때문이다. 이들 왕실 문헌의 원순모음화 환경 1,090회 가운데 '—>ㅜ' 변화만 보면 이들 왕실 문헌에서는 총 623회 가운데 10회가 원순모음화되어 1.6% 정도의 원순모음화 비율을 보여주었다(김주필, 2005).

이 문헌에서는 18세기 중후기의 역서류 문헌보다도 원순모음화 현상이 더 많이 확산되어 있었음을 보여준다. 1864년의『박통사신석언해』에는 총 819회의 원순모음화 환경에서 192회가 원순모음화되어 23.7% 정도의 확산 비율을 보여주며, 그 가운데 'ㆍ>ㅗ' 변화를 제외하면, 총 462회의 '—>ㅜ' 원순모음화 환경에서 187회가 원순모음화되어 40.48% 정도의 확산 비율을 보여주기 때문이다(김주필, 2005).『주해 천자문』에서는 이 환경에서 65%의 원순모음화 확산 비율을 보여주므로 10년 정도 늦게 간행된 1764년의『박통사신석언해』보다도 상당히 많이 확산된 상태라고 할 수 있는 것이다.

『주해 천자문』에 나타나는 원순모음화의 예들도 표제 한자의 음보다는 훈에서, 그리고 훈 가운데에도 고유어로 된 훈에서 많이 나타났다는 점은 다른 자석류 문헌과 같다. 표제 한자의 음에서는 '—>ㅜ' 원순모음화의 예가 7회가 나타났음에 비해 훈에서는 56회가 나타났으며, 그 중에서도 한자로 된 훈에서는 7회뿐이고 고유어로 된 훈에서 49회가 나타났기 때문이다. 비원순모음화도 이 점에서는 마찬가지이다. 'ㅜ>ㅡ' 비원순모음화는 고유어로 된 훈에서 9회, 'ㅗ>ㆍ' 비원순모음화도 역시 고유어로 된 훈에서 3회 나타났기 때문이다.

원순모음화 비율의 확산과 상대적으로 다르게 비원순모음화는 일부 예에만 나타나 16세기 문헌에서와 크게 다르지 않다. 한자음에서 1회, 고유어의 어두음절에서 7회, 비어두음절에서 1회 정도 비원순모음화된 빈도를 보여주기 때문이다. 이와 같이 이전 문헌에 비해 원순모음화는 상당히 확산된 반면 비원순모음화는 매우 미미하게 나타나는 것은 적어도 이 시기의 자석류 편찬자들에게 원순모음화는 일반화된 현상으로 받아들여졌다고 할 수 있다.

이 문헌에서도 'ㆍ>ㅗ' 원순모음화는 단 하나의 예도 나타나지 않았으며, 'ㅗ>ㆍ' 비원순모음화도 3회만 나타났다. 중앙에서 간행된 문헌에는 비어두음절에서 'ㆍ>ㅗ' 변화가 거의 나타나지 않는다는 점에 이 문헌의 특징이 있다. 비어두음절에서 'ㆍ'가 'ㅗ'로 원순모음화가 일어나기 위해서는 이러한 변화를 보이는 예의 비어두음절에 있던 'ㆍ'가 'ㅡ'로 변화되지 않았을 때에야 가능하다. 그러므로 이러한 예들은 'ㆍ'가 비어두음절이라 하더라도 일률적으로 'ㅡ'로 바뀐 것이 아니라는 사실을 말해주는 것으로 생각된다.[9]

---

9) 이 문헌에 'ㅗ>ㆍ' 비원순모음화가 보인다는 점은 매우 특이한 사실이다. 이러한 변화는 역서류 문헌에는 나타나지 않고 왕실 문헌에 나타나는데(김주필, 2005) 이들 자석류 문헌에서도 나타나기 때문이다. 이 문헌에서는 '보야흐로, 자못' 등이 'ㅂ야흐로, 즈못'으로 나타나 비어두음절에서뿐만 아니라 어두음절에서도 'ㅗ>ㆍ' 비원순모음화가 일어났음을 보여준다.

(15) 『역대 천자문』(1910)

	변화 유형	전 체	훈			음
			고 유 어		한자어	
			어휘(어두/비어두)	문 법		
원순모음화	─>ㅜ	79	51(39/12)	20	3	5
	·>ㅗ	1	1(0/1)	0	0	0
비원순모음화	ㅜ>─	0	0	0	0	0
	ㅗ>·	2	2(2/0)	0	0	0
그대로	─	1	0	1	0	0
	·	37	11(5/6)	0	9	17
	ㅜ	59	26(15/11)	0	8	25
	ㅗ	57	31(29/2)	0	6	20

1) ─>ㅜ : ▼훈(74) : 重 {무거울} 즁, 江 {물} 강, 汨 {물} 멱, 濂 {물} 염, 泗 {물} 亽, 湘 {물} 상, 水 {물} 슈, 沛 {물} 픠, 河 {물} 호, 滈 {물} 호, 氵羅 {물} 나, 灘 {물 갓} 수, 洲 {물又} 주, 退 {물너굴} 퇴, 澆 {물딀} 요, 却 {물이칠} 각, 汲 {물질} 급, 徵 {부를} 징, 招 {부를} 쵸, 衍 {부를} 년, 勤 {부지러눌} 근, 燧 {불} 수, 火 {불} 화, 赭 {불금} 즈, 赤 {블금} 젹, 朱 {불글} 주, 紅 {불글} 홍, 煬 {불꼿} 양, 炎 {불꼿} 염, 熾 {불꼿} 치, 灑 {뿌릴} 쇄, 破 {뿌술} 파, 蒼 {푸를} 창, 靑 {푸를} 쳥, 董 {풀} 동, 莽 {풀} 밍, 范 {풀} 범, 蘇 {풀} 쇼, 草 {풀} 쵸, 蛛 {거무} 주, 蜘 {거무} 지, 聶 {귀부칠} 셥, 網 {그물} 망, 菜 {나물} 치, 粵 {너물} 월, 涙 {눈물} 루, 涕 {눈물} 체, 林 {슈풀} 님, 井 {우물} 졍, 燭 {족불} 촉, 罪 {허물} 죄, 黎 {가물} 여, 玄 {가물} 현, 藏 {갈물} 장, 邵 {노풀} 쇼, 崇 {노풀} 숭, 與 {더불} 려, 蹈 {발불} 도, 忙 {밧불} 망, 設 {베풀} 셜, 張 {베풀} 장, 隱 {수물} 은, 慷 {실풀} 강, 慨 {실풀} 기, 悲 {실풀} 비, 哀 {실풀} 익, 嗟 {실풀} 츳, 吟 {을풀} 음, 握 {자불} 악, 少 {졀물} 소, 援 {ᄌ불} 원, 北 {북역} 북, 物 {만물} 물, 財 {지물} 지. ▼음(5) : 墨 먹 {묵}, 勿 말 {물}, 物 만물 {물}, 北 북역 {북}, 不 아니 {불}.

2) ·>ㅗ : 없음

3) ㅜ>ㅡ : ▼훈(9) : 恥 {붓그릴} 치, 空 {빌}, 素 {빌}, 寥 {빌}, 虛 {빌}, 懷 {픔을}, 晦 {그믐}, 秉 {벼므슴} 병, 性 {셩픔} 셩.

4) ㅗ>· : ▼훈(3) : 方 {ㅂ야흐로} 방, 催 {비알} 최, 頗 {ㅈ뭇} 파.

　　20세기 초기에 경남 고성에서 간행된 『역대 천자문』에서는 원순모음화와 비원순모음화가 모두 나타난다. 원순모음화는 총 254회 가운데 80회가 원순모음화되어 나타나며, '·>ㅗ' 환경을 제외한 'ㅡ>ㅜ' 변화는 총 80회 가운데 79회가 원순모음화되어 98.8%의 확산 비율을 보여준다. 이 환경에서 원순모음화되지 않은 예는 '陳 베플 진(12a)' 1회였다. 그러므로 순자음 뒤에 오는 'ㅡ'는 100%에 가까울 정도로 원순모음화되었다고 할 수 있다.

　　'·>ㅗ' 원순모음화는 이 문헌에도 거의 나타나지 않는다. 'ᄉᄆᆺ칠 달(達, 25a)'에서 1회가 원순모음화되어 나타나고 같은 환경에 있는 나머지 37회는 '·'가 그대로 유지되어 나타난다. 'ᄉᄆᆺ칠'도 제2음절에서 '·'가 'ㅗ'로 된 예로서 『영장사 천자문』과 『영장사 유합』에서와 달리 어두음절에서는 '·>ㅗ'변화 예를 보이지는 않는다. 이러한 사실은 경남 고성 방언에서도 이 시기에 어두음절의 '·'는 대부분 'ㅏ'로 바뀐 상태였다고 볼 수 있으나, 여전히 어두음절에 '·'가 완전히 사라지지 않은 상태에 있었던 것으로 보인다.10) 이러한 추정은 'ㅗ'가 '·'로 바뀐 비원순모음화의 예들을 통하여 확인할 수 있다. '山齧 밎추(10b), 岡 밎부리 강

---

10) 『역대 천자문』에는 다음과 같이 어두음절의 'ㅏ'가 '·'로 바뀐 예들도 상당수 보인다. 예 : 任 {밋길} 임, 秀 {쎄눌} 슈, 漸 {쎌} 졈, 挺 {쎌} 졍, 抽 {쎌} 추, 洽 {쎌} 흡, 淹 {쎈질} 엄, 婆 게집 {ᄑ}, 罷 ᄑ홀 {ᄑ}, 罷 {ᄑ홀} ᄑ, 干 {풍퍼} 간, 沛 물 {퍼}, 覇 웃듬 {퍼}, 牌 호퍼 {퍼}, 準 {콧믹} 졀, 盾 {팡퍼} 슌, 干 {풍퍼} 간, 牌 {호퍼} 퍼. 이 예들에 나타나는 '·'가 'ㅏ'의 다른 표기인지 '·'가 남아 있음을 보여주는 예들인지 앞으로 검토되어야 할 문제이다.

(24a)' 등에서는 '山'을 의미하는 '뫼'가 '미'로 비원순모음화 되어 나타
나기 때문이다.

4. 마무리

자석류 문헌은 한문의 이해에 기초가 되는 한자들을 모아 그 훈과 음
을 습득하도록 한 한자 학습서이다. 이러한 자석류 문헌에 반영된 언어
는 보수적이고 규범적일 가능성이 많으며, 한자 학습서로서 표제 한자의
음보다 훈에서, 그리고 훈 중에서도 고유어로 된 훈에서 언어 변화가 잘
반영되어 나타날 것이라는 두 가지 가정을 하고 출발하였다. 그리하여
시간의 흐름에 따라 여러 지방에서 간행된 『천자문』과 『유합』을 대상으
로 근대국어 시기에 널리 확산되는 구개음화와 원순모음화 현상을 통하
여 자석류 문헌에 나타니는 국어 사용의 특징을 검토해 보았다.

자석류 문헌의 구개음화는 16세기의 『신증 유합』에서 처음 보이기 시
작하여 18세기 중기의 『주해 천자문』에 이르러 55%를 상회하는 구개음
화 비율을 보여주며, 20세기의 『역대 천자문』에는 단 2예를 제외하고 모
든 환경의 예들이 구개음화되어 나타났다. 이렇게 꾸준히 나타나는 구개
음화 예들은 자석류 문헌의 언어 사용이 규범적이고 보수적일 것이라는
애초의 가정이 사실에 부합되지 않는 것으로 나타났다. 특히 18세기 중
기의 『주해 천자문』의 구개음화 확산 비율이 18세기 중후기의 영조 대
왕실 문헌의 8.66%와 비교하면 말할 것도 없거니와 10년 정도 더 늦게
간행된 『박통사신석언해』의 51.65%보다도 더 확산된 상태로 나타났다

는 점에서 이 글에서 세웠던 애초의 가정은 사실에 부합되지 않음을 확인할 수 있었다.

이러한 사정은 원순모음화에서도 유사하게 나타났다. 16세기의 자석류 문헌에 간헐적으로 나타나던 '─>ㅜ' 원순모음화는 18세기 중기의 『주해 천자문』에서 42% 정도로 확산되어 나타나며, 20세기 초기의 『역대 천자문』에 이르면 한 예를 제외한 모든 예들이 원순모음화되어 98.8% 정도로 확산되어 나타났다. 이러한 원순모음화 예들도 애초의 가정대로 자석류 문헌의 언어 사용이 규범적이고 보수적이지 않음을 보여주었다. 특히 18세기 중기의 『주해 천자문』의 원순모음화 확산 비율은 65% 정도로서, 18세기 중후기 영조 대 왕실 문헌의 1.6%와 비교하면 말할 것도 없거니와 『박통사신석언해』의 40.48%보다도 훨씬 더 많이 확산된 상태로 나타났던 것이다. 이는 한문 초학자들을 위한 한자 학습서로서의 자석류 문헌을 편찬하는 과정에서 한자의 모든 훈과 음에 주의를 기울이지 않았거나 간행 지역과 간행자들의 특성으로 말미암아 규범적이고 보수적인 형태를 충분히 숙지하지 못한 상태에서 문헌의 편찬에 사용할 일관된 언어적 기준을 엄격하게 적용하지 않았기 때문에 생긴 결과로 추정된다.

그러나 애초에 가정한 두 번째 가정은 자석류 문헌의 검토 결과에서 사실인 것으로 확인되었다. 즉 자석류 문헌에 나타난 구개음화와 원순모음화, 나아가 구개음화에 대한 과도교정과 비원순모음화 예들까지도 대부분 표제 한자의 음보다는 훈에서 나타났으며, 훈 중에서도 주로 한자나 한자어 훈보다는 고유어 훈에서 나타났기 때문이다. 그 이유는 자석류 문헌의 편찬에서 한문에 대한 초학자들의 한자 교육에서 한자의 의미 파악은 중요하지만, 그 의미를 나타내는 우리말의 정확한 형태에 대해서까지 주의를 기울이지 못하고 한자 학습이 한자의 정확한 음에 대한 교육을 중심으로 이루어졌기 때문인 것으로 추정된다.

이러한 관점에서 자석류 문헌은 국어사 연구에 한자의 음과 훈, 한자어와 고유어 등을 구분하여 접근한다면 보다 유용한 자료로 활용할 수 있다고 생각된다. 현재로서는 한자어와 고유어에서 보여주는 음운변화의 특성이 어떻게 다른지 정확하게 말하기 어렵지만, 적어도 한자음보다 고유어에서 활발하고 역동적인 특성을 보인다는 점에서 한자어나 한자음이 갖는 규범성과 보수성의 의미나 특성부터 접근되어야 할 것으로 보인다. 자석류 문헌은 이러한 특성을 표제 한자의 음과 훈, 훈에 있어서도 고유어로 된 훈과 한자나 한자어로 된 훈에서 음운변화가 달리 진행된다는 점에서 앞으로 국어의 음운변화, 나아가 국어의 역사적인 연구를 하는 데에 매우 유용한 자료가 될 것으로 생각된다.

③ 18세기 중·후기 어제류 문헌의 '·' 변화*

1. 논의의 방향

국어의 '·'는 비어두음절에서 '一'로 바뀌고, 이어서 어두음절에서 'ㅏ'로 바뀌어 모음체계에서 사라진 것으로 일반화되어 왔다(이숭녕, 1940 ; 이기문, 1972). 이러한 두 단계를 거쳐 '·'가 비음운화되었다는 데에는 학자들 사이에 큰 이견이 없다. 그러나 '·'의 비음운화 시기에 대한 추정은 학자에 따라 상당한 차이를 보인다. '·'의 비음운화 시기는 17세기(이숭녕, 1940 / 1977), 18세기 초기(김완진, 1963 ; 송민, 1974 ; 곽충구, 1980), 18세기 중기(전광현, 1967 ; 이기문, 1961 ; 송민, 1986), 18세기 후반기(이기문, 1961 ; 허웅, 1985) 등으로 추정되고 있기 때문이다. 추정 시기는 이와 같이 다르지만, 사실 추정의 근거는 ① '·>ㅏ' 변화를 반영한 표기, ② '·>ㅏ' 변화와 반대로 'ㅏ'를 '·'로 한 표기, ③ 신경준과 유희의 '·'에 대한 증언1) 등으로서, 학자에 따라 큰 차이가 없다.

---

* 이 글은 같은 제목으로 『語文硏究어문연구』 122(2004 : 41~68)에 수록되었다.
1) 18세기 10년대에서 70년대까지 생존한 申景濬신경준은 『韻解운해』(1750)에서 '·'와 'ㆍ'에

　그렇다면 ‘·’의 비음운화의 근거가 크게 다르지 않음에도 추정 시기가 이렇게 차이 나는 이유는 무엇일까? 무엇보다 먼저 표기와 언어 현실의 대응 관계를 판단할 마땅한 잣대를 찾아내기 어렵다는 현실적인 문제를 지적할 수 있다. ‘·’가 비음운화된 것으로 추정되는 시기 이후에도 ‘·’는 계속 사용되어, 근거 ①만으로 ‘·’의 비음운화 여부를 판단하기가 쉽지 않고, 근거 ②도 ‘·’가 비음운화된 근거로서 합당한가조차 판단하기 쉽지 않은 것이다.[2] ③은 ‘·’ 변화에 대한 소중한 증언이기는 하지만, 이러한 증언은 ①과 ②를 바탕으로 해석될 때에야 그 가치가 드러나기 때문에, ①과 ②가 불분명한 현재로서는 ③의 증언 내용도 불투명하다고 할 수밖에 없는 실정이다.

　이러한 의견차를 줄이기 위해서는 ‘자료를 대하는 관점’과 ‘검토 대상 자료 선정’이라는 두 측면에서 ‘·’의 변화에 새로이 접근할 필요가 있다. 먼저 ‘자료를 대하는 관점’에 있어, 기존 연구는 ‘규칙에 의한 음운변화’의 가설에 바탕을 두어 왔다고 할 수 있다. 이 관점은 특정 시기에 음운변화가 일률적으로 일어나는 것으로 가정하기 때문에 변화의 시작과 완성을 중시하게 된다. 그리하여 문헌에 나타나는 ‘·’ 표기가 시간의 흐름에 따라 보여주는 변화의 추이보다 변화의 시작과 완성에 관심을 두게 된다. 그러나 한영균(1994)이나 송민(1986)과 같이, 자료에 나타나는 ‘·’의 변화 예들을 면밀히 검토한다면, 시간의 경과에 따른 변화의 과정을 구체적으로 논의할 수 있게 될 것이다.

대하여 “我東方言 以·作中聲者頗多　而ヽ則全無　惟方言八日ᄋ둛　此一節而已”라고 하여 ‘·’를 인식하고 있었음을 보여준다. 그러나 18세기 70년대부터 19세기 30년대까지 생존한 柳僖유희는 『諺文志언문지』에서 “東俗不明於·多混於ㅏ　如兒事等字從·今俗誤呼阿些 亦或混一 如흙土 今讀爲흙土”라고 하여 ‘·’를 ‘ㅏ’나 ‘ㅡ’와 혼용하고 있음을 말하고 있다.

2) ㄱ구개음화 예가 나타나기 시작하는 시기(또는 그 이전)에 보이는 ‘김칰’나 ‘김치’는 ㄱ구개음화가 완성되었음을 보여주는 표기가 아니라, 실제로 일어난 변화가 반영된 표기였던 것이다.

‘대상 자료 선정’의 측면에서, 기존 연구에서는 다양한 성격의 이질적인 문헌을 동질적으로 간주해 온 경향이 있었다. 음운사 연구에서 다양한 언어 사용자들의 이질적인 언어 자료를 동질적인 것으로 간주하여 언어 변화에 접근한다면, 동질적인 언어 자료에서 확인할 수 있는 변화의 과정을 밝히기 어려울 뿐 아니라, 그러한 접근으로 추론한 일반화의 결과는 변화의 실제와 차이가 날 수도 있다. 그러므로 가능하다면 동질적인 자료를 선별하여 시간의 흐름에 따른 ‘·’ 변화의 추이를 면밀히 검토하여 언어 변화의 과정을 논의할 필요성이 제기된다.

이에 본 연구에서는 ‘·’의 비음운화가 대체로 완성된 시기로 추정되어 온 18세기 중·후기의 왕실 자료를 대상으로, ‘·’의 변화 과정을 검토해 보고자 한다. 18세기 중기의 자료로는 영조의 『어제』를 중심으로 하면서 『ㅈ셩편』과 『쇽ㅈ셩편』을 보조적으로 활용하고, 18세기 후기의 자료로는 정조의 『윤음』을 검토하기로 한다. 그리하여 이들 18세기 중기와 후기 왕실 자료에서 드러나는 ‘·’와 ‘ㅡ’의 변화를 비교하여 시간의 흐름에 따른 추이를 통하여 ‘·’변화의 과정과 특성에 대하여 논의해 보고자 한다.

2. 『어제』[3)]에 나타난 ‘·’와 ‘ㅡ’의 특성

1) 자음 뒤 ‘·’와 ‘ㅡ’의 변화

『어제』의 ‘·’와 ‘ㅡ’는 후기 중세국어와 같이 선행 음절의 모음에 전적으로 지배되지 않는다.[4)] 오히려 ‘·’와 ‘ㅡ’는 각기 선행하는 자음에 영향을 받는 뚜렷한 경향을 보인다. 가령 '르' 다음에 오는 모음은 대부분이 'ㆍ'로서, 대체로 변자음 뒤에서는 'ㆍ>ㅡ' 변화를, 중자음 뒤에서는 'ㅡ>ㆍ' 변화 경향을 보여주는 것이다.[5] 이에 'ㆍ'와 'ㅡ'의 예들을 선행 자음들의 조음 위치별로 검토하기로 한다.

2) 후부변자음 뒤

(1)은 후부변자음 'ㄱ, ㅋ, ㅎ' 뒤에 'ㆍ'와 'ㅡ'가 나타나는 예들을 조사한 결과이다.

(1) 후부변자음 뒤[6]의 'ㆍ'와 'ㅡ' 빈도[7]

자 음	·/ㅡ	1음절	2음절	3음절	4음절	5음절
ㄱ	·	76	8	6	0	0
	ㅡ	253	24	0	1	0

---

3) 「셕년을 튜모ᄒ여」, 「경셰편 언ᄒ」, 「어졔 ᄌ셩 면틱 눈음」, 「어졔 빅힝원」 등 네 편의 글이 실려 있는 藏書閣장서각(도서 번호, K4-3534) 소장의 유일본인 『어졔』는 반흘림체의 한글로 된 1책(53면)의 필사본으로, 18세기 중기의 국어사 자료로 활용할 수 있다고 한다(안병희, 1999 ; 이현희, 1999). 이들 장서각 소장본의 서지 사항은 안병희(1999), 이래호(2000)를 참조.

4) 'ㆍ'와 'ㅡ'가 선행 모음에 어느 정도 영향을 받는지 알아보기 위해, '모음+ᄅ/르'와 같이 '르' 다음의 환경에서 선행 음절의 모음에 따른 'ㆍ'의 빈도를 조사해본 결과, 총 323회 가운데, 'ㅡ'는 1회(게어르게), 나머지는 모두 'ᄅ'로 나타났다. 이러한 사실은 'ㆍ'와 'ㅡ'가 더 이상 선행 모음에 따라 선택되는 것이 아니며, 'ㆍ'나 'ㅡ'의 실현 상태가 선행하는 '르'에 영향받았을 가능성이 큼을 말해 준다(김주필, 2004 : 89).
　　① 양성모음 뒤 ; ㆍ : 30회, ㅏ : 61회, ㅗ : 24회, ㅑ : 3회, ㅛ : 5회.
　　② 음성모음 뒤 ; ㅓ : 18회, ㅜ : 14회, ㅡ : 8회, ㅕ : 2회, ㅠ : 3회.
　　③ 중성모음 뒤 ; ㅣ : 121회, ㅢ : 2회, ㅐ : 5회, ㆎ : 9회, ㅟ : 2회, ㅖ : 16회.

5) 이러한 경향은 이미 15세기 자료에 나타나는데, 'ㆍ>ㅡ' 예들은 'ㄱ, ㄴ, ㄹ, ㅁ, ㅂ, ㅅ, ㅇ, ㅎ' 등 거의 모든 자음 다음에 나타나는 데에 반해, 'ㅡ>ㆍ' 변화는 주로 'ㄴ, ㄹ, ㅅ, ㅎ' 다음에 나타난다고 한다(한영균, 1994 : 80).

6) 'grave'와 'anterior'는 양순음, 치조음, 구개음, 연구개음을 나누는 자질이다. 이러한 분류에서 후음 'ㅎ'은 후부변자음이 아니지만, 편의상 후부변자음에 포함하기로 한다.

7) 자료는 국립국어연구원에서 개발한 문자열 검색 프로그램 'Hgrep97'로 추출하였다.

자 음	·/—	1음절	2음절	3음절	4음절	5음절
ㅋ	·	0	5	0	0	0
	—	9	0	0	0	0
ㅎ	·	286	260	421	5	4
	—	6	25	20	0	0

(1)은 자음에 따라 빈도의 차이가 있기는 하지만 ‘·’가 상당히 많이 사용되고 있었음을 보여준다. 구체적으로 자료를 검토해 보면, 제1음절에서는 ‘·’의 변화가 거의 없다. 제2음절 이하에서도 어휘형태소 내부에서는 원래의 ‘·’나 ‘—’가 거의 그대로 나타나며, 문법형태소에서 ‘·’가 ‘—’로 바뀐 예들이 일부 나타난다. (1)에는 일부이기는 하지만, ‘·’의 변화 예들이 포함되어 있으므로, ‘·>—’의 예와 ‘—>·’의 예를 추출하여 검토해 보기로 한다.

(2) ㄱ : 1) ·>— : 어휘형태소, 문법형태소 모두 0. *8)$29) 눌금을, 닷그며,
     닷그샤, 몰근, 밧는, **$2 닷그믄(2)10), 닷그믈, 몰그므로쎠(2), 밧
     글, 불근.
  2) —>· : 어휘형태소, 문법형태소 모두 0.
  3) ㅏ>· : $1 ᄀᆞ오술, ᄀᆞ믄(去).

(3) ㅋ : 1) ·>— : 어휘형태소, 문법형태소 모두 0.
  2) —>· : 어휘형태소, 문법형태소 모두 0.

---

8) 『어제』의 자료만으로 부족한 경우, 같은 시기, 같은 성격의 왕실 자료인 『ᄌᆞ성편』과 『쇽ᄌᆞ성편』의 예로 보충하기로 한다. ‘*’ 표시가 있는 음절은 『ᄌᆞ성편』의 예들이고, ‘**’ 표시가 있는 음절은 『쇽ᄌᆞ성편』의 예들이다.

9) ‘$2 눌금을’의 ‘$2’에서 ‘$’는 음절을, 아라비아 숫자는 음절의 위치를 나타낸다. 그러므로 ‘$1’은 제1음절을, ‘$2’는 초점이 되는 분절음이 제2음절에 위치함을 나타낸다.

10) ‘$2 닷그믄(2)’ 등의 ( ) 속에 나타낸 숫자는 해당 형태가 출현하는 빈도를 말한다.

(4) ㅎ : 1) ·>— : ① 어휘형태소 0.

② 문법형태소 $2 나흐시고, 나흐시며, 만흐니, 만흐디,
만흐라, 만흐며, 빠흔, 짜흔, 짜흘, 올흔, $3 나라흔,
나라흘(3), ㅎ나흐로는(2), ㅎ나흔(11), ㅎ나흘(3). *$2
노흐뇨, 노흐로, 노흐매, 노흐면, 노흐시믈, 노흔, 노
흠을, 됴흐니라, 짜흘, 안흐로, 안흔, 올흐나(3), 올흔
(4), *$3 나라흘(5), 나조흘, 비아흐로(2), ㅎ나흔(2),
**$2 돌흘, 만흐니, 만흐되, 만흔, 만흔디라(2), 짜흐
로.

2) —> · : ① 어휘형태소 $2 너희.

② 문법형태소 0.

이 자료에는 어두음절의 후부변자음 뒤에서 '·>ㅏ' 변화는 전혀 보
이지 않고, 반대로 'ㅏ>·' 변화의 예로 '갓오술>ᄀᆞ오술', '가믄>ᄀᆞ믄'
이 보인다. 비어두음절에서 'ㅎ' 뒤에서 '·>—' 변화의 예는 많이 보이
지만 대체로 문법형태소에 한정되어 보이며, '—>·'의 예는 '너희'가
하나 보일 뿐이다. 'ㅋ' 다음에 오는 '·'나 '—'가 변화를 보이지 않는
이유는 'ㅋ'이 포함된 어휘가 '일쿨-~일콜-'과 '크-'가 전부로서 이들
어휘에서 변화가 나타나지 않기 때문이다. 'ㄱ' 다음의 '·'나 '—'도 변
화를 거의 보이지 않는데, 그것은 어휘형태소 내부에 있는 'ㄱ' 뒤에서
'·'나 '—'가 변화를 보이지 않았거나 'ㄱ'으로 끝나는 명사나 용언 어
간과 '·'나 '—'로 시작하는 문법형태소는 분철 표기되었기 때문이다.
분철 표기된 조사나 어미의 '·'나 '—'의 용례들은 뒤에서 별도로 검토
할 것이다.

3) 중자음 뒤

(5)는 중자음 'ㄷ, ㅌ, ㅅ, ㅈ, ㅊ, ㄴ, ㄹ' 뒤에 '·'와 'ㅡ'가 나타난 예들을 조사한 결과이다.

(5) 중자음 뒤의 '·'와 'ㅡ' 빈도

자음	·/ㅡ	1음절	2음절	3음절	4음절	5/6음절
ㄷ	·	10	25	4	0	0
	ㅡ	18	13	1	5	3
ㅌ	·	2	14	5	0	0
	ㅡ	2	1	0	0	0
ㅅ	·	42	92	4	0	0
	ㅡ	74	8	0	0	0
ㅈ	·	28	49	8	1	1
	ㅡ	13	3	0	0	0
ㅊ	·	5	18	2	0	0
	ㅡ	0	0	0	0	0
ㄴ	·	5	104	60	54	16/4
	ㅡ	68	4	0	0	0/0
ㄹ	·	0	204	100	19	0
	ㅡ	0	0	1	0	0

(5)도 (1)과 마찬가지로 자음에 따라 빈도의 차이는 있으나 '·'도 상당히 많이 사용되고 있음을 보여준다. 제1음절에서는 '·'와 'ㅡ'의 사용 빈도는 큰 차이가 나지 않으며, 제2음절 이하에서는 오히려 '·'가 'ㅡ' 보다 뚜렷하게 많이 사용되었음을 보여준다. 여기에서도 (5)만으로는 '·'나 'ㅡ' 변화 특성을 알 수 없으므로 변화 용례를 검토하기로 한다.

(6) ㄷ(ㅅㄷ) : 1) ·>— : ① 어휘형태소 0. *$2 아들을, 모든(4), 아들의게.

② 문법형태소 $2 바드미, $4 뉘우츤들, *$2 고드니, 고든, 모든(4), 바든, *$3 ㄹ다듬으며, 니론들(2), 범바든즉, 법바들, 법ㅎ든, 본바드리고, 본바드리오, 본바드미, 본바든즉, 본바듬이니라, **$2 ㄹ득혼, 믿드니, 바드매, 혼들(11), **$3 ㄹ다드마, ㄹ다듬아, 법바드며, 법바들, 졋바드미, **$4 감계ㅎ든, 박할혼들, 분향ㅎ든, 측후혼들, 휴식ㅎ든.

2) —>· : ① 어휘형태소 $2 여듧이오, *$2 거듧, 거듧ㅎ니, 여듧.

② 문법형태소 0. *$6 죠하ㅎ시거든.

3) ㅏ>· : $1 쩌(2), 쩌롤.

(7) ㅌ : 1) ·>— : 어휘형태소, 문법형태소 모두 0. **$2 ᄀᆺ트니(12), ㄹ트시니, ᄀᆺ틀시니.

2) —>· : 어휘형태소, 문법형태소 모두 0. *$2 굿톤, 여트므로, 여톤(3), 엿트리오(3), 엿트며.

(8) ㅅ : 1) ·>— : 어휘형태소, 문법형태소 모두 0. *$2 다슬고, **$3 비로슴이오, **$2 다스림ㅎ눈.

2) —>· : ① 어휘형태소 $2 므스, 므슴(7), 벼슬(3), 여슷, 스스로, *$2 스스로(84), 거스리ᄂ니롤, 거스리눈, 거스리며, 거스릴(10), 거스림이, 거스림이라, 무슴(2), 므스(4), 므슴(2), 벼슬ㅎ임과, 여슷(3).

② 문법형태소 $2 거손, 거슬(12), 업스나, 업스니(4), 업스라, 업스면(3), 업스믈, 업스미, 업손, 업손디, 업슬고, 업슴만, 우스니, $3 므어슬, *$2 거슬(10), 업스니(2), 업스리라, 업스리오, 업스리오마눈, 업스시되, 업손지라, 업슴은, 업슴을, 업슴이, 업슴이오.

(9) ㅈ : 1) ·>— : 어휘형태소, 문법형태소 모두 0. *$2 안즉, **$2 조츨ㅎ

느니.

    2) ─>· : ① 어휘형태소 $2 어즈러여, 어즈러이고, *$2 움즈기지,

        져줌끠(3).

        ② 문법형태소 $3 닐럼즉디.[11]

(10) ㅊ : 1) ·>─ : 어휘형태소, 문법형태소 모두 0. *$2 몿흔, 솟흘, 조츠

매, 조츠며.

    2) ─>· : ① 어휘형태소 0.

        ② 문법형태소 $3 뉘우출, 뉘웃춘들.

    3) ㅏ>· : 어휘형태소 $2 우츠홉다(2).

(11) ㄴ : 1) ·>─ : 어휘형태소, 문법형태소 모두 0.

    2) ─>· : ① 어휘형태소 $2 며느리롤, 어느(4), *$2 거느리니.

        ② 문법형태소 현재 시제 선어말어미 '느~는'($2 펴느

니, 듣는, 업는디라, $3 되엿는(3), 미처는, 블븟는,

꿈꾸는, 일읫는, $4 니르러느뇨, 니르러는(3), 합ㅎ

엿느니 등), 연결어미 '-거놀~-어놀'($3 ㅎ여놀,

도리어놀, 어딜거놀, 아니어놀, $5 근원이어놀, 못

ㅎ시거놀, $6 아니ㅎ엿거놀 등), 주제의 보조사 '는'

은 '$5 ㅎ나ㅎ로논(2)' 등 대부분 '·'형으로 나타남.[12]

(12) ㄹ : 1) ·>─ : 어휘형태소, 문법형태소 모두 0. *$2 그륵슬.

    2) ─>· : ① 어휘형태소 $2 거룹매, 구룹(2), 그르-(2), 녀롬, 어

룬몬디시니, 므룻(2), 서룹(5), 어롬에, $3 게어르-(5),

게으르- 등.

        ② 문법형태소 $2 너롤(2), 녜롤(2), 드르미(2), 드롤디어

---

11) 『어제』에서는 '즉'도 '죽'으로 바뀌어 나타나며(예 : 몿흔죽(2), 아닌죽, 일인죽), '-암직 /
엄직'도 '-암죽 / 엄죽'으로 바뀌어 나타난다(예 : 닐럼죽, 법바둠죽, 경계ㅎ얌죽 등).

12) 『즈셩편』에도 '늙는' 등의 현재 시제 관형형 어미 '-는'과 '몿느니' 등의 현재 시제 선어
말어미 '-느-', 연결어미 '-어놀' 등이 $2에 168회, $3에 116회, $4에 90회, $5에 13회,
$6에 12회 보인다.

　　　　　　　　　다, 무른면(5), 져롤, 쥬롤, $3 비브롬과, 목적격조사
　　　　　　　　　는 $3에 85회, $4에 19회 모두 '롤'임.
　　　3)　·＞ㅏ : $2 ᄇ람에(2).

　어두음절에서 '·'가 'ㅏ'로 바뀐 예들은 보이지 않고, 'ㅏ'가 '·'로
바뀐 '썩'가 3회 보인다. 그리고 '·'의 제1단계 변화와 관련되는 예로서,
비어두음절에서 '·'가 'ㅏ'로 바뀐 'ᄇ람'이 1회 보이고, 'ㅏ'가 '·'로
바뀐 '우ᄎ홉다'가 2회 보인다. 그러나 정작 어두음절에서 '·'가 'ㅏ'로
바뀐 예는 하나도 보이지 않는다.

　'·'의 제1단계 변화와 관련해서는 이 자료는 중자음 다음의 '·'나
'ㅡ'가 매우 다양하게 변화하고 있음을 보여준다. 비어두음절에서 어휘
형태소 내부의 '·'가 'ㅡ'로 바뀐 예들은 거의 보이지 않고, 오히려 'ㅡ'
가 '·'로 바뀐 예들이 많이 보인다. 특히 'ㄴ, ㄹ' 다음에서는 모두 '·'
로 거의 단일화된 특성을 보여, 현재의 선어말어미 '눈~ᄂ', 연결어미
'-거눌~-어눌', 주제의 보조사 '눈' 등의 'ㄴ' 다음에는 항상 '·'가, 목
적격조사 '롤/를'에서도 '롤'만 나타나며, 복수접미사 '둘~들'에서도
'둘'로 나타난다. '들'로 된 예가 둘 있기는 하지만, 대체로 '둘'로 단일
화되는 뚜렷한 경향을 보인다.

　중자음 뒤에서는 주로 '·＞ㅡ' 변화보다 'ㅡ＞·' 변화가 일어난 것으
로 나타나기 때문에 중자음과 '·'나 'ㅡ'의 연쇄를 포함하는 어휘형태
소의 변이 형태가 다양하게 나타난다. 그러나 '·'나 'ㅡ'의 변화에 의한
어휘형태소의 변이 형태를 예측할 수 있기 때문에 혼란스러운 상태였다
고 할 수는 없다. 중자음과 '·'의 연쇄를 포함하는 어휘형태소는 변화가
없지만, 그리하여 형태의 변이가 나타나지 않지만, 중자음과 'ㅡ'의 연쇄

를 포함하는 어휘형태소는 '一>·' 변화에 의해 '·'를 갖는 변이 형태
가 나타나 공존하게 되는 것이다. 중자음과 '·'의 연쇄를 포함하는 '다
스리고, 사름' 등은 '드스리고, 사름' 등과 공존하지 않지만 중자음과
'一'의 연쇄를 포함하는 '며느리, 어즈러이고' 등은 '며느리, 어즈러이고'
등과 공존하여, '一'형과 '·'형의 변이 형태가 가능한 경우와 그렇지 않
은 경우가 분명하게 구별되었기 때문이다.

4) 전부변자음 뒤

(13)은 전부변자음 'ㅁ, ㅂ, ㅍ' 뒤에 나타나는 '·'와 '一'의 사용 빈
도를 조사한 결과이다.

(13) 전부변자음 뒤 '·'와 '一'의 빈도

자 음	·/一	1음절	2음절	3음절	4음절	5음절
ㅁ	·	50	2	2	0	0
	一	27	41	31	40	3
ㅂ	·	25	9	0	0	0
	一	42	9	5	3	1
ㅍ	·	0	0	0	0	0
	一	43	0	0	0	0

(13)에서도 자음에 따라 빈도의 차이는 있으나 '·'는 여전히 높은 사
용 빈도를 보여준다. 자료를 실제로 검토해 보면 제1음절에서는 물론, 제
2음절 이하에서도 어휘형태소 내부의 '·'와 '一'가 거의 변화하지 않았
음을 보여준다. 그러므로 여기에서도 변화된 '·'와 '一'를 중심으로 검
토해 보기로 한다.

(14) ㅁ : 1) ·>ㅡ : ① 어휘형태소 $2 ᄒ믈며(11).

② 문법형태소 $2 ᄀ른(去), 놀ᄆ로뻐, ᄒ므로(3), $3 곤 ᄒ믈(2), 그른믈, 마른믄 등 명사형 'ㅁ' 뒤에 '·'를 'ㅡ'로 한 例 $3 17회, $4 37회, $5 2회 등.

2) ㅡ>· : ① 어휘형태소 $2 너모.

② 문법형태소 0.

3) ·>ㅏ : 어휘형태소 $2 다만(2).

(15) ㅂ : 1) ·>ㅡ : 어휘형태소, 문법형태소 모두 0.

2) ㅡ>· : 어휘형태소, 문법형태소 모두 0.

(16) ㅍ : 1) ·>ㅡ : ① 어휘형태소 0.

② 문법형태소 $2 갑흐랴, 갑흐리오, 갑흐랴, 갑흐리오, 놉흐신13)(2), *$2 놉흠, *$3 무릅흘.

2) ㅡ>· : 어휘형태소, 문법형태소 모두 0.

　전부변자음 뒤에서 '·'의 제2단계 변화를 반영한 예들은 보이지 않고, 비어두음절에서 '다믄'이 바뀐 '다만'이 2회 보일 뿐이다. '·'의 제1단계 변화와 관련해서는 어휘형태소의 비어두음절에서 '·>ㅡ' 변화의 예들이 일부 보이지만, 'ㅡ>·' 변화의 예들은 보이지 않는다. 문법형태소에서 '·>ㅡ' 변화의 예들은 상당히 많이 보이지만, 'ㅡ>·' 변화의 예들은 보이지 않는다. 단지 '너모'의 경우, 이전 시기의 일반적인 어형이 '너무'나 '너므'였으므로 '너므'의 'ㅁ' 다음에 'ㅡ'가 '·'로 바뀐 다음 원순모음화된 것으로 본다면 이 환경에서 'ㅡ>·' 변화가 전혀 일어나지 않았다고 할 수는 없다. 전부변자음 'ㅍ' 다음에 '·'나 'ㅡ'의 변

---

13) 이 예들을 'ㅎ' 다음에 오는 '·'나 'ㅡ'로 볼 수도 있다. 편의상 'ㅍ' 뒤로 간주한다.

화 예가 없는 것은 'ㅍ'을 포함하는 어휘는 '슬프-'뿐이어서 변화 예가 나타나지 않은 것이며, 'ㅂ'이나 'ㅁ'으로 끝나는 어간 다음에 '·'나 'ㅡ'로 시작하는 어미가 결합될 때에는 분철 표기되었기 때문에 예가 나타나지 않았다.14)

그러므로 '·'나 'ㅡ'의 변화에 따라 어휘형태소의 형태도 다양하게 나타났으나 '·'의 변화 특성을 바탕으로 하면 다양한 형태가 무질서하게 나타나는 것은 아니었다. 전부변자음 뒤에서 'ㅡ'가 '·'로 바뀌는 것은 '너모'를 제외하면 '·>ㅡ' 변화가 일반적이었다고 할 수 있으므로 어휘형태소 내부의 전부변자음 뒤에서 'ㅡ'는 변화가 없었지만, '·'는 'ㅡ'로 바뀌어 나타날 수 있는 것으로 예측할 수 있는 것이다. 예를 들어 '슬프고'는 '슬포고'로 바뀌어 나타나지 않지만, '하물며'는 'ㅎ믈며'로 바뀌어 나타날 수 있는 것이다. 문법형태소 뒤에서도 이러한 사정은 동일하지만, 이미 문법형태소 가운데 명사형 'ㅁ' 뒤에서는 예외 없이 'ㅡ'가 나타나 이 환경에서는 '·>ㅡ' 변화가 일반화되었음을 보여준다.

이 지료는 전부변자음 뒤에서 어두음절의 '·>ㅏ' 변화 예를 보여주지 않기 때문에, 전부변자음 뒤에서 '·'의 제2단계 변화가 완성되었거나 완성에 가까웠다고 할 수 없다. 오히려 이 자료의 예들을 바탕으로 하면, '·>ㅏ' 변화가 아직 시작되지 않았거나 시작되었다 하더라도 그 초기 모습을 보여주는 정도에 불과하다. 그러나 비어두음절에서 '·>ㅡ' 변화 예를 보여주기는 하지만, 그렇지 않은 예들이 더 많이 나타나므로 '·>ㅡ' 변화가 완료되었다고 할 수는 없다. 그리고 중자음 뒤에서와 달리, 전부변자음 뒤에서는 'ㅡ>·' 변화 예는 거의 나타나지 않는 대조적

---

14) 이에 대해서는 2장 5절의 분철 표기에서 살펴보기로 한다.

인 특징을 보여준다.

5) 분철 표기

(17)은 7종성으로 끝나는 명사나 용언 어간에 'ㆍ/ㅡ'로 시작하는 조사나 어미를 분철 표기한 경우에 'ㆍ'와 'ㅡ'가 선택되어 나타나는 빈도를 조사한 결과이다.

(17) 분철 표기의 'ㆍ'와 'ㅡ' 빈도

어간말 자음	+ ㆍ/ㅡ	1음절	2음절	3음절	4음절
ㄱ	ㆍ	0	0	0	0
	ㅡ	15	16	0	2
ㄴ	ㆍ	0	0	0	0
	ㅡ	20	49	4	4
ㅁ	ㆍ	0	0	0	0
	ㅡ	15	53	0	1
ㅂ	ㆍ	0	0	0	0
	ㅡ	9	7	0	0
ㅇ	ㆍ	0	0	0	0
	ㅡ	11	40	2	0
ㄹ	ㆍ	0	0	0	0
	ㅡ	44	18	0	2
ㅅ	ㆍ	7	0	0	0
	ㅡ	0	0	0	0

(17)을 보면 알 수 있듯이, 'ㅅ'으로 끝나는 어간 7개의 예를 제외하면15) 분철 표기에서 'ㆍ'나 'ㅡ'로 시작하는 어미의 첫 모음은 모두 'ㅡ'가 선택되었다. 같은 시기의 왕실 자료인 『ㅈ셩편』과 『쇽ㅈ셩편』은 분철

표기에서 하나의 예외도 없이 모두 '一'를 선택하였음을 보여준다. 이러한 분철 표기의 특징은 선행 자음의 조음 위치에 따라 '·'와 '一'가 달리 나타나는 연철 표기와는 상당히 다른 점이다.

분철 표기에서 거의 일률적으로 '一'가 선택되었다는 사실은, 분철 표기에서 어미의 모음은 연철 표기와 달리 선행 자음에 관계없이 '一'가 선택되었음을 말해준다고 할 수 있다. '·'와 '一'의 변화와 관련하여 선행 자음이 중자음이냐 변자음이냐에 따라 '·'와 '一'의 변화 방향이 정해진 연철 표기와 비교하면 적어도 표면적으로 분철 표기는 연철 표기와 매우 다른 양상을 보이기 때문이다. 그러나 분철 표기에서 거의 모두 '一'가 선택되는 이러한 특징을 바탕으로 분철 표기는 연철 표기와 다른 기반 위에 서 있다고 할 수는 없을 것으로 보인다. 사실 연철 표기에서 같은 음절에 '·'나 '一'를 직접 선행하는 자음의 영향을 받았지만, 음절 중심으로 본다면 분철 표기에서는 같은 음절에 '·'나 '一'를 선행하는 자음이 없다는 특징을 갖는다.

그러나 이러한 분철 표기의 특성을 고려하면 연철 표기에서 중자음 뒤에서 일어나는 '一>·' 변화를 제외한 '·>一' 변화의 표기 예들은 '·'의 제1단계 변화를 따른 것이라고 할 수 있다. 다시 말하면 중자음 뒤에서 일어난 '一>·' 변화를 제외하면 '·'의 변화는 '·>一' 변화를 따르기 때문에, 분철 표기에서 일률적으로 '一'가 선택된 것도 '·'나 '一'의 선행 자음이 중자음이 아니기 때문이라고 할 수 있다. 그러므로 분철 표기에서 드러나는 '·'의 변화를 통하여 연철 표기의 중자음 뒤에서 일어난 '一>·' 변화가 선행 자음의 조음 위치에 민감한 현상이고, '·>

---

15) 'ㅅ'으로 끝나는 어간은 7회 모두 명사 '뜻' 다음에 '一'로 시작되는 조사가 결합된 경우이다.

ㅡ’ 변화는 변자음의 환경에서 적용된 변화 규칙이었다고 추정할 수 있다.

3. 『윤음』16)에 나타난 ‘·’와 ‘ㅡ’의 특성

1) 자음 뒤 ‘·’와 ‘ㅡ’의 특성

『윤음』은 전반적으로 영조의 『어제』보다 ‘·’의 변화가 상당히 확산
되었음을 보여준다. 그래서 ‘·’와 ‘ㅡ’가 실현되는 전체 사용 빈도는 제
시하지 않고 ‘·’와 ‘ㅡ’의 변화 예를 중심으로 검토해 보기로 한다.

2) 후부변자음 뒤

    (18) ㄱ : 1) ㅡ>· : 어휘형태소, 문법형태소 모두 0.
            2) ·>ㅡ : ① 어휘형태소 $2 나그늬와.17)

---

16) ‘윤음’은 비상 시국에 민심을 수습하기 위하여 왕이 백성이나 관리들에게 내린 일종의 조
    칙이다. ‘윤음’은 숙종 대부터 보이기 시작하는데, 영·정조 대의 것이 가장 많으며, 늦은
    것은 융희 원년에 이르는 것도 있다. 이 글에서는 『어제』와 비교하여 ‘·’ 변화의 특징과
    과정을 논의하기 위하여 정조 대의 『윤음』(규장각 소장, 전북대 영인본)으로 한정한다. 검
    토 목록은 다음과 같다.
      御製濟州大靜㫌義等邑父老民人書(1781), 諭京畿大小民人等綸音(1782), 諭湖西大小民人等(1782),
      諭中外大小臣庶綸音(1782), 諭京畿洪忠全羅慶尙原春咸鏡六道綸音(1783), 諭京畿民人綸音(1783),
      諭湖南民人等綸音(1783), 諭慶尙都事兼督運御史金載人書(1783), 諭京畿洪忠道監司守令等綸
      音(1783), 諭慶尙道觀察使及賑邑守令綸音(1783), 御製諭咸鏡道南關北關大小士民綸音(1783),
      御製諭原春道嶺東嶺西大小士民綸音(1783), 字恤典則(1783), 御製賜畿湖別賑資綸音(1784), 御
      製諭濟州民人綸音(1785), 御製王世子冊禮後各道臣軍布折半蕩減綸音(1785), 御製咸鏡道南北關
      大小民人等綸音(1788), 御製諭楊州抱川父老民人等書(1792), 諭濟州大靜㫌義等邑父老民人書
      (1793), 諭諸道道臣綸音(1794), 諭湖南六邑民人等綸音(1794), 御製養老務農頒行小學五倫行
      實饗儀式鄕約條例綸音(1795).
17) ‘소금이, 소금이란, 죠금(4), 죠금도, 죠금이나’ 등의 예들도 보이지만, 이 예들은 ‘소곰’과

② 문법형태소 $2 날근, 남글, 밧그로, 밧그로는, 불그
믈, 불근(2), $3 안팟그로.

3) ㅏ > · : $1 ᄀ가온(2), ᄌᄌ.

4) · > ㅏ : $1 가다듬는, 가자(具), 가마니, 가무다가, 가을, $2 호갈
ᄀ치, 호갈ᄌ치[18)

(19) ㅋ : 1) ─ > · : 어휘형태소, 문법형태소 모두 0.

2) · > ─ : 어휘형태소, 문법형태소 모두 0.

(20) ㅎ : 1) ─ > · : 어휘형태소, 문법형태소 모두 0.

2) · > ─ : ① 어휘형태소 : $1 흙을.

② 문법형태소 : $2 나흘(4), 돌흘, 됴흘, 마흔, 모흘(2),
ᄲᅡᄒᆞ신, ᄶᅡ흐로, ᄶᅡ흘, ᄲᅡ흔, ᄶᅦ흐라, ᄶᅦ흔(2), 안흐
로, 안흐로는, 안흐로브터, 올흔(2), 죠흔(3), 죠흘대
로, 죠흠이, $3 나라흘, 바다흐로(2), 바야흐로, 보야
흐로(5), ᄇ야흐로, 비야흐로(5), ᄒ나흔, 호나흔(2),
바다ᄀ흘.

『윤음』에서는 어두음절과 비어두음절 모두 '·'의 변화는 『어제』와
차이를 보인다. 먼저 어두음절의 경우, 'ㅏ > ·'의 변화가 반영된 'ᄌ가
온(2), ᄌᄌ' 등이 보이면서, '· > ㅏ' 변화가 반영된 '가다듬는, 가자, 가
마니, 가무다가, 가을에' 등도 보인다. 이러한 변화의 예들은 '·'의 제2
단계 변화가 진행되고 있었음을 보여준다. 그러나 이런 정도의 예를 가
지고 '· > ㅏ' 변화가 완료되었다고 할 수는 없을 것이다.[19) 비어두음절

'죠곰'에서 비원순모음화를 거쳐 'ㅗ'가 '─'로 교체된 예들이다. 그 중간 과정으로서
'ㅗ > ·'의 비원순모음화 과정을 설정할 수도 있겠으나, 여기에서는 일단 검토 대상에서
제외해 둔다.

18) 이 자료에는 제2음절에서 '·'가 'ㅓ'로 바뀐 '호걸ᄌ치'도 2회 보인다.

19) 비어두음절에서 '· > ㅏ' 변화를 반영한 '호갈ᄌ치, 호갈ᄀ치'도 보인다.

의 ‘ㆍ’의 변화와 관련해서도 『윤음』은 『어제』와 차이를 보인다. 어휘형태소나 문법형태소의 후부변자음 뒤에서 ‘ㆍ>ㅡ’ 변화의 예가 보이지만, ‘ㅡ>ㆍ’ 변화의 예는 보이지 않는 점은 『어제』와 같지만, 전체적으로 ‘ㆍ>ㅡ’ 변화가 확산된 모습을 보여준다.[20] 그리고 어두음절에 ‘ㆍ>ㅡ’ 변화가 일어난 ‘흙’이 보인다.

『윤음』도 ‘ㆍ>ㅡ’ 변화가 상당히 확산되기는 하였으나 ‘ㆍ’의 제1단계 변화를 따르지 않은 어형들도 적지 않아 ‘ㆍ’의 제1단계 변화가 완성되었다고 하기는 어려운 것으로 보인다. ‘ㆍ’의 제1단계 변화 규칙 가운데 후부변자음 뒤에서는 주로 ‘ㆍ>ㅡ’의 변화 규칙이 적용되었으므로 원래 ‘ㅡ’였던 형태는 변화가 없지만, 원래 ‘ㆍ’였던 형태는 ‘ㆍ’형과 ‘ㅡ’형의 변이형이 공존한다. 이러한 공존 상태에서 ‘ㅡ’형의 변이형을 점차 많이 사용함으로써 ‘ㆍ>ㅡ’ 변화를 확산시켜 나간 것으로 보인다.

3) 중자음 뒤

(21) ㄷ : 1) ㅡ>ㆍ : ① 어휘형태소 $2 여돏이, 여돏째논.[21]
        ② 문법형태소 0.

    2) ㆍ>ㅡ : ① 어휘형태소 $2 ᄀᆞ득히, ᄀᆞ득ᄒᆞ엿도다, ᄀᆞ득ᄒᆞᆫ, 만드러, 만들기에, 맛든(4), 모든(18), 몬드라, 믄드러, 믄들게, 믄들라, 믄들어, 아득ᄒᆞ기, 아들에, 반드시(2), 밧드러, 밧드온, 밧드옵고(2), 밧드와, 아득ᄒᆞ기, 아들에, $3 가다듬논, ᄀᆞ다드마, ᄀᆞ다듬기를, 몸바드

---

20) ‘ㄱ’으로 끝나는 어간에 ‘ㆍ/ㅡ’로 시작하는 어미가 결합되면 분철 표기하였다. 이러한 예들은 3장 5절의 분철 표기에서 검토하기로 한다.

21) ‘기들–’과 같이 ‘ㅣ’ 다음에 연결되는 중자음 뒤에서 ‘ㅡ’가 ‘ㆍ’로 바뀐 ‘기ᄃᆞ리–(27) 등도 ‘ㅡ>ㆍ’ 변화를 거치는 예들로 볼 수도 있다.

며, 본바듬이라, 브르드시.

② 문법형태소 $2 근들, 바드니(2), 바드라, 바드려, 바드리오, 바든(2), 바들(4), $3 몸바드며, 본바듬이라, 붓도드믈, $4 가려훈들, 아니훈들, 류산훈들, 힝훈던들, 경곡인들, 냥식인들.

(22) ㅌ : 1) ─>· : ① 어휘형태소 $2 구특여(2)

② 문법형태소 0.

2) ·>─ : ① 어휘형태소 0.

② 문법형태소 $2 구트니(2), 구트리오, 구트며, 구트야, 구트여, 구튼(11), 구틀(2).

(23) ㅅ : 1) ─>· : ① 어휘형태소 $2 구술, 무스논, 무슴(2), 벼술(2), 스스로(10), 여슷(11).

② 문법형태소 $2 거손(5), 거술(5), 스술, 업스니(6), 업스되(3), 업스랴, 업스리오(2), 업스리오마(3), 업스리요, 업스며, 업스면, 업스므로, 업스믄, 업스믈, 업스오니, 업손(5), 업술, 업술넌가, 업술찌라, 업슴을, 업슴이, 업슴이라.

2) ·>─ : ① 어휘형태소 0.

② 문법형태소 $2 아스랴, 아스믈, 오스로, 오슬(3), 타슬(2), $3 갓오슬, 나소스니.

3) ·>ㅏ : $2 사나희(3), 사나힌.

(24) ㅈ : 1) ─>· : 어휘형태소, 문법형태소 모두 0.

2) ·>─ : ① 어휘형태소 $2 근즈란치, 나즈로, 남즉의, 마즈시던.

② 문법형태소 $2 느즈믈, 만즉, 훈즉(9), $3 마롬즉, 못훈즉, 살온즉.

3) ·>ㅏ : $1 자라셔.

(25) ㅊ : 1) ㅡ>· : 어휘형태소, 문법형태소 모두 0.

    2) ·>ㅡ : ① 어휘형태소 0.

      ② 문법형태소 $2 낫츠로(3), ㄴ츨(2), 믓츠믈, 밧츨, 꼬츨(2), 조츠리니, 조츨, 좃츠시ㄴ니, $3 뉘웃츠미, 스못츤.

(26) ㄴ : 1) ㅡ>· : ① 어휘형태소 0.

      ② 문법형태소 $2 그는, 너는 등 주제격 조사 '는/는'과, 현재 시제의 선어말어미 'ㄴ/는'~'ㄴ/느'는 모두 '는'과 'ㄴ'로 단일화되어 있음.

    2) ·>ㅡ : ① 어휘형태소 $2 오늘날, 하늘, 하늘과, 하늘에, 하늘을.

      ② 문법형태소 0.

    3) ㅏ>· : $1 눌(2), 눌노뻐.

    4) ·>ㅏ : $1 나리-(2), 나소스니, 나물, 나믈의, 난화(2), 날개ㅎ 는, 날근, 날니지.

(27) ㄹ : 1) ㅡ>· : ① 어휘형태소 $2 너르고, 녀롬지이.

      ② 문법형태소 나롤, 서르, 수롤(3), 슈롤, 주롤(2), $3 괴슈롤(2), 말쥐롤, 문무롤, 믹튜롤, 어그릇지, 연유롤, 침슈롤, 참위롤, $4 이샹으론.

    2) ·>ㅡ : ① 어휘형태소 $2 ㄱ르치-(7), 느르기가, ㄷ를, ㄷ름질, 다르-(30), 모를, 모름즉이(5), 므른, 바르-(5), ㅂ른단, ㅂ르드시, 스름사리라, ㅆ름(5), 아름다온(5), 아름다옴을, 아름답지, $3 일ㅋ르-(3).

      ② 문법형태소 $2 나를(3), 즈를, 포를 등, $3 감스를, 경스를(5), 니마를, 슈고를(4), 어스를(5), 정스를(7) 등 목적격조사는 '를'로 많이 나타남.

『윤음』에서는 중자음 뒤의 '·'와 'ㅡ' 변화는 『어졔』보다 매우 복잡

한 양상을 보여준다. 어두음절에서 '눌(2), 눌노뻐'와 같이 'ㅏ > ·' 변화
가 반영된 예들이 보일 뿐 아니라, '나리며, 나리미, 나소스니, 나물꼬지,
나믈의, 난화(2), 날개ㅎ논, 날근, 날니지, 사나희(3), 사나히, 자라서' 등
과 같이 'ㄴ, ㅅ, ㅈ' 뒤에서 '· > ㅏ' 변화의 예도 나타난다. 이 예들을
통하여 'ㅏ > ·' 변화와 함께 '· > ㅏ' 변화가 나타나 '·'의 제2단계 변
화가 진행되고 있었음은 알 수 있으나, '· > ㅏ' 변화가 완료되었다고 할
수는 없을 것으로 생각된다.

　비어두음절의 중자음 뒤에서는 『어제』와 달리 'ㅡ > ·' 변화와 '· >
ㅡ' 변화가 모두 나타나 '·'의 변화는 매우 복잡한 양상을 띤다. 어휘형
태소와 문법형태소 모두 비어두음절의 중자음 뒤에서 『어제』와 달리
'· > ㅡ'의 예들이 상당수 나타나며, 'ㅡ > ·' 변화 규칙의 적용이 『어제』
에 비해 위축되어 가고 있음을 보여준다. 그러나 『윤음』에서도 여전히
중자음 뒤에서 '· > ㅡ' 변화 규칙보다 'ㅡ > ·' 변화 규칙이 많이 적용
됨을 보여준다. 이러한 사실은 '·'의 제1단계 변화가 중자음 뒤에서
'ㅡ > ·' 변화와 '· > ㅡ' 변화가 상호작용하면서 '· > ㅡ' 변화의 방향
으로 나아갔음을 의미한다.

　그러나 중자음 뒤에서 '·'나 'ㅡ'의 변화가 복잡하다고 하여 그 변화
가 무질서하게 진행된 것은 아니었다. 비어두음절의 '·'를 가지고 있던
어형은 '· > ㅡ' 변화와 관련되고, 'ㅡ'를 가지고 있던 어형은 'ㅡ > ·'
변화와 관련되기 때문이다. 그러므로 원래 '·'나 'ㅡ'를 가지고 있던 형
태와 '· > ㅡ' 변화 규칙과 'ㅡ > ·' 변화 규칙에 의해 생성된 'ㅡ'나
'·'는 전혀 예측할 수 없는 것이 아니었다. 가령 '다른니'는 '· > ㅡ' 규
칙에 의해 '다르니'가 될 수도 있고 그렇지 않을 수도 있으며, '너르고'
는 'ㅡ > ·' 규칙에 의해 '너른고'가 될 수도 있고 그렇지 않을 수도 있

었다. 만일 『어제』에서라면 '다ᄅᆞ니'는 그대로 사용하고 '너르고'는 'ㅡ>ㆍ' 규칙이 적용된 '너ᄅᆞ고'를 사용하였을 것이고, 『윤음』에서라면 '너르고'는 그대로 사용하고 '다ᄅᆞ니'는 '다르니'로 사용할 가능성이 많은 것이다. 이와 같이 'ㆍ'와 'ㅡ'는 두 규칙의 공존으로 인하여 변이 형태가 공존하기는 하지만 그 가능한 변이 형태 중에서 시간의 흐름에 따라 변이 형태들의 선택이 달라짐을 보여주며, 이러한 선택의 변화가 'ㆍ' 변화의 방향을 결정함으로써 'ㆍ'의 제1단계 변화가 점차 일반화하게 되는 것으로 보인다.

4) 전부변자음 뒤

(28) ㅁ : 1) ㅡ>ㆍ : 어휘형태소, 문법형태소 모두 0.

    2) ㆍ>ㅡ : ① 어휘형태소 $2 가믄, ᄀᆞ믈고, ᄀᆞ믈아, ᄀᆞ믈에ᄂᆞᆫ, ᄀᆞ믐과, ᄀᆞ믐의, 나믈, 나믈의, ᄂᆞ믈(2), ᄂᆞ믈ᄭᆞ지, ᄂᆞ믈에, ᄂᆞ믈을, ᄒᆞ믈며(32).

    ② 문법형태소 $2 나믄(2), 말ᄆᆞ로써, 알믈, ᄒᆞᆫ 등. 명사형은 모두 '음'임.

    3) ㅏ>ㆍ : $1 ᄆᆞ리와, 몰ᄆᆡ아ᄆᆞ미라.

    4) ㆍ>ㅏ : $1 만드러, 만들기에.

(29) ㅂ : 1) ㅡ>ㆍ : 어휘형태소, 문법형태소 모두 0.

    2) ㆍ>ㅡ : 어휘형태소, 문법형태소 모두 0.

    3) ㆍ>ㅏ : $1 바ᄅᆞ는, 바야흐로.

(30) ㅍ : 1) ㅡ>ㆍ : 어휘형태소, 문법형태소 모두 0.

    2) ㆍ>ㅡ : ① 어휘형태소 0.

    ② 문법형태소 $2 노프며, 알프며, 알픈, $2 갑흔, 놉흐

며, 놉흔(3), 얇흔.

　3) ·>ㅏ : $1 파라(賣)

『윤음』에서는 어두음절의 전부변자음 뒤에서 어두음절의 '·>ㅏ' 변화가 반영된 '만드러, 만들기에, 바릭는, 바야흐로, 파라' 등이 보이고, 'ㅏ>·' 변화가 반영된 '무리와, 몰믜아므미라'가 보인다. 이 예들 역시 '·>ㅏ' 변화와 'ㅏ>·' 변화가 함께 나타나 '·'의 제2단계 변화가 진행되고 있었음을 보여준다. 비어두음절의 전부변자음 뒤에서 '—>·' 변화의 예는 나타나지 않고 '·>—' 변화의 예만 나타나며, '·>—' 변화의 예들이 문법형태소뿐 아니라 어휘형태소 내부에서도 상당수 나타난다는 점에서 『어제』보다 '·>—' 변화가 상당히 확산되었음을 보여준다. 문법형태소의 '·>—' 변화는 명사형 어미 '-(♀/으)ㅁ' 다음에 예외 없이 적용되어 단일화 경향을 보여, '·>—' 변화가 적용된 신형과 그렇지 않은 구형이 공존하는 어휘형태소와는 차이를 보이기도 한다.

5) 분철 표기

(31) 분철 표기에서의 '·'와 '—' 빈도

어간말 자음	+·/—	1음절	2음절	3음절	4음절	5음절
ㄱ	·	0	0	0	0	0
	—	69	115	7	1	0
ㄴ	·	0	0	0	0	0
	—	45	145	11	6	1
ㅁ	·	0	0	0	0	0
	—	76	130	33	4	0
ㅂ	·	0	0	0	0	0
	—	61	17	0	1	0

어간말 자음	+·/—	1음절	2음절	3음절	4음절	5음절
이	·	0	0	0	0	0
	—	44	219	13	4	0
리	·	0	0	0	0	0
	—	159	93	29	1	0
시	·	0	0	0	0	0
	—	54	1	0	0	0

『윤음』에서도 'ㄱ, ㄴ, ㅁ, ㅂ, ㅇ, ㄹ, ㅅ'으로 끝나는 명사나 용언 어간 다음에 '·'나 '—'로 시작하는 조사나 어미가 결합되면, 거의 모두 분철 표기하였다. 이러한 분철 표기에서 '·'나 '—'로 시작하던 모음 어미는 하나의 예외도 없이 모두 '—'가 선택되었다. 이러한『윤음』의 특징은 'ㅅ' 으로 끝나는 명사인 '쯧올'이 7회 나타난『어제』와 비교하면 적어도 분철 표기에서는 '·>—' 변화가 일반화되었다고 할 수 있다. 이러한 분철 표기에서 보여주는 '·>—' 변화의 일반화는 곧 '·'의 제1단계 변화가 상당히 확산되어, 상대적으로 연철 표기의 중자음 뒤에서도 '—>·' 변화가 더 이상 확산되지 못한 사실과 함께, '—>·' 변화는 점차 위축되어 가는 동시에 '·>—' 변화의 방향으로 일반화되어 과정을 잘 보여주는 것으로 생각된다.

4. 『어제』와『윤음』에서의 '·' 변화

일반적으로 18세기 중기에 '·'가 비음운화된 것으로 지적되어 왔지만, 18세기 중·후기의 왕실 자료인『어제』와『윤음』은 그렇지 않았음을 보여 준다. 영조의 『어제』에서 '·'의 제1단계 변화는 어느 정도 확산되어 있기는 하였으나 여전히 진행 중에 있었던 것으로 판단되었다. 그러나 제2단계 변화와 관련해서는 비어두음절에서 'ㅏ>·'변화를 보이는 '우차홉다>우츠홉다, 다믄>다만, ㅂ룸>ㅂ람' 등의 예들이 나타났지만, 정작 어두음절의 '·>ㅏ' 변화 예는 나타나지 않았다. 그러므로, 『어제』는 '·'의 제2단계 변화가 시작되지 않았거나 그 초기 상태에 있었던 것으로 추정되었다. 18세기 후기 자료인 정조의『윤음』은 '·>ㅏ' 예를 보여주기는 하였지만, 그 분포나 어휘의 수로 보아 '·>ㅏ' 변화가 상당히 많이 확산된 상태는 아니었다. 그러므로『윤음』에서는 '·>ㅏ' 변화가 진행되고 있었으나, '·>ㅏ' 변화가 완료된 것으로 볼 수는 없었다. 따라서 『윤음』에서도 '·'가 비음운화되었다고 할 수는 없는 것으로 간주되었다.

　『어제』와 『윤음』은 비어두음절에서 '·>ㅡ' 변화와 'ㅡ>·' 변화의 예들을 모두 보여주었다. 기존의 논의대로라면 이 자료들은 '·'의 제1단계 변화가 완료되고도 몇 세기기 지난 자료이지민, 이들 자료의 비어두음절의 '·'와 'ㅡ' 변화가 보여주는 양적·질적 특성을 바탕으로 하면 '·'의 제1단계 변화가 완성되었다고 할 수는 없을 것으로 생각된다.

　『어제』에서는 어휘형태소의 '·'나 'ㅡ'가 일부 예를 제외하면, 원래의 '·'나 'ㅡ' 그대로 나타났다. 그러나 문법형태소에서는 변화된 예들을 보여주었다.『어제』에서는 어휘형태소의 일부와 문법형태소에서 나타난 '·'와 'ㅡ'의 변화는 선행 자음의 조음 위치 자질에 따라 다른 변화 양상을 보여주었다. [+grave] 자질을 갖는 전부변자음과 후부변자음 뒤에서는 원래의 '·'가 'ㅡ'로 바뀐 예들이 나타나, '·'의 제1단계 변화에 따랐음을 보여주었지만, [−grave]의 자질을 갖는 중자음 뒤에서는 주로 ‘ㅡ’가 ‘·’로 바뀐 예들을 보여주었다. 또한 중자음 뒤에서는 ‘·’가 ‘ㅡ’로 바뀐 예들은 거의 보이지 않았고, 변자음 뒤에서 ‘ㅡ’가 ‘·’로 바뀐 예들도 거의 보이지 않았다. 이러한 변화 결과, 중자음 뒤에서 주제의 보조사 ‘눈/는’은 ‘눈’으로, 목적격조사 ‘룰/를’은 ‘룰’로, 현재시제 선어말어미 ‘눈/는, 늑/느’는 ‘눈, 늑’로, 연결어미 ‘거눌/거늘, 어눌/어늘’은 ‘거눌, 어눌’로 거의 단일화되어 나타났다.

『윤음』에서는 ‘·’와 ‘ㅡ’의 변화 예가 상당히 많이 나타나 ‘·’와 ‘ㅡ’의 변화가 『어제』보다 상당히 확산되었음을 보여주었다. 문법형태소에서는 물론, 어휘형태소에서도 변화의 예들이 상당히 많이 나타나, ‘·’와 ‘ㅡ’의 변화에 따라 어휘형태소가 ‘·’형과 ‘ㅡ’형이 공존하고 있음을 보여주었다. 『윤음』에서도 ‘·’와 ‘ㅡ’ 변화의 일반적인 방향은 『어제』와 유사하여, 변자음 뒤에서는 어휘형태소이건 문법형태소이건 간에 ‘·>ㅡ’ 변화가 적용된 예들이 상당히 증가하였다. 중자음 뒤에서도 ‘ㅡ>·’ 변화 예들이 많았으나, ‘·>ㅡ’ 변화 예들도 상당히 많이 나타나 ‘·>ㅡ’ 변화와 ‘ㅡ>·’ 변화가 경쟁적인 관계에 있었던 것으로 보인다. 『어제』에서 ‘ㅡ>·’ 변화가 반영된 예들이 『윤음』에서는 ‘ㅡ>·’ 변화가 반영되지 않는 대신, 『어제』에서 ‘·>ㅡ’ 변화가 반영되지 않던 예들이 『윤음』에서는 ‘·>ㅡ’ 변화가 반영된 것으로 나타났기 때문이다. 이러한 두 변화의 관계가 서서히 바뀌어, 『윤음』에 이르면 중자음 다음에서나 변자음 다음에서나 ‘·>ㅡ’ 변화가 일어나 ‘·’의 제1단계 변화는 ‘·>ㅡ’ 변화 방향으로 일반화된 것으로 추정된다. 『윤음』에는 중자음 뒤에서 ‘·>ㅡ’ 변화를 보이는 예들이 상당수 나타나고, 변자음 뒤에서 보이지 않던 ‘·>ㅡ’ 변화 예들이 많이 나타나 ‘·’의 제1단계 변화가 상당히 진행되었다고 할 수 있었다. 그러나 『윤음』에서도 중자음 뒤에서 'ㅡ>ㆍ' 변화를 보이는 예들이 적지 않게 남아 있고, 변자음 뒤에서도 'ㆍ>ㅡ' 변화가 일어나지 않은 예들이 상당수 남아 있어서 'ㆍ'의 제1단계 변화가 완료되었다고 할 수 없는 것으로 판단되었다.

『어제』와 『윤음』에서 보여주는 비어두음절의 'ㆍ' 변화가, 기존의 논의처럼 'ㆍ>ㅡ'에 의해서만 설명될 수 없음은 다시 한 번 지적할 필요가 있다. 『어제』에서 변자음과 중자음 뒤에 각기 적용되던 'ㆍ>ㅡ' 변화와 'ㅡ>ㆍ' 변화는 『윤음』에서는 중자음 뒤에도 'ㆍ>ㅡ' 변화가 확산되면서 'ㅡ>ㆍ' 변화가 위축되는 사실이나, 『어제』에서 중자음 뒤의 'ㅡ>ㆍ' 변화에 의해 단일화된 문법형태소가 『윤음』에서는 다시 'ㆍ>ㅡ' 변화에 의해 재편되는 상황은 'ㆍ>ㅡ' 변화가 'ㅡ>ㆍ' 변화와 상호작용하면서 진행되었음을 말해주는 것으로 해석된다. 그리하여 이들 두 규칙의 상호작용이라는 관점에서, 중자음 뒤에 'ㆍ>ㅡ' 변화의 예보다 'ㅡ>ㆍ' 변화의 예가 많이 나타나는 『윤음』도 'ㆍ'의 제1단계가 변화가 완결되었다고 할 수 없을 것으로 추정된다.

『어제』와 『윤음』에 나타나는 'ㆍ'의 변화를 통하여 'ㆍ'의 변화에 관여하는 여러 사시 언어학적 변인들을 추출해 낼 수 있다. 'ㆍ>ㅡ'와 'ㅡ>ㆍ' 변화와 'ㅏ>ㆍ'와 'ㆍ>ㅏ' 변화는 비어두음절과 어두음절이라는 음절 위치의 차이를 두고 진행되었으므로 음절 위치는 'ㆍ' 변화의 중요한 변인이 될 수 있다. 『어제』와 『윤음』의 'ㆍ' 변화에서 논의되었듯이 문법형태소와 어휘형태소의 차이도 'ㆍ'의 변화에서 나누어 살펴야 할 것으로 보인다. 『어제』에서는 전반적으로 문법형태소에서 많은 변화 예들을 보여주기도 하였거니와, 이미 중자음 다음의 주제의 보조사는 '는'으로, 목적격조사는 '를'로, 현재의 선어말어미는 '는'이나 'ㄴ'로 단일화되어 나타났던 것이다. 'ㆍ'의 변화에는 자음의 조음 위치 자질도 중요한 변인으로 작용하였다. 후기 중세국어에서 어두음절 모음의 [縮縮] 자질에 의해 선택되던 비어두음절의 'ㆍ'와 'ㅡ'는 'ㆍ'의 변화 과정에서 선행 자음의 조음 위치 자질에 따라 'ㆍ>ㅡ' 변화와 'ㅡ>ㆍ' 변화라는 차이를 보임으로써 'ㆍ'의 변화에는 [grave]라는 조음 위치 자질이 관여하고 있었던 것으로 추정된다.

'ㆍ' 변화의 과정에서, 분철 표기와 연철 표기가 'ㆍ' 변화의 차이를 보인다는 점도 주목되는 사실이다. 연철 표기에서는 'ㆍ'나 'ㅡ'의 선행 자음에 따라 'ㆍ>ㅡ' 변화를 보이지만, 분철 표기에서는 거의 일률적으로 'ㆍ>ㅡ' 변화를 보였기 때문이다. 그러나 이러한 특성이 표기 유형의 차이에 기인하였다기보다는 표기 유형에 반영된 발음의 특성에 기인한 것으로 봄이 타당하다고 생각된다. 중자음 뒤에서 일어난 'ㅡ>ㆍ' 변화를 제외하면, 일반적으로 'ㆍ>ㅡ' 변화가 일어난 연철 표기와 마찬가지로, 분철 표기는 'ㆍ'나 'ㅡ'를 선행하는 자음이 없으므로 'ㆍ>ㅡ'라는 일반적인 변화가 일어난 것으로 이해되는 것이다.22) 다시 말하면, 분철 표기와 연철 표기에 나타나는 'ㆍ'나 'ㅡ' 변화의 특징은, 'ㆍ'나 'ㅡ'의 변화가 표기 유형에 따라 달리 진행되었기 때문이 아니라, 선행 자음에 따라 달리 진행되던 'ㆍ'와 'ㅡ'의 변화가, 상이한 음절 중심의 표기인 분철과 연철에 잘 반영되어 나타난 자연스러운 결과로 생각된다.

---

22) 이러한 관점에서, 연철 표기와 분철 표기에는 모두 음절 단위의 정확한 발음이 반영된 것으로 추정된다.

5. 결언

‘·’ 변화에 대한 논의 내용은 4장에서 정리하였으므로, 여기에서는 앞으로의 연구 방향에 대하여 몇 가지 언급하면서 마무리하기로 한다.

‘·’의 변화를 비롯한 국어 음운변화의 구체적인 논의를 위해서는, 국어사 자료를 유형별로 분류하여 동질적인 자료를 바탕으로 변화의 과정을 검토하는 작업이 필요하다. 왕실 자료, 역서류, 유서류, 불서류, 언간류 등 다양하고 이질적인 자료들을 동질적인 부류로 나누어 해당 용례를 검토한다면, 논의가 보다 구체적이고 정밀화되어 음운변화의 특성을 보다 분명하게 밝힐 가능성이 있을 것으로 생각된다. 왕실 자료에 나타난 ‘·’ 변화의 과정이 기존의 일반화된 논의와 다르다는 점에서 이러한 왕실 자료의 특성에 주목할 필요가 있을 것이다. 국어사 자료에 관여한 언어 사용자들의 특성에 따라 국어의 음운변화는 다르게 진행되었을 가능성이 있기 때문이다.

국어 음운사 연구에서, 문헌의 표기와 언어 현실이 대응 관계를 밝히기 위해서는 표기에 관심을 갖는 것이 무엇보다 중요하다고 생각된다. 언어 현실이 표기에 그대로 반영된다는 것이 거의 불가능하다는 점은 인정하면서도, 표기의 보수성을 내세워 다양한 표기들이 언어의 현실과 1 : 1로 대응되지 않는다고 방기하기보다는, 언어음과 표기의 대응이 1 : 多다나 多다 : 1, 또는 多다 : 多다의 관계에 있다고 하더라도 이러한 관계의 특성에 주목한다면, 언어 현실과 관련되는 새로운 사실을 밝힐 수 있을 것으로 기대된다.

표기에 대한 이러한 적극적이고 긍정적인 태도를 바탕으로, 음운변화

의 과정에 관심을 가질 필요가 있다. 문헌의 자료를 대상으로 하는 음운
사 연구에서 음운변화의 시작과 완성을 획하는 일이 쉽지 않기 때문이기
도 하지만, 언어는 시·공간을 달리 하며 언제나 변화의 과정에 있으므
로, 변화의 과정에 있는 현실의 언어를 이해하기 위해서는 변화의 흐름
에 주목하는 것이 필요하다. 그러므로 국어 음운사 연구에서, 과거의
시·공간에서 일어난 변화의 과정을 밝혀, 시·공간에 관련되는 언어 외
적 변인을 추가하면, 다양한 상황에서 사용되는 언어 사용의 특징을 이
해하는 바탕이 될 것이다.

4 18세기 왕실 문헌의 구개음화와 원순모음화*

1. 연구의 방향

언어 사용자의 사회 계층에 따라 언어의 변이 상태가 다르듯이, 국어의 변화도 문헌의 간행에 참여한 화자나 필자의 사회적 성격에 따라 차이가 있을 것으로 지적되어 왔다.[1] 그렇다면 사대부와 같은 상류층의 지식인이 관여한 것으로 추정되는[2] 왕실 문헌에는 상류 계층의 언어 사용 상태가 반영되었을 가능성이 크다. 그러나 아직까지 이러한 관점에서 접근한 구체적인 연구는 거의 없는 실정이다.

사회언어학적 관점에서 특정 언어 집단에서 사용하는 언어의 특성은

---

* 이 글은 같은 제목으로 『정신문화연구』 102(한국학중앙연구원, 2006 : 127~157)에 수록되었다.

1) 홍윤표, 『근대국어 연구 1』(태학사, 1994), 74~76쪽 ; 김주필, 「18세기 역서류 문헌과 왕실 ㅣ문헌의 음운현상」, 제17회 국어사학회 여름학술대회 논문집(2004c), 83~96쪽 ; 김주필, 「18세기 중후기 왕실 문헌의 'ㆍ' 변화」, 『어문연구』, 122호(한국어문교육연구회, 2004b), 41~68쪽.

2) 박용만, 「영조 어제책의 자료적 성격」, 『장서각』, 제11집(한국정신문화연구원, 2004), 19~21쪽.

언어의 변이 상태를 통하여 드러난다. 그러므로 왕실 문헌의 언어 사용에 대한 접근도 진행 중인 음운변화의 변이형을 대상으로 하는 것이 적절할 것이다. 이에 이 글에서는 근대국어 시기의 대표적인 음운변화 현상인 구개음화와 원순모음화 예들을 통하여 18세기 왕실 문헌의 언어 특성을 살펴보기로 한다. 모음에 의한 자음의 동화 현상인 구개음화와 자음에 의한 모음의 동화 현상인 원순모음화 현상은 조건 변화 현상으로서 여러 문헌들의 상태를 계량화하여 비교할 수 있다는 점에서 본 연구의 대상으로 적합하다고 판단되었기 때문이다.

본 연구에서는 먼저 18세기 왕실 문헌인 영조 대의『어제내훈』(1737),『어제상훈언해』(1745),『어제훈서언해』(1756),『어제』와『경세문답』3)(1762~1776?, 이하『어경』으로 약칭하기로 함), 정조 대『綸音윤음』4)의 구개음화와 원순모음화 상태를 계량적으로5) 검토하여 구개음화와 원순모음화의 확산 과정을 검토할 것이다. 그리고 18세기 왕실 문헌 가운데 영조 대 후기에 간행된『어경』의 구개음화와 원순모음화 상태를, 유사한 시기

---

3)『어제』와『경세문답』의 서지 사항에 대해서는 안병희,「왕실 자료의 한글 필사본에 대한 국어학적 검토」,『장서각』, 제1집(한국정신문화연구원, 1999), 1~20쪽 ; 이현희,「장서각 소장의 영조대 한글 문헌」,『장서각』, 제2집(한국정신문화연구원, 1999) ; 이래호,「장서각 소장 유일본『어제』에 대한 국어학적 연구」,『장서각』, 제5집(한국정신문화연구원, 2002), 239~263쪽 ; 박용만, 위의 논문, 5~26쪽 ; 김주필,「영조의『어제』에 나타난 ‘ㆍ’와 ‘ㅡ’의 표기와 음성 실현 양상」,『어문학논총』, 23권(국민대 어문학연구소, 2004), 89~117쪽 등을 참조할 것.

4) 본 연구에서 대상으로 한『윤음』은 규장각 소장의『윤음』으로서, 전북대학교 국문과에서 1978년에 영인한, 1781년에서 1795년 사이의 ‘윤음’ 22편이다. 15년 정도의 시차가 있으므로 이 시간대에도 변화의 과정을 살펴볼 필요가 있으나 여기에서는 편의상 동질적인 자료로 묶어 활용하기로 한다.

5) 본 연구의 계량화 방법은 다음 순서로 진행하였다. ①문헌의 자료를 한글97로 입력하여, ②구개음화와 원순모음화 환경의 모든 어절을 국립국어원에서 개발한 문자열 검색프로그램인 Hgrep97을 활용하여 어절 단위의 모든 용례를 추출한다. ③추출된 어절에 구개음화와 원순모음화의 변화 유형, 어휘 특성, 음운 환경 등에 따라 분류 번호를 부여하여, ④분류한 자료에 따라 각 분류 번호를 항목화하여 엑셀Excel로 전환하고 ⑤필요한 예들을 추출하여 계량화하였다.

의 불서류 『地藏經諺解지장경언해』(1762), 자석류 『註解千字文주해천자문』(1752), 역서류 『朴通事新釋諺解박통사신석언해』(1764) 등과 비교하여 이들 문헌 사이에 어떠한 차이가 있는지를 검토할 것이다. 이러한 두 방향에서의 검토를 통하여 본 연구에서는 18세기 왕실 문헌의 특성을 구개음화와 원순모음화의 과정을 통하여 구체적으로 살펴보고자 한다.

2. ㄷ구개음화

『어제내훈』(1737, 총 17,816어절)

	변화 유형	전 체 (2,138)	고 유 어		한자어
			어 휘 (어두/비어두)	문 법 (경계/문법)	
구개음화	ㄷ>ㅈ	11	4(1/3)	5(1/4)	2
	ㅌ>ㅊ	1	0/0	1/0	0
과도교정	ㅈ>ㄷ	2	0/0	0/0	2
	ㅊ>ㅌ	0	0/0	0/0	0
그대로	ㄷ	994	368(115/253)	541(20/521)	35
	ㅌ	238	78(23/55)	150(15/135)	10
	ㅈ	744	504(270/234)	57(4/53)	183
	ㅊ	148	97(22/75)	4(4/0)	47

1) ㄷ>ㅈ : ▼어휘 : $1 죠흔, $2 엇지(3). ▼문법 : $2 셔지, $3 쩌나지, $4 게 어르지, 掩護ㅎ지. ▼경계 : $2 쓰지니라. ▼한자음 : $1 졍훈, $2 진쥬와.
2) ㅌ>ㅊ : ▼형태소 경계 : $2 구침이(굳힘이).
3) ㅈ>ㄷ : ▼한자음 : $1 뎜뎜, $2 뎜뎜.

『어제내훈』에서는 총 1,254회의 환경에서 12회가 구개음화되어 나타났다. '⼁'은 총 1,015회의 환경에서 11회가 구개음화되어 나타났으며, '⼁'은 239회 가운데 1회만 구개음화되어 나타났다. 고유어에서는 비어 두음절에서 8회, 어두음절에서는 '죠혼'에 1회 나타났으며, 형태소 경계 에서도 '쓰지니라(쓷이니라), 구침이(굳힘이)'에 2회 나타났다. 한자어에 서는 47회의 환경에서 '정훈, 진쥬'에 2회 나타났다. 과도교정은 한자어 '뎜뎜(漸漸)'에 2회 나타났다. 구개음화가 확산되지 않은 초기 단계에서 나타난 이러한 예들은 과도교정이 구개음화가 생산적으로 일어나는 시 기에 나타나는 표기상의 혼란이라는 기존의 논의가 타당하지 않음을 말 해준다.[6] 오히려 이 예들은 구개음화가 확산되기 시작하는 시기에 구개 음화된 형태를 바람직하지 않은 형태로 간주하여, 구개음화와 관련 없는 형태를 구개음화된 것으로 잘못 판단하여 과도로 교정했다는 근래의 주 장이 타당함을 말해준다.

『어제상훈언해』(1745, 총 2,212어절)

| | 변화 유형 | 전 체 (371) | 고 유 어 | | 한자어 |
			어 휘 (어두/비어두)	문 법 (경계/문법)	
구개음화	⼁>ㅈ	1	0/0	1/0	0
	⼁>ㅊ	0	0/0	0/0	0
과도교정	ㅈ>⼁	2	2/0	0/0	0
	ㅊ>⼁	0	0/0	0/0	0
그대로	⼁	171	44(7/37)	54(2/52)	73
	⼁	80	0/0	34(0/34)	46
	ㅈ	90	13(6/7)	4(0/4)	73
	ㅊ	27	1(0/1)	0(0/0)	26

---

6) 국어사 문헌에 나타나는 표기와 음운현상의 대응관계에 대해서는 김주필, 「음운변화와 표 기의 대응관계」, 『국어학』, 32집(국어학회, 1998), 49~76쪽을 참조.

1) ㄷ>ㅈ : ▼문법 : 경계 : $2 맛져란.
2) ㅈ>ㄷ : ▼어휘 : $1 뎌ㅂ리옴이, 뎌ㅂ릴.

『어제상훈언해』에도 구개음화된 예들은 거의 나타나지 않는다. 총 252회의 환경에서 '맛져란'에 1회만 나타났기 때문이다. 이러한 상태에서 과도교정의 예가 '져ㅂ리-'에 2회 나타났다. 이 문헌 역시 구개음화가 그리 확산되지 않은 상태에서 과도교정의 예가 나타난다는 점에서 과도교정에 대한 기존의 논의가 타당하지 않음을 말해준다. 과도교정은 구개음화와 환경은 같으면서도 입력부와 출력부의 교체되는 음이 상반된다는 점에서 원래의 구개음을 치조음으로 교체한 과도교정의 예들에는 구개음화를 거부하는 의식이 반영된 것으로 간주된다.

『어제내훈』과 『어제상훈언해』에 나타나는 구개음화와 과도교정을 통하여 왕실 문헌에 나타나는 다음 몇 가지를 알 수 있다. 첫째, 18세기 전반기의 왕실 문헌에 구개음화가 미미하게 일어나고 있었다는 것, 둘째, 그러한 상태에서도 구개음화가 진행 중인 현상으로 의식되고 있었다는 점, 셋째, 진행 중인 음운변화를 받아들이지 않으려는 거부 의식이 과도교정에 반영되어 나타난다는 점 등이다. 이러한 왕실 문헌의 특성은 변화에 대해 매우 보수적인 현대 사회의 상류층이 보여주는 언어 태도와 다르지 않다고 할 수 있다.

『어제훈서언해』에는 다음 도표에 제시된 바와 같이 구개음화 예들이 다소 많아지기는 하였으나 구개음화가 크게 확산되었다고 할 수는 없다.7)

---

7) 언어 변화에서 시간의 길이가 고려되어야 한다는, 언어 변화의 점진적인 확산에 대해서는 Wang, W. S.-Y., "Competing Change as a cause of residue," *Language,* 45(1969)와 Chen, Matthew and Hshin-I Hsieh, "The time variable in phonological change," *Journal of Linguistics,* 7(1971)을 참조.

『어제훈서언해』(1756, 총 4,296어절)

	변화 유형	전 체 (811)	고 유 어		한자어
			어 휘 (어두/비어두)	문 법 (경계/문법)	
구개음화	ㄷ>ㅈ	12	4(1/3)	6(0/6)	2
	ㅌ>ㅊ	0	0	0	0
과도교정	ㅈ>ㄷ	53	32(5/27)	7(0/7)	14
	ㅊ>ㅌ	12	7(0/7)	1(1/0)	4
그대로	ㄷ	335	105(13/92)	128(0/128)	102
	ㅌ	127	6(3/3)	57(0/57)	64
	ㅈ	236	56(39/17)	15(0/15)	165
	ㅊ	36	3(1/2)	0(0/0)	33

1) ㄷ>ㅈ : ▼어휘 : $1 져, $2 엇지(3). ▼문법 : $2 듯지, $3 밧드지, $4 고요코져, 어긔과져, 평티코져, 효도코져. ▼한자음 : 즁, 즁용구경에.

2) ㅈ>ㄷ : ▼어휘 : $1 디엇다, 디으매, 디으시고, 닷기는, 닷다, $2 가딧(2), 오딕(3), 몬뎌(2), 가디, 가디롤, 가뎌, 가뎌오기롤, $3 혼가디(16). ▼문법 : $3 알고뎌, 춰코뎌, $4 셔올ᄯᅵ디, 이젯ᄀᆞ디(2), 빅뎌ᄯᅵ디, $5 오늘날ᄯᅵ디. ▼한자음 : $1 딘실노(2), 딘황과, 뎐혀, 뎨와, 듀공이, 듀아의, 듕인이, 왕댜ㅣ(2), $2 갈딘ᄒᆞ야, $3 윤뎌됴ᄂᆞᆫ, 윤뎌됴롤, 한당듕듀의게.

3) ㅊ>ㅌ : ▼어휘 : $2 그티다, 그티디, 그티ᄂᆞᆫ, 그틴, 긋티시고, 슷티옵건대, $4 어그룻텨. ▼경계 : $2 낫티. ▼한자음 : $1$2 티티히, 티티ᄂᆞᆫ, 티티히, 티티ᄂᆞᆫ.

총 474회의 환경에서 12회가 구개음화되어 2.7% 정도의 확산 비율을 보여주기 때문이다. 평음 'ㄷ'은 374회의 환경에서 12회가 구개음화되어 나타났으나 격음 'ㅌ'은 127회의 환경에서 구개음화된 예가 하나도 나타나지 않았다. 문법형태소에서 '-디, -코뎌, -과뎌'가 '-지, 코져, -과져'로 나타났고, 어휘형태소의 '뎌, 엇디'가 각각 '져, 엇지'로 나타나 형태소의 종류와 빈도에 있어 이전 문헌에 비해 다소 확산된 상태를 보여준다. 한자어에서는 '듕(中), 듕용(中庸)'의 '듕'이 '즁'으로 구개음화되어 나타났다.

그러나 과도교정은 65회나 되어 구개음화에 비해 상대적으로 많이 나타났다. 구개음화가 그리 확산되지 않은 상태에서 과도교정이 많이 나타났다는 것은 진행 중인 구개음화를 바람직한 변화로 받아들이지 않으려는 화자나 필자들의 거부 의식이 그만큼 과도교정으로 반영된 결과라고 판단된다. 또한 구개음화보다 과도교정의 예들이 많이 나타난다는 사실은 구개음화가 어느 정도 확산되기는 하였으나 일반화되지는 않은 상태였기 때문에 진행 중인 음운변화를 거부하려는 의식이 그만큼 더 적극적으로 반영된 결과가 아닌가 추정된다.

『어제/경세문답』(1762~1776?, 총 14,257어절)

	변화 유형	전 체 (2,460)	고 유 어		한자어
			어 휘 (어두/비어두)	문 법 (경계/문법)	
구개음화	ㄷ>ㅈ	66	6(3/3)	1(0/1)	59
	ㅌ>ㅊ	62	16(1/15)	13(12/1)	33
과도교정	ㅈ>ㄷ	34	12(5/7)	1(1/0)	21
	ㅊ>ㅌ	7	5(0/5)	1(1/0)	1
그대로	ㄷ	1,072	394(46/348)	452(1/451)	226
	ㅌ	274	6(2/4)	145(19/126)	123
	ㅈ	734	206(111/95)	46(0/46)	482
	ㅊ	211	36(7/29)	2(2/0)	173

1) ㄷ>ㅈ : ▼어휘 : $1 져(3), $2 더져시니, 빠져, $3 쩌러지고. ▼문법 : $3 흐과져. ▼한자음 : 견에, 젼젼흔, 졔롤, 쥬진, 명졔흔, 슈졔흐느니, 슝졍, 스져의, 금일졔롤, 금일졔의, 졍신은, 구질에, 지우현블쵸의, 지지흔, 지

취, 진압ᄒ면, 져ᄒ니, 젹심을, 젼에, 젼쳔츄와, 졍문샹의, 졍신들이, 졍졍
ᄒ나, 졍ᄌ의, 졍지(4), 졍호에, 졔ᄒ고, 즁쥐룰, 즁화룰, 지지훈, 칠질을,
과쟝ᄒ고, 과쟝ᄒ나, 방쟝과, ᄌ쟝과, 계졔, 대져(2), 뎐졍의, 동졍의셔, 면
젼의, 왕졍이, 익졔룰, 젼젼훈, 졍졍ᄒ나, 좀져로, 츠졔, 관즁과, 관즁이,
누쥬통의예, 탁쥬는, 싱이디지와, 허힝진샹이, 혹이디지, 뉵아쟝을, 금과
옥죄.

2) ㅌ>ㅊ : ▼어휘 : $1 치는, $2 곳칠, 들치디, 브치디(3), 붓치난, 붓치리라,
   ᄭᅵ치-(4), 고쳐, 들쳐, 벗쳐시니, 붓쳐, $3 즛붓친. ▼문법 : 경계 : $2 볏치,
   붓치롤, 다쳐시면, $3 이ᄌᆞ치, $4 훈굴ᄀᆞ치, 훈굴ᄌᆞ치(6), $5 경계함ᄌᆞ치.
   ▼내부 : $2 키쳐로. ▼한자음 : 침톄ᄒ니롤, 침톄(4), 도척의, 파쳘훈, 낙쵹
   이, 셔쵹에, 쳥쵹ᄒ미, 챡의훈, 쳑강(9), 쳑념ᄒ미(2), 쳑연홀, 쳠보ᄒ야, 츄
   회ᄒ미, 고치롤, 기친, 깃치며, 의챡ᄒ미, 화챵ᄒ더면, 경쳑ᄒ노라, 젼쳘
   이, 후쳘이.

3) ㅈ>ㄷ : ▼어휘 : $1 디고져, 디는, 디믄, 디의, 디혀며, $2 믄디며(2), $3
   거슯디면, 거슯디므로, 못ᄀᆞ디예, $4 브릭지디미, 어릭믄디시. ▼문법 : 경
   계 : $2 나디나. ▼한자음 : 디권에, 디긔(2), 디쳑문외예, 댱에, 댱쥬(5), 뎡
   셥, 뎡ᄒ는, 됴서(詔書, 3), 뎨왈디라, 뎨ᄌ의, 안뎡ᄒ고, 질뎡티, 하뎐에,
   금슈댱을.

4) ㅊ>ㅌ : ▼어휘 : $2 굿티라, 굿티며, 굿티미, 슷티건대, 그릇티며. ▼문
   법 : 경계 : $2 것티. ▼한자음 : $1 텸망코져.

『어졔』와『경셰문답』, 즉『어경』에서는 이전 시기의 왕실 문헌에 비해
구개음화가 다소 확산된 상태를 보여준다. 총 1,474회의 환경에서 128회
가 구개음화되어 8.7% 정도의 확산 비율을 보여주기 때문이다. 고유어
는 총 1,033회의 환경에서 36회가 구개음화되어 3.5% 정도의 확산 비율
을 보여준다. 어두음절에서는 총 400회 중에서 22회가, 비어두음절에서
는 597회 중에서 14회가 구개음화되어 어두음절에서 구개음화 예들이
많이 나타났다. 한자음에서는 총 441회의 환경에서 92회가 구개음화되

어 20% 정도 확산된 것으로 나타나 고유어보다 한자음에서 구개음화 예들이 많이 나타났다. 과도교정은 총 47회로서 고유어에서 27회, 한자어에서 22회 나타났다. 고유어 어두음절에서 5회, 비어두음절에서 14회 나타났으며, 14회 가운데 형태소 경계에서 2회 나타났다.[8]

고유어의 문법형태소에서는 총 577회의 환경에서 'ㄷ'이 1회, 'ㅌ'이 1회 구개음화되었고, 문법형태소에서는 구개음화 예가 거의 나타나지 않았다. 문법형태소에서는 과도교정의 예도 나타나지 않았다. '-디'와 같은 문법형태소에 구개음화가 나타나지 않았다는 것은 다른 문헌에서 찾아보기 어려운 매우 이례적인 특성이다. 그러나 일반적으로 구개음화가 고유어 문법형태소에서부터 시작되어 형태소 경계, 어휘형태소로 확산되기 때문에 문법형태소에서 구개음화가 나타나지 않았다고 하여 구개음화가 일어나지 않았다고 하기는 어렵지 않나 생각된다. 이 문헌의 다른 구개음화 예들을 참고로 할 때, 이 문헌에 문법형태소의 구개음화가 거의 나타나지 않았지만, 실제 언어에서는 문법형태소에서도 구개음화가 어느 정도 확산된 상태에 있었을 것으로 추정된다. 이 문헌을 간행하면서 편찬 기준으로서 구개음화가 일어나지 않은 형태를 사용한다는 원칙을 정하여 전체적으로 적용하지 않았을까 추정된다.[9]

---

8) 구개음화와 과도교정에 대해서는 김주필, 「구개음화에 대한 통시론적 연구」, 『국어연구』, 68호(국어연구회, 1985) ; 김주필, 「17·8세기 구개음화와 관련 음운현상에 대한 통시론적 연구」, 서울대학교 박사학위논문(1994) ; 김주원, 「구개음화와 과도교정」, 『국어학』, 29집(국어학회, 1997), 33~50쪽 ; 최전승, 『19세기 후기 전라방언의 음운현상과 그 역사성』(한신문화사, 1986) ; 최전승, 「언어 변화와 과도교정의 기능」, 『국어학 신연구(II)』(탑출판사, 1987) ; Labov, W., *Sociolinguistic Pattern*(University of Pennsylvania Press Inc., 1972) 등을 참조

9) 문헌을 편찬할 때에 그 문헌의 언어 사용의 기준을 정하는 것은 어떤 문헌에서나 필요한 작업이다. '훈민정음'을 창제한 이후의 15세기 문헌에 사용된 정제된 언어 상태가 이러한 원칙에 따른 것이었다면, 왕실 보관의 유일본을 편찬하고자 했던 이러한 왕실 문헌의 편찬 시에도 언어 사용의 원칙이 마련되었을 가능성이 있지 않나 생각된다.

문법형태소와 달리 형태소 경계에서는 13회가 구개음화되어 나타났으며, 과도교정의 예도 'ㄷ'과 'ㅌ'에 각각 한 예씩 나타났다. 고유어의 어휘형태소에서는 총 412회 중에서 'ㄷ'이 6회, 'ㅌ'이 16회 구개음화되어 나타났다. 어휘형태소에서의 구개음화는 상대적으로 비어두음절보다 어두음절에서 보다 활발하게 일어났다. 비어두음절에서는 총 370회의 환경에서 18회가 구개음화되어 나타났지만, 어두음절에서는 총 48회 가운데 18회가 구개음화되어 나타났기 때문이다. 한자어에서는 총 441회의 환경에서 92회가 구개음화되어 20.9%의 정도 확산 비율로 나타났다. 이는 전체적인 구개음화 비율인 8.7%를 훨씬 상회하였다.

18세기 중·후기에 해당하는 영조 대 후기의 문헌인 『어경』은 이전의 왕실 문헌에 비해서는 구개음화가 다소 확산된 상태이긴 하지만, 같은 시기의 다른 부류의 문헌과 비교하면 이 문헌에서도 구개음화는 그리 많이 확산된 상태는 아니다. 이러한 상태에서 과도교정도 적지 않게 나타났다는 점에서 이 문헌의 언해자나 편찬자는 구개음화를 자연스러운 변화로 받아들이지 않았던 것으로 추정된다. 그리하여 과도교정이 많이 나타난다든가 문법형태소에 구개음화의 예가 몇 예에 불과하다든가 하는 특성은 왕실 문헌의 언해자나 편찬자의 구개음화에 대한 부정적인 태도를 보여준다. 실제의 음성 층위든 표기의 층위이든 구개음화가 적용된 형태를 가능하면 배제하려는 이러한 의도적인 노력으로 인하여 왕실 문헌은 다른 부류의 문헌에서보다 음운변화에 대하여 보수적인 특성을 드러내게 된 것으로 판단된다.

『윤음』(1781~1795, 총 19,686어절)

	변화 유형	전 체 (3,302)	고 유 어		한자어
			어 휘 (어두/비어두)	문 법 (경계/문법)	
구개음화	ㄷ>ㅈ	996	281(76/205)	398(0/398)	317
	ㅌ>ㅊ	317	99(5/94)	130(31/99)	88
과도교정	ㅈ>ㄷ	23	5(4/1)	0	18
	ㅊ>ㅌ	1	0	0	1
그대로	ㄷ	132	7(5/2)	7(0/7)	118
	ㅌ	30	1(0/1)	1(1/0)	28
	ㅈ	1,507	383(169/214)	90(0/90)	1034
	ㅊ	296	81(56/25)	10(9/1)	205

1) ㅈ>ㄷ : ▼어휘 : $1 댱만ᄒ여, 됴금도, 됴희(2), $2 몬뎌. ▼한자음 : 딘비
ᄒ미(進排), 뎡ᄉ(政事, 2), 뎨도를(制度), 뎨민챵(濟民-, 2), 뎨향의(祭享), 듀
역(周易, 2), 대뎡(大靜, 2), 법뎨(法制, 2), 어뎨(4), 하뎐이(廈氈).

2) ㅊ>ㅌ : ▼한자음 : 호툐(胡椒).

3) ㄷ>ㄷ : ▼어휘 : $1 디난, 됴치, 됴코, 됴타, 됴흘, $2 건디미니, 엇디. ▼
문법 : $2 밋디, $3 ᄀᆺᄒ디라, 니를디라, 져근디라, $4 니ᄅ는디라, 빅셩인
디라, $5 싱각ᄒ는디라. ▼한자음 : 뎐히, 뎡대용으로뻐, 뎡렬부, 뎡지겸
(2), 뎡호ᄒ기를, 인뎐, 고됴기, 싱됴라, 월됴에, 셩퇴됴를, 조종됴, 디경에
(地境, 2), 댱흥(長興, 2), 뎐(展), 뎐거ᄒ여(奠居), 뎐과(展), 뎐교(傳敎), 뎐교
ᄒ야, 뎐년훈(顚連), 뎐비홀시(展拜), 뎐에(典), 뎐졉홀(奠接), 뎐하의(殿下),
뎡녈을(貞烈), 뎡봉ᄒ는(停捧), 뎡퇴(停退)홀, 뎡ᄒ미(定), 뎡ᄒ시고, 뎡훈, 됴
가(朝家, 5), 됴관과(朝官), 됴셕을(朝夕), 됴야를(朝野), 됴졍(朝廷, 11), 됴휼
ᄒ며(弔恤), 댱마, 경듕을, 궁듕, 듕, 듕궁의, 듕야에, 듕에도, 듕외(中外),
듕하의, 듕히, 듕ᄒ고, 듕ᄒ야, 듕ᄒ옴을, 듕훈, 죵듕ᄒ야(從重), 협듕으로
부터, 뉴디(陸地), 산댱의(山堂?), ᄌ댱ᄒ여(自當), 텬디(天地, 5), 긔뎐(8), 냥
뎐(兩殿), 닉뎐을(內殿), 대뎐례대로(大殿禮), 샤뎐을(赦典), 샹뎐(上典), 시뎐
의(市塵), 요뎐의(-甸), 이뎐홈은(移轉), 이뎐ᄒ기의, 이뎐ᄒ는(2), 이뎐훈,
뎐뎐ᄒ여(轉轉), ᄌ뎐(慈殿, 4), ᄌ뎨들이, ᄌ뎨를, ᄌ휼뎐측(字恤典則), 츳뎨

    (次第), 형뎨(兄弟, 5), 국됴에(國朝), 션됴긔튝의(先朝-), 션됴에, 억됴의(億
    兆), 갑듀, 늉궁뎐의, 쇽대뎐(續大典), 녈셩됴로붓터.
  4) ㅌ>ㅌ : ▼어휘 : $2 바티고. ▼문법 : 경계 : $2 흐텨져. ▼한자음 : 텬구샹
     스를, 튜셩, 경텽으로부터, 박텬형을, 목튝이, 산튜시를, 신튝(辛丑), 총융
     텽보, 텬근이, 텬디(5), 텬명을, 텬셔(2), 텬질(2), 텬하를, 텬해, 톄결ㅎ야(締
     結), 샹텬이, 일톄로(3), 평텬하, 홍튱(-忠).

   『윤음』에서는 구개음화가 거의 일반화되었다고 할 만큼 많이 확산된 것
으로 나타나 구개음화 예('ㄷ>ㅈ', 'ㅌ>ㅊ')를 제시하는 것은 의미가 없다
고 판단하여 위에서는 구개음화되지 않은 예들을 제시하였다.『윤음』에서
는 총 1,475회의 환경에서, 1,313회가 구개음화되어 89% 정도의 확산 비
율을 보여준다. 이러한 비율은『어경』의 8.7%와는 비교할 수 없을 정도로
많이 확산된 상태로서『윤음』에 이르러 왕실 문헌에서도 구개음화가 일반
화되었음을 보여준다. 구개음화되지 않은 총 162회 가운데 146회가 한자
어로서, 구개음화되지 않은 대부분의 예들이 한자어에서 나타났다.

   고유어에서는 구개음화되지 않은 예가 16회, 한자어에서는 146회로
나타났다. 고유어에서 구개음화되지 않은 예는 의존명사 '디' 6회, 부정
의 어미 '-디' 1회였다. 어휘형태소의 비어두음절에서 구개음화되지 않
은 예는 '건디미니, 엇디'였고, 어두음절에서 구개음화되지 않은 예는
'디나-(1), 둏-(3)'이었다. 이러한 구개음화의 확산 상태에서 고유어에 과
도교정이 5회 나타났다. 어두음절의 '댱만ㅎ여, 됴금도, 됴희'와, 제2음절
의 '몬뎌' 등이 그 예들로서 이 형태들은 이전 시기의 문헌에서도 과도
교정의 형태로 나타나던 예들이었다.

   한자어에서는 총 551회의 환경에서 405회가 구개음화되어 나타나 구
개음화가 고유어에서만큼 확산되지는 않은 것으로 나타났다. 한자어에서

는 'ㅈ'을 'ㄷ'으로 한 과도교정이 18회, 'ㅊ'을 'ㅌ'으로 한 과도교정이 1회 나타났다. 이러한 한자어의 구개음화와 과도교정의 상태를 통해 구개음화는 왕실 문헌에서 초기 상태에는 한자어가 고유어보다 다소 빨리 확산되지만, 후기 상태에서는 구개음화되지 않고 남아 있는 예들도 한자어에 많다는 점에서 구개음화 규칙이 어휘에 적용되는 시간적 길이는 고유어와 한자어가 다른 것으로 판단된다.[10]

이상에서 검토한 18세기 왕실 문헌의 구개음화는 다음 도표와 같이 정리할 수 있다.

문 헌	어제내훈 (1737)	상훈언해 (1745)	훈서언해 (1756)	어·경 (1762~76)	윤음(정조) (1790~95)
ㄷ>ㅈ	1.1% (11/1015)	0.6% (1/172)	3.7% (13/347)	5.8% (66/1138)	88.3% (996/1128)
ㅌ>ㅊ	0.4% (1/239)	0% (0/80)	0% (0/127)	18.5% (62/336)	91.4% (317/347)
합 계	1.0% (12/1254)	0.4% (1/252)	2.7% (13/474)	8.7% (128/1474)	89.0% (1313/1475)

도표에서와 같이 18세기 왕실 문헌의 구개음하는『어제내훈』1%,『이제상훈언해』0.4%,『어제훈서언해』2.7%,『어경』8.7%,『윤음』89%로 나타났다. 그러므로『어경』이전에는 구개음화가 매우 미미한 상태에서 있다가 영조 대 후기 문헌인『어경』에서 다소 확산된 상태에 이르고 정조 대의『윤음』에 이르러 구개음화가 거의 일반화되었다고 할 수 있다.

이러한 구개음화의 확산 과정은 사회적 계층에 따른 언어 변이형의 사

---

10)『윤음』에서는 한자어의 구개음화 상태가 상당히 진전된 상태였기는 하지만, 그렇다고 하여 이러한 상태를 완성 단계로 간주하기 어렵다.『윤음』이 1780년대에서 1800년에 가까운 시기에 걸치는 시간의 흐름이 고려되어야 하기 때문에 앞으로 구개음화되지 않은 예들이 어느 시기의 어떤『윤음』에서 나타나는지를 검토해 보아야 좀 더 분명하게 말할 수 있을 것이다.

용이 시간의 흐름에 따라 변화하는 S자-곡선S-curve으로 설명할 수 있다
는 점에서 보편적인 언어 변화의 과정과 다르지 않음을 보여준다.[11] 즉
1750년대 이전에 간행된 『어제내훈』, 『어제상훈언해』, 『어제훈서언해』
등에서는 매우 미미한 상태에 있던 구개음화가 『어경』에서부터 본격적
으로 확산되기 시작하여 1780년대 이후의 『윤음』에서는 90% 정도로 확
산됨으로써 『어경』과 『윤음』의 구개음화 확산 상태가 급격한 변화를 겪
어 그래프로 나타내면 S자 모양의 곡선을 그리게 되는 것이다.[12]

  그럼 왕실 문헌 가운데 영조 대 후기에 간행된 『어경』의 구개음화 상
태를, 유사한 시기에 간행된 다른 부류의 문헌과 대비해 보기로 한다.

『주해천자문』(1752, 총 6,062어절)

| | 변화 유형 | 전 체 (552) | 고 유 어 | | 한자어 |
			어 휘 (어두/비어두)	문 법 (경계/문법)	
구개음화	ㄷ>ㅈ	96	23(7/16)	0	73
	ㅌ>ㅊ	45	16(3/13)	0	29
과도교정	ㅈ>ㄷ	5	5(0/5)	0	0
	ㅊ>ㅌ	0	0	0	0
그대로	ㄷ	99	21(7/14)	0	78
	ㅌ	10	3(0/3)	0	7
	ㅈ	207	65(45/20)	1	141
	ㅊ	90	16(7/9)	0	74

---

11) 언어 변화의 패턴을 보여주는 공시적인 변이형의 사회적 분화에서 드러나는 S자 곡선에
   대해서는 Trudgill, P., *The Social Differentiation of English in Norwich*(Cambridge University
   Press, 1974)을 참조.

12) 구개음화의 일반적인 과정에 대해서는 Kim, Joo phil, "The Dynamic Pattern of t-Palatalization
   and its Hypercorrection," *Seoul Journal of Korean Studies*, Vol. 14(Institute of the Korean
   Studies, Seoul National University, 2001), pp.37~58. 음운변화의 보편적인 기제에 대해서
   는 Kiparsky, Paul, "The Phonological Basis of Sound Change," John A. Goldsmith(ed.), *The
   Handbook of Phonological Theory*(Cambridge : Blackwell Publishers, 1996), pp.640~670 등을
   참조.

1) ㄷ>ㅈ : ▼어휘 : $1 지날, 직킬, 직힐, 직흴, 찔, 져, 져를, $2 더질, 맛질, 엇지(9), 커질, $3 쓴허질, 쩌러질, 허러질, 흐야질. ▼한자음 : 池 못 {지}, 知 알 {지}, 持 가딜 {지}, 知 지혜 {지}, 若 {지혜} 약, 知 {지혜} 지, 直 쓸 {직}, 直 곳믈 {직}, 直 다만 {직}, 陳 {진} 진, 陳 진 {진}, 陳 무글 {진}, 陳 베플 {진}, 珍 보비 {진}, 澄 믈귤 {징}, 帷 {쟝} 유, 帳 {쟝} 쟝, 長 긴 {쟝}, 帳 쟝 {쟝}, 長 기릐 {쟝}, 場 마당 {쟝}, 長 미양 {쟝}, 長 어룬 {쟝}, 腸 챵즈 {쟝}, 張 커질 {쟝}, 張 활지을 {쟝}, 夫 {쟝부} 부, 傳 관전 {전}, 轉 구울 {전}, 傳 글월 {전}, 傳 역전 {전}, 傳 전홀 {전}, 轉 구울일 {전}, 禪 {전홀} 션, 傳 {전홀} 전, 切 근졀 {졀}, 節 只디 {졀}, 切 버힐 {졀} 節 졀조 {졀}, 節 존졀 {졀}, 節 {졀조} 졀, 操 {졀조} 조, 奏 {졀주} 주, 貞 고들 {졍}, 朝 아춤 {죠}, 趙 죠국 {죠}, 朝 죠뎡 {죠}, 朝 죠회 {죠}, 趙 풀밀 {죠}, 趙 {죠국} 죠, 朝 {죠뎡} 죠, 王 {죠회} 왕, 朝 {죠회} 죠, 畫 낫 {쥬}, 誅 버힐 {쥬}, 誅 쑤지즐 {쥬}, 宙 집只른 {쥬}, 筍 {쥭순} 순, 簡 {쥭칙} 간, 策 {쥭칙} 칙, 重 겹 {즁}, 重 다시 {즁}, 中 마즐 {즁}, 中 마칠 {즁}, 中 즁도 {즁}, 中 가온대 {즁}, 重 무거올 {즁}, 中 {즁도} 즁, 華 {즁화} 화, 傳 {관전} 전, 傳 {역전} 전, 節 {존졀} 졀, 箱 {수뤼젼} 샹.

2) ㅌ>ㅊ : ▼어휘 : $1 칠(3), $2 고칠(2), 내칠(4), 밀칠, 바칠, 깨칠, 업칠, $3 눌애칠, 물리칠(2). ▼한자음 : 植 둘 {치}, 植 셰울 {치}, 致 닐윌 {치}, 治 다술 {치}, 馳 둘릴 {치}, 治 치슈 {치}, 致 극진홀 {치}, 治 다스릴 {치}, 恥 붓그릴 {치}, 治 {치슈} 치, 老 {치스홀} 로, 勅 칙셕 {칙}, 勅 다스릴 {칙}, 勅 {칙셕} 칙, 沈 즘길 {침}, 陟 올올 {쳑}, 超 뛸 {쵸}, 超 너믈 {쵸}, 招 브롤 {쵸}, 逸 {쵸일홀}, 寵 괼 {춍}, 寵 스랑 {춍}, 抽 쌔힐 {츄}, 稅 {츄복홀}, 逐 쏘츨 {츅}, 逐 조츨 {츅}, 黜 내칠 {츌}, 忠 츙셩 {츙}, 忠 {츙셩} 츙.

3) ㅈ>ㄷ : ▼어휘 : $2 가딜(3), 겨딥, 도디게.

『주해천자문』에서도 총 250회의 환경 가운데 141회가 구개음화되어 전체적으로 56.4%의 구개음화 비율을 보여준다. 이러한 구개음화의 확산 비율은 한자어나 고유어에서 모두 비슷한 비율로 나타나며, 고유어의 어두음절과 비어두음절에서도 모두 비슷한 비율로 나타난다. 그러나 이러한 구개음화의 비율에 비해 과도교정의 예는 고유어의 비어두음절에서 5회 나타나는 데에 그치고 있다. 구개음화가 상당히 일반화되어 과도교정은 극히 일부의 예가 나타나는 상태를 보여주는 것이다. 이러한 구개음화와 과도교정의 상태를 『어경』의 8.7% 정도의 확산 비율과 비교하면 상당한 차이를 보여준다. 『어경』보다 10년 이상 일찍 간행된 문헌임에도 불구하고 이 문헌에서는 구개음화가 일반화되어 가는 단계에 있었다고 할 수 있다.

『지장경언해』(1762, 총 10,676어절)

	변화 유형	전 체 (2,192)	고 유 어		한자어
			어 휘 (어두/비어두)	문 법 (경계/문법)	
구개음화	ㄷ>ㅈ	80	9(0/9)	3(0/3)	68
	ㅌ>ㅊ	11	3(0/3)	3(0/3)	5
과도교정	ㅈ>ㄷ	112	67(24/43)	0	45
	ㅊ>ㅌ	2	1(0/1)	0	1
그대로	ㄷ	806	170(71/99)	109(4/105)	527
	ㅌ	321	133(2/131)	34(0/34)	154
	ㅈ	576	110(63/47)	42(5/37)	424
	ㅊ	284	8(1/7)	1(0/1)	276

1) ㄷ>ㅈ : ▼어휘 : $2 잇진닐고, 더지샤, 모진, $3 머거지다, 흐야지다, 뻐러져, 쩌러져(2), 쩌러젼던. ▼문법 : $3 니ㄹ지(2), 엇과쟈. ▼한자어 : 지연히, 지장보살(5), 지장이(5), 지장끠, 제호미, 즁고을, 즁에, 즁의(25), 즁죄을(4), 즁ㅎ면, 즁ㅎ야, 보졔의, 부졔, 경즁(3), 관즁식, 구즁싱, 권즁, 등즁이, 딘즁히, 몽즁의(2), 셰즁의, 슈즁금셕, 싱즁의, 취즁의, 뉵도즁의, 불법즁의, 싱ᄉ즁의, 뉵욕쳔즁의, 염나왕즁, 졔불교즁의.

2) ㅌ>ㅊ : ▼어휘 : $2 고치되, 부쳐, $3 드러치니. ▼문법 : 의논치, 퇴뎐치
   (2). ▼한자어 : 쳔인즁으로, 쳘환, 슌쳘이요, 뇨욕쳔즁의, 쵹누인쳔품.

3) ㅈ>ㄷ : ▼어휘 : $1 디뷔(3), 디어, 디어도, 디으매, 디으며(2), 디으면(2),
   디은(2), 딘내눈, 딛거눌, 딛게, 딛고, 딜드려, 딥, 딥이, 딥이며(2), 딥쓸히
   어나, 딧디, 뎐츠로, $2 가디(4), 가디로(4), 가디며, 가딘(12), 가딜, 가딧,
   그디(4), 그디업서, 그디업시, 근디이나흠, 아딕, 오딕(10), $3 혼가디로. ▼
   한자어 : 디극혼(5), 디불을, 딜괴, 탄디홀, 뎡근티, 뎡근호야 ,뎨교을, 듀
   위, 듕, 듕과, 듕원을, 듕싱(2), 듕싱니, 듕싱을(8), 벽디불, 벽디불명즈을,
   벽디불샹과, 벽디블(3), 댱댜의, 댱댜즈드려, 시듀호거나, 회듕에, 회듕의
   (3), 슈듕둘희게, 대회듕의, 옥셩듀위, 인텬듕의, 싱수듕의, 찬양디장딘공덕.

4) ㅊ>ㅌ : ▼어휘 : $3 ᄀᄅ팀, ▼한자어 : 텬만억.

『지장경언해』는 전반적으로 구개음화가 그리 확산되지 않은 상태를
보여준다. 전체적으로 구개음화는 7.5% 정도의 확산 비율을 보여주어『어
경』의 8.7%에도 미치지 못하는 상태를 보여준다. 한자어에서는 10% 정
도에 이르지만, 고유어에서는 구개음화 비율이 이보다도 현저하게 낮다.
고유어에 있어서도 어두음절에서는 구개음화가 전혀 보이지 않고 비어
두음절에서만 문법형태소에서 6회, 어휘형태소에서 12회 보인다. 고유어
에서는 과도교정이 68회나 나타나 구개음화보다 상대적으로 많이 나타
났다. 일반적으로 불경 언해서는 구개음화가 일찍 나타나 다른 부류의
문헌보다 빨리 확산되어 나타난다는 점에서 이 문헌은 매우 이질적인 특
성을 보여준다. 현재로서는 분명하게 그 이유를 알 수는 없지만, 이 문헌
이 함경도 문천에서 간행되었다는 점에서 방언적 특성이 반영되었기 때
문이 아닌가 생각된다.

『박통사신석언해』(1764, 총 15,681어절)

| 변화 유형 | | 전 체
(2,122) | 고 유 어 | | 한자어 |
			어 휘 (어두/비어두)	문 법 (경계/문법)	
구개음화	ㄷ>ㅈ	448	155(56/99)	262(5/257)	31
	ㅌ>ㅊ	178	76(43/33)	99(25/74)	3
과도교정	ㅈ>ㄷ	31	29(26/3)	0	2
	ㅊ>ㅌ	0	0	0	0
그대로	ㄷ	550	486(455/31)	21(0/21)	43
	ㅌ	35	29(18/11)	4(0/4)	2
	ㅈ	782	561(286/275)	126(0/126)	95
	ㅊ	98	38(8/30)	15(15/0)	45

1) ㄷ>ㅈ : ▼어휘 : $1 찟고, 찟눈(2), 지(3), 지겨, 지기니, 지나, 지나가니, 지나-(6), 지내-(3), 지르고, 지며, 지새에, 지우지, 지위(9), 지킈여, 질리 엿눈이라, 질채(2), 집고, 집팡이, 집흔, 징징이질, 쟈른, 져(3), 져긔(4), 져른, 져를, 져롤, 져의게, 져적의, 져즘끠, 접시와, 제. $2 거짐애, 건질, 고지식이, 고지식혼(4), 다질려, 디질러, 문지르눈, 싸질, 엇지(63), 징징이질, 퍼지지, 펴질, 맛져, $3 구러지믈, 구러짐을, 믄허지-(3), 스러지리라, 쌔 야진(3), 쩌러지고, 하야지니, 훗터지-(6), $4 것구러져, 것구러지-(3). ▼ 문법 : 경계 : $2 고지, $3 쌍다지와, 이바지롤, 이바지호면, 외다지와. ▼ 문법 : $2 쓸지라, $3 ᄀ튼지라, 업눈지라, $4 부르난지라, 어려온지라, 行 樂홀지라, 浩蕩혼지라, 지차린지, '어간+-지(부정)' (248). ▼ 한자음 : 지 쳐홀, 진덕지, 진덕호냐, 지금으란, 지연호여, 지함을, 질, 쟝(7), 쟝활(2), 전당호리, 젼호여, 졍호-(2), 즁미, 즁에(2), 즁품에, 샹직호여, 하직호고, 디젹호리오, 일졍(3), 대쥭.

2) ㅌ>ㅊ : ▼어휘 : $1 치-(24), 치이-(6), 칠(6), 쳐(5), 쳐다가, 쳬호리오, $2 밋치판나믈, 고치-(9), 긁치니, 믜치고, 썰치고, 고쳐(2), 긁쳐(2), 제쳐, $3 구르치지, 느리치니, 드릐치ᄂ니, 드릐치-(6), 마조치니, 쩌르치-(3), 더위 쳐, 쩌르쳐. ▼문법 : 경계 : $2 ᄀ치, 돗치고져, 돗친, 무친, 뭇치엿고, 무쳐, 바쳣눈, 가치엿ᄂ뇨, 거치고, 부치고(4), 부쳐, 부쳐오믈, 부쳐와, 부쳣ᄂ냐,

$3 너ㄳ치, 씌ㄳ치, 이ㄱ치, 먹댱ㄳ치, $4 璧月ㄱ치, 血點ㄳ치, 親兄弟ㄳ치.
▼문법 : 燈盞만치, 五寸만치, 부정의 '-티'(72). ▼한자음 : 침향, 대쳥이.
3) ㅈ>ㄷ : ▼어휘 : 디디여(2), 디딘(2), 디질러, 술디-(2), 댱만ᄒ여, 진딧, 뎐
갈이로다, 뎐메오-~뎐메우-(11), 듕(6), 홍뎡이라, 가락디와. ▼한자음 :
됴리와, 듕인을.

『박통사신석언해』에서는 총 1,211회의 구개음화 환경에서 626회가 구
개음화되어 51.7% 정도의 확산 비율을 보여준다. 고유어에서는 592회가
구개음화되어, 구개음화되지 않은 540회보다 많이 나타났으며, 한자어에
서는 구개음화된 예가 34회로 구개음화되지 않은 43회보다 적게 나타났
다. 과도교정은 고유어에서 29회, 한자어에서 2회 모두 'ㅈ'을 'ㄷ'으로
교정한 예들이었다. 그러므로 한자어보다는 고유어에서 구개음화가 활발
하게 일어났으며, 과도교정은 고유어나 한자어 모두 'ㄷ'에 한하여 일어
났음을 알 수 있다.

고유어의 문법형태소에서는 총 356회의 환경에서 'ㄷ'이 257회, 'ㅌ'이
74회로 모두 331회가 구개음화되어 나타났고, 구개음화되지 않은 예는
'ㄷ'이 21회, 'ㅌ'이 4회로 모두 25회 나타났다. 형태소 경계에서는 'ㄷ'
이 5회, 'ㅌ'이 25회로, 'ㄷ'이든 'ㅌ'이든 모두 구개음화되어 나타났으나,
과도교정은 한 예도 나타나지 않았다. 고유어의 어휘형태소에서는 총 670
회의 환경에서 231회가 구개음화되어 나타났으나 구개음화되지 않은 515
회에 크게 미치지 못하였다. 어휘형태소의 어두음절에서는 99회가 구개
음화되어 나타나 구개음화되지 않은 473회에 크게 미치지 못하였다. 그
러나 비어두음절에서는 132회가 구개음화되어 구개음화되지 않은 42회
보다 3배 정도 많이 나타났다. 과도교정은 어두음절에서 26회 나타났다.

앞에서 검토했던 영조 대 후기의 『어경』과 이들 문헌의 구개음화 상

태를 대비하면 다음과 같다.

문 헌	어·경 (1762~76)	주해천자문 (1752)	지장경언해 (1762)	박통사신석언해 (1764)
ㄷ>ㅈ	5.8% (66/1138)	49.2% (96/195)	9.0% (80/886)	44.9% (448/998)
ㅌ>ㅊ	18.5% (62/336)	81.8% (45/55)	3.3% (11/332)	83.6% (178/213)
합 계	8.7% (128/1474)	56.4% (141/250)	7.5% (91/1218)	51.7% (626/1211)

『주해천자문』은 56.4%, 『박통사신석언해』는 51.7%로서 구개음화의 확산 비율이 『어경』의 8.7%보다 현저하게 높다. 이러한 문헌을 시기의 차이만 고려하면 구개음화의 확산 과정을 정확하게 추적할 수 없을 것이다. 『지장경언해』는 7.5%로서 『어경』의 8.7%와 유사한 확산 비율을 보여주지만 구개음화가 비어두음절에서만 나타나며 고유어에서 매우 미미하게 나타난다는 점에서, 그리고 과도교정이 특정의 환경에서 상대적으로 많이 나타난다는 점에서 『어경』과 동질성을 갖지 않는다. 이와 같이 여러 부류의 문헌을 동일한 성격의 자료로 이용하게 되면, 구개음화의 과정을 정밀하게 추적할 수 없게 될 뿐만 아니라 나아가 사실에 부합되지 않는 주장을 할 가능성까지 내포할 위험이 있다고 할 수 있다.

3. 원순모음화

『어제내훈』에는 원순모음화와 비원순모음화가 모두 나타난다. 다음 도

표에서와 같이 『어제내훈』에서는 총 927회의 환경에서 13회의 원순모음화가 나타나 원순모음화가 매우 미미한 상태에 있었음을 보여준다.

『어제내훈』(1737)¹³⁾

	변화 유형	전 체 (1,681)	고 유 어		한자어
			어 휘 (어두/비어두)	경계·문법¹⁴⁾	
원순모음화¹⁵⁾	ㅡ>ㅜ	5	5(3/2)	0	0
	·>ㅗ	18	18(0/18)	0	0
비원순모음화	ㅜ>ㅡ	8	7(7/0)	0	1
	ㅗ>·	2	2(1/1)	0	0
그대로	ㅡ	428	274(164/110)	136	18
	·	486	350(305/45)	95	41
	ㅜ	137	95(95/0)	0	42
	ㅗ	597	542(520/22)	0	55

1) ㅡ>ㅜ : ▼어휘 : $1 무슴, 물, 부즈런이, $2 더부러, 드무니.

2) ·>ㅗ : ▼어휘 : $2 너모(4회), $3 그러모로(4회), 깃브모로, 딕희모로, 이러모로(8).

3) ㅜ>ㅡ : ▼어휘 : $1 믓사롬과, 블휘, 븟그려(2회), 븟그리-(2), 븟쓰례. ▼ 한자어 : $1 믄(間).

---

13) 『어제 내훈』에서 'ㅂ'과 'ㅁ'으로 끝나는 명사나 용언 어간 다음에 '·'나 'ㅡ'로 시작하는 조사나 어미가 분철 표기된 예들은 제외하였다. 이러한 예들이 원순모음화의 환경에 있는 빈도는 'ㅂ+으'는 152회, 'ㅁ+으'는 571회 나타나며, 'ㅂ+ᄋ'는 1회, 'ㅁ+ᄋ'는 9회 보인다. 그러나 이 환경에서 원순모음화된 예들은 전혀 나타나지 않는다. 다른 문헌들도 동일한 경향을 보이고 있어 따로 언급하지 않으며, 표에서도 제외하였다.

14) 원순모음화의 환경을 분류하는 기준은 구개음화와 달리 하여 형태소 경계와 문법형태소를 별도로 나누지 않았다. 18세기 문헌에는 형태소 경계에서 원순모음화의 예를 거의 보이지 않는다는 점에서 형태소 경계와 문법형태소를 분리하는 작업에 비해 그 결과는 그만한 의미를 보여주지 못할 것으로 판단하였기 때문이다.

15) 이 문헌의 '모서시(므서시), 묻혼다(못혼다), 믐으로(몸으로)'는 모두 순자음 다음의 '·'나 'ㅡ'가 변화를 보인다는 점에서 원순모음화와 관련될 가능성이 전혀 없는 것은 아니다. 그러나 당시의 원순모음화 경향과 비교하여 매우 특이한 형태이기 때문에 표기상의 오류로 간주하여 이 예들은 원순모음화 관련 예에서 제외하기로 한다.

4) ㅗ>・ : ▼어휘 : $1 비야흐로, $2 조뭇.

『어제내훈』에서 원순모음화의 예들은 한자어에서는 보이지 않고 고유어에서만 나타났다. 원순모음화 가운데 먼저 'ㅡ>ㅜ' 변화를 보기로 한다. 'ㅡ>ㅜ' 변화는 어두음절에서 원순모음화의 환경에 있는 167회 가운데 3회, 비어두음절에서 112회 가운데 2회가 원순모음화되어 나타났다. 원순모음화의 예들이 이러한 정도이므로 이 문헌에서 원순모음화는 진행 중에 있었기는 하지만 그리 확산되지 않은 상태의 모습을 보여준다고 할 수 있다.

대부분의 국어사 문헌에서 '・>ㅗ' 변화는 거의 나타나지 않는다. 그 이유는 '・'가 비어두음절에서는 이미 대부분 'ㅡ'로 바뀌었기 때문이며, 어두음절에서는 '・'가 'ㅏ'로 바뀌는 변화가 진행 중이었기 때문으로 판단된다. 이 문헌에도 '・>ㅗ'변화를 직접 보여주는 예는 보이지 않았다. 그런데 '너모(4회), 그러모로(4회), 깃브모로, 딕희모로, 이러모로(8회)' 등과 같이 비어두음절에서 나타난 'ㅡ>ㅗ' 교체는 '・>ㅗ' 변화를 상정해야 설명이 가능하지 않나 생각된다. 이 예들은 순자음 다음의 'ㅡ'가 'ㅗ'로 바뀐 것으로서 일반적인 원순모음화 현상으로 설명되지 않는다. 이 예들은 비어두음절에서 'ㅡ>・' 변화로 만들어진 '・'에 다시 '・>ㅗ' 변화 규칙이 적용되어 만들어진 것으로 설명할 수 있다.

이 문헌에는 비원순모음화의 예들도 나타나는데, 원순모음화보다는 비원순모음화의 예들이 다소 많이 나타났다. 총 10회의 비원순모음화 예들이 보이는데, 'ㅜ>ㅡ' 변화가 8회, 'ㅗ>・' 변화가 2회 나타났다. '조못'이 '조뭇'으로 바뀐 예를 제외하면 비원순모음화 현상은 모두 어두음절에서 나타났다. '조못'이 '조뭇'으로 바뀐 'ㅗ>・' 비원순모음화는 '너모,

그러모로, 깃브모로, 딕희모로, 이러모로' 등에서 추정되는 '一>·' 변화와 함께 이 시기에도 비어두음절에서 '·'가 모두 '一'로 바뀌지는 않았음을 보여준다.

『어제상훈언해』(1745)

	변화 유형	전 체 (227)	고 유 어		한자어
			어 휘 (어두/비어두)	경계·문법	
원순모음화	一>ㅜ	4	4(4/0)	0	0
	·>ㅗ	1	0	1	0
비원순모음화	ㅜ>一	1	1(1/0)	0	0
	ㅗ>·	1	1(1/0)	0	0
그대로	一	14	9(5/4)	2	3
	·	77	49(32/17)	0	28
	ㅜ	42	4(3/1)	0	38
	ㅗ	87	51(49/2)	0	36

1) 一>ㅜ : ▼어휘 : $1 무슴, 부료더, 부즈런이, 부즈런히.
2) ·>ㅗ : ▼문법 : $2 니보리오(?).
3) ㅜ>一 : ▼어휘 : $1 픔엇너니.
4) ㅗ>· : ▼어휘 : $1 브야흐로.

『어제상훈언해』에서 원순모음화는 총 95회의 환경에서 4회 나타났다. 어두음절에서만 나타난 '一>ㅜ' 변화는 총 9회의 환경에서 4회 나타났다. 2)에 제시된 '니보리오'는 '니브리오' 또는 '니브리오'가 변화한 형태이다. 제2음절의 '브'나 '브'가 '보'로 나타난 것인데, 이에 대해서는 후기 중세국어에 나타나던 의도법 선어말어미 '오', '·>ㅗ' 원순모음화 등으로 설명이 가능하지만, 의도법의 선어말어미 '오'의 잔존형으로 보기보다는 원순모음화 현상으로 설명하는 것이 타당하다고 생각된다. 다른 왕실 문헌에도 비어두음절의 'ㆍ'가 'ㅗ'로 되는 예들이 있기 때문이다. '니보리오'가 '니브리오'에서 변화한 형태라면, 'ㅡ>ㆍ' 변화를 거쳐 'ㆍ>ㅗ' 변화가 적용된 형태라고 할 수 있다.

비원순모음화는 어두음절에서 'ㅜ>ㅡ' 변화와 'ㅗ>ㆍ' 변화가 각각 1회씩 나타났다. 'ㅜ>ㅡ' 교체는 '품엇더니'가 '픔엇더니'로, 'ㅗ>ㆍ' 교체는 '보야흐로'가 'ㅂ야흐로'로 나타난 것이다. 대부분의 국어사 문헌에서 어두음절의 'ㆍ'가 'ㅗ' 원순모음화되는 예는 보이지 않는다는 점에서 이 왕실 문헌의 '보야흐로>ㅂ야흐로'에 보이는 'ㅗ>ㆍ' 비원순모음화 현상은 매우 특이한 예라고 할 수 있다. 그러나 이 예가 특이하다고 하여 이 'ㅗ>ㆍ' 변화가 표기상의 오류라고 할 수는 없다. 왜냐하면 '보야흐로'가 변화한 'ㅂ야흐로'에 'ㆍ>ㅏ' 변화가 적용되면 현대국어에서 사용되는 '바야흐로'가 도출되기 때문에 이 문헌의 'ㅗ>ㆍ' 비원순모음화도 음성 층위에서 일어난 변화임을 알려주는 의미있는 예라 할 수 있다.

『어제훈서언해』(1756)

변화 유형		전 체 (590)	고 유 어		한자어
			어 휘 (어두/비어두)	경계·문법	
원순모음화	ㅡ>ㅜ	10	6(4/2)	1	3
	ㆍ>ㅗ	0	0	0	0
비원순모음화	ㅜ>ㅡ	1	1(1/0)	0	0
	ㅗ>ㆍ	0	0	0	0
그대로	ㅡ	131	50(14/36)	62	19
	ㆍ	182	105(86/19)	0	77
	ㅜ	108	20(20/0)	0	88
	ㅗ	158	102(93/9)	0	56

1) ㅡ>ㅜ : ▼어휘 : $1 무어슐, 부리기롤(2회), 붉고, $2 저믄, $4 고기수풀
은. ▼문법 : $3 후로부터. ▼한자어 : 북(北)애, 북(北)엣, 붕등(朋騰)ᄒ야.
2) ㅜ>ㅡ : ▼어휘 : $1 븟그럽도소니.

『어졔훈서언해』역시 원순모음화와 비원순모음화가 나타나지만, 이전
의 문헌에 비해 그리 확산되지는 않았다. 원순모음화는 총 325회의 환경
에서 10회가 나타났고 비원순모음화는 1회 나타나는 데에 그쳤기 때문
이다. 원순모음화는 비어두음절에서 2회 나타났다.16) 한자어에서는 원순
모음화 현상은 3회 나타났지만, 비원순모음화는 한 예도 나타나지 않았
다. 비원순모음화는 어두음절에서 '븟그럽도소니' 한 예가 나타나 어졔
류 문헌에서 비원순모음화도 꾸준히 일어나고 있었음을 보여준다. 'ㆍ>
ㅗ' 원순모음화나 'ㅗ>ㆍ' 비원순모음화는 어두음절과 비어두음절에서
단 한 예도 나타나지 않았다.

『어졔/경세문답』(1762~1776?)

| | 변화 유형 | 전 체 (2,173) | 고 유 어 | | 한자어 |
			어 휘 (어두/비어두)	경계·문법	
원순모음화	ㅡ>ㅜ	11	4(4/0)	2	5
	ㆍ>ㅗ	3	0	3	0
비원순모음화	ㅜ>ㅡ	38	38(38/0)	0	0
	ㅗ>ㆍ	5	5(5/0)	0	0
그대로	ㅡ	614	280(102/178)	273	61
	ㆍ	463	327(268/59)	3	133
	ㅜ	251	101(96/5)	0	150
	ㅗ	788	454(402/52)	0	334

---

16) '고기수풀'의 '풀'은 실질적인 의미를 갖는 단독형 '플'이라고 할 수 있으므로 비어두음절
에서는 '저믄' 한 예가 나타났다고 할 수도 있다. '수풀'의 15세기 형태는 '수플'<석보
3 : 30b>임.

1) ㅡ>ㅜ : ▼어휘 : $1 무어시, 부리더, 부르믈, 푸디. ▼문법 : $2 너분, $4
   나면서부터. ▼한자어 : 뷔랄, 뷔와혼, 뷔ᄒᆞ나, 뷔ᄒᆞ야, 곤뷔ᄒᆞ야.

2) ·>ㅗ : ▼문법 : $4 말미아모미, 시봉ᄒᆞ모매, 아니ᄒᆞ몬.

3) ㅜ>ㅡ : ▼어휘 : $1 므고, 므어, 므은, 븍(鼓, 3), 블회(3), 블희로, 븟그러
   오-~붓그럽-(11), 븟그려(9), 븟그리고, 븟그리며(4), 븟그리믈, 븟그릴,
   쓰리며.

4) ㅗ>· : ▼어휘 : $1 ᄇᆞ야흐로(5).

『어경』에서는 총 1,091회의 환경에서 14회가 원순모음화되어 나타났
다. 순자음 뒤에서의 'ㅡ>ㅜ' 변화가 11회, '·>ㅗ' 변화가 3회 나타났
다. 'ㅡ>ㅜ' 변화는 고유어에서 6회, 한자어에서 5회 나타났으며, 어두
음절과 비어두음절에서 모두 나타났다. 또한 고유어에서는 문법형태소에
서 1회, 형태소 경계에서 1회, 어휘형태소에서 4회 나타났다. 『어경』의
원순모음화 예들에서 특이한 것은 형태소 경계에서 '말미아모미, 시봉ᄒᆞ
모매, 아니ᄒᆞ몬' 등과 같이 '·>ㅗ' 변화가 3회 나타났다는 것이다.[17]
이 예들은 모두 명사형 어미 'ㅁ' 뒤에서 '·'가 'ㅗ'로 된 예들로서, 이
러한 원순모음화가 일어나기 위해서는 모음체계상에서 'ㅗ'와 [원순성]
의 대립을 보이는 '·'가 있을 때에만 가능하다. 그러므로 『어경』에서의
'·>ㅗ' 변화는 이 시기의 왕실 문헌에서 비어두음절의 '·'가 모두
'ㅡ'로 바뀐 것이 아님을 보여준다. 그러나 어두음절에서는 '·>ㅗ' 변
화가 1회도 나타나지 않았다.

『어경』에서도 원순모음화의 예들보다는 오히려 비원순모음화의 예들
이 많이 나타났다. 'ㅜ>ㅡ' 비원순모음화는 총 38회가 나타났으며, 'ㅗ>
·' 비원순모음화는 'ᄇᆞ야흐로' 한 어휘에만 5회 나타났다. 비원순모음

---

17) 『어경』에서 명사형 어미 'ㅁ' 다음에 오는 '·'는 원순모음화된 예들이 보이지만, 동일한
   환경에서 'ㅡ>ㅜ' 변화는 나타나지 않았다.

화는 고유어의 어두음절에서 'ㅜ>ㅡ' 변화와 'ㅗ>·' 변화가 모두 나타났다. 'ㅜ>ㅡ' 변화는 빈도로는 총 38회 나타났지만, 형태소로 보면 '믁-, 븍(鼓, 3), 블회(3)~블희, 븟그러오-~븟그럽-(11), 븟그리-(16), 쓰리-' 등 어휘형태소 5개에 한정되어 나타났다. 'ㅗ>·' 변화는 'ᄇ야흐로' 한 형태소에 5회 반복하여 나타났다.

『윤음』(1781~1795)

	변화 유형	전 체 (2,801)	고 유 어		한자어
			어 휘 (어두 / 비어두)	경계 · 문법	
원순모음화	ㅡ>ㅜ	208	129(82/47)	34	45
	·>ㅗ	12	5(0/5)	7	0
비원순모음화	ㅜ>ㅡ	26	23(23/0)	0	3
	ㅗ>·	14	14(12/2)	0	0
그대로	ㅡ	558	339(116/223)	150	69
	·	640	284(267/17)	6	350
	ㅜ	430	85(70/15)	0	345
	ㅗ	913	615(549/66)	0	298

1) ㅡ>ㅜ : ▼어휘 $1 부듯쳐, 부르미(2), 부르미요, 부르지져, 부르지지-(6), 부어, 부으면, 부즈런이, 부즈런ᄒ-(9), 불근, 불너(2), 불붓는(2), 불에, 붓는, 붓들고, 붓쳐(2), 붓쳐시니, 쏼이시라, 풀고져, 풀우헤, 부쳐(브텨, 2), 부처내여, 부쳐시니, 부치-(5), 무겁고, 무던ᄒ, 무릇(3), 무리(13), 무셥고, 무슨, 무슴, 무어스로(2), 무어슬(2), 무어시, 무지게, 물(6), 물ㄱ의셔, 물곡 식의, 물지고, 뮈워ᄒ지, $2 가부야이, 거뷔야이, 깃부-(5), 더부러(13), 베푸는, 불붓는(3), 비부르고, 비불으면, 비불은, 슬푸다(3), 쵸불을, 촉불이, 헐뿌려(<헐쓰리다), 헐뿌리고(3), 베푼(2), 베품이, 베품이라, 저붓저붓ᄒ 야, 가무다가, 나물ᄭ지, 머무러, 머뭇기믈, 허물이, ᄒ물며(3), $3 가족부 치라. ▼문법 : 쩌부터, $$부터(4), 에엿분, $$$부터(8), $$$$부터(8), 어극흠 으로부터, 거문, 시무기의, 시무며, 푸문, 지버무는, 그러무로, 믈니물, 이

러무로. ▼한자어 : 부덕을, 부덕이나, 부덕이라, 부덕친쟉이, 부도ᄒᆞᄂᆞᆫ,
부동ᄒᆞ야, 부족다, 부족ᄒᆞᆫ, 북관(5), 북도(4), 북방(2), 북슈, 북(3), 북풍이,
불궤ᄒᆞᆫ, 남북관, 관북, 동북, 젼불괘겸ᄒᆞᆫ, 뎡렬부, 물션(2), 물휘, 곡물노뼈,
곡물(2), 공물, 만물, 방물, 어물이란, 직물(4).

2) ·>ㅗ : ▼어휘 : $2 다못, ᄉᆞ못ᄂᆞ니, ᄉᆞ못지, ᄉᆞ못츤, ᄉᆞ못춋더니. ▼문
법 : $3 그러모로, 보내모로부터, 엄ᄒᆞ모로도, 이러모로, 이시모로부터,
$4 두려ᄒᆞ모로, 층첩ᄒᆞ모로.

3) ㅜ>ㅡ : ▼어휘 $1 므르며(<문-), 블샹이(5), 블샹치, 블샹히(2), 블샹ᄒᆞ-
(8), 븨기롤, 븨여, 븨지, 븸을, 블희, 븍. ▼한자어 : 픙패, 픙지도, 일반븐의.

4) ㅗ>· : ▼어휘 $1 비아흐로(5), ᄇᆞ야흐로(7), $2 즈뭇(2).

『윤음』에서는 총 1,418회 중에서 220회가 원순모음화되어 나타났다.
원순모음화 가운데 ‘·>ㅗ’ 변화도 나타났지만 그 예들은 그리 많지 않
았다. 이에 비해 ‘ㅡ>ㅜ’ 변화는 이 문헌에서 상당히 확산되었음을 보여
준다. ‘ㅡ>ㅜ’ 변화는 총 766회의 환경에서 208회가 원순모음화되어 나
타났는데, 한자어에서 45회, 고유어에서 163회 나타났다. 고유어 어휘형
태소의 비어두음절에서는 총 292회 가운데 52회가 원순모음화되어 나타
났으며, 그 가운데 ‘ㅡ>ㅜ’ 변화가 47회, ‘·>ㅗ’ 변화가 5회 나타났다.
어두음절에서는 총 465회의 환경에서 82회가 원순모음화되어 나타났으
나, 예들은 모두 ‘ㅡ>ㅜ’에 국한되었다. 고유어 문법형태소에서는 총 40
회의 환경에서 24회가, 형태소 경계에서는 총 150회의 환경에서 17회가
원순모음화되어 나타났다. 문법형태소에서는 ‘·>ㅗ’ 변화의 예가 없었
으나 형태소 경계에서는 7회 나타났다.『윤음』에서는 용언의 명사형어미
‘ㅁ’ 다음에 오는 ‘ㅡ’가 ‘ㅜ’로 바뀐 예도 일부 나타났지만, 대부분의
예들이 원순모음화되지 않은 상태로 나타났다.

『윤음』에서도『어경』에서와 같이 순자음 다음 위치에서 ‘ㅡ>ㅜ’ 변화

뿐만 아니라 'ㆍ>ㅗ' 변화도 나타났다. 『어경』과 『윤음』의 분량에도 관계되겠지만, 『어경』에서보다 오히려 『윤음』에서 'ㆍ>ㅗ' 변화를 보이는 예들의 분포가 다양하고 빈도도 높게 나타났다. '다뭇, 스뭇-(4)' 등의 어휘형태소에서 5회, '그러모로, 보내모로부터, 엄ㅎ모로도, 이러모로, 이시모로부터, 두려ㅎ모로, 층첩ㅎ모로' 등 용언의 명사형 'ㅁ' 뒤에서 7회 나타났기 때문이다. 비어두음절에서 'ㆍ>ㅗ' 변화를 보이는 이 예들 역시 『윤음』이 간행되던 시기에 비어두음절의 'ㆍ'가 모두 'ㅡ'로 바뀐 것은 아니었음을 보여준다.

『윤음』에는 두 종류의 비원순모음화가 모두 나타났으며, 그 예들은 모두 어휘형태소에 국한하여 나타났다. 'ㅜ>ㅡ' 변화의 예로 '므르며(<문-), 블상(16), 븨-(4), 블희, 븍' 등의 어휘형태소에서 23회, 한자어에서 '픙패, 픙지도, 일반븐' 등 3회가 나타났다. 'ㅗ>ㆍ' 비원순모음화로는 '비야흐로(5), 부야흐로(7), 즈뭇(2)'에서 총 14회가 나타났다. 이러한 'ㅗ>ㆍ' 변화는 'ㆍ>ㅗ' 변화와 함께 『윤음』에 나타나는 비어두음절의 'ㆍ'가 모두 'ㅡ'로 바뀐 것이 아니며, 어두음절의 'ㆍ'가 모두 'ㅏ'로 바뀐 것이 아님을 말해주는 자료로 판단된다. 이상에서 검토한 18세기 왕실 문헌의 원순모음화 상태는 다음과 같이 정리할 수 있다.

문 헌	어제내훈 (1737)	상훈언해 (1745)	훈서언해 (1756)	어·경 (1762~76)	윤음(정조) (1790~95)
ㅡ>ㅜ	1.2% (5/433)	28.6% (4/18)	8.4% (12/143)	1.8% (11/625)	27.2% (208/766)
ㆍ>ㅗ	3.6% (18/504)	1.3% (1/78)	0% (0/182)	1.3% (6/466)	1.8% (12/652)
합 계	2.5% (23/937)	5.2% (5/96)	3.7% (12/325)	1.6% (17/1091)	15.5% (220/1418)

　왕실 문헌의 원순모음화는 『어졔내훈』 2.5%, 『어졔상훈언해』 5.2%, 『어졔훈서언해』 3.7%, 『어경』 1.6%, 『윤음』 15.5% 정도 확산된 것으로 나타났다. 『어경』에서의 원순모음화가 『어졔내훈』, 『어졔상훈언해』, 『어졔훈서언해』보다 낮으며, 『윤음』의 15.5%보다는 현저하게 낮게 나타나 변화의 과정이 구개음화처럼 S자 곡선을 그리지는 않지만, 점진적으로 확산되는 경향을 보여준다. 그러나 이러한 원순모음화는 'ㅡ>ㅜ' 원순모음화와 'ㆍ>ㅗ' 원순모음화를 모두 포괄한 비율로서 'ㆍ'의 원순모음화가 거의 나타나지 않는 이유에 대해서는 설명이 필요하다. 'ㆍ>ㅗ' 원순모음화는 어두음절에서는 전혀 일어나지 않고 모두 비어두음절에서 일어난 결과이다. 이러한 사정은 'ㆍ'가 어두음절에서는 'ㅏ'로 변화하는 현상과 충돌하고, 비어두음절에서는 이미 상당히 많은 'ㆍ'가 'ㅡ'로 변화한 결과에 기인하는 것으로 간주된다.

　이러한 특성을 고려하여 'ㅡ>ㅜ' 원순모음화만 비교한다면 28.6%의 확산 비율을 보여주는 『어졔상훈언해』를 제외하면 약간의 등락은 있지만 구개음화와 마찬가지로 『어경』과 『윤음』에서 다소 빠르게 확산되는 완만한 S자 곡선을 그리게 된다. 사실 『어졔상훈언해』의 28.6%는 총 18회의 원순모음화 환경에서 4회(어휘로는 3개)가 원순모음화된 것으로서 28.6%라는 비율에 큰 의미를 부여하기 어렵다. 앞으로 보다 많은 자료를 검토하면 분명한 결과가 나오겠지만, 원순모음화의 확산 과정도 완만하기는 하지만 대체로 S자 곡선의 변화를 보여준다는 점에서 보편적인 음운변화의 과정을 따르지 않나 생각된다. 그럼 이제 18세기 왕실 문헌의 원순모음화 현상을 다른 여러 부류의 문헌과 비교해 보기로 한다.

『주해천자문』(1752)

	변화 유형	전 체 (452)	고 유 어		한자어
			어 휘 (어두/비어두)	경계·문법	
원순모음화	ㅡ>ㅜ	57	43(31/12)	5	9
	·>ㅗ	2	0	2	0
비원순모음화	ㅜ>ㅡ	9	8(7/1)	0	1
	ㅗ>·	2	2(1/1)	0	0
그대로	ㅡ	79	44(17/27)	30	5
	·	94	55(46/9)	2	37
	ㅜ	92	28(21/7)	0	64
	ㅗ	117	61(55/6)	0	56

1) ㅡ>ㅜ : ▼어휘 : $1 重 {무거올} 즁, 鈞 {무거울} 균, 何 {무를} 하, 頓 {문득} 돈, 奄 {문득} 엄, 池 {물} 타, 沛 {물} 패, 淡 {물거동} 담, 湯 {물결} 샹, 州 {물굿} 쥬, 外 {물리칠} 외, 退 {물리칠} 퇴, 惡 {뮈올} 오, 要 {부뤌} 요, 唱 {부룰} 챵, 兄 {부룰} 황, 靑 {푸를} 쳥, 莽 {풀} 망, 莽 {풀} 무, 釋 {풀} 셕, 草 {풀} 초, 解 {풀} 기, 趙 {풀밀} 죠, 火 {불} 화, 絳 {불글} 강, 紫 {불글} ᄌ, 赤 {불글} 젹, 頓 {무딀} 둔, 傅 {부틀} 부, 屬 {부틸} 속, 扶 {븟들} 부, $2 短 {나무라홀} 단. ▼문법 : $2 俯 {구블} 부, 約 {밋불} 약, 隱 {수물} 은, 取 {자불} 추, 覇 {자불} 파. ▼한자음 : 不 아닐 {불}, 弗 {불져} 불, 弗 아닐 {불}, 物 것 {물}, 勿 긔 {물}, 勿 말 {물}, 物 일 {물}, 弗 불져 {불}, 資 {지물} ᄌ.

2) ·>ㅗ : 없음.

3) ㅜ>ㅡ : ▼어휘 : $1 吹 {블} 취, 恥 {븟그릴} 치, 空 {븰} 공, 素 {븰} 소, 寥 {븰} 료, 虛 {븰} 허, 懷 {픔을} 회, $2 秉 {벼므슴} 병. ▼한자음 : 性 {셩픔} 셩.

4) ㅗ>· : ▼어휘 : $1 方 {ᄇ야흐로} 방, $2 頗 {자못} 파. *樹 {나무} 슈.

『주해천자문』에는 원순모음화가 상당히 확산되었음을 보여주지만 비원순모음화는 그렇지 않았음을 보여준다. 원순모음화 가운데 ‘·>ㅗ’ 변화는 나타나지 않고 ‘ㅡ>ㅜ’ 변화만 나타났다. ‘ㅡ>ㅜ’ 변화는 총 137회의 환경에서 58회가 원순모음화되어 42% 이상의 확산 비율을 보여준다. 이러한 비율은 고유어에서 더욱 높아, 총 88회 가운데 44회가 원순모음화되어 50% 정도의 확산 비율을 보여주며, 어두음절만 계산하면 총 48회의 환경에서 31회가 원순모음화되어 65% 정도의 확산 비율을 보여준다.

이러한 원순모음화의 비율에 비해 상대적으로 비원순모음화는 매우 미미한 상태에 있었음을 보여준다. 한자음에서 1회, 고유어의 어두음절에서 7회, 비어두음절에서 1회 비원순모음화되어 나타나기 때문이다. 이 문헌에서도 ‘·>ㅗ’ 원순모음화나 ‘ㅗ>·’ 비원순모음화는 거의 나타나지 않았다. ‘ㅗ>·’ 비원순모음화는 ‘ᄇ야흐로’와 ‘ᄌ못’ 등에 나타났다. ‘나무’도 원래의 형태인 ‘나모’의 제2음절에서 ‘ㅗ>·’ 변화를 거친 것으로 추정할 수 있다.[18] 어두음절이든 비어두음절이든 ‘ㅗ>·’ 변화를 보이는 예들은 이 문헌의 편찬 시기에 ‘·’가 완전히 사라진 것이 아님을 보여주는 자료로 판단된다.

『지장경언해』(1762)

	변화 유형	전 체 (1,832)	고 유 어		한자어
			어 휘 (어두/비어두)	경계·문법	
원순모음화	ㅡ>ㅜ	69	18(18/0)	33	18
	·>ㅗ	7	4(0/4)	3	0
비원순모음화	ㅜ>ㅡ	41	16(16/0)	0	25
	ㅗ>·	1	1(0/1)	0	0

---

18) ‘나모>나무’ 변화는 순자음 다음의 ‘ㅗ’에 ‘ㅗ>·’ 변화, ‘·>ㅡ’ 변화, ‘ㅡ>ㅜ’ 변화가 순차적으로 적용되었다고 할 수도 있고, ‘나모’의 ‘ㅗ’가 바로 ‘ㅜ’로 교체되었다고 할 수도 있다.

	변화 유형	전 체 (1,832)	고 유 어		한자어
			어 휘 (어두/비어두)	경계·문법	
그대로	ㅡ	164	68(27/41)	33	63
	·	249	137(125/12)	6	106
	ㅜ	481	163(163/0)	0	318
	ㅗ	820	297(286/11)	0	523

1) ㅡ>ㅜ : ▼어휘 : $1 무거워(2), 무더니, 무던니, 무셔워ᄒ시면, 무어시러
닝고, 부우며(2), 부즈러니, 부즐어니, 부티면, 붇드러, 불러, 불을, 불이,
불이샤, 붓터, $2 저품미. ▼문법 : $2 가무미, 가무며, 가풀, 겁부터(3), 겁
붇터(2), 깁푸리니, 나문, 녜부터, 노풀와, 술무며, 지부미, 디뷔(3), 지뷔,
$3 녀나문(4), 일노부터, 희을부터, $4 구원겁부터(3), $3 $$부터(3), $4
$$$부터(2), 디옥글붇터. ▼한자어 : 불가량, 불가사의, 불가셜(3), 불가스
의(5), 불스의(5), 불효ᄒ며, 대불가스의, 동셔남북.

2) ·>ㅗ : ▼어휘 : $2 즈모락, 스몯고(2), $3 비고포며. ▼문법 : $2 볼보며,
올모며, $3 감ᄒ모로.

3) ㅜ>ㅡ : ▼어휘 : $1 므로되(3), 므르되, 므르더, 므리와, 믇ᄌ오딕, 믈리,
믈마다, 믈엔, 믈으되, 믈이, 믈이어나, 믓ᄌ오시더니, 픽고, 픽며. ▼한자
어 : 므량겁, 블도을, 블법을(2), 블보살(2), 블샹과, 블세존이, 블안으로,
븟톄, 셩블ᄒ미라, 셩블ᄒ야, 졔블과, 졔블과로, 졔블보살, 졔블보살샹,
졔블이, 화블이, 만월블, 무샹블, 벽디블(2), 산왕블, 신통픔, 졍월블.

4) ㅗ>· : ▼어휘 : $2 즈몯.

『지장경언해』에서도 'ㅡ>ㅜ' 원순모음화나 'ㅜ>ㅡ' 비원순모음화는
활발하게 일어났음을 보여준다. 그러나 '·'의 변화와 관련되는 '·>ㅗ'
원순모음화나 'ㅗ>·' 비원순모음화는 거의 나타나지 않았다. 'ㅡ>ㅜ'
원순모음화는 총 233회의 환경에서 69회가 원순모음화되어 30% 정도의
확산 비율을 보여준다. 한자어에서는 총 81회의 환경에서 18회가 일어나

23% 정도의 확산 비율을 보여준다. 고유어의 경우, 문법형태소에서 66회 중에서 33회가 원순모음화되어 50% 정도의 확산 비율을 보여주며, 어휘형태소의 어두음절에서는 총 45회의 환경에서 27회가 원순모음화되어 약 45%의 확산 비율을 보여준다.

이 문헌에서 한자음이나 고유어의 어두음절에서 'ㆍ>ㅗ' 변화는 보여주지 않는다. 어휘형태소의 비어두음절에서 'ᄌᆞᄆ락, 스못고(2회), 고프-'가 원순모음화되어 각각 'ᄌᆞ모락, 스몯고(2회), 고포-'로 나타났다. 문법형태소에서는 '불ᄇᆞ며, 올ᄆᆞ며, 감ᄒᆞᄆᆞ로' 등이 'ㆍ>ㅡ' 변화를 거치지 않고 '불보며, 올모며, 감ᄒᆞ모로'로 나타나 'ㆍ'가 'ㅗ'로 원순모음화되어 나타났다. 'ㆍ>ㅗ' 변화를 보이는 이 예들 역시 이 문헌의 편찬 시기에 비어두음절에서 'ㆍ'가 완전히 사라진 것이 아니었음을 보여준다.

이 문헌에는 원순모음화에 미치지는 못하지만 비원순모음화도 적지 않게 나타났다. 'ㅜ>ㅡ' 비원순모음화의 예는 고유어에서 16회, 한자음에서 25회로서 총 41회가 나타났다. 'ㅜ>ㅡ' 변화는 고유어에서 16회, 한자음에서는 25회가 비원순모음화되어 나타났다. 고유어 어휘는 '믇-~므르(8회), 므리, 믈리, 믈(4회), 픠-(2회)' 등 5개에 한정되었고, 한자음에서는 '므(無), 블(佛, 22회), 븟톄, 픔(品)' 등이었다. 'ㅗ>ㆍ' 비원순모음화는 'ᄌᆞ못>ᄌᆞ몯'에 1회 나타났다.

『박통사신석언해』(1764)

	변화 유형	전 체 (1,512)	고 유 어		한자어
			어 휘 (어두/비어두)	경계·문법	
원순모음화	ㅡ>ㅜ	191	174(154/20)	16	1
	ㆍ>ㅗ	17	8(0/8)	9	0

	변화 유형	전 체 (1,512)	고 유 어		한자어
			어 휘 (어두/비어두)	경계·문법	
비원순모음화	ㅜ>ㅡ	19	19(12/7)	0	0
	ㅗ>·	0	0	0	0
그대로	ㅡ	275	209(100/109)	66	0
	·	342	331(319/12)	0	11
	ㅜ	114	82(67/15)	2	30
	ㅗ	554	500(457/43)	0	45

1) ㅡ>ㅜ : ▼어휘 : $1 무니(믈−), 무던ᄒ−(18), 무르−(6), 무르녹게, 무릇, 무리(3), 무섯(9), 무슴(5), 무엇(2), 문득, 문지르는, 물(27), 물고기(2), 물러도, 물리−(3), 부리−(5), 부로되, 부르−(3), 부리되, 부리윗노라(2), 부ᄅ−(10), 부롭쓰고, 부어(3), 부즈러니(2), 부치−(8), 부티−(5), 북편, 불(10), 불근(2), 불러(8), 불러오−(7), 푸른, 풀미, 풀을다가, 풀이, $2 가풀, 니부자리를다가, 니불(2), 더부러(5), 머무디, 머무러, 머무지, 버무려, 빗물을다가, 비부르다, 숫불을, 제물에, $3 등잔불.

2) ·>ㅗ : ▼어휘 : $2 다못(5), 아모란(2).

3) ㅜ>ㅡ : ▼어휘 : $1 블면, 븨기롤, 븨여시니, 뷘(2), $2 서픈, 픈도, 플무, 피오고, 피오기, 피오논, 피오라, 그므니(그물−), 그므느냐(2), 나븨와, 닛븨, 아므, 짓븨로다가.

4) ㅗ>· : 없음.

『박통사신석언해』에서는 ‘·’나 ‘ㅡ’가 원순모음화 환경에 있는 총 825회 가운데 208회가 원순모음화되어 25% 정도의 확산 비율을 보여준다. 총 208회의 환경에서, ‘ㅡ>ㅜ’ 변화는 191회였으며, ‘·>ㅗ’ 변화는 17회, 그것도 비어두음절에서만 나타났다. 원순모음화의 예는 한자음에서 1회 나타났고 그 나머지는 모두 고유어에서 나타난 예들이었다. 고유어의 문법형태소에서는 23회의 환경에서 ‘오늘브터’ 2회만 원순모음화되지 않은 채 나타났고 나머지는 모두 원순모음화되어 나타났다. 형태소 경계에서는 4회가 원순모음화되어 나타났으나 64회가 원순모음화되지 않은 'ㅡ' 그대로 나타났다. 명사형어미 'ㅁ' 다음의 'ㅡ'는 원순모음화되어 나타나는 예들이 거의 없었다.

어휘형태소에서는 총 722회의 환경에서 182회가 원순모음화되어 나타나 원순모음화되지 않은 540회에 비해 3분의 1정도였다. 어휘형태소에서도 'ㅡ'의 원순모음화 예가 174회로 'ㆍ'의 원순모음화 예보다 압도적으로 많았다. 어휘형태소의 비어두음절에서 원순모음화 환경에 있는 'ㅡ'는 총 129회 중에서 20회가 원순모음화되어 나타났으나, 원순모음화 환경에 있는 'ㆍ'는 총 20회 가운데 8회가 원순모음화되어 나타났다.[19] 어두음절의 'ㅡ'는 총 254회의 환경에서 154회가 원순모음화되어 약 62%의 확산 비율로 나타났으나 'ㆍ'는 319회 가운데 단 하나의 원순모음화 예도 나타나지 않았다.

비원순모음화는 고유어 어휘형태소에서 비어두음절과 어두음절에서 모두 나타났다. 그러나 비원순모음화의 예들은 순자음 뒤의 'ㅜ>ㅡ'에 한정되어 나타났다. 즉 고유어의 어휘형태소에서 'ㅜ>ㅡ' 변화는 비어두음절에서 7회, 어두음절에서 12회 나타났다. 그러나 동일한 환경에서 'ㅗ>ㆍ' 변화는 단 한 예도 나타나지 않았다. 이와 같이 다른 문헌에서는 나타나는 'ㅗ>ㆍ' 변화가 단 한 예도 보이지 않는 이유는 이 문헌에서 비어두음절의 'ㆍ'가 대부분 'ㅡ'로 바뀌었기 때문이 아닌가 생각된다.

이상의 검토 내용을 영조 대 후기의 『어경』과 다른 부류의 문헌에 나

---

19) 비어두음절에서 'ㆍ'가 원순모음화된 예는 '다몿(5), 아모란(3)' 두 어휘에 한정된다. 이들 예를 원순모음화된 것으로 판단한 것은 이전 시기의 문헌 자료에 '다못, 아ᄆᆞ란'의 형태로 나타나기 때문이었다. 그러나 이전 시기의 형태가 원래 어형인지 비원순모음화한 형태인지는 현재로서 판단하기 어렵다.

타난 원순모음화 확산 상태와 대비하면 다음과 같다.

문 헌	어·경 (1762~76)	주해천자문 (1752)	지장경언해 (1762)	박통사신석언해 (1764)
ㅡ>ㅜ	1.8% (11/625)	41.9% (57/136)	29.6% (69/233)	41.0% (191/466)
·>ㅗ	1.3% (6/466)	2.1% (2/96)	2.7% (7/256)	4.8% (17/359)
합 계	1.6% (17/1091)	25.4% (59/232)	15.5% (76/489)	25.2% (208/825)

『어경』의 원순모음화는 1.6%로서 『주해천자문』의 25.4%, 『지장경언해』의 15.5%, 『박통사신석언해』의 25.2%보다 현저하게 낮은 상태에 있었음을 보여준다. 나아가 '·'의 변화와 관련하여 원순모음화를 거의 보여주지 않는 '·>ㅗ' 원순모음화를 제외하고 'ㅡ>ㅜ' 원순모음화만 고려한다면, 『어경』은 1.8%로서 이들 각 문헌의 41.9%, 29.6%, 41%와 비교할 수 없을 정도로 낮은 상태의 확산 비율을 보여주기 때문이다. 그러므로 원순모음화의 확산 과정도 구개음화와 마찬가지로 왕실 문헌과 같이 동실석인 문헌 부류늘을 중심으로 검토할 때에 보다 정확한 변화의 과정을 추정할 수 있다고 할 수 있다.

4. 결론

이상에서 18세기 왕실 문헌에 나타나는 구개음화와 원순모음화의 상태를 검토하고, 영조 대 후기에 간행된 『어경』을 자석류, 불서류, 역서류 문헌과 대비해 보았다. 이 대비에서 드러난 왕실 문헌의 특징을 간략하게 정리하면서 이 글을 마무리하고자 한다.

18세기 왕실 문헌에서 구개음화는 『어제내훈』에 1%, 『어제상훈언해』에 0.4%, 『어제훈서언해』에 2.7%, 『어경』에 8.7%로, 『윤음』에 89%로 나타났다. 그리고 ‘·’의 변화로 인해 거의 나타나지 않는 ‘·>ㅗ’ 변화를 제외한 ‘ㅡ>ㅜ’ 원순모음화는 『어제내훈』에 2.5%, 『어제상훈언해』에 5.2%, 『어제훈서언해』에 3.7%, 『어경』에 1.6%, 『윤음』에 15.5%로 나타났다. 그러므로 18세기의 왕실 문헌에서의 구개음화와 ‘ㅡ>ㅜ’ 원순모음화는 다른 사회적 부류의 문헌과 달리 18세기 중기까지 미미하고 느리게 확산되다가 18세기 후기에 빠른 속도로 확산되어 S자 곡선과 같은 보편적인 음운변화의 과정을 보인다. 또한 다른 문헌에 비해 진행 중인 음운변화에 대한 거부 의식이 반영된 과도교정이 많이 나타났다. 그러므로 왕실 문헌은 다른 부류보다 음운변화가 늦게 시작하여 느리게 확산되는 특징을 갖는 것으로 이해할 수 있다.

왕실 문헌의 이러한 보수적인 특징은 사회언어학적 접근에서 드러나는 상류층의 언어 사용과 같다. 그것은 왕실 문헌의 간행에 관여한 사람들이 당시의 상류층인 사대부였기 때문이라 할 수 있다. 이와 같이 왕실 문헌이 다른 부류의 문헌보다 보수적인 특징을 갖는다는 점에서 구개음화와 원순모음화 같은 음운변화에 있어서 왕실 문헌들 사이에서는 일관적이고 보편적인 변화의 과정을 찾을 수 있지만, 여러 부류의 문헌을 섞어서 함께 검토하면 그렇지 못할 것임은 자명한 이치이다. 그러므로 국어 음운변화의 과정을 보다 정확하게 밝히기 위해서는 문헌을 동질적인 사회적 부류로 나누어 각 문헌 부류에 나타나는 변화의 과정을 밝히는 작업이 무엇보다 필요하다.

　이러한 관점에서 문헌을 대상으로 하는 국어사 연구는 대상 문헌의 간행에 참여한 화자나 언해자들의 사회적 특성을 고려할 필요가 있다. 그러나 간행에 관여한 화자나 언해자의 사회적 특성을 알 수 없는 것이 현실적인 상황이므로 문헌을 사회적·지리적 성격에 따라 몇몇 부류로 나누어 각 부류별로 국어의 변화 과정을 시간의 흐름에 따라 검토할 필요가 있다. 이러한 각 문헌 부류별 검토를 통하여 문헌들 사이의 동질성과 이질성이 드러나면 그에 따라 국어사 문헌들을 재분류하여야 하고, 이를 토대로 개별적인 변화 현상의 과정을 검토·논의 한다면 문헌을 통한 국어의 역사적 연구도 본궤도에 이를 수 있지 않을까 생각된다.

제2부

① 『오륜행실도』에 사용된 국어사 자료의 중층성*

ㄷ구개음화와 원순모음화의 확산 상태를 중심으로

1. 머리말

1797년에 5권 4책으로 간행된 『오륜행실도』의 정조 서문에는 "앞서 발간된 『삼강행실도』와 『이륜행실도』 …… 이 두 책을 표준으로 삼아 鄕飮禮향음례를 강조하여 널리 알리고자 한다."라고 하여 『오륜행실도』가 『삼강행실도』와 『이륜행실도』를 바탕으로 펴낸 책임을 설명하였다. 또 조선왕조실록 정조 대 기사에서는 "閣臣각신 沈象奎심상규 등에게 명하여 『삼강행실』과 『이륜행실』 두 서적을 가져다가 합하여 바로잡고 證訂증정 하고 언해하여 이름하기를 『오륜행실』이라 하였다."[1)]라고 하여 이 책이

---

* 이 글은 같은 제목으로 『어문학논총』 27(국민대학교 어문학연구소, 2008 : 89~112면)에 수록되었다.

1) 조선왕조실록, 정조 47권, 정조 21년(1797년 7월 20일 기사).
   鑄字所印進『五倫行實』. 世宗朝, 命集賢諸臣, 蒐閱古今傳記, 得孝子、忠臣、烈女之卓然者百有餘人, 圖形於前, 紀實於後, 刊頒中外, 俾補風敎, 今所傳『三綱行實』是也. 中廟朝, 金安國, 復取歷代諸賢處長幼交朋友可爲師法者四十七人, 紀事圖讚, 以補『三綱行實』之所未備, 今所傳『二倫行實』是也. 上, 旣頒『鄕禮合編』, 又命閣臣沈象奎等, 取『三綱』. 『二倫』兩書而合釐之, 證訂諺解, 名曰『五倫行實』. 命鑄字所, 活印廣頒, 俾作『鄕禮』之羽翼. 其孝子類郭巨一條之特命刊刪,

『삼강행실도』와 『이륜행실도』를 그대로 중간한 것이 아니라 수정하여 편찬·간행한 책임을 밝혔다. 그러므로『오륜행실도』는『삼강행실도』와 『이륜행실도』의 내용을 수정·합책하여 1797년에 편찬한 책이라고 할 수 있다.

이러한 사정은『오륜행실도』를 통해서도 확인할 수 있다.『오륜행실도』 권1, 권2, 권3의 목차는『삼강행실도』의 <효자도>, <충신도>, <열녀 도>와 거의 같으며, 권4, 권5의 목차는『이륜행실도』의 <형제>·<종 족>, <붕우>·<社生사생>과 거의 같다. 그렇다고『오륜행실도』의 목차 가 이 두 문헌과 완전히 동일한 것은 아니다.『오륜행실도』 권1에서는 『삼강행실도』에 수록된 효자, 충신, 열녀 각 35인 중 효자 2인(郭巨, 元 覺)을 제외하였으며, 『오륜행실도』 권4에서는『이륜행실도』에 수록된 <형제>·<종족>의 32인, <붕우>·<사생>의 16인 중 2인(盧操노조, 元伯원백)을 제외하고 1인(張閏장윤)을 추가하였기 때문이다.[2] 이런 점에 서『오륜행실도』는『삼강행실도』와『이륜행실도』의 중간본적인 성격을 갖는다고 할 수 있다.

그동안 학계에서는『오륜행실도』를 18세기 말엽의 국어사 자료로 이 용해 왔다. 그러나 이 문헌에 사용된 언어 사용의 상태를 보면 그렇게 단정하기 어렵다. 이 문헌에는 고유어 어휘형태소나 한자음에서 구개음 화가 그리 확산되지 않은 상태로 나타나며, 문법형태소에서는 구개음화 가 거의 나타나지 않기 때문이다. 18세기 말엽의『重刊老乞大諺解중간노 걸대언해』나 정조의『綸音윤음』에서 보여주는 90% 내외의 구개음화 확산

蓋有倣於朱子戒門人勿詳鄧攸事於『小學』之遺意云.
[2] 『오륜행실도』에 수록된 인물은 대부분 중국인들로서, 『삼강행실도』 부분에는 우리나라 사 람이 효자 4인, 충신 6인, 열녀 5명이 포함되어 있다. 그러나『이륜행실도』 부분에는 우리 나라 사람이 포함되어 있지 않다.

상태와 비교하면 매우 대조적인 이러한 특성은 이 문헌이 『삼강행실도』
와 『이륜행실도』의 중간본적인 성격을 갖는 데에 기인하는 것으로 추정
된다. 이런 점에서 이 문헌을 18세기 말엽의 국어사 자료로 이용하는 데
에 문제가 있는 것으로 판단된다.

이에 본 연구에서는 『오륜행실도』에 나타나는 ㄷ구개음화와 원순모음
화 현상의 빈도를 계량적으로 조사하여,3) 이 문헌에 사용된 언어의 특성
을 구체적으로 살펴보고자 한다. 2장에서는 먼저 『오륜행실도』에 나타난
ㄷ구개음화와 원순모음화 관련 예들의 출현 빈도를 계량적으로 추출하
여4) 이들 음운변화의 확산 정도를 검토할 것이다. 3장에서는 『오륜행실
도』의 저본으로 추정되는 『삼강행실도』와 『이륜행실도』의 이본과 『오륜
행실도』에 나타난 음운변화의 확산 정도를 대비하여 2장에서의 검토 결
과를 중심으로 이 문헌에 사용된 언어 자료들의 시간적 층위에 대하여
논의해 보기로 한다.

---

3) 이 두 현상은 모두 근대국어 시기에 널리 확산되는 음운변화 현상으로서, ㄷ구개음화 현상
   은 모음에 의한 자음의 동화 현상이고, 원순모음화 현상은 자음에 의한 모음의 동화 현상
   으로서 두 현상 모두 조건 변화라는 점에서 근대국어 문헌의 언어 상태를 계량적으로 검토
   하기에 적합한 현상이다. 이 두 현상은 독자적인 음운변화의 과정을 거치기는 하지만, 근
   대국어 시기 문헌에 대한 그동안에 이루어진 계량적 검토를 바탕으로 하면, 이 두 현상이
   적용된 형태소나 단어의 출현 빈도를 통하여 국어사 문헌에 사용된 언어의 특성을 밝힐 수
   있을 것으로 생각된다.
4) 출현 빈도를 계량화하여 음운변화의 확산 상태를 확인하고자 하는 본 연구의 계량화 작업
   은 다음 순서에 따라 진행하였다. ① 문헌의 자료를 한글97로 입력하여, ② 구개음화와 원
   순모음화 환경의 모든 어절을 국립국어원에서 개발한 문자열 검색프로그램인 Hgrep97을
   활용하여 어절 단위로 해당 용례를 모두 추출한다. ③ 추출된 어절에 구개음화와 원순모음
   화의 변화 유형, 어휘 특성, 음운 환경 등에 따라 분류 번호를 부여하여, ④ 분류한 자료에
   따라 각 분류 번호를 항목화하여 엑셀(Excel)로 전환하고, ⑤ 필요한 예들을 특정 환경에
   따라 추출하여 계량화하였다.

2. 『오륜행실도』의 언어 사용 상태

근대국어 시기, 특히 18세기에 널리 확산되는 대표적인 음운변화 현상 중의 하나가 구개음화 현상이다. 18세기 말엽에 이르면 중앙어가 반영된 문헌에 ㄷ구개음화가 널리 확산되어 『중간노걸대언해』(1795)나 정조 대의 『윤음』에는 구개음화 환경에 있는 대부분의 예들이 구개음화된 상태로 나타난다(김주필, 2005). 그러면 『오륜행실도』에는 ㄷ구개음화 관련 현상이 어떠한 양상으로 나타나는지 그 빈도와 용례를 살펴보기로 한다.

(1) ㄷ구개음화의 출현 빈도

	변화 유형	전 체	고 유 어		한자어
			어 휘 (어두/비어두)	문 법 (경계/문법)	
구개음화	ㄷ>ㅈ	137	27(12/15)	13(8/5)	97
	ㅌ>ㅊ	54	33(2/31)	10(8/2)	11
과도교정	ㅈ>ㄷ	117	18(5/13)	15(0/15)	84
	ㅊ>ㅌ	8	1(0/1)	1(1/0)	6
그대로	ㄷ	1022	216(91/125)	391(14/377)	415
	ㅌ	135	35(25/10)	74(24/50)	26
	ㅈ	997	442(295/147)	45(0/45)	510
	ㅊ	322	35(13/22)	21(21/0)	266

(2) ㄷ구개음화 관련 용례

1) ㄷ>ㅈ : ▼어휘 : $1 직희여(兄, 5a)(忠, 82a), 질러(孝, 58a), 집신으로(忠, 60b), 집흔(孝, 25b), 쟝마(朋, 7b), 졀(忠, 45b), 졀에(忠, 61a)(忠, 60b), 졔(兄, 32b), 죠타(烈, 58a), 죠흔(兄, 27a), $2 불지르고(忠, 55a), 블지르니(孝, 62b), 싸질식(忠, 70b), 어지디(兄, 34b), 어진(宗, 55b)(兄, 16a), 엇지(兄, 42a)(忠, 61a), 싸져(忠, 70b)(忠, 55a)(孝, 13a)(烈, 6a)(孝, 13b), $3 쩌러져(烈,

72b)(烈, 43b). ▼문법 : ▽경계 : $2 쓰지(忠, 33a), 맛져(兄, 31a)(忠, 77b)(烈, 56a)(忠, 18a)(宗, 52b), 맛졋거늘(兄, 25b), 맛졋더니(兄, 31a). ▽문법 : $2 듯지(忠, 38a), 좃지(烈, 43b), $3 버히지(忠, 38a), 죽을디언졍(忠, 47b)(烈, 26a). ▼한자어 : $1 지긔롤(忠, 20b), 지례현(孝, 65b), 지음은(孝, 61a), 지쥬(烈, 40b), 지쥬롤(烈, 40b), 진(忠, 62b)(忠, 63a)(孝, 6b)(忠, 5b)(忠, 6a)(忠, 5b), 진과(忠, 5b)(忠, 24b), 진긍은(宗, 48b), 진남군졀도스(忠, 63a), 진류(兄, 13b), 진문구의(烈, 13a), 진방광으로(忠, 50a), 진방광이(忠, 49b), 진에(忠, 6a), 진우량의(忠, 69b), 진으로(忠, 5b), 진의(忠, 25a), 진평이(忠, 9b), 쟝낙이(烈, 47b), 쟝니로(忠, 18a), 쟝막에(忠, 35b), 쟝사(朋, 17a), 쟝셰걸과(忠, 57b), 쟝셰걸을(忠, 57b), 쟝슉을(孝, 17a), 쟝슉의(孝, 16b), 쟝슉이(孝, 16b), 쟝슌은(忠, 32b), 쟝슌의게(忠, 32b), 쟝스(忠, 29a), 쟝우로소이다(忠, 15b), 쟝우롤(忠, 15a), 쟝우의(忠, 15a), 쟝위(忠, 14b), 쟝지도의게(孝, 65b), 쟝지되(孝, 65b), 쟝홍범이(忠, 57b), 쟝홍은(忠, 35a), 져축ᄒ엿던(兄, 38b), 젹진의(忠, 24b), 젼염티(兄, 20a), 젼퇵(兄, 42a), 젼퇵(朋, 6a), 젼퇵과(兄, 3b), 젼퇵을(兄, 4a), 젼ᄒ고(忠, 18a), 젼ᄒ라(忠, 45b), 젼홀시(忠, 18a), 졀도스(忠, 40a), 졈고홀시(孝, 9b), 졈한이(忠, 42b), 졍관(朋, 7b), 졍시어록과(師, 28b), 졔셕을(兄, 38a), 졔쉬(兄, 31a), 죠발홀시(兄, 25a), 쥬(烈, 24a), 쥬롤(烈, 23b), 쥬초롤(忠, 50a), 즁낭간태우(師, 22b), 즁엄의(朋, 18b), 즁엄이(朋, 19a), 즁엄이(朋, 18b), 즁엄이(朋, 18b), 즁유의(孝, 3b), $2 강직ᄒ디라(兄, 32b), 원직으로(兄, 21b), 원직은(兄, 21b), 원직을(兄, 21b)(兄, 22a)(兄, 21b), 쟝지도의게(孝, 65b), 쟝지되(孝, 65b), 즈질들은(兄, 27b), 참지졍스(忠, 69b), 하직ᄒ고(忠, 70a), 하직ᄒᄂ이다(孝, 5b), 하직ᄒ대(孝, 17a), 연쟝(宗, 57a), 젼쟝이라(宗, 50b), 쥬쟝ᄒ게(兄, 38b), 쥬쟝홀시(忠, 53a), 계젼(兄, 30b), 군졍에(兄, 25a), 군졍을(兄, 25a), 급졔ᄒ매(孝, 51a), 보젼(兄, 40a), 졀졍의(師, 28b), $3 완안쟝낙의(烈, 47b), 뎡도젼(忠, 79b), 뎡도젼과(忠, 79b).

2) ㅈ>ㄷ : ▼어휘 : $1 됴고만(宗, 54b), 됴희에(忠, 45a), 됴희와(忠, 32b)(宗, 47a), 듕의(孝, 62b). $2 슬찌고(烈, 58a), 슬디디(兄, 10b), 쑤디롭을(兄, 07b), 쑤디져(宗, 52b)(孝, 60b), 쑤덧고(兄, 14a), 아딕(烈, 43b). $3 우지디며(孝, 39a), 혼가디로(兄, 27b), $4 브르지디며(孝, 58b, 64a), 브르지디면

(孝, 27b). ▼문법 : $3 귀スㄷ(忠, 63a), 날スㄷ(兄, 21b), 댱ᄉ딜ᄒ여(朋, 10a), 둘スㄷ논(孝, 35b), 부치딜ᄒ고(孝, 15a), 부치딜ᄒ며(孝, 29b), 쓰레딜ᄒ대(孝, 11b), $4 더ᄒ여디이다(孝, 56a), 밤듕스ㄷ(師, 29a), 죵들ㅉㄷ(忠, 70b), 죵신스ㄷ(孝, 46a), $5 디신ᄒ여디라(孝, 39b)(兄, 25a), $6 봉양ᄒ여디이다(烈, 60b), 위로ᄒ여디이다(忠, 84a). ▼한자어 : $1 데양(兄, 23a), 디쳐(朋, 10a), 딕칙을(忠, 15a), 딘(兄, 19b)(忠, 22b), 딘나라(兄, 21b)(孝, 25a)(孝, 29a)(兄, 19b)(孝, 27a)(忠, 03b)(兄, 17b)(忠, 26b)(忠, 22b)(忠, 24b), 딘나라에(孝, 21b), 딘동ᄒ니(孝, 54b), 딘쥬(烈, 65a), 딘쥬롤(烈, 65a), 댱(烈, 58a), 댱긔(烈, 62b), 댱셔긔(朋, 09b), 댱슈(忠, 07b)(忠, 74b)(烈, 41b)(忠, 32b)(忠, 42b)(忠, 35a)(忠, 57b), 댱슈로(忠, 12b), 댱슈롤(忠, 29b)(忠, 27a)(忠, 38a)(忠, 38a)(忠, 22b), 댱슈와(忠, 69b), 댱슈의(孝, 21a), 댱쉬(忠, 50a)(忠, 50a)(忠, 50b)(忠, 57b)(烈, 43a)(忠, 70a), 댱쉬니(忠, 09b), 댱쉬라(忠, 62b), 댱시(忠, 33a), 뎡당의(兄, 38b), 뎡대ᄒ니(宗, 55a), 뎡믹이니라(師, 28b), 뎡승(忠, 70a), 뎡시(孝, 48a), 뎡식ᄒ고(忠, 27a), 뎡식ᄒ고(忠, 22b), 뎡졔ᄒ려(兄, 12a), 됴셔롤(忠, 57a)(忠, 53a)(忠, 18a), 됴셔ᄒ샤(孝, 10a)(孝, 17a), 됴셔ᄒ여(忠, 57a), 됴셰라(忠, 17b), $2 뎐디ᄒ여(兄, 23b), 낭댱(烈, 67a), 대댱(忠, 63a), 슈댱을(孝, 42a), 슈댱을(孝, 50a), 젹댱을(烈, 45b), 젹댱이(烈, 45b)(烈, 58a)(烈, 45b), 포댱ᄒ더라(宗, 55a), 니뎨(忠, 80a), 니뎡을(烈, 67a), 빅뎨나라(烈, 62a), 빅뎨와(忠, 74b), 빅뎨왕이(烈, 62a), 엄뎡ᄒ니(兄, 36b), 지뎡(烈, 56a)(烈, 58a), 질뎡ᄒ게(師, 29a), 안듕(烈, 13a), $3 곽원딘(朋, 19a), 듕낭댱(忠, 11b), 댱시뎡몽(師, 28b).

3) ㅌ>ㅊ : ▼어휘 : $1 치고(孝, 60b), 쳣더니(忠, 27a). $2 고치디(宗, 53a)(兄, 31a)(宗, 52b), 고친(烈, 44a), 고칠시(忠, 16a), 곳치고(忠, 60b), 곳치디(烈, 04a)(烈, 22a)(忠, 07b)(烈, 07a)(忠, 02a), 곳치리오(烈, 04a), 곳치미(烈, 09a), 내친(烈, 47b), 내칠(烈, 04a), 밀치고(忠, 18a), 깨치거늘(忠, 43a), 씨치리라(忠, 18b), 씨치고(師, 27a), 고쳐(孝, 33b)(烈, 44a)(孝, 13b), 곳쳐(忠, 16a), 깨쳐(孝, 25b), 씨쳐(師, 25b), 즛쳐(忠, 68a), 채쳐(忠, 75a), 해쳐시니(孝, 60b). $3 문희치미(烈, 24a), 믈니치고(孝, 62b), 브드치니(孝, 21b). ▼문법 : ▽경계 : $2 갓치게(兄, 32b), 갓치이매(孝, 40a), ㅈ치(忠, 38b)(兄, 31a), 부치임(烈, 21b), 부쳐(兄, 25b)(兄, 28a), 쎄쳣더니(孝, 27b). ▽문법 : $2 굴치(忠,

33b), 반치(忠, 38b). ▼한자어 : $1 치셩ᄒ여(兄, 19b), 챵연ᄒ고(孝, 27b), 츠(師, 25b), 츙이(孝, 27a), $2 대쳥(兄, 27a), 대쳥에(兄, 27a), 견쵸논(師, 25a), 견최(師, 25b)(師, 25b), 구츅ᄒ거늘(孝, 11b), 져츅ᄒ엿던(兄, 38b).
4) ㅊ>ㅌ : ▼어휘 : $3 ᄀᄅ티고(宗,52b). ▼문법 : 경계 : $2 안티고(宗, 49a). ▼한자어 : $1 튱이(充, 兄, 13b)(兄, 13b), 튱ᄃ려(兄, 13b), 튱을(兄, 13b), 튱의(兄, 13b), $2 니튱은(兄, 13b).

『오륜행실도』5)에서는 총 1,348회의 환경에서 191회가 구개음화되어 14.17%의 확산 비율을 보여준다. 'ㄷ'은 1,159회 중 137회가 구개음화되어 11.82%, 'ㅌ'은 189회 중 54회가 구개음화되어 28.57%의 확산 비율을 보여준다. 한자음에서는 549회 중 108회가 구개음화되어 19.67%, 고유어에서는 799회 중 84회가 구개음화되어 10.51%의 확산 비율을 보여준다. 그러므로 고유어보다는 한자음에서 구개음화가 2배 가까이 더 확산되어 나타났다. 그러나 고유어든 한자음이든 이 문헌에서 보여주는 14.17% 정도의 빈도는 구개음화가 거의 확산되지 않은 상태에 있었음을 말해준다.

고유어의 어휘형태소에서는 311회 중 60회(19.29%)가 구개음화되어 나타났다. 어두음절에서는 130회 중 14회(10.77%), 비어두음절에서는 181회 중 46회(25.41%)가 구개음화된 것이다. 문법형태소와 형태소 경계에서는 488회 중 23회(4.71%)가 구개음화되어 나타났다. 형태소 경계에서는 54회 중 16회(29.63%), 문법형태소에서는 434회 중 7회(1.61%)로, 문법형태소에서는 구개음화가 거의 나타나지 않는 특이성을 보여준다.

---

5) 도표 (1)에서 세로축이 구개음화와 관련되는 8가지 유형이다. 위의 구개음화된 두 유형('ㄷ → ㅈ', 'ㅌ → ㅊ'), 과도교정의 두 유형('ㅈ → ㄷ', 'ㅊ → ㅌ'), 그리고 'ㄷ, ㅌ'이 구개음화되지 않고 그대로 실현되는 유형과 'ㅈ, ㅊ'이 과도교정되지 않고 그대로 실현되는 유형 등을 말한다.

이 문헌은 ㄷ구개음화가 그리 확산되지 않은 상태이면서도 과도교정이 125회나 나타났다. 'ㅈ>ㄷ' 과도교정이 117회, 'ㅊ>ㅌ' 과도교정이 8회로 나타나 'ㅈ'을 'ㄷ'으로 교정한 예들이 더 많이 나타났다. 또한 한자어에서 90회, 고유어에서 35회 나타나 고유어보다는 한자음에서 많이 나타났다. 'ㅈ'을 'ㄷ'으로 교정한 예는 한자음에 84회, 고유어에 33회 나타났으며, 'ㅊ'을 'ㅌ'으로 교정한 예는 한자음에서 6회, 고유어에서 2회 나타났다. 고유어에 나타난 과도교정은 어휘형태소에서 19회(어두음절 7회, 비어두음절 12회)였으며, 형태소 경계에서 1회, 문법형태소에서 15회 나타났다. 전체적으로 고유어보다는 한자음에서, 고유어에서는 어휘형태소보다 문법형태소에서 과도교정이 많이 나타난 것이다.

구개음화에 대한 검토에서 나타난 이 문헌의 특징은 전반적으로 구개음화의 확산 비율이 18세기 후기의 다른 문헌에 비해 현저하게 낮다는 것이다. 이 문헌에서 나타난 14.17%의 비율은 1794년에 간행된 역서류 문헌인 『중간노걸대언해』의 96.92%, 1780년 이후의 정조 대 왕실 문헌인 『윤음』의 88.90%에 미치지 못함은 물론, 1764년에 간행된 역서류 문헌인 『박통사신석언해』의 51.65%에도 크게 미치지 못하는 상태이기 때문이다. 그러나 18세기 60년대 자료로 추정되는 왕실 문헌인 『어제』・『경세문답』의 8.66%보다는 다소 확산된 상태를 보여준다(김주필, 2005). 그러므로 이 문헌의 언해자 또는 편찬자가 역관보다 상류층인 인물이었다고 할 때, 이 문헌의 계량적 검토 결과는 대체로 18세기 중반기, 구체적으로 말하면 18세기 중기에서 후기로 넘어가는 시기의 언어 상태를 보여준다고 할 수 있다.

그러나 『오륜행실도』에 문법형태소에서 구개음화가 거의 나타나지 않는 특이성과, 구개음화가 그리 확산되지 않은 상태에서 과도교정이 많이 나타나는 특이성을 고려하면 이 문헌의 언어가 18세기 중반기의 상태를 보여준다고 하기 어렵다. 한자음이 19.67%, 고유어 어휘형태소가 19.29%인 데에 비해 문법형태소에서는 1.61% 확산된 것으로 나타나 구개음화의 일반적인 확산 과정에 부합되지 않기 때문이다. 18세기 중반기의 문헌에서는 대체로 문법형태소에서는 어휘형태소보다 많이 확산된 상태를 보이고, 어휘형태소도 어느 정도 확산된 상태를 보이기 때문이다. 그러므로 『오륜행실도』의 구개음화 확산 상태는 18세기 중반기의 상태라고 단정하기도 어렵지 않나 생각된다.

고유어의 어휘형태소나 한자음에서는 20% 내외의 구개음화 확산 상태를 보여주면서도 문법형태소에서 거의 구개음화되지 않은 상태로 나타나고 과도교정이 많이 나타나는 이 문헌의 특이성은 근대국어 시기에 구개음화가 확산되는 일반 기제로는 설명하기 어렵다(김주필, 2005). 이 문헌이 문법형태소가 일률적으로 구개음화되지 않은 상태를 보인다든가, 구개음화를 의식한 과도교정의 형태가 많이 보인다(Labov, 1972)는 사실은, 이 문헌의 언어 사용에 언어 외적인 기준, 즉 의도적이고 인위적인 기준이 적용되었음을 말해주는 것이 아닌가 생각된다. 다시 말해 이 문헌에 나타나는 이러한 특이성은 이 문헌이 『삼강행실도』와 『이륜행실도』를 수정·편찬한 데에 기인하는 것으로 추정된다.

이제 이 문헌에 나타나는 순자음 다음에 나타나는 원순모음화 현상을 살펴보기로 한다. 양순음 'ㅁ, ㅂ(ㅃ), ㅍ' 다음에 오는 비원순모음 'ㆍ, ㅡ'가 각각 원순모음 'ㅗ, ㅜ'로 되는 현상을 중심으로 『오륜행실도』에 나타나는 [원순성] 관련 현상의 빈도와 예들을 (3)과 (4)를 통하여 살펴보고 논의를 전개하기로 한다.

(3) [원순성] 관련 현상의 출현 빈도

	변화 유형	전 체	고 유 어		한자어
			어 휘 (어두/비어두)	문 법 (경계/문법)	
원순모음화	ㅡ>ㅜ	78	69(61/8)	3(2/1)	6
	·>ㅗ	1	1(0/1)	0(0/0)	0
비원순모음화	ㅜ>ㅡ	8	8(8/0)	0	0
	ㅗ>·	1	1(1/0)	0	0
그대로	ㅡ>ㅡ	424	241(109/132)	111(107/4)	72
	·>·	386	242(214/28)	11(11/0)	127
	ㅜ	398	100(96/4)	0	298
	ㅗ	695	426(399/27)	0	269

(4) [원순성] 관련 현상의 용례

1) ㅡ>ㅜ : ▼어휘 : $1 무셔워(孝, 21b), 무슴(忠, 43b)(朋, 4b)(宗, 47a)(忠, 58a)(忠, 35b)(兄, 2b)(忠, 58b)(忠, 50b), 무어슬(兄, 25b)(忠, 30a), 무엇ㅎ리오(烈, 56a)(宗, 45a)(忠, 22b)(忠, 70a), 문희치미(烈, 24a), 물고(孝, 66b), 물니이니(孝, 29b), 물의(孝, 44a)(孝, 44a)(孝, 44a), 뭇디ㄹ리라(忠, 7b), 부러디는디라(忠, 15b), 부르고(忠, 10a), 부르며(孝, 62b), 부릅쓰고(忠, 29b), 부리니(兄, 17b), 부리디(兄, 17b), 부리면(兄, 17b), 부ㄹ라(忠, 57b), 부ㄹ시니(忠, 52b), 부릅쓰고(烈, 36b), 부어(忠, 45b), 부쳐(兄, 25b, 28a), 부치임(烈, 21b), 부텨(忠, 60b), 부티여(朋, 10a), 불근(忠, 29b), 불러(兄, 25b)(忠, 43a)(宗, 47a)(朋, 4a)(宗, 45b), 불에(兄, 38b)(忠, 10a), 불지르고(忠, 55a), 붓닐라(烈, 50b), 붓드러(朋, 17a), 붓들고(兄, 33a)(忠, 12a)(兄, 31a), 붓들녀(忠, 78a), 붓잡더니(兄, 17b), 붓조츠니(忠, 33b), 푸러(社, 28b), 푸러디며(孝, 25b), 풀(烈, 63b)(孝, 44a), 풀고(孝, 46a), 풀을(烈, 38a). $2 머무러(社, 24a)(朋, 4b), 머무런(朋, 18b), 비불러(孝, 60b), 수풀(忠, 47b), 수풀의(孝, 23b), 스무(忠, 61a). ▼문법 : $2 깃부믈(宗, 51a), $3 셤기물(烈, 13b), 오늘부텨(兄, 38b). ▼한자어 : $1 부죡히(宗, 47a), 부죡호(朋, 10a), 불량ㅎ여(兄, 16a), 불화ㅎ미(47a), 불힝ㅎ고(忠, 12b), $2 지물은(兄, 9a).

2) ·>ㅗ : ▼어휘 : $2 스못(烈, 44a).

  3) ㅜ>ㅡ : ▼어휘 : $1 므러(烈, 71a), 므른대(孝, 37a), 붓그러오미(忠, 58b),
      붓그러오몰(忠, 27a), 붓그려(烈, 15a)(孝, 19a)(烈, 15b), 붓그리고(烈, 36b).

  4) ㅗ>ㆍ : ▼어휘 : $1 ㅂ야흐로(忠, 5b).

『오륜행실도』가 1797년에 간행되었음에도 원순모음화 현상도 구개음
화와 마찬가지로 그리 확산되지 않은 상태를 보여준다. 총 889회의 환경
에서 79회가 원순모음화되어 8.89% 정도 확산된 것으로 나타났기 때문
이다. 'ㅡ>ㅜ' 원순모음화는 502회 중에서 78회(15.54%), 'ㆍ>ㅗ' 원순
모음화는 387회 중에서 1회(0.26%) 일어났다.

  이 문헌에서 'ㅡ>ㅜ' 원순모음화는 고유어에서 424회의 환경에서 72
회 일어나 16.98%의 확산 비율을 보여준다. 고유어의 어휘형태소에서는
310회 중 69회 일어나 22.26%, 형태소 경계와 문법형태소에서는 114회
의 환경에서 3회 일어나 2.63%의 확산 상태를 보여준다. 형태소 경계에
서는 107회 가운데 2회 일어났으며, 문법형태소에서는 4회 가운데 1회
일어났다. 한자음에서는 'ㆍ>ㅗ' 원순모음화는 전혀 일어나지 않았으며,
'ㅡ>ㅜ' 변화만 78회 가운데 6회 일어나 7.69% 정도 확산된 상태를 보
여준다. 그러므로 전체적으로 한자어보다 고유어에서 원순모음화가 확산
된 상태로 나타난다.

  이 문헌에서 'ㆍ>ㅗ' 원순모음화는 거의 나타나지 않았다. 'ㆍ>ㅗ'
변화는 고유어의 어휘형태소에서, 그것도 비어두음절에서 단 1회 'ᄉᄆᆺ>
ᄉᄆᆺ'에 나타났을 뿐이다. 'ㆍ>ㅗ' 변화가 거의 일어나지 않은 것은 비
어두음절에서 'ㆍ'의 대부분이 'ㅡ'로 변화하였거나 변화하는 과정에 있
었기 때문인 것으로 보인다. 이 문헌에는 'ㅗ>ㆍ' 비원순모음화도 'ㅂ야
흐로'에 1회 나타났다. 'ㅂ야흐로'는 '보야흐로'의 제1음절에서 'ㅗ>ㆍ'

변화를 겪은 형태로서, '브야흐로'의 제1음절에서 'ㆍ'가 'ㅏ'로 바뀐 '바야흐로'가 현대국어에 사용된다는 점에서 'ㅗ>ㆍ' 비원순모음화가 단순히 표기의 층위가 아니라 음운론적 층위에서 일어났음을 알 수 있다.

이 문헌에 나타난 'ㅡ>ㅜ' 변화가 확산된 15.54%라는 비율은 18세기 후기의 문헌인 정조 대『윤음』의 26.52%, 『박통사신석언해』의 47.34%에 미치지 못한다. 그러나 18세기 60년대에 간행된 것으로 추정되는『어제』·『경세문답』의 1.61%나『중간노걸대언해』(1795)의 10.96%보다는 확산된 상태를 보여준다. 이 문헌은 한자음에서 7.69%(78회 중 6회)의 원순모음화 확산 상태를 보이고, 문법형태소에서 원순모음화 된 3회(깃부물, 셤기물, 오늘부터)만 나타났다는 점에서 구개음화와 유사한 특이성을 보여준다.

그러나 원순모음화 현상도 어휘형태소에서 적지 않게 확산되었음에도 문법형태소에는 예가 거의 나타나지 않는 특성이나, 'ㅡ>ㅜ' 원순모음화가 어느 정도 확산되었음에도 'ㅜ>ㅡ' 비원순모음화가 적지 않게 나타난다는 특이성을 바탕으로 하면 이 문헌이 18세기 중엽의 언어 상태에 있었던 것이라고 하기는 어렵다. 구개음화의 검토에서도 드러난 바와 같이, 원순모음화 현상의 확산 정도에 있어서도 이 문헌을 편찬하는 과정에서 앞서 간행된『삼강행실도』와『이륜행실도』의 언어 상태에 영향을 받은 것으로 추정된다.

3. 『오륜행실도』에 사용된 국어사 자료의 특성

『오륜행실도』는 『삼강행실도』와 『이륜행실도』를 수정·편찬한 중간본적인 성격을 갖는다.6) 그러나 『오륜행실도』는 이들 두 문헌을 합하여 새로 편찬해 냈다는 점에서 일반적인 중간본과는 차이가 있다.

앞에서 지적한 대로 『오륜행실도』를 『삼강행실도』, 『이륜행실도』와 대비해 보면 목차에서부터 차이가 있다. 『오륜행실도』 권1, 권2, 권3은 『삼강행실도』의 내용이고, 『오륜행실도』 권4, 권5는 『이륜행실도』의 내용이다. 먼저 『오륜행실도』의 권1, 권2, 권3을 『삼강행실도』와 대비해 보면, 『삼강행실도』의 <효자도> 33개 항에서 '郭巨埋子곽거매자'와 '元覺警父원각경부'가 제외되고, <충신도> '傍得茹蔬방득여소'의 '傍'이 '枋'으로 교체되어 '枋得茹蔬방득여소'로 되어 있다. 또 『오륜행실도』의 권4에서는 『이륜행실도』의 '元伯同爨원백동촌'과 '盧操策驢노조책려'를 제외하고, '張閏同爨장윤동촌'을 추가하였는데, '장윤동촌'은 '원백동촌'과 그 내용이 유사하다.

그런데 『삼강행실도』와 『이륜행실도』는 여러 번 간행되었으므로 『오륜행실도』에 사용된 언어적 특성을 알기 위해서는 먼저 『오륜행실도』 편찬에 직접적으로 활용된 이본이 어느 시기의 어떤 이본이었는가를 살펴볼 필요가 있다. 『삼강행실도』는 세종 대에 偰循설순 등이 편찬하여 3

---

6) 1797년인 정조 21년의 실록 기록에 주자소에서 『오륜행실』을 인쇄하여 올렸다는 내용의 기사가 실려 있다. 실록의 이 기사에는 "세종 때에 집현전의 여러 신하들에게 명하여 고금의 傳記전기를 수집 열람하여 효자·충신·열녀로서 행실이 특출한 자 1백여 인을 뽑은 뒤 앞에 그림을 그리고 뒤에 사실을 기록하게 하고 이를 刊印간인해서 중외에 반포하여 풍속의 교화를 돕게 하였으니, 오늘날 전하는 『삼강행실』이 이것이다."라 하고, "중종 때에 金安國김안국이 다시 역대 諸賢제현 중에 장유 간에 처신한 것과 붕우 간에 교제한 것이 본보기가 될 만한 사람 47인을 취하여 사실을 기록하고 그림을 그리고 讚찬을 지어 『삼강행실』의 미비한 점을 보완하였으니, 오늘날 전하는 『이륜행실』이 이것이다."라고 하였다. 그리고 "상이 이미 『鄕禮合編향례합편』을 반포하고 나서 또 閣臣각신 沈象奎심상규 등에게 명하여 『삼강행실』과 『이륜행실』 두 서적을 가져다가 합하여 바로잡고 證訂증정하고 언해하여 이름하기를 『오륜행실』이라 하였다."라 기록하고 있다(조선왕조실록, 정조 47권, 21년(1797, 7월 20일 5번째 기사).

권 3책으로 먼저 한문본이 간행된 이후 편찬되었다. 이후 훈민정음이 창제되고 1471년에 언해본이 처음 3권 1책으로 간행되었으며, 그 후 선조대와 영조 대에 중간되었다. 『이륜행실도』도 중종 대에 언해본이 간행된후 역시 선조 때와 영조 때에 중간된 바 있다. 먼저 『삼강행실도』의 이본을 제시하면 표(5)와 같다(송철의 외, 2006).

(5) 『삼강행실도』의 이본[7)]

시 대	연 도	소 장 처[8)]	특 징
세종	세종 대 간행으로 추정	성암 고서박물관[2-302]	초간본
		고려대 만송문고[貴296F]	초간본
선조 12	1581년	성균관대[B9C-46a]	중간본
?	?	서울대 상백문고[9)] [想白古貴 173-Se63s]	중간본
영조 6	1730년	규장각[12148]	중간본

『삼강행실도』의 이본들 사이에는 <충신도>의 '傍得茹蔬방득여소'가 고려대 만송문고본에서 '枋得茹蔬방득여소'로 된 것을 제외하면 목차의 항목에 차이가 없다. (5)에 제시된 『삼강행실도』 이본들과 『오륜행실도』의 목차를 대비하면 『삼강행실도』의 <효자도>에 수록된 '郭巨埋子곽거매자'와 '元覺警父원각경부'가 『오륜행실도』 권1에서 제외되고 전체 목차의 순

---

7) 여기에 제시한 『삼강행실도』의 이본들 외에 『속삼강행실도』와 『동국신속삼강행실도』가 있다. 그러나 이 문헌들은 우리나라의 인물을 중심으로 완전히 새로 엮은 책들이어서 이들 『삼강행실도』의 이본과는 계통을 달리 하므로 여기에 제시하지 않는다.

8) '[ ]' 안에 제시된 아라비아 숫자는 각 소장처에서 분류한 도서번호를 말한다.

9) 송철의 외(2006)에서는 상백문고본이 성균관대본과 같이 선조 대에 간행된 판본으로 간주하였으나, 내용을 비교해 보면 성균관대본과 동일하지 않다. 상백문고본이 전체적으로는 성균관대본과 매우 흡사하지만, 어휘가 달라진 부분이 있을 뿐 아니라 구개음화된 예들이 나타나기도 한다. 상백문고본은 성균관대본보다 후대에 개간된 것으로 추정된다.

서가 다소 달라진 정도의 차이가 있을 뿐이다. 그런데 언해의 내용에서는 『오륜행실도』와 『삼강행실도』의 이본들 사이에는 보다 중요한 몇 가지 차이가 발견된다. 이러한 언해 내용의 차이를 확인하기 위해, 목차의 맨 처음에 나오는 '閔損單衣민손단의'의 내용을 예로 들어 보기로 한다.

(6) 『오륜행실도』(1797년)

　민손의 ᄌᆞᄂᆞᆫ ᄌᆞ건이니 공ᄌᆞ 뎨지라 일즉 어미 죽고 아비 후쳐를 ᄎᆔᄒᆞ여 두 아들을 나흐니 손의 계뫼 손을 믜워ᄒᆞ여 나흔 아들으란 오시 소음 두어 닙히고 손으란 굴품을 두어 닙히더니 겨올에 그 아비 손으로 ᄒᆞ여곰 술위를 몰ᄉᆡ 치워 몰혁을 노하 ᄇᆞ린더 아비 슬펴 알고 후쳐를 내티고져 ᄒᆞ거늘 손이 술와 굴오더 어미 이시면 ᄒᆞᆫ 아들이 칩고 어미 업ᄉᆞ면 세 아들이 치우리이다 ᄒᆞᆫ대 아비 그 말을 어딜이 너겨 아니 내티니 계뫼 또ᄒᆞᆫ 감동ᄒᆞ고 뉘웃처 드듸여 ᄌᆞ이ᄒᆞᄂᆞᆫ 어미되니라

(7) 『삼강행실도』(고려대 만송문고, 성종 대?)

　민손이 다ᄉᆞᆷ어미 손이를 믜여 제 아ᄃᆞᆯ란 소음 두어 주고 민손이란 굴품 두어 주어늘 처[치]벼 믈셕슬 노하 ᄇᆞ린대 아비 알오 다ᄉᆞᆷ어미를 내툐려커늘 민손이 ᄭᅮ러 ᄉᆞᆲ보더 어미 이시면 ᄒᆞᆫ 아ᄃᆞ리 치ᄫᆞ려니와 어미 업스면 세 아ᄃᆞ리 치ᄫᆞ리이다 아비 올히 너겨 아니 내틴대어미 도로ᄅᆞ혀 뉘□처 어엿비 너□□□

(8) 『삼강행실도』(성균관대, 1581년)

　민손이 다ᄉᆞᆷ어미 민손이를 믜여 제 아ᄃᆞᆯ란 소음 두어 주고 민손이란 굴곳 두어 주어늘 치워 믈셕올 노하 ᄇᆞ린대 아비 알오 다ᄉᆞᆷ어미를 내툐려커늘 민손이 ᄭᅮ러 ᄉᆞᆲ오더 어미 이시면 ᄒᆞᆫ 아ᄃᆞ리 치우려니와 어미 업스면 세 아ᄃᆞ리 치우리이다 ᄒᆞ야놀 아비 올히 너겨 아니 내틴대 어미 도ᄅᆞ혀 뉘우처 어엿비 너기더라

(9) 『삼강행실도』(상백문고, 간년?)

민손이 다숨어미 민손이롤 믜여 제 아돌란 소옴 두어 주고 민손이란 굴품 두어 주어늘 치어 몰셕올 노하 브린대 아비 알고 다숨어미를 내툐려커늘 민손이 꾸러 술오디 어미 이시면 혼 아드리 치우려니와 어미 업스면 세 아드리 치우리이다 흥야놀 아비 올히 너겨 아니 내친대 어미 도르혀 뉘우처 어엿비 너기더라

(10) 『삼강행실도』(규장각, 1730년)

민손은 공주 데지니 일즉 어미 죽고 아비 후쳐롤 취흥야 두 아돌을 나흐니 민손의 계뫼 민손을 믜이 녀겨 제 아돌으란 옷시 소옴 두어 주고 민손으란 굴품을 두어 주엇쩌니 겨울의 그 아비 민손으로 흥여곰 술의롤 몰시 치위 몰혁을 노화 브린대 아비 알고 후쳐롤 내치고져 흥거놀 민손이 꿀어 술오디 어미 이시면 혼 아돌이 칩고 어미 업수면 세 아들이 치우리이다 흥대 아비 그 말을 어딜이 녀겨 아니 내치니 계뫼 도로혀 뉘웃처 어엿비 녀기더라

『삼강행실도』의 이본들을 대비해 보면, 언해 내용은 고려대 만송문고본, 성균관대본, 상백문고본은 대체로 같다. 그러나 이들 세 이본의 간행 시기를 추정하면, '병'이 사용된 만송문고본이 가장 이른 시기의 언어 상태를 보여주며, 구개음화가 보이는 상백문고본이 가장 나중에 간행된 것으로 보인다. 이들 세 이본과 규장각본을 비교하면 언해 내용과 표기, 음운현상 등에 있어서 적지 않은 차이가 드러난다. 이러한 차이는 언해의 원문인 한문이 다르기 때문이기도 하고, 간행 시기가 다르기 때문이기도 하다. 이들 『삼강행실도』의 이본 가운데 『오륜행실도』에 가장 가까운 것은 규장각본이다.

규장각본 『삼강행실도』와 『오륜행실도』도 언해 내용, 문장 구조, 어휘 사용, 음운현상과 표기 등에 있어서 차이가 없는 것은 아니다. 그러나 『삼강행실도』의 다른 이본에 없는 규장각본의 내용이 『오륜행실도』에 거의

그대로 포함되어 있으며, 문장의 구조나 어휘 사용에 있어서 규장각본『삼강행실도』가『오륜행실도』에 가장 가깝다. 언해 내용에 있어서 '민손'을 '손'으로 한 것이라든가, '즈는 즈건이니, 계뫼 쏘호, 드듸여 즈익후는 어미되니라' 등이 첨가되거나 교체한 것 등의 차이가 있다. 그러나 대부분의 언해 내용이 동일하고 문장 구조도 같을 뿐 아니라 어휘 사용이나 음운현상, 표기 등에 약간의 차이가 있을 뿐이다. 이와 같이 선조 대 이본들과 영조 대의 규장각본을『오륜행실도』와 대비해 보면『오륜행실도』는 규장각본『삼강행실도』를 바탕으로 한 것으로 판단된다.『오륜행실도』가 18세기 말엽에 간행되었음에도 음운변화가 널리 확산되어 나타나지 않는 이유가 여기에 있다고 할 수 있다.

『오륜행실도』의 어휘 형태와 표기는 전반적으로 규장각본『삼강행실도』와 유사하다. 그러나 차이가 없는 것도 아니어서 규장각본의 '내치고져, 내치니'가『오륜행실도』에서는 '내티고져, 내티니' 등과 같이 구개음화되지 않은 형태로 나타나기도 하고, '소옴'이 '소음'으로, '브린대, 아들'이 '브린터, 아둘'로 바뀌어 나타나기도 한다. 그러나 이들 몇몇 예들을 제외하면『오륜행실도』의 표기와 음운현상은 규장각본『삼강행실도』와 크게 다르지 않다. 음운변화를 거치지 않은 규장각본의 형태를『오륜행실도』에서 그대로 따르는 예들이 적지 않으며, 선조 대 이본에 나타나던 '물셕'을 '물혁'으로 과도교정한 규장각본의 형태를『오륜행실도』에서 그대로 따르고 있다는 사실은 이 문헌의 편찬에 규장각본『삼강행실도』가 바탕이 되었음을 말해준다.

이제『오륜행실도』권4와 권5의 바탕이 된『이륜행실도』의 이본을 살펴보기로 한다.『이륜행실도』의 이본은 대체로 다음과 같다.

(11) 『이륜행실도』의 이본

왕	연 도	소 장 처	특 징
중종 9	1518년	옥산서원	초간본
선조 12	1579년	金誠一 宗家	중간본
영조 3	1727년	규장각[2074]	평안감영 개간, 중간본
영조 6	1730년	규장각[137]	강원도 개간, 중간본
영조 6	1730년	국립중앙도서관	해주감영 개간, 중간본
영조 6	1730년	영남대[古192, c1]	영남감영 개간, 중간본
영조 6	1730년	영남대[古192, c2]	영남감영, 중간본(후쇄본)
영조 6	1730년	가람문고	영남감영본과 동일

『이륜행실도』는 중종 대(1518년)의 초간본으로 추정되는 옥산서원본, 선조 대에 간행된 김성일 종가본, 영조 대에 여러 감영에서 간행한 이본들이 전한다. 이 가운데 아직 공개되지 않은 선조 대 이본을 제외한[10] 이본들을 비교해 보면,[11] 목차와 언해의 내용에 있어서 차이가 없으며,

---

10) 위의 도표에 제시된 이본 가운데 김성일 생가본은 공개되지 않아 필자가 접하지 못하였으나 이 문헌은 옥산서원본의 복각본에 가깝다고 한다.

11) 규장각본[2074]은 권말에 간기가 정미, 기영 개간이라 되어 있다. 판식이나 판화가 영남대본과는 차이가 있다. 난상에 기록된 본문의 언해 내용은 영남대본과 동일하나 표기와 음운현상에서 구개음화가 나타나지 않는 등 영남대본과 차이를 보인다. 규장각본[137]은 규장각본[2074]와 대동소이하나 권말에 경술(1730, 영조 7) 仲夏 상순, 통정대부 강원도 관찰사 겸 병마수군절도사 겸 순찰사 이형좌가 왕명을 받들어 간행한다는 내용의 후기가 적혀 있다. 국립중앙도서관본은 서문, 목차(32개의 항목)가 함께 수록되어 있으며, 상태가 매우 양호하다. 판식이 규장각본[2074]와 다르고, 영남대본과도 다르다. 판화에 있어서도 전체 그림의 내용은 규장각본이나 영남대본과 유사하나 세부적으로 차이가 있다. 먹의 농담에 차이가 있을 뿐 아니라, 그림도 차이가 있다. 그림에는 '壽수' 자가 세 군데에 찍혀 있는데, 규장각본이나 영남대 본에는 '壽' 자에 모두 사각의 테두리가 쳐져 있으나 국립 중앙도서관본에는 한 군데만 테두리가 쳐져 있으며, 산 위에 떠 있는 구름의 굴곡과 모양에도 차이가 있다. 경술 해영 개간이라는 간기가 권말에 있다. 한문 원문과 언해의 내용은 동일하나 어휘가 다른 곳이 있으며, 구개음화가 보이지 않는 등 표기와 음운현상에 차이가 있다. 영남대본[古192, c1]에는 목차 32개가 모두 수록되어 있으나, 내용에는 마지막의 '楊時立雪양시설립'과 '元定對榻원정대탑' 두 항목의 내용이 본문에 누락되어 있다. 목차와 본문의 내용이 맞지 않는 것으로 보아 마지막 두 사례의 내용에 대한 판목이 소실되어 인간하지 못한 것으로 추정된다. 그리하여 본문이 '牽招斂殯견초렴빈'으로 끝나고, 권말에 후기가 바로 시작된다. 영남대본[古192, c2]는 판식과 판화의 내용이 영남대본[古192, c1]

단지 표기와 음운변화에 있어서 차이가 있을 뿐이다.

『이륜행실도』의 이본들과 『오륜행실도』를 대비해 보면 목차에는 큰 차이가 없지만 언해에 있어서는 상당한 차이가 발견된다. 목차에 있어서는 『이륜행실도』 이본의 <형제도>에 공통적으로 들어 있는 '元伯同爨원백동촌'과 '盧操策驢노조책려'가 『오륜행실도』에서는 제외되고 '元伯同爨원백동촌'과 내용이 유사한 '張閏同爨장윤동촌'이 추가되어 총 32개 항목이 31개 항목이 되었다. 그런데 언해 내용에 있어서는 『오륜행실도』와 『이륜행실도』의 이본을 대비해 보면 상당한 변개가 가해졌음을 알 수 있다. 한정된 지면으로 인하여 『오륜행실도』, 『이륜행실도』 초간본을 제시하고, 영조 대의 이본들은 표기와 음운변화를 제외한 내용은 거의 같으므로 규장각본(箕營板기영판)을 대표로 '光進反籍광진반적'을 제시하기로 한다.

(12) 『오륜행실도』(1797)

니광진은 당나라 계젼 사롬이니 어버이 셤기믈 지효로 ᄒᆞ더니 어미 죽으매 거상 삼년에 침실의 도라가디 아니ᄒᆞ더라 아ᄋᆞ 광안이 몬져 댱가드니 어미 가ᄉᆞ를 다 맛졋더니 밋 광진이 댱가들 졔 어미 이믜 죽어시니 광안의 쳬지 산문셔와 자믈쇄를 다 광진의 쳐 주니 광진이 봉ᄒᆞ여 도로 주고 굴오디 졔 쉬 일즉 모친을 셤기고 가ᄉᆞ를 맛져 겨시니 치디 못ᄒᆞ리라 ᄒᆞ고 인ᄒᆞ야 형뎨 붓들고 우러 어미 이실 때와 ᄀᆞᆺ치 하더라(4 : 31a)

___

과 동일하다. '원정대탑'이 나와야 할 목차의 마지막 장이 누락되어 있으나 본문에는 '원정대탑'이 수록되어 있다. 후쇄본으로서 목차의 마지막 장의 판목이 소실되어 인쇄하지 못한 것으로 추정된다. 가람문고본은 낙장된 부분이 여러 군데 있어 상태가 양호하지 못하다. 목차, 한문 원문, 언해 내용, 판식, 판화 등이 모두 영남대본과 동일하나 <사생>의 '원종대탑'이 목차와 내용에서 누락되어 있다. 후쇄본으로서 판목이 소실되어 인간하지 못한 것으로 간주된다.

(13) 『이륜행실도, 옥산서원본 1518년)

니광진니 어버시 잘 셤기더니 어미 죽거늘 거상ᄒ여 삼년늘 자리예 아니 가더라 아ᅀ 광안니 몬져 겨집 어러늘 어미 집빗 이를 맛디니 광진니 어미 주근 후에 겨집 어더늘 광안늬 겨집비 세간 브틴 글월와 방의 좀믈쇠 열쇠를 형의 겨집븨게 보낸대 광진니 도로 보내오 닐우듸 아즈미 미처 싀엄밀 셤기오 ᄯ 명ᄒ녀 집븨 이를 ᄀᅀ말라 ᄒ시니 고티디 못ᄒ리라 ᄒ고 서르 잡고 우러 처엄 양ᄋ로 ᄒ니라(18a)

(14) 『이륜행실도』(규장각본 2074, 규장각 137, 가람古 170.951 ; 1727년)

니광진이 어버이 셤기믈 ᄀ장 지셩으로 호미 잇떠니 엄이 죽거늘 거상ᄒ야 삼년을 자리예 아니 드더라 아ᅌ 광안이 몬져 겨집ᄒ야늘 엄이 집읫일을 다 맛더니 광진이 엄이 주근 후에야 겨집 어더늘 광안늬 겨집이 세간브티에 글월와 쳘냥 녀흔 방 좀믈쇠 열쇠를 다 형의 겨집의게 보낸대 광진이 도로 보내고 닐오되 아즈미 미처 싀어마님 셤기고 ᄯ 어마님이 집의 이룰 맛짜ᄒ라 ᄒ시니 고티디 못ᄒ리라 ᄒ고 서르 잡고 우러 처엄 양으로 ᄒ니라(18a)

『오륜행실도』 권4와 권5의 전체 내용은 영조 때의『이륜행실도』와 크게 다르지 않지만, 구체적인 내용에는 상당한 차이가 있다. 이는 언해의 원문인 한문에 새로 추가하거나 수정한 내용이 많아서 생긴 것으로서, 문장의 구조나 어휘가 달라진 부분이 적지 않고 추가된 내용이 많아 같이 대비하기가 쉽지 않을 정도이다. "당나라 계견 사름이니, 어미 죽으매 거상 삼년에, 침실의 도라가디 아니ᄒ더라, 광진이 댱가들 제 어미 이믜 죽어시니, 광안의 쳬지 산문셔와 자믈쇄룰 다 광진의 쳐 주니, 광진이 봉ᄒ여 도로 주고 굴오디 졔 쉬 일즉 모친을 셤기고 가ᄉ룰 맛져 겨시니, 형뎨 붓들고 우러 어미 이실 ᄣ와 ᄀᆺ치 하더라" 등과 같이 대부분의 언해가 약간씩 차이를 보일 뿐 아니라, 『이륜행실도』에 없는 내용이 추가된 부분도 적지 않은 것이다. 한문의 내용이 달라져 어휘 사용에 있어서

도 상당히 많은 변개가 가해졌다. 그 결과 『오륜행실도』에서 『이륜행실
도』의 내용을 수정한 정도는 『삼강행실도』의 내용을 수정한 것보다 상
당히 더 많다. 이러한 변개의 정도로 미루어 『오륜행실도』가 『삼강행실
도』와 『이륜행실도』의 각 부분이 영향을 받은 정도도 다를 것으로 예상
할 수 있다.

이러한 관점에서 『오륜행실도』의 권1, 권2, 권3 부분과 『오륜행실도』
의 권4, 권5 부분으로 나누어 구개음화 상태를 검토해 보기로 한다.

(15) 『오륜행실도』 권별 구개음화 확산 정도

	변화 유형	효 자 (권1)	충 신 (권2)	열 녀 (권3)	형제/종족 (권4/부록)	붕우/사생 (권5/부록)
구개음화	ㄷ>ㅈ	20	57	14	36(31/5)	11(8/3)
	ㅌ>ㅊ	12	14	11	11(9/2)	6(0/6)
과도교정	ㅈ>ㄷ	24	44	21	19(14/5)	8(4/4)
	ㅊ>ㅌ	0	0	0	8(6/2)	0(0/0)
그대로	ㄷ	194	363	222	173(126/47)	70(54/16)
	ㅌ	32	51	29	18(14/4)	5(5/0)
	ㅈ	167	275	276	202(152/50)	77(56/21)
	ㅊ	54	75	105	58(42/16)	30(22/8)

『오륜행실도』의 구개음화 확산 상태는 권1에서 258회 가운데 32회
(12.40%), 권2에서 485회 가운데 71회(14.64%), 권3에서 366회 가운데
25회(9.06%)가 구개음화되어 나타났으며, 권4에서 238회 가운데 47회
(19.75%), 권5에서 92회 가운데 17회(18.48%)가 구개음화되어 나타났다.
이러한 상태를 『삼강행실도』에 해당하는 권1, 권2, 권3과 『이륜행실도』
에 해당하는 권4와 권5로 나누어 비교해 보면, 『이륜행실도』 부분이
19.39%로서 『삼강행실도』 부분의 12.68%보다 상당히 더 높게 나타난

다. 이러한 특성은 『이륜행실도』 부분인 권4와 권5에서 『삼강행실도』 부분인 권1, 권2, 권3보다 수정한 부분이 더 많기 때문이라고 할 수 있다.[12]

그런데 『오륜행실도』에 나타난 구개음화의 확산 정도는 한자음과 고유어, 고유어도 어휘형태소와 문법형태소에서 각기 다른 양상으로 나타났다. 2장에서 지적한 바와 같이 한자음이나 고유어의 어휘형태소에서 문법형태소에서보다 구개음화가 확산되어 나타나면서 과도교정 또한 많이 나타나고, 문법형태소에는 구개음화가 거의 나타나지 않기 때문이다. 이러한 양상은 『삼강행실도』 부분과 『이륜행실도』 부분에서 동일하게 나타난다. 그러나 『오륜행실도』의 상태를 이들 두 문헌과 구체적으로 대비해 보면, 구개음화의 확산 상태가 고유어의 어휘형태소와 문법형태소에서는 큰 차이가 없지만, 한자음에서는 상당한 차이를 보인다.

고유어의 어휘형태소에 구개음화된 상태를 보면, 『삼강행실도』 부분의 권1에서 56회 중 12회(21.43%), 권2에서 112회 중 21회(18.75%), 권3에서 75회 중 11회(14.67%)로 나타나, 평균 18.11%(총 243회 중 44회)로 나타났다. 『이륜행실도』 부분에서는 권4에서 56회 중 10회(17.57%), 권5에서 19회 중 3회(15.79%)로 나타나 평균 17.33%(총 75회 중 13회) 정도 확산되어 나타났다. 그러므로 『삼강행실도』 부분과 『이륜행실도』 부분 사이에 큰 차이가 없었다. 문법형태소는 권1에서 98회 중 0회, 권2에서 141회 중 5회, 권3에서 103회 중 2회 나타났으며, 권4에서 80회 중 7회, 권5에서 19회 중 0회로 나타났다. 그리하여 권1, 2, 3에서는 총 342회 중 7회(2.47%), 권4, 5에서는 총 99회 중 7회(7.07%) 나타나 구개음

---

12) 이에 비해 ㄷ구개음화의 과도교정의 빈도는 권1에서 9.80%, 권2에서 11.17%, 권3에서 5.22%, 권4에서 9.41%, 권5에서 6.96%로 나타나, 『오륜행실도』 권1, 권2, 권3의 평균 8.73%이 『오륜행실도』 권4와 권5의 평균 8.71%보다 다소 높은 비율로 나타났다.

화가 거의 나타나지 않은 상태를 보여준다.

그러나 한자음에서는 『삼강행실도』 부분과 『이륜행실도』 부분 사이에 적지 않은 차이가 발견된다. 한자음은 권1에서는 94회 중 18회(19.15%), 권2에서 217회 중 41회(18.89%), 권3에서 95회 중 18회(18.95%)로서, 총 406회 중 77회가 구개음화되어 18.97% 정도 확산되어 나타났다. 이에 비해 권4에서는 102회 중 28회(27.45%), 권5에서는 총 52회 중 14회(26.92%)가 구개음화되어, 27.27% 정도의 확산 비율을 보여준다. 이를 『삼강행실도』 부분과 『이륜행실도』 부분으로 나누어 비교하면, 『이륜행실도』 부분이 약 9% 정도 많이 확산된 상태를 보여준다.

한자음에서 보여주는 이러한 구개음화의 확산 정도에 차이가 나는 이유는 규장각본 『이륜행실도』(箕營板기영판)을 상당히 많이 수정하였고, 수정·편찬하는 과정에서 한자어를 많이 사용한 특성에 기인한다. 규장각본 『이륜행실도』와 『오륜행실도』를 대비해 보면, 『오륜행실도』에서 새로 첨가된 부분에 한자어를 많이 사용하였을 뿐만 아니라 『이륜행실도』의 고유어를 한자어로 바꾸어 사용한 예들이 적지 않은 것이다. 가령, (13)에서 '당나라, 계전, 인ᄒᆞ야, 형뎨' 등은 새로 첨가된 한자어들이고, '침실, 댱가(2회), 가ᄉᆞ(2회), 쳬즈, 산문셔, 쳐, 모친' 등은 '자리, 겨집 어더늘(겨집ᄒᆞ야늘), 집읫일, 겨집, 세간브티예 글월, ᄉᆡ어마님' 등을 한자어로 바꾼 것이다. 이와 같이 『오륜행실도』는 『이륜행실도』를 수정하면서 한자어를 많이 사용하였기 때문에 『삼강행실도』 부분보다 구개음화가 많이 확산되어 나타날 뿐 아니라, 『이륜행실도』 부분 내에서도 고유어의 어휘형태소나 문법형태소보다 구개음화가 많이 확산되어 나타나는 것으로 판단된다.

이러한 특성은 [원순성] 관련 현상에서도 동일하게 나타난다. 먼저 [원순성] 관련 현상을 『오륜행실도』의 권별로 살펴보기로 한다.

(16) 『오륜행실도』의 권별 [원순성] 관련 현상

	변화 유형	권1 효 자	권2 충 신	권3 열 녀	권4 (형제/종족)	권5 (붕우/사생)
원순모음화	으>우	12	26	9	22(15/7)	9(7/2)
	ᄋᆞ>오	0	0	1	0(0/0)	0(0/0)
비원순모음화	우>으	2	2	4	0(0/0)	0(0/0)
	오>ᄋᆞ	0	1	0	0(0/0)	0(0/0)
그대로	으>으	123	106	96	73(56/17)	26(18/8)
	ᄋᆞ>ᄋᆞ	84	92	96	55(37/18)	53(36/17)
	우>우	116	102	98	60(47/13)	22(11/11)
	ᄋᆞ>ᄋᆞ	173	194	152	113(90/23)	63(50/13)

'ㅡ>ㅜ' 원순모음화는 권1에서 135회 가운데 12회(12.40%), 권2에서 132회 가운데 12회(19.70%), 권3에서 102회 가운데 9회(8.57%), 권4에서 95회 가운데 22회(23.16%), 권5에서 35회 가운데 9회(25.71%)가 나타난다.13) 이러한 『오륜행실도』의 원순모음화도 구개음화와 마찬가지로 『이륜행실도』 부분인 권4, 권5에서 24.44%로 나타나 『삼강행실도』 부분인 권1, 권2, 권3의 12.42%보다 상당히 확산된 상태를 보여준다. 이러한 원순모음화 확산 상태의 차이도 구개음화의 경우와 같이 『오륜행실도』의 바탕이 된 『삼강행실도』와 『이륜행실도』를 각각 수정·편찬하는 과정의 차이에 기인한다고 할 수 있다.14)

---

13) 18세기에 이르면, 비어두음절의 'ㆍ'는 대체로 'ㅡ'로 바뀌었거나 'ㅡ'로 바뀌고 있었던 시기이므로 순자음 다음에 오는 'ㆍ'의 원순모음화는 거의 나타나지 않는다. 『오륜행실도』에서도 'ㆍ>ㅗ' 변화는 권3에 단 한 예가 보인다. 이 예는 비어두음절의 'ㆍ'가 모두 'ㅡ'로 바뀐 것이 아님을 보여준다.

14) 비원순모음화의 빈도에 있어서도 두 부분에서 차이가 보인다. 『삼강행실도』에 해당하는

이러한 관점에서 『오륜행실도』는 1797년에 간행할 당시의 언어가 그대로 반영된 것이 아니라 1730년경의 국어를 기반으로 하면서 18세기 말엽의 국어가 추가로 반영되었다고 할 수 있다.[15] 다시 말해 『오륜행실도』의 언어 사용에서 드러나는 보수적인 특성은 영조 대의 『삼강행실도』와 『이륜행실도』를 수정하면서 이 두 문헌에 사용된 언어를 기준으로 삼았기 때문이라 할 수 있다. 『오륜행실도』의 정조 서문에서 말한 "앞서 발간된 『삼강행실도』와 『이륜행실도』……이 두 책을 표준으로 삼아……"에서 말하는 '표준'이라는 말 속에는 이러한 언어 사용의 기준도 포함되어 있는 것이 아닌가 생각된다. 그리하여 이 문헌에는 전반적으로 18세기 전반기의 언어 상태가 주류를 이루되 내용을 수정하면서 변개된 부분에 18세기 말엽의 현실음이 반영되어 18세기 후기의 언어 상태가 부분적으로 추가된 것으로 추정된다.

어휘형태소에서는 구개음화나 원순모음화가 다소 확산되어 나타나지만, 문법형태소에서는 거의 나타나지 않는 특이성도 이러한 관점에서 이해할 수 있다. 영조 대 초기에는 이미 구개음화나 원순모음화가 확산되는 초기 상태에 있었다는 점에서 대체로 『삼강행실도』와 『이륜행실도』를 수정하는 과정에 18세기 말엽의 음운변화 상태가 일부 『오륜행실도』에 반영된 것이라고 할 수 있다. 문법형태소에서는 영조 대 『삼강행실도』와 『이륜행실도』에서도 이들 음운변화가 나타날 수는 있었으나 실제로

권1, 권2, 권3에서는 'ㅜ>ㅡ' 비원순모음화가 각각 2회, 2회, 4회가 각각 나타나고, 'ㅗ>ㆍ' 비원순모음화가 권2에서 1회 나타났지만, 『이륜행실도』에 해당하는 권4와 권5에서는 'ㅜ>ㅡ' 비원순모음화나 'ㅗ>ㆍ' 비원순모음화가 단 1회도 나타나지 않은 것이다.

15) 이러한 추정은 'ㆍ'의 변화에서도 지지받을 수 있다. 'ㆍ'도 대체로 18세기 전반기의 상태를 보여주지만, "ᄆᆞ리(>(한) 마리, 宗, 49a), ᄆᆞ자(>마자(迎)영, 겼, 71a)" 등과 같이 'ㅏ'가 'ㆍ'로 바뀐 예들도 보인다. 이러한 변화는 왕실 문헌에서 영조 대의 『어제』와 『경세문답』에는 나타나지 않고, 정조 대의 『윤음』에 나타나며, 역서류 문헌에서는 『중간노걸대언해』(1764)에 나타난다.

는 이들 변화가 거의 나타나지 않는다는 특성을 고려하면 영조 대『삼강행실도』와『이륜행실도』의 형태를 기순으로 삼았기 때문인 것으로 생각된다.『오륜행실도』에 과도교정이 많이 나타난 것도 이러한 관점에서 이해가 가능하다. 음운변화가 일어나지 않은 영조 대『삼강행실도』와『이륜행실도』를 표준으로 삼았기 때문에 구개음화나 원순모음화된 것이 아닌 형태를 음운변화가 일어난 것으로 간주하여 과도로 교정하는 현상이 나타난 것으로 간주되기 때문이다.

이상의 논의를 바탕으로 하면,『오륜행실도』에는 영조 대에 간행된『삼강행실도』와『이륜행실도』에 사용된 언어를 바탕으로 하면서 이 두 문헌을 수정·편찬하는 과정에서 18세기 말엽의 언어가 추가된 것으로 판단된다. 그러므로『오륜행실도』에 사용된 언어의 계량적인 조사 결과는 18세기 중기, 또는 중기에서 후기로 넘어가는 시기의 상태를 보여주지만, 이 문헌에 사용된 언어가 그 시기의 언어 상태라고 단정할 수는 없을 것으로 간주된다. 이 문헌에 사용된 언어는 선조 대에 사용되던 언어 상태에 영향을 받은 영조 대의 문헌을 바탕으로 하면서 18세기 말엽의 언어 상태가 반영된 것으로 보인다.16)

4. 마무리

『오륜행실도』는『삼강행실도』와『이륜행실도』를 수정·편찬하여 1797

---

16)『오륜행실도』의 바탕이 된 영조 대『삼강행실도』와『이륜행실도』역시 선조 대에 간행된 이본들의 영향을 받았을 가능성이 있다. 이에 대해서는 별도의 정밀한 검토가 필요하다.

년에 간행되었다. 그러므로 『오륜행실도』는 『삼강행실도』와 『이륜행실도』의 중간본적인 성격을 갖는다. 그럼에도 불구하고 이 문헌은 18세기 말엽의 국어사 자료로 이용되어 왔다. 그러나 음운변화의 어휘적 확산이라는 관점에서 이 문헌에 나타나는 ㄷ구개음화와 원순모음화에 대한 계량적 검토 결과는 이 문헌에 사용된 국어를 18세기 말엽의 국어사 자료로 이용하는 데에 문제가 있음이 확인되었다.

이 문헌은 전체적으로 14.17%가 구개음화된 것으로 나타나, 그 확산 상태가 90%를 웃도는 18세기 말엽의 다른 문헌에 비해 현저하게 낮은 특이성을 보여준다. 고유어의 어휘형태소나 한자음에서는 구개음화가 각각 19.29%, 19.67%로서 어느 정도 확산된 상태로 나타났으나 과도교정의 형태도 상당히 많이 나타나는 특이성을 보여주었다. 이에 반해 문법형태소에서는 1.61% 정도의 확산에 그쳐 구개음화가 거의 반영되지 않은 특이성을 보여주었다. 원순모음화 현상은 전체적으로 8.89% 확산된 것으로 나타나 매우 낮은 확산 비율을 보여주었다. 15.54%로 나타난 'ㅡ>ㅜ' 원순모음화는 고유어의 어휘형태소와 한자음에서 각각 22.26%, 7.69%로 나타났지만, 'ㅜ>ㅡ' 변화도 적지 않게 나타나는 특이성을 보여주었다. 문법형태소에서는 4회 가운데 1회 나타났다. 이러한 확산 비율만 중시하면, 이 문헌은 18세기 중반기의 언어 상태를 보여준다고 할 수 있으나, 이 문헌의 여러 가지 특이성으로 말미암아 이 문헌에서 나타난 음운변화의 확산 상태를 국어 음운변화의 일반적인 과정으로 설명하기는 어려웠다. 이러한 특이성은 이 문헌이 갖는 중간본적인 성격에 기인하는 것으로 추정하였다.

『오륜행실도』를 『삼강행실도』, 『이륜행실도』와 대비한 결과, 『오륜행실도』 권1, 권2, 권3은 영조 대 『삼강행실도』(규장각본, 1730)를, 『오륜행실도』권4, 권5는 영조 대 기영판『이륜행실도』(규장각본, 1727)을 바탕으로 수정·편찬한 섯으로 추정되었다. 『삼강행실도』 부분은 수정의 폭이 크지 않았으나『이륜행실도』 부분은 언해의 원문인 한문을 적지 않게 수정하고, 언해에서 한자어를 많이 사용하는 방향으로 고쳐 수정의 폭이 상당히 컸음을 확인하였다. 그리하여 구개음화와 원순모음화의 확산 상태를『오륜행실도』권별로 나누어 검토한 결과, 구개음화와 원순모음화 모두 권4와 권5 부분이 권1, 권2, 권3 부분보다 음운변화가, 그것도 한자음에서 특히 많이 확산되어 나타남을 확인할 수 있었다.

이러한 관점에서『오륜행실도』에 나타난 음운변화에 대한 계량적 조사 결과 나타난 특이성을 이해할 수 있었다. 이 문헌의 음운변화에 대한 계량적 검토 결과는 이 문헌이 18세기 중기 경의 언어 상태를 보여준다고 할 수 있었으나, 이 문헌에 사용된 언어가 곧 18세기 중기 경의 상태로 보기는 어렵다고 판단하였다. 이러한 특성은 이 문헌이 영조 대에 편찬된『삼강행실도』와『이륜행실도』에 사용된 언어를 표준으로 삼았지만, 이들 이본의 수정·편찬 과정에서 18세기 말엽의 언어가 일부 반영되었기 때문인 것으로 이해하였다. 그리하여 전반적으로 구개음화와 원순모음화의 확산 비율이 낮은 특이성, 고유어의 어휘형태소와 한자음에 과도교정이 적지 않게 나타나는 특이성, 문법형태소에서 음운변화가 거의 반영되지 않은 특이성이 나타나게 된 것으로 이해하였다.

② 표기와 음운현상을 통해 본 『곤범』의 편찬 시기*

1. 서언

『壺範곤범』[1]은 한국학중앙연구원의 장서각에 소장된 한글 필사본으로서, 총 3권 3책으로 된 여성교훈서이다. 이 책의 내용은 『周易주역』, 『詩傳시전』, 『書傳서전』, 『大學대학』, 『論語논어』, 『孟子맹자』, 『中庸중용』 등의 유교 경전, 『通書통서』, 『心經심경』, 『近思錄근사록』, 『續近思錄속근사록』, 『性理大典성리대전』 등 송대 성리학 관련 저술, 그리고 정이의 『후부인힝장』, 『샹국후부인뎐』, 『효녀뎡시묘』와 宋時烈송시열의 『광산부부인노시묘디』, 『슉인송시뎐』, 『뎡부인니시묘지』, 『뎡경부인김시지묘』, 『슉인조시묘지』, 金昌翕김창흡의 『뎡경부인박시묘지』, 『뎡경부인진산강시묘지』, 申

---

* 이 글은 같은 제목으로 『국어사 연구와 자료』(태학사, 2007 : 403~432면)에 수록되었다.

1) 장서각 소장의 『壺範』(3권 3책, 도서번호 3-9)의 개략적인 서지 사항은 다음과 같다. 겉표지 크기 26×17.1cm, 5단 裝幀장정의 線裝本선장본, 空隔紙공격지 1장, 본문 총 191장, 판식 없이 저지(닥종이)로 된 백지에 붓으로 썼다. 매 면 10행, 註주 雙行쌍행, 매 행 15~20자로 다소 불규칙적임. 『곤범』의 서지 사항에 대해서는 한국학중앙연구원의 『장서각도서한국판총목록』과 허원기(2002)를 참조하기 바람.

174 제 2 부

曔신경의 『뎡경부인니시묘지명』, 尹鳳九윤봉구의 『증뎡경부인신시힝장』과 같은 傳전·誌文지문·行狀행장 등을 정리하여 언해한 것이다. 이 책은 내편과 외편의 두 부분으로 나누어져 있는데, 유가의 경전과 송대 성리학자들의 저술은 내편(券之一, 券之二), '정이, 송시열, 김창흡, 신경, 윤봉구' 등이 쓴 전·지문·행장은 외편(券之三)으로 되어 있다.

장서각 소장의 『곤범』은 한문 원문 없이 언해된 내용만이 한글로 필사되어 있으나, 언해자, 필사 연대, 편찬 시기 등 한글 필사본의 언해나 편찬에 관련된 기록이 없어 어떠한 과정을 거쳐 편찬되었는지 알 수가 없다. 단지 이 문헌에 실린 글 중에 송시열(1607~1689), 김창흡(1653~1722), 신경(1696~?), 윤봉구(1681~1767) 등 조선조 17·8세기 인물들이 쓴 글이 있다는 점에서 근대국어 시기에 쓴 글임을 추정할 수 있으며, 그 인물들 가운데 생존 시기가 가장 늦다는 점에서 윤봉구의 생존 시, 또는 그 이후에 편찬되었으리라는 점을 추정할 수 있을 뿐이다.[2]

이에 이 글에서는 이 문헌에 나타나는 언어 사용 상태, 그중에서도 근대국어 시기의 특징을 보여주는 표기와 음운변화의 상태를 통하여 이 문헌의 편찬 시기를 추정해 보고자 한다. 이를 위해 먼저 이 문헌에 사용된 언어의 표기를 살펴보고, 이를 바탕으로 음운변화를 반영하는 음운현상에 특히 주목할 것이다. 음운변화가 일어난 형태들을 계량적으로 추출

---

2) 허원기(2002)에서도 이러한 관점에서 『곤범』의 저술 및 필사 시기의 상한이 18세기 중·후반 이전으로 올라갈 수는 없다고 추정하였으나 이러한 추정을 언어 내적인 특징을 가지고 뒷받침한 것은 아니었다. 이에 이 글에서는 표기와 음운현상을 가지고 이 문헌의 언해 또는 편찬의 시기를 추정해 보고자 한다. 이 문헌이 한문으로 된 원문을 언해하여 한글로 필사한 것이어서, 이 문헌에서 드러나는 언어 내적 특징이 곧 이 문헌의 편찬 시기와 직결된다고 보기에는 어려운 점이 있다. 이 문헌이 나오기까지 한문의 언해, 편집, 필사 등의 여러 단계를 거쳤을 것으로 추정될 뿐 아니라, 이들 단계가 상당한 시차를 두었을 가능성을 배제할 수 없기 때문이다. 그럼에도 불구하고 이 글에서는 편의상 이들 단계를 구별하지 않고 '편찬 시기'로 통칭하기로 한다.

하여, 그 빈도를 18세기 중·후기의 문헌, 예컨대 왕실 문헌, 譯書類역서류 문헌 등과 대비하면 이 문헌의 언해 또는 편찬의 대체적인 시기를 추정할 수 있을 것으로 기대되기 때문이다.

2. 표기

2.1. 초성

이 문헌에는 초성자로 'ㄱ, ㄴ, ㄷ, ㄹ, ㅁ, ㅂ, ㅅ, ㅇ, ㅈ, ㅊ, ㅋ, ㅌ, ㅍ, ㅎ' 14자, 'ㅅ'계 합용병서로 'ㅺ, ㅼ, ㅽ, ㅆ' 등 4자, 'ㅂ'계 합용병서로 'ㅄ, ㅶ' 등 2자가 사용되어 총 20자가 사용되었다. 'ㅴ'계 합용병서는 사용되지 않았으며, 'ㅅ'계 합용병서의 'ㅆㅎ'와 'ㅂ'계 합용병서의 'ㅲ, ㅳ'도 사용되지 않았다. 이 문헌의 초성 표기에 사용된 병서의 빈도와 어휘를 제시하면 다음과 같다.

(1) ㄱ. 'ㅅ'계 : ▼ㅺ(86회)[3] : ᄭᅵ야<1, 11b>, ᄶᅬᄭᅩ리오<1, 13b>, 복셩화ᄭᅩᆺ치<1, 18b>, 머리 ᄭᅱ온<1, 21b>, ᄭᅵᆼ의<1, 30b>, ᄭᅮ미고<1, 30b>, ᄭᅮᆷ을<1, 36b>, ᄭᅳᆺ희<1, 42b>, ᄆᆞᄋᆞᆷ의ᄭᅥ디<1, 47a>, ᄭᅳᆫ흔<2, 33a>, ᄭᅳᆯ힌<2, 51b>, ᄭᅮ지저<2, 54b>, 거리ᄭᅵᆫ<3, 25b>, ᄭᅧ리ᄂᆞᆫ<3, 49a>, ▼ㅼ(456회) : ᄯᅳᆺ이니<1, 1b>, ᄯᅳᆺᄂᆞᆫ다<1, 11b>, 넘ᄯᅵ다<1, 13a>, ᄯᅩ<1, 14b>, ᄯᅡᆯ이<1, 20a>, ᄯᆞ롬이니<1, 22a>, ᄯᅥᆺ다<1, 22b>, ᄯᅴ웟다<1, 22b>, ᄯᅡ희<1, 28a>, ᄯᅥ러딘<1, 49a>, ᄯᅱ니<1, 50b>, ᄯᅥᆯ다<1, 50b>,

3) 본 연구에서 제시하는 용례의 빈도는 국립국어연구원에서 개발한 용례 추출 프로그램 Hgrep97을 이용하여 엑셀로 전환하여 얻은 결과이다. 전체 빈도가 아닌 대표적인 몇몇 용례의 제시에는 소강춘 교수가 개발한 '깜짝새' 프로그램을 활용한 결과를 제시하였다.

ᄯᅮᆸ디<1, 51a>, ᄯᆞ다<1, 52b>, ᄯᅳᆯ로<1, 53b>, ᄯᅥ나디<2, 23b>, ᄯᆞ라<3, 46a>, ▼ᄲ(50회) : ᄲᅡ뎌<1, 5a>, 오ᄉᆞᆯ ᄲᅧᆫ다<1, 14a>, ᄲᅧᆯ니<1, 14b>, ᄲᅦ유기니<1, 29b>, ᄲᅡᆷ이<1, 30a>, 뫼ᄲᅮ리오<1, 39a>, ᄲᅩᆼ이니<1, 46a>, ᄲᅦ흐리라<1, 54b>, ᄲᅮᆯ잔이오<1, 55b>, ᄲᅡ디기로<2, 7a>, ᄲᅡ디오디<3, 22b>, ᄲᅡ혀나<3, 47b>, ▼ᄊ(2회) : 나비눈썹이라<1, 30a>, 눈썹이<1, 52b>.

ㄴ. 'ㅂ'계 : ▼ᄡ(291회) : ᄡᅧ<1, 2b>, 힘ᄡᅳ면<1, 17b>, ᄡᅮᆨ이라<1, 21a>, ᄡᅳ오미<1, 22a>, ᄡᅩᄂᆞᆫ<1, 33a>, ᄡᅵᆺ다<1, 40b>, ᄂᆡᄡᅩ이다<1, 51a>, ᄡᅳᆷ바괴<1, 52b>, ᄡᅡ힌<1, 58a>, ᄡᅡ호다<1, 59a>, ᄡᅳ기롤<2, 2b>, ᄆᆞ옴이 ᄡᅥᆨ 나ᄂᆞᆫ<2, 11b>, 됴희예 ᄡᅧ<3, 5a>, ᄡᅳᆯ고<3, 19b>, 좁ᄡᆞᆯ이라<3, 33a>, 듁(粥)을 ᄡᅮ이더니<3, 54a>, ᄡᅥᆨ디<3, 55b>, ▼ᄧ(47회) : ᄧᅡᆨ이<1, 11a>, 음 ᄧᆞᄂᆞᆫ<1, 13a>, 털로 ᄧᆞᆫ<1, 43b>, 왈 ᄧᅵ<1, 51b>, ᄧᅵ허<1, 53b>, ᄧᆞ고<3, 38b>, 밋ᄧᅡᆨ과<3, 38b>.

이 문헌의 병서 사용 상태는 18세기의 다른 문헌들과 다르지 않다. 이전 시기의 'ᄡ'계는 'ㅅ'계로 표기되며, 'ᄡ'계와 'ㅂ'계의 'ᄞ, ᄠ' 등은 나타나지 않았다. 이 자료에 'ㅆ'은 영·정조 대 왕실 문헌에서와 같이 'ᄡ'으로 표기되지만, 'ㅆ'이 '눈썹'에 2회 사용되었다. 이 문헌에는 'ᄡ'의 'ㅂ'을 선행 음절의 종성에도 표기하였거나, 'ㅂ'을 선행 음절의 종성으로 올리고 원래의 'ㅂ'계 병서는 'ㅅ'계 병서로 표기한 예들이 나타난다. 'ㅂ'계 합용병서의 화석형으로 현대국어에도 남아 있는 이러한 예들은 'ᄡ'이 경음을 표기하게 되어 나타난 새로운 유형의 표기로 간주된다.

(2) 무릅ᄡᅧ<3, 24a, 3, 55b>, 좁ᄡᆞᆯ이라<3, 33a>, 말냅ᄯᅳᄂᆞᆫ 소ᄅᆡ오<1, 59a>.

2.2. 중성

중성자로는 '·, ㅏ, ㅓ, ㅗ, ㅜ, ㅡ, ㅣ, ㅑ, ㅕ, ㅛ, ㅠ, ·ㅣ, ㅢ, ㅘ, ㅝ, ㅐ, ㅔ, ㅚ, ㅟ, ㆄ, ㆅ, ㅙ, ㅞ' 등 23개의 문자가 사용되었다. 이 가운데 'ㅣ'로 끝나는 '·ㅣ, ㅐ, ㅔ, ㅚ, ㅟ, ㆄ, ㆅ' 등은 '·, ㅑ, ㅕ, ㅗ, ㅜ, ㅛ, ㅠ'로 끝나는 고유어나 한자어 단어에 주격 조사나 계사가 결합될 때에 나타났으며, 'ㆄ, ㆅ' 등은 한자어에 주격조사나 계사가 결합될 때에 나타났다.

2.3. 종성

이 문헌에는 종성으로 'ㄱ, ㄴ, ㄹ, ㅁ, ㅂ, ㅅ, ㅇ' 등 7자가 사용되었다. 8종성자 가운데 'ㄷ'은 모두 'ㅅ'으로 표기되어 7종성만 사용된 것이다. 종성 위치에 병서라 할 수 있는 'ㄺ, ㄼ'은 사용되었으나 'ㄳ, ㄻ, ㄽ, ㅄ, ㅺ' 등은 사용되지 않았다.

(3) ㄱ. ㄱ : 조식<1, 2b>, ㄴ : 집안<1, 1a>, ㄹ : 글이니라<1, 1b>, ㅁ : 몸의<1, 1a>, ㅂ : 집이<1, 2b>, ㅅ : 뜻이<1, 4b>, ㅇ : 동방이<1, 36a>.

ㄴ. ▼ㄺ(113회) : 흙이오<1, 13a> 외 5회, 붉디<1, 23b> 외 60회, 닭이<1, 32b> 외 9회, 닑어<1, 41a> 외 11회, 늙쟈<1, 33b> 외 4회, 붉은<1, 30b> 외 4회, 닑어<1, 41a> 외 11회, 숡<1, 49a> 외 3회, 흙<1, 51a> 외 1회, 얽을<1, 54a> 외 2회, 묽아<2, 39a> 외 2회, 굵은<1, 14a>.

▼ㄼ(17회) : 거슯드디 아니ㅎ느니<1, 19b> 외 2회, 읇흐면<1, 22b> 외 2회, 셟다<1, 40b>, 쏢디<1, 51a>, 어둛<1, 73b> 외 4회, 엷게(薄)<2, 9b> 외 1회, 애둛도다<3, 17a>, 붎는<3, 28a>.

15세기부터 격음 [kʰ, ʧʰ, tʰ, pʰ]는 격음자 'ㅋ, ㅊ, ㅌ, ㅍ'로 표기되는 것이 원칙이었다. 그러나 근대국어 시기에 이르면, 모음 사이의 격음은 세 가지 유형으로 표기된다. 제1유형은 [kʰ, ʧʰ, tʰ, pʰ]를 'ㅋ, ㅊ, ㅌ, ㅍ' 등의 격음자로 표기하는 유형, 제2유형은 'ㅋ'을 'ㄱ\$ㅎ'으로, 'ㅊ'과 'ㅌ'을 'ㅅ\$ㅊ, ㅅ\$ㅌ'으로, 'ㅍ'을 'ㅂ\$ㅍ'으로 표기하는 유형, 제3유형은 'ㅋ'을 'ㄱ\$ㅎ'으로, 'ㅊ, ㅌ'을 'ㅅ\$ㅎ'으로, 'ㅍ'을 'ㅂ\$ㅎ'으로 표기하는 유형이었다. 영·정조 시대 왕실 문헌에서는 변자음의 격음 [kʰ]와 [pʰ]는 주로 제3유형, 중자음인 [ʧʰ, tʰ]는 주로 제2유형이 사용되었으나 이 문헌에서는 중자음 'ㅌ'이나 'ㅊ'은 제2유형과 제3유형으로 표기된 예들이 함께 나타났다. 그 예들을 보이면 다음과 같다.

(4) ㄱ. ㅋ→ㄱ+ㅎ : 딕히디<1, 5a, 1, 9b>, 딕희는<2, 6b, 2, 8b>, 딕흰<2, 10a>, 딕희여<2, 33a, 2, 45a, 3, 9b, 3, 18a>, 딕희ᄂ니라<2, 45a>, 딕희미<2, 47a>, 딕흰<3, 4b>, 딕희엿도다<3, 5b>, 딕희리오<3, 9b>, 딕희며<3, 43a>, 남녁히<1, 15b>, 남녁히<1, 44a>, 북녁흐로<3, 6b>, 동녁히<3, 9a>, 박회<1, 27b, 1, 27b>, 막히나<3, 37a>, 막히고<3, 38b>.

　　 ㄴ. ㅍ→ㅂ+ㅎ : 닙히오<1, 13b, 1, 19a>, 풋닙히니<1, 52a>, 닙히<1, 78b>, 갑흐련노라<1, 34a>, 갑흐미<3, 26b>, 갑흐믈<3, 43b>, 깁흐매<1, 43b>, 깁히<1, 51a, 1, 62b, 1, 63a, 1, 66b, 2, 7a, 2, 9a, 2, 33b, 2, 34a, 2, 38a, 3, 5b, 3, 49b>, 깁흐므로<2, 1b>, 깁흔<2, 7b, 2, 42a, 3, 22b, 3, 39b, 3, 53b>, 깁흐믈<2, 49b>, 깁흐나<3, 30a>, 깁허<3, 41a>, 놉히<1, 47b, 3, 31b>, 놉흐며<1, 66a, 2, 27b, 2, 49b>, 놉흔<2, 27a, 2, 27a, 2, 28a, 2, 44a, 3, 8b, 3, 33b>, 놉흔<3, 46a>, 놉흔<3, 53b>, 놉흐디<3, 6b>, 놉흐시니<3, 16a>, 놉흐뇨<3, 32a>, 집히<53b>, 덥히면<1, 69b>, 덥허<3, 3a, 3, 26a>, 덥흔<3, 9b>, 압히<3, 3a>, 무릅흘<3, 19b>, 무릅히<3, 35b>.

ㄷ. 1) ㅌ→ㅅ+ㅌ : ꭖ튼야<1, 8b> 외 'ꭖ튼-~ꭖ티' 형 49회, 훗터뎌
   <1, 37a> 외 '훗터-' 형 2회, 곳티미<2, 5a>, 곳틸<2, 5a> 외
   '곳티-~곳텨' 형 8회, 비로소븟터<2, 14a>, 븟티고져<곤범3,
   5b> 외 3회, 밧티고 <2, 38a>, 맛티고<3, 46b>.

  2) ㅊ→ㅅ+ㅊ : 꼿치<1, 18b>, 빗치오<1, 48a>, 돗치오<1, 49b>,
   짓치니<1, 50b>, 풋치오<1, 53b>, 뭇츠시매<1, 54a>, 숫치니<1,
   54a>, 것치<2, 8b>, 꼿치오<2, 12b>, 밋쳐<2, 33b>, 곡식 븟치
   일을<2, 42b>, 닷치며<2, 44b>, 굿쳐뎌<2, 55b>, 뭇친<3, 31a>,
   뭇츠니<3, 54b>.

ㄹ. 1) ㅌ→ㅅ$ㅎ : 꼿히<1, 42b>, 엿흐나<2, 2a>, ꭖ흐며<2, 27a>, ꭖ
   흐며<2, 27b>, ꭖ흐시더라<3, 1b>, 이 ꭖ흐니<3, 11a>, ꭖ흐샤
   <3, 32a>, ꭖ흐시도다<3, 50a>) 뫼 밋히<2, 37a>, 믈 밋히<2,
   39a>, 잇히<2, 39b>, 밧겻흐로<2, 43a>, 밧겻히<2, 43b>, 안존
   겻히셔<3, 3b>, 겻흘<3, 16b>, 겻흐로<3, 54b>. ※참고 : 겻티
   <2, 54b>, 겨틔.

  2) ㅊ→ㅅ+ㅎ(또는 ㄷ+ㅎ) : 용례 없음.

   이 문헌에는 한자어의 '자음-ㄹ' 연쇄에서 후행하는 'ㄹ'을 'ㄴ'으로
표기한 예들이 많이 나타났다. 현대국어에서는 '자음-ㄴ'의 연쇄에서,
'天理천리, 人倫인륜과 같이 선행 자음이 'ㄴ'이면 후행하는 'ㄹ'에 'ㄴ'이
동화되어 [철리], [일륜]과 같이 유음화가 일어나지만, 이 문헌에서는 선
행하는 'ㄴ' 뒤에서도 후행하는 'ㄹ'이 'ㄴ'으로 바뀌어 표기되어 나타나
는 것이다(예 5ㄴ). 이러한 표기는, 'ㄴ'을 제외한 자음과 'ㄹ'의 연쇄에
서 후행 'ㄹ'이 'ㄴ'으로 교체되는 현대국어 한자음 연쇄에서 일어나는
현상이 'ㄴ-ㄹ' 연쇄에도 일어나고 있었기 때문에 나타난 것으로 간주
된다. 다음의 예들에서 보듯이 이 문헌에서는 현대국어에서와 같이 'ㄴ'
을 제외한 자음과 'ㄹ'의 연쇄에서는 물론(예 5ㄷ), 'ㄴ-ㄹ' 연쇄에서도

후행하는 '르'이 'ㄴ'으로 표기되었음을 보여준다. 이러한 표기 예들은
이 문헌의 언어 사용자들에게 한자음의 '자음-르' 연쇄에서는 후행 '르'
이 'ㄴ'으로 교체되는 현상이 일어나고 있었으며, 이러한 현상의 결과가
표기에 반영된 것으로 추정된다. 한자음의 'ㄴ-르'의 연쇄에서 후행하는
'르'이 'ㄴ'으로 나타나는 이러한 표기는 18세기 중·후기의 영·정조
시대 왕실 문헌과 동일하다.[4]

(5) ㄱ. ㄴ-르(7회) : 텬리(天理)의<2, 25b>, 인륜(人倫)<2, 50b>, 인륜조(人倫
條)라<2, 50b>, 난리(亂離)<3, 9b>, 간략(簡略)ᄒ고<3, 22a>.

ㄴ. 눈니(倫理)룰<1, 1a>, 텬니의<1, 2a>, 무ᄉ군노(無使君勞)ᄂ<1, 30b>,
근노(勤勞)ᄒ야<곤범1, 54b>, 교언녕식(巧言令色)이<2, 1b>, 가인니
필긔여부인(家人離必起與婦人)<2, 30b>, 현현녕덕(憲憲令德)이<2, 29a>,
간냑(簡略)ᄒ야<2, 34a>, 만녁(萬曆)<3, 14a>, 텬녹(天祿)을<3, 15b>,
닌니친당(隣里親黨)이<3, 19a>, 뎡경부인니시묘지명(貞敬夫人李氏墓誌
銘)<3, 44a>, ᄌ연(自然)ᄒ니나<3, 15b>.

ㄷ. 십뉴의<3, 35b>, 셥녑(涉獵)ᄒ야<3, 47b>, 븍뉴(北流)ᄂ<1, 31b>.

2.4. 연철 표기와 분철 표기

이 문헌에는 자음으로 끝난 어간에 모음으로 시작된 어미가 결합되면
어간과 어미가 대부분 분철 표기 되는 경향을 보인다. 이 문헌에는 명사
나 용언 어간이 '르'로 끝나는 경우에도 모음으로 시작하는 조사나 어미
앞에서 분철 표기 되어 나타났다(예 6ㄱ). 그러나 이 문헌에는 분철되지
않은 표기들도 나타났는데, 그러한 예들은 대체로 'ㅅ'으로 끝난 명사나

---

4) 근대국어 시기에 널리 확산되는 구개음화, 원순모음화, 'ㆍ'의 변화 등은 어느 정도가 표기
에 반영되었는지 알 수 없지만, 대체로 표기에 반영된 상태를 통하여 그 확산 과정을 논의
하지 않을 수 없다.

용언 어간이 모음으로 시작하는 조사나 어미를 만난 경우, 또는 'ㅅ'으로
끝난 어근이 부사파생접미사를 만난 경우였다(예 6ㄴ).

    (6) ㄱ. 글이니라<1, 1b>, 스실이<1, 3a>, 말이라<1, 3b>, 일이 업눈<1,
          4a>, 길은 몸의<1, 10a>, 업손 줄이<1, 23a>, 둘은<1, 25a>, 믈을
          <1, 48a>, 술을<1, 64a>.
      ㄴ. 반드시<1, 2a>, 길훈 거시 되거니와<1, 6b>, 반드시<1, 7a>, 덧더
          시<1, 9a>, 거술 업시 ᄒ다<1, 14a>, 므어시라<1, 14b>, 쇼(沼)눈
          모시니<곤범1, 21a>, 이러튼시<1, 48b>, 보드시<1, 75a>, 마시<2,
          18b>, 그르시니<곤범2, 20a>, 덧덧시<2, 55a>, 그르시<3, 5a>.

이 문헌에 나타나는 분철 표기된 예들은 음소나 음절의 연쇄를 통하여
표면음을 도출해 낼 수 있는 경우이지만, 다음과 같이 분철된 'ㅅ'의 경
우에는 표면음을 도출해 내기 어려운 경우도 있었다.

    (7) ㄱ. 뜻이니<1, 1b>, 벗을<곤범1, 34a>, 곳이라도<1, 58a>.
      ㄴ. 궤유(饋遺)롤 밧으면<3, 46a>, 눌을 밋으며<1, 64b>, 누고롤 밋으리
          오<1, 64b>, 스스도 셧이 업서<2, 47b>, 쌀을 나흐니 뭇은 종녕(宗
          正)은<3, 48b>, 아둘 뭇은 샹연(尚埏)이오<3, 55b>, 듀(晝)는 낫이오
          <1, 54a>.

(7ㄱ)의 예들에서 분철 표기된 'ㅅ'은 [s]를 나타낸 것으로 간주할 수
있으나 (7ㄴ)을 고려하면 반드시 그렇게 단정할 수는 없다. 자음 앞이라
면 근대국어 시기의 'ㅅ'은 [t]를 표기한 것으로 간주할 수 있으나 모음
어미를 선행하는 종성 'ㅅ'은 'ㅅ'에 기원하는 것, 'ㄷ'에 기원하는 것,
'ㅈ'에 기원하거나 구개음화의 환경에 있는 경우 등 다양하여 표면음이
[s], [t], [ʧ] 등으로 실현하는 것이 가능하기 때문에 표면음을 쉽게 도출

해 내기 어려운 문제가 있다. 8종성 표기의 7종성 표기로의 변화와 'ㅅ' 의 분철 표기에 기인하는 이러한 표기의 문제는 [s]의 [t]로의 중화 현상, ㄷ구개음화 현상 등과 맞물려 일어난 현상으로서, 이러한 유형의 표기는 18세기 중기에서 후기에 걸치는 문헌에 나타난다는 점에서(황문환, 2001), 이 문헌에 반영된 표기는 18세기 중기에서 후기로 넘어가는 시기의 상태를 보여주는 것이 아닌가 생각된다.

　이 자료에도 다음의 (8ㄱ)과 같이 관습에 따라 분철 표기된 예들도 보이며, (8ㄴ)과 같이 형태소 내부에서 과잉분철한 표기의 예들도 나타난다.

(8)　ㄱ. 굴오뎌<1, 1a>, 밀외혀<1, 2b>, 일워<1, 4b>, 일움이니<1, 9a>, 닐압디<1, 11a>, 일우디<1, 12b>, 일워는<1, 12b>, 셜워ᄒ다<1, 13a>, 일우려니와<1, 17b>, 술위니<1, 20a>, 닐온<1, 21a>, 썰워<1, 50b>, 믈윗<1, 57b>, 닐월<1, 73b>, 굴오샤뎌<1, 75a>, 쏠와가며<1, 77a>, ᄆ음을 밀위여<2, 14a>, 셜올디니<2, 47b>, 먹여 살왓더니<3, 2b>, 살올<3, 10b>, 알오미니<3, 11b>, 셜우믈<3, 19b>.

　　ㄴ. 먹음어<곤범3, 32a>, 결을이<2, 3a>, 날을<1, 63a>, 날을<1, 63b>, 눌을<1, 64b>.

　전체적으로 이 문헌의 표기 상태는 표기를 통하여 표면음을 쉽게 도출하기 어려운 '밋으며, 낫이오' 등과 같은 분철 표기를 제외하면, 전통적인 표기의 원칙에서 벗어나지 않는다. 경음화, 격음화, 비음화, 유음화, 중화 등과 같이 음운현상이 자동적으로 일어날 수 있는 환경에서 일어나는 음운현상은 그 현상이 적용되기 이전의 형태를 표기한 경우와 해당 현상이 적용된 이후의 형태를 표기한 경우가 공존하였다. 기저형에서 표면형으로 도출되는 과정에 있는 어느 단계를 표기의 대상으로 하더라도 그 표기가 담당하는 소리들의 결합에서 음운규칙이 자동적으로 적용되는 환경이라면, 그 어느 단계를 표기하더라도 자동적으로 적용되는 음운 규칙을 통하여 표면형을 도출하는 데에 문제가 없기 때문에 다양한 표기가 나타난다고 할 수 있다. 그러나 첨가 현상이나 탈락 현상의 경우에는 규칙을 적용하기가 쉽지 않으므로 표면형을 표기 대상으로 삼았던 것으로 간주되며, 이러한 표기의 특성은 현대국어의 맞춤법에 그대로 계승되었다.[5]

3. 음운현상

3.1. 자음 관련 음운현상

3.1.1. ㄷ구개음화

구개음화는 근대국어 시기에 널리 확산되는 대표적인 음운현상 중의 하나였다. 근대국어 시기에 일어난 구개음화 현상에는 ㄷ구개음화, ㄱ구개음화, ㅎ구개음화 현상이 있고, 그 관련 현상으로 이들 각 구개음화 현상에 대한 과도교정, 구개성 반모음 y 첨가 현상, i나 y를 선행하는 어두 'ㄴ'의 탈락 현상 등이 있었다. 이 구개음화 현상들은 시간과 공간에 따라 차이를 보이지만, 중앙어를 반영한 대부분의 문헌에서 18세기 중·후기에 이르면 ㄷ구개음화는 널리 확산되어 나타나며, ㅎ구개음화나 어두 'ㄴ'의 탈락 현상도 적지 않게 나타난다. 이 문헌에는 ㄷ구개음화는 상

---

5) 이러한 원칙을 지키면서도 이 문헌에서 보여주는 표기의 경향은 이전 시기의 문헌에 비해 표면형보다 기저형에 가까운 표기형을 선택하는 것이었다고 할 수 있다. 이러한 표기의 원칙은 당시 근대국어 문헌의 표기에서 보여주는 일반적인 경향이었다.

당히 많이 나타나지만, ㄱ구개음화와 ㅎ구개음화는 나타나지 않고, 어두 'ㄴ'의 탈락 현상이 나타난다. 어두 'ㄴ'의 탈락은 '엿흐나[淺천]<2, 2a>' 한 예가 보일 뿐이다. 그러므로 여기에서는 ㄷ구개음화의 확산 정도를 계량화하여 그 특성을 구체적으로 살펴보기로 한다.

ㄷ구개음화가 일어난 예들과 ㄷ구개음화 관련 예들을 유형에 따라 계량화하여 그 빈도를 제시하면 도표 (9)와 같다. 도표 (9)의 구개음화와 과도교정의 예들은 도표 다음에 구체적으로 제시하기로 한다.[6]

(9) 『곤범』(143,319개)

| | 변화 유형 | 전 체 (3,824) | 고 유 어 | | 한자어 |
			어 휘 (어두/비어두)	문 법 (경계/문법)	
구개음화	ㄷ>ㅈ	97	11(6/5)	7(0/7)	79
	ㅌ>ㅊ	69	12(3/9)	20(1/19)	37
과도교정	ㅈ>ㄷ	161	7(7/0)	9(0/9)	145
	ㅊ>ㅌ	72	53(0/53)	9(9/0)	10
그대로	ㄷ	1,405	301(136/165)	593(3/590)	511
	ㅌ	502	41(3/38)	222(57/165)	239
	ㅈ	1,972	497(275/222)	52(0/52)	1,423
	ㅊ	546	41(27/14)	28(1/27)	477

1) ㄷ>ㅈ : ▼어휘 : $1 찌허(2), 집히, 쟈르니, 쟈론, 쟈론고, $2 모지는, 모지다, 블찌, $3 프러지디, 프러져. ▼문법 : ▽문법 : $3 흐과져(3), $4 의흐과쟈, 친흐과쟈, $5 도라오과져, 어드시과져. ▼한자음 : 지디(知之)에, 지디유뎡흐야, 지(知)라, 지식(知識)과, 지식과, 지식이, 지식이, 지위와, 지유블화(知誘物化)흐야, 지의, 지지단야(知之端也)니라, 지즈지너지란, 지즈지슌지란, 지즈지호지란, 지쳥쥬군쥬스, 지취, 지혜(智慧), 직경(直卿)이니, 직

―――――――

6) 지면 관계로 각 예들의 출전은 생략하기로 한다.

암션싱(直菴先生), 직암션싱은, 직암신공찬, 진댱이, 진듕(鎭重)ᄒ고, 진산(珍山)의셔, 진시 (陳氏), 진시왈, 진왕(晉王), 진원(鎭源)이, 진쥬(鎭周)는, 진후, 질(窒)은, 징분질욕(懲忿窒慾)이니라, 져튝(貯蓄)ᄒ야, 져튝ᄒ엿던, 젹확(的確)ᄒ미, 젼고젼고(典故)의, 젼도(傳導??)ᄒᄂ, 젼말(顚末)과, 젼송, 젼송ᄒ다, 젼패(顚沛)ᄒᄂ, 젼패ᄒᄂ, 졍녕계(丁寧戒)로다, 졍녕(丁寧)이, 졍녕이, 졍녕이, 졍부(定夫)니, 졍졀(貞節)의, 졍표(旌表)ᄒᆯ믈, 죠민(兆民)이, 궁질훈셔(穹窒熏鼠)ᄒ며, 번지(樊遲), 브지블각(不知不覺?)의, 죵직이오, 참지졍ᄉ룰, 티지ᄂ, 티지와, 가댱(家長)을, ᄌ댱(子張)이, ᄌ쟝이, 가졍지간이, 듕졔(衆弟)룰, 이젹(夷狄)의, 이젹의, 언즁(彦仲)과, 태즁태우니라, 소이젹ᄒ얀, 신혼졍셩(晨昏定省)을, 직애졔로다, 태창졔미(太倉稊米)로다, 김셕쥬(金錫冑)니, 김셕쥬ᄂ, 미샹브지(未嘗不知)오, 인의녜지(仁義禮智)로, 인의녜지셩이, 인의녜지신, 좀덕슈지오, 힝호이젹(行乎夷狄)ᄒ며, 지블약인즉지오

2) ㅌ>ㅊ : ▼어휘 : $1 치ᄂ도다, 치다, 치혜여, $2 고치미, 곳치, 곳치다, 넘치ᄂ, 덥치고, 솟치니, 업쳐, $3 디내쳐, 쒸오쳐. ▼문법 : ▽경계 : $2 그치다, 그치미, 그칠, 긋치고져, 긋치기룰, 긋치니, 긋치디, 긋치디, 긋칠, 기친, 기친, 닷치며, 믓친, 밧치니, 볏치니, 부치니, 붓치, $3 밧겻치오, $4 ᄒ릅돗치오. ▽문법 : $3 지팅치. ▼한자음 : 치(絺)ᄂ, 치당(致堂)이니, 치상(治喪)ᄒ믄, 침 ″ᄒ야, 침독(沈篤)ᄒ니, 쳑(滌)은, 쳑(陟)은, 쳑피강혜쳑피강혜(陟彼岡兮)ᄒ야, 쳑ᄒ(陟岵), 쳐도 (天道)의, 쳘인지긔(哲人知機)ᄒ야, 쳠(忝)되미, 쳥졍(聽政), 쳬ᄒ믈, 츄락(墜落)ᄒ미, 츄이(推移??)ᄒ면, 츌햣(黜享)홀, 경칙ᄒ니, 듕치평치듕치평치(中値平値)ᄒ니, 위치위격(爲絺爲絡)ᄒ니, 유치(幼稚)룰, 능쳬, 능쳬ᄒ매, 능쳬ᄒ매, 뎐쳬의, 모쳠(冒忝)ᄒ니, 샹쳬편(常棣篇)이라, 츌쳑(怵惕), 츌쳑ᄒ며, 슈츅(修築)ᄒ고, 슈츅홀, 공손츄(公孫丑), 공손츄왈, 공손취, 구월츅댱포(九月築場圃)오, 듕치평치ᄒ니, 왈신죵츄원(-終追遠)이면.

3) ㅈ>ㄷ : ▼어휘 : $1 디게, 디게니, 디게니, 디게예, 됴곰도, 됴희, 됴희예 ▼문법 : ▽문법 : $4 말ᄉᆷᄀ디, 교리ᄀ디, 졍승ᄀ디, 즁쳡ᄀ디, 참의ᄀ디, 친쳑ᄀ디, $5 노션싱ᄀ디, 대ᄉ헌ᄀ디, 우의졍ᄀ디. ▼한자음 : 극디이유(克之而-)ᄒ다, 디기소오타이벽언(之其所敖惰而辟焉)ᄒᄂ니, 디기소의경이벽언(之其所畏敬而辟焉)ᄒ며, 디기소이긍이벽언(之其所哀矜而辟焉)ᄒ며, 디

기소친이이벽언(之其所親愛而辟焉)ᄒ며, 디(至)ᄂ, 디미변(志未變)야라, 딘시
(眞氏, 4), 댱(章, 7), 댱과(2), 댱(章)은(8), 댱(牆)은, 댱(章)을(2), 댱(章)의 (7),
댱(章)의야, 댱(章)이, 댱입어뎡(將入於井)ᄒ고, 댱좌오, 뎌(苴)ᄂ, 뎍(績)은,
뎡(情, 3), 뎡(情)과, 뎡댱(正堂)의셔, 뎡ᄉ(政事)로, 뎡(情)은(3), 뎡(情)을, 뎡
(情)이, 뎡(情)이라(2), 뎡ᄌ(正字, 4), 뎡ᄌ(正字)오, 뎡(正)ᄒ-(11)뎡(正)ᄒ즉,
됴(漕)롤, 듁(粥)을, 듕인(衆人)의, 듕제(衆弟)롤, 지디(知之)에, 지디유뎡(知止
有定)ᄒ야, 특딘힝병부샹셔(特進行兵部尚書), 늌댱(六章), 문댱(文章)이, 문댱
(文章)ᄒᄂ, 삼댱(三章, 11), ᄉ댱(四章, 3), 오댱(五章), 팔댱(八章), 부댱ᄒᄂ,
가뎡(嘉靖), 가뎡을, 교뎡(矯正)홀, 녀뎡위호니(女正位乎內)ᄒ고, 듕뎡혼터,
문뎡공(文正公)이, 민뎡(敏政)이오, ᄉ뎍(事跡)이, 안뎡(安靜)ᄒ고, 욕뎡기심
쟈(欲正其心者)ᄂ, 의뎡공이, 의뎡(議政)이니, 종뎡(宗正)은, 튱뎡공(忠正公)
이, 빅듀(柏舟, 3), 늌이디길(六二之吉)은, 위지디블약인야(爲指之不若人也)
니라, 경일댱(經一章), 관져댱(關雎章)의, 규목댱, 네문댱과, 남녀뎡(男女正)
이, 남이뎡호외(男以正乎外)ᄒ고, 니녀뎡(利女正)이라, 니녀뎡(利女正)ᄒ니
라, 증의뎡경쥬부윤(贈議政慶州府尹), 한쳔뎡샤(寒泉精舍)의셔, 범이듕(汎愛
衆)ᄒ터, 구릉튱디(苟能充之)면, 구블튱디(苟不充之)면, 댱입어뎡(將入於井)
ᄒ고, 미츌어뎡야(未出於正也)라ᄒ면, 슈망기뎡(遂亡其正)ᄒᄂ니, 팔월지뎍
(八月載績)은, 팔월지뎍(八月載績)ᄒᄂ니, 슈릉부여댱(誰能附汝將)고, 형뎨혁
우댱(兄弟鬩于牆)이나, 디기확이튱디(知皆擴而充之矣)면, 왈금유무명지디굴
이블신(日今有無名之指屈而不信)이, 광산부부인노시묘디(光山府夫人盧氏墓誌).

4) ᄎ>ᄐ : ▼어휘 : $3 ᄀᄅ티-(40), ᄀᄅ틴다, ᄀᄅ틴대, ᄀᄅ틸, ᄀᄅ틸디
니라, ᄀᄅ텨(9). ▼문법 : ▽경계 : $2 그티기의, 그티다, 긋티고, 긋티니,
긋티다, 긋티디, 긋티리라, 맛티고, 안티고. ▼한자음 : 텸망모혜(瞻望母兮)
로다, 텸망부혜호라, 텸망형혜로다, 텸망ᄒ다, 텸망ᄒ며, 통긔(總己)ᄒ야,
민텹(敏捷)ᄒ고, 구릉튱디(苟能充之)면, 구블튱디(苟不充之)면, 디기확이튱
디(知皆擴而充之矣)면.

이 문헌에서 ㄷ구개음화는 총 2,173회의 환경에서 166회가 구개음화
되어 전체적으로 7.64% 정도의 확산을 보여준다. 이 문헌의 구개음화

확산 상태를 좀 더 구체적으로 살펴보면, 고유어보다는 한자음에서 더 많이 확산된 것으로 나타난다. 한자어는 총 866회 가운데 116회가 구개음화되어 13.40% 정도의 확산 비율을 보여주지만, 고유어에서는 총 1,157회 가운데 50회만 구개음화되어 4.32%의 확산 비율을 보여주기 때문이다. 이 문헌의 구개음화 예에서 보여주는 특성은 문법형태소에서 대부분이 구개음화되지 않은 상태로 나타난다는 것이다. 정조 대의 문헌에 이르면 문법형태소는 대부분 구개음화되어 나타난다는 점에서 영조 대 후기, 구체적으로 1760년대에 나온 왕실 문헌인 『어졔』나 『경세문답』과 유사한 특성을 보여주는 것이다.

이 문헌의 또 다른 특성은 구개음화에 대한 과도교정의 예들이 구개음화 예들보다 많이 나타난다는 점이다. 구개음화된 예가 총 166회인데 비해 과도교정은 총 233회 나타나기 때문이다. 이와 같이 과도교정이 구개음화의 예보다 많이 나타나는 특징은, 구개음화가 그리 널리 확산되지 않았을 때 나타나는 일반적인 현상으로서, 구개음화가 그만큼 확산되지 않았음을 말하는 동시에, 구개음화가 이 문헌에 관여한 언어 사용자들의 의식에서 수용되지 못하고 있었음을 보여준다(김주필, 1994). 과도교정의 예들은 18세기 중·후기의 다른 문헌에도 나타나지만, 이 문헌에서는 18세기 중후기의 다른 문헌에 비해 빈도가 상당히 높게 나타나는 점이 특징이라 할 수 있다. 이 문헌에서 과도교정의 출현 빈도가 높은 까닭은 과도교정의 용례들도 다양하면서도, 동일한 형태에 과도교정이 일어난 예들이 반복되어 나타나기 때문이다.

이 문헌에 나타난 구개음화의 이러한 특성이 이 문헌의 시기 추정에 중요한 언어 내적 근거를 제공해 주는 것으로 생각된다. 이 문헌의 구개음화 확산 비율은 정조 대의 『綸音윤음』(1790~1799)에서 보여주는 88.90%

에는 훨씬 미치지 못하며 영조 대의 『어제』와 『경세문답』에서 보여주는 8.66%에도 미치지 못한다. 그리고 이 문헌의 구개음화 확산 상태는 사대부 계층에서 언해·편찬한 것으로 추정되는 역사서 『됴야긔문』의 15.41%에도 미치지 못한다. 이 문헌의 구개음화 확산 상태를 중인층인 역관들이 펴낸 역서류 문헌의 비율과 대비하면 더욱 차이가 난다. 18세기 후기에 나온 『重刊老乞大諺解중간노걸대언해』(1795)의 96.92%에는 말할 것도 없거니와, 18세기 중후기에 나온 『朴通事新釋諺解박통사신석언해』(1764)의 51.65%에도 크게 미치지 못하기 때문이다.

이러한 ㄷ구개음화의 확산 상태를 보면 이 문헌의 언해자가 양반 사대부 계층이라면 왕실 문헌의 언해자와 유사한 사회적 부류에 속하므로 왕실 문헌과 비교할 수 있을 것이다. 이 문헌의 언해자 또는 편찬자가 사대부 가문이나 궁중의 여성이었다고 하더라도 이 문헌의 언해 시기가 19세기 이후로 넘어갈 가능성은 희박해 보인다. 여성이 남성보다 언어 변화에 대해 보수적이라는 사회언어학의 일반적인 특성을 고려한다 하더라도 왕실 문헌의 언어 사용 상태와 대비하면 이 문헌에 반영된 ㄷ구개음화의 확산 정도는 『어제』와 『경세문답』을 전후한 영조 대 후기, 또는 늦잡아도 정조 대 초기 경에는 언해 또는 편찬된 것으로 추정된다.

3.1.2. 'ㄹ-ㄴ' 교체 현상

이 자료에는 한자음의 초성 위치의 'ㄹ'이 'ㄴ'으로 교체된 예들이 많이 보인다.

> (10) ㄱ. ㄴ-ㄹ : 텬리(天理)의<2, 25b>, 인륜(人倫)<2, 50b>, 인륜조(人倫條)
> 라<2, 50b>, 난리(亂離)<3, 9b>, 간략(簡略)ᄒᆞ고<3, 22a>, 먼리<1,
> 27a, 1, 27a, 2, 25a>, 먼리홀<1, 46b, 1, 46b>, 먼리<1, 47b>, 먼리

ㅎ며<1, 71a>, 먼리ㅎ야<2, 26a>.

ㄴ. 십뉴의<곤범3, 35b>, 셥녑(涉獵)ㅎ야<3, 47b>, 복니유지(福履綏之)로다<1, 15a>, 빅냥(百兩)은<1, 20a>, 븍뉴(北流)는<1, 31b>, 눈니(倫理)롤<1, 1a>, 텬니의<1, 2a>, 무스군노(無使君勞)는<1, 30b>, 근노(勤勞)ㅎ야<곤범1, 54b>, 교언녕싴(巧言令色)이<2, 1b>, 텬뉸(天倫)의<2, 16a>, 가인니필긔여부인(家人離必起與婦人)ㅎ느니<2, 30b>, 현현녕덕(憲憲令德)이<2, 29a>, 간냑(簡略)ㅎ야<2, 34a>, 슌니즉유(順理則裕)ㅎ고 니(理)롤<2, 45a>, 만녁(萬曆)<3, 14a>, 텬녹(天祿)을<3, 15b>, 닌니친당(隣里親黨)이<3, 19a>, 산님(山林)의<3, 32a>, 뎡경부인니시묘지명(貞敬夫人李氏墓誌銘)<3, 44a>, 슌니즉유(順理則裕)ㅎ고<2, 45a>, 먼니<2, 9b, 2, 24b, 3, 42b, 3, 42b>.

(10ㄱ)의 예들은 한자음을 원음대로 표기한 예들이고 (10ㄴ)의 예들은 한자음의 제2음절 이하에서 선행하는 음절이 'ㄱ, ㄴ, ㅁ, ㅂ, ㅇ' 등의 자음으로 끝나는 경우에 그 다음에 오는 'ㄹ'이 'ㄴ'으로 교체되었음을 보여준다. (10ㄴ)의 예들에서 보여주는 현상은 한자의 음절과 음절이 통합하면서 'ㄱ-ㄹ, ㅂ-ㄹ'과 같은 고유어에 없는 음소 연쇄를 형성하게 됨으로써 고유어의 음소 연쇄에 맞추기 위하여 'ㄱ, ㄴ, ㅁ, ㅂ, ㅇ' 등의 자음 다음에 오는 'ㄹ'이 'ㄴ'으로 교체된 것이다. 그러므로 (10ㄴ)의 예들이 보여주는 현상은 한자음와 고유어의 음절 연쇄상의 차이, 다시 말해 음절들의 통합에서 나타나는 음소 연쇄의 이질성으로 인해 일어나는 현상으로서, 'ㄹ'은 선행하는 자음이 'ㄹ'이어야 한다는 제약, 다른 말로 하면 자음 뒤에 오는 'ㄹ'이 올 수 없다는 제약으로 인해 일어난 현상이라고 할 수 있다.

(10ㄴ)에서 보이는 현상을 이와 같은 고유어의 음소 연쇄에서 나타나는 제약 현상으로 설명할 때 특이한 것은 'ㄴ' 다음에 오는 'ㄹ'도 'ㄴ'

으로 교체되었다는 사실이다. 영조 대에 나온 것으로 추정되는『어제』와 『경세문답』에도 보이는 이러한 현상은 현대국어에서는 일반적인 것이 아니기 때문이다. 현대국어에서는 '신라, 곤란, 근로, 한림, 산림, 간략' 등에서와 같은 한자음 'ㄴ-ㄹ'의 연쇄는 일반적으로 선행하는 음절의 'ㄴ'이 후행하는 'ㄹ'에 동화되어 유음화 현상이 일어나는 것이다. 그러나 현대국어의 한자어에서도 '인력'은 선행하는 'ㄴ'이 유음화되어 'ㄹ'로 교체되지만, '신문로, 흡인력' 등과 같이 자립성을 가진 한자어 뒤에 접미사처럼 결합되는 '로, 력' 등의 'ㄹ'은 자음 뒤에서 'ㄴ'으로 교체된다는 점에서 근대국어 시기의 한자음 연쇄에 일어나는 이러한 현상에 대한 논의가 보다 포괄적으로 이루어질 필요가 있다.

3.1.3. 자음동화

이 자료에서 비음화는 'ㄷ' 다음에 'ㄴ'이 오는 경우에 한정하여 몇 예가 보인다. 비음화는 이미 15세기의 문헌에 간혹 나타났던 현상인데, 이 자료에도 일반적으로는 비음화를 표기에 반영하지 않았으나 간혹 다음과 같이 비음화가 반영된 표기가 나타난다.

  (11) 비음화 : 주련노라<1, 34a>, 갑흐련노라<1, 34a>, 알고 힝훈는 배라<2, 24b>, 잡는니라<2, 32a>, 든니게<2, 55a>, 만나디<3, 9a>.

그러나 이 문헌에 유음화가 표기에 반영된 예는 거의 찾을 수 없다. 오히려 이 문헌에는 'ㄹ-ㄹ'의 연쇄를 'ㄹ-ㄴ'으로 표기한 예들이 상당히 많이 보인다.

  (12) ㄱ. 일ᄂ니라<2, 2b>, 블능분비(不能奮飛)로다 바야라<1, 24b>.

ㄴ. 쏼니<1, 14b>, 글니<1, 25b>, 둘니면<1, 58b>, 둘닌<1, 74a>, 들니라<2, 3b>, 발노<2, 19b>, 열니눈<2, 44b>, 일노뼈<2, 51a>, 모화 올니고<3, 9a>, 게얼니 ᄒᆞ야<3, 16a>, 벼술노<3, 23b>, 알니로다<3, 26b>, 플니여<3, 45b>, 믈니텨<3, 46a>, 고을노셔<3, 53a>, 이지일뉼녈(二之日栗烈)<1, 43a>, 칠월뉴화(七月流火)<1, 43a>, 왈녜지용(曰禮之用)<2, 5b>, 글니<1, 25b>, 날니[亂]<1, 42b>, 둘니면<1, 58b>, 둘닌<1, 74a>, 술노<3, 37a>.

(12ㄱ)은 유음화가 일어나는 환경인데도 유음화가 일어난 표면형을 표기에 반영하지 않은 예들이다. 그렇다고 하여 이 문헌의 예들에서 유음화가 일어나지 않았다고 단정할 수는 없다. (12ㄴ)은 오히려 유음화 현상을 활용한 표기로 추정되기 때문이다. (12ㄴ)은 'ㄹ-ㄹ' 연쇄를 'ㄹ-ㄴ'으로 표기한 예들로서, 실제 발화에서는 'ㄹ-ㄴ'이나 'ㄹ-ㄹ' 표기 모두 [ll]로 실현되었다고 보지 않을 수 없다. 'ㄹ-ㄹ'로도 표기되는 [ll]을 'ㄹ-ㄴ'으로 표기할 수 있었던 배경은 'ㄹ-ㄴ' 연쇄에서 'ㄴ'이 유음화되는 현상이 있었기 때문이라고 할 수 있다. 다시 말하면 이러한 유형의 표기는 유음화가 일어나 'ㄹ-ㄴ'이 [ll]로 실현됨을 전제로 하기 때문에 당시에도 유음화 현상이 일어나고 있었음을 보여주는 증거라고 할 수 있다.

3.2. 모음 관련 음운현상

3.2.1. 'ㆍ' 변화

근대국어에 이르면 비어두음절의 'ㆍ'의 변화로 인하여 'ㆍ'와 'ㅡ'는 전반적으로 모음조화를 따르지 않는다. 근대국어 시기의 'ㆍ'와 'ㅡ'가 각각 'ㅡ'나 'ㆍ'로 변한 예들을 중심으로 보면, 선행하는 음절의 모음에 영향을 받는 것이 아니라 같은 음절의 선행 자음에 영향을 받는 것으로 나타난다. 선행 자음이 변자음이면 '·'가 '―'로 바뀌는 경향을 보이며, 선행 자음이 중자음이면 '―'가 '·'로 바뀌는 경향을 보여준다(김주필, 2003). 이러한 경향은 이 문헌에도 유사하게 나타난다.

그런데 이 문헌에서는 어휘형태소의 어두음절에서 '·>ㅏ' 변화를 거의 보여주지 않는다. 다음의 예가 이 문헌의 '·>ㅏ' 변화 예이다.

(13) ㄱ. ·>ㅏ : 다만<1, 32a> 외 16회, 보람<1, 40a> 외 5회
　　 ㄴ. ㅏ>· : 박(薄)은 잠간 ᄒ다 말이오<1, 22a>
　　 cf. 박은 잠간 하다 말이오<1, 23b>

어두음절의 '·>ㅏ' 변화와 관련하여 비어두음절에서 '보름'이 '보람'으로 나타나 '·'가 'ㅏ'로 바뀌었음을 보여준다. 그런데 특이하게도 이 문헌의 "박(薄)은 잠간 ᄒ다 말이오<1, 22a>"에서는 '하-'가 'ᄒ-'로 바뀐 예를 하나 보여준다. 그러나 정작 '·'의 제2단계 변화인 어두음절에서의 '·>ㅏ' 변화 예는 하나도 보이지 않는다. 이러한 특징은 이 문헌이 18세기 문헌이라 하더라도 '·'의 제2단계 변화가 완결되어 '·'의 비음운화가 완성된 시기에 있었다고 할 수는 없으며, '·'의 제2단계 변화가 시작하는 단계이거나 확산되는 초기 상태에 있었음을 보여준다. 이러한 '·' 변화의 특성은 '·>ㅏ' 변화의 예가 정조 대의 『윤음』에 미치지 못하며, '·>ㅏ' 변화의 예가 거의 나타나지 않는 『어제』나 『경세문답』과 유사한 상태에 있었음을 보여준다.[7]

---

7) 역사서인 『됴야긔문』, 역서류 문헌인 『박통사신석언해』, 『중간노걸대언해』 등에 나타나는 '·>ㅏ' 변화의 확산 상태에 크게 미치지 못한다.

3.2.2. 원순모음화와 비원순모음화

[원순성] 관련 현상 가운데 대표적인 것으로 순자음 아래에서의 원순모음화와 비원순모음화 현상이 있다. 순자음 아래에서의 원순모음화 현상의 경우 역서류에서는 이미 17세기 중·후기의 『老乞大諺解노걸대언해』(1670)나 『朴通事諺解박통사언해』(1677)에 이미 상당히 확산되어 나타나지만, 이 문헌에는 전반적으로 [원순성]과 관련된 현상이 다른 문헌에 비해 많이 나타나지 않는다. 순자음 다음에 오는 '·'나 '一'의 원순모음화 현상이 가끔 나타나기는 하지만 동일한 환경에서 비원순모음화되는 현상도 유사하게 나타난다. 다음에 그 빈도를 환경에 따라 제시한다.

(14) 『곤범』의 원순모음화와 비원순모음화

	변화 유형	전 체	고 유 어		한자어
			어 휘 (어두/비어두)	문 법 (경계/문법)	
원순모음화	一>ㅜ	38	21(18/3)	7(7/0)	10
	·>ㅗ	0	0	0(0/0)	0
비원순모음화	ㅜ>一	32	32(32/0)	0	0
	ㅗ>·	9	9(7/2)	0	0
그대로	一	862	305(146/159)	318	239
	·	690	470(427/43)	4	216
	ㅜ	931	73(73/0)	0	858
	ㅗ	1243	810(788/22)	0	433

1) 一>ㅜ : ▼어휘(21회) : $1 부르니<3, 1a>, 부억의<3, 41a>, 부치니<1, 39b>, 쌀잔이오<1, 55b>, 풀이니<1, 42a>, 무서온<1, 58a, 1, 58a>, 무셔오미<1, 75b>, 무셔워<3, 20b>, 무쇼<1, 55b>, 무어시<2, 20a>, 무어시<2, 51a>, 무어술<3, 9b>, 무엇ᄒᆞ리오<3, 19b>, 무틴<3, 22b>, 믈ᄂᆞ믈이라<1, 11b>, 믈로<1, 11b>, 믈새일홈이니<1, 11a>, $2 저푸리ᄂᆞᆫ

<3, 29a>, 저푸리눈도다<3, 34a> ▼문법(7회) : $2 아븨<1, 38b> 외 6
회. ▼한자음(10회) : 붕우(朋友)<1, 59a> 외 5회, 여붕우교(與朋友交)ᄒ더
<2, 3b>, 비소이요예어향당붕우야(非所以要譽於鄕黨朋友也)며<2, 11a>, 소
구호붕우(所求乎朋友)로<2, 25a>, 붕우항녈(朋友行列)의<3, 30b>.

2) ·>ㅗ : 용례 없음.

3) ㅜ>ㅡ : ▼어휘(32회) : $1 브드러온<1, 5a> 외 5회, 브드러이<2, 34b>,
브드럽고<1, 23a> 외 1회, 브디<1, 40a>, 븍소리롤<2, 41a>, 쇠븍이니
<2, 41a>, 븍 티ᄂ이다<3, 5a>, 븍채<3, 5a>, 븟그럽다<1, 6a> 외 2회,
븟그러오미라<1, 64a>, 븟그러오믈<1, 64a>, 븟그러온 ᄆ음이<곤범2,
12a>, 븟그럽디<2, 34b>, 븟그러옴<2, 36a>, 븟그러옴과<3, 9a>, 븟그
러오미<3, 49b>, 븟그리건대<3, 49b>, 부체로 븟ᄂ이다<3, 4b>, 븟도
도아[培]<2, 28b>, 굵은 븨니<1, 14a>, 븨다<1, 63b>, 븨면<1, 64a>, 븨
여<1, 47a>, 븐더<2, 12b>.

4) ㅗ>· : ▼어휘 : $1 ᄇ야흐로<1, 68b> 외 6회, $2. ᄌ뭇<3, 6b, 3, 52a>
*ㅡ>ㅗ : 거포(5회), 너모(2회).

이 문헌에 원순모음화는 매우 미미할 정도로 확산된 상태로 나타난다.
'ㅡ>ㅜ' 원순모음화는 총 900회 가운데 38회로 나타나 0.33%, '·>ㅗ'
원순모음화는 690회의 환경에서 단 하나의 예도 나타나지 않았다. 원순
모음화의 예는 어휘형태소에서 21회 나타났는데, 어휘 수로는 '부ᄅ-,
부억, 부치-, 쏠잔, 풀, 무셥-(4회), 물(水, 4회), 무엇(4회), 무티-, 저푸-(2
회)' 등 10종이었다. 형태소 경계에서는 '아븨'에 속격조사 '의'가 결합된
'아븨'가 '아뷔'로 7회 나타났을 뿐이었다. 한자음에서는 10회가 나타났
지만 모두 '朋'자의 음인 '븡'이 '붕'으로 10회 나타난 것에 불과하다.

이 문헌에는 원순모음화의 예들 못지않게 비원순모음화의 예들이 나
타났다. 비원순모음화의 예들은 어휘형태소에서만 총 41회가 나타났다.
'ㅜ>ㅡ' 비원순모음화가 32회(어두음절에서만 32회), 'ㅗ>·' 비원순모

음화가 9회(어두음절에서 7회, 비어두음절에서 2회) 나타났다. 어휘로 보면 'ㅜ>ㅡ' 비원순모음화는 '브드럽-(9회), 브디, 븍(4회), 븟그럽-~븟그리-(10회), 븟-, 븟도도-, (굵은)븨니, 븨-(4회)' 8종이었고, 'ㅗ>·' 비원순모음화는 'ㅂ야흐로(7회), ᄌ뭇(2회)' 등 2종에 불과하였다. 비원순모음화의 용례들은 근대국어의 여러 문헌에 나타날 뿐만 아니라 동일 문헌에서도 몇몇 어휘에 한정되어 반복적으로 나타난다는 점에서, 그리고 '보야흐로>ㅂ야흐로' 변화는 어두음절에서 '·>ㅏ' 변화를 거쳐 현대국어에서 '바야흐로'로 나타난다는 점에서 음운론의 층위에서 일어난 실제의 변화라고 할 수 있다.8)

이 문헌의 원순모음화 확산 상태는 시간의 흐름에 따라 일관된 변화의 방향을 보여주지는 않는다. 그러나 18세기 중기와 후기의 각종 문헌의 원순모음화 상태와 대비해 보면 『박통사신석언해』(1764)의 23.7%, 『중간노걸대언해』(1795)의 5.73%, 『어제』와 『경세문답』의 1.19%, 정조 대 『윤음』의 15.07%, 『됴야긔문』의 17.63%에 크게 못 미친다. 이러한 대비에서 주목되는 점은 이 문헌의 원순모음화 현상이 영조 대 후기인 1760년대에 나온 역서류 문헌인 『박통사신석언해』는 물론, 왕실 문헌인 『어제』나 『경세문답』보다도 원순모음화된 예들의 빈도가 낮게 나타난다는 점이다. 원순모음화된 예들의 빈도가 전반적으로 낮아 원순모음화의 확산 비율이 의미있는 차이를 보여주는 것은 아니라고 하더라도, 이 문헌의 원순모음화와 비원순모음화의 상태는 이 문헌의 언해나 편찬 시기가

---

8) 이 문헌의 원순모음화 확산 상태는 시간의 흐름에 따라 일관된 변화의 방향을 보여주지는 않는다. 그러나 18세기 중기와 후기의 각종 문헌의 원순모음화 상태와 대비해 보면 『박통사신석언해』(1764)의 23.7%, 『중간노걸대언해』(1795)의 5.73%, 『어제』와 『경세문답』의 1.19%, 정조 대 『윤음』의 15.07%, 『됴야긔문』의 17.63%에 크게 못미침을 알 수 있다. 이 문헌의 보수적인 특성이 이 현상에서도 드러난다고 하겠다.

19세기로 넘어가지는 않을 것임을 말해주는 것으로 이해해도 좋을 것으로 생각된다.

3.2.3. 기타 모음 관련 현상

이 문헌에서는 모음과 모음이 만날 때 만들어지는 히아투스의 환경에서 다양한 현상이 일어났음을 보여준다. 이 자료에 국한하여 나타나는 새로운 현상은 보이지 않는다. 말하자면, 이전의 문헌에 나타나는 음운 현상이 계속하여 이 문헌에도 나타나는 것이다.

(15) ㄱ. 어버의 알픽<2, 51b>, 그 아뷔 잇는 디롤 브라<1, 38b>, 그 아뷔 제 몸 넘녀흐믈 샹샹흐야<1, 38b>, 아비는 아뷔 도리롤 흐고<1, 56b>.

ㄴ. 부주 스이의 이셔<1, 5a>, 듕용(中庸)흔 도리의 혹 과[過]흐며<2, 23a>, 이 세 가지의 잇다 말이니<1, 72b>, 네 가지의 뙤 흔 가지도<2, 25a>.

(15ㄱ)은 ' ㅣ '로 끝나는 명사가 속격조사를 만날 때에 명사의 마지막 모음 ' ㅣ '를 탈락시키는 현상이 일어났음을 보여준다. 15세기에 매우 생산적으로 나타나던 이러한 현상이 근대국어 시기가 되면서 사라지지만, 이 문헌에는 이러한 현상을 보여주는 예들이 나타나는 것이다. 이 문헌에는 명사의 마지막 모음인 ' ㅣ '가 탈락되는 (15ㄱ)의 예들과 달리 ' ㅣ '가 탈락되지 않고 그대로 통합되어 실현되는 예들도 보인다.

4. 마무리

지금까지 3권 3책의 한국학중앙연구원 장서각 소장 한글 필사본인 『곤범』에 나타난 표기와 음운현상의 특징을 검토하고, 이를 바탕으로 이 문헌의 편찬 시기를 추정해 보았다. 그 내용을 정리하면서 이 글을 마무리하기로 한다.

이 문헌의 표기 상태는 대체로 근대국어의 문헌, 좀 더 구체적으로 말하면 18세기 중후기의 문헌과 유사하게 나타났다. 하나의 표면형에 대하여 몇 가지의 유형적 표기가 나타났으나, 특별한 경우를 제외하면 표면형을 도출할 수 있는 형태로 표기되었다. 그러나 명사나 용언 어간의 'ㅅ'이 모음으로 시작되는 조사나 어미와 통합될 때 이루어진 분철 표기에서는 'ㅅ'이 [s, t, ʧ] 가운데 어느 음을 담당하는지 추정하기 어려운 표기가 나타나 이러한 원칙에 맞지 않았다. 표기를 통하여 표면형을 도출하기 어려운 이러한 'ㅅ'의 예외적인 표기는 주로 18세기 중기에서 후기에 걸쳐 나타난다는 점에서 이 문헌의 표기도 대체로 18세기 중후기의 상태를 보여주는 것으로 추정하였다.

음운변화와 관련되는 이 문헌의 음운현상들은 18세기 중기에서 후기로 넘어가는 시기의 왕실 문헌과 유사하였지만, 같은 시기의 역서류 문헌보다 보수적인 상태를 보여주는 것으로 나타났다. ㄷ구개음화나 'ㅡ> ㅜ' 원순모음화, 'ㆍ'의 변화 등 근대국어에서 널리 확산되는 음운변화의 확산 정도가 18세기 60년대에 간행된 역서류 문헌은 물론, 같은 시기의 왕실 문헌에도 미치지 못하여 이 문헌에 반영된 음운변화의 속도가 매우 느린 상태를 보여주는 것으로 나타났다. 이들 음운변화의 확산 정도는

『중간노걸대언해』(1795)는 말할 것도 없고, 『박통사신석언해』(1764)에도 크게 미치지 못하였던 것이다. 이에 반해 이 문헌의 음운변화의 확산 상태는 정조 대 왕실 문헌인 『윤음』에는 크게 미치지 못하고, 영조 대 왕실 문헌인 『어제』나 『경세문답』과 유사한 것으로 나타났으며, 18세기 후기에 편찬된 것으로 추정되는 역사서 『됴야긔문』에는 다소 미치지 못하는 것으로 나타났다. 이러한 언어 사용 상태를 바탕으로, 이 글에서는 이 문헌의 언해 또는 편찬자는 상류 계층에 속하는 인물로서, 이 문헌의 편찬 시기는 영조 대 후기나 정조 대 초기에 언해 또는 편찬된 것으로 추정하였다.

본 연구에서는 화자에게 내재된 음운규칙의 적용 상태를 통해, 진행되는 음운변화는 음운론적 환경이나 어휘에 해당 음운규칙을 점진적으로 확산된다는 관점에서, 『곤범』에 나타나는 음운현상을 검토하여 문헌의 언해 또는 편찬 시기를 추정하였다. 본 연구의 이러한 추정은 왕실 문헌과 역서류 문헌에 나타난 음운현상의 빈도와 비교를 통하여 이루어졌다. 이러한 연구의 방법은 "왕실 문헌과 역서류 문헌의 음운변화의 과정은 유사하면서도 진행 속도에 있어서는 뚜렷한 차이가 발견된다."는 선행 연구의 결과를 바탕으로 이루어졌다. 왕실 문헌과 역서류 문헌의 음운변화는 모두 시간의 흐름에 따라 S자 곡선 모양의 변화 과정을 보여주지만, 왕실 문헌의 음운변화가 역서류 문헌의 음운변화에 비해 느리게 진행된다는 연구 결과는 현대의 사회언어학적 연구 결과와 상당히 유사하다는 점에서 이러한 사회언어학적 방법을 통하여 음운변화의 과정을 보다 구체적으로 밝히는 작업이 필요하다.

그러나 문헌의 편찬에 관여한 인물의 언어 사용상의 특성을 중시한 이러한 접근은 아직 초보적인 단계에 있다. 국어사 연구에 필요한 대부분의 문헌이 그 문헌에 관여한 인물이나 인물의 특성을 파악하기 어려울 뿐만 아니라, 각각의 문헌에 사용된 언어 사용상의 특징도 제대로 파악하기 어려운 점이 있다. 그리하여 우선적으로 문헌의 내용이나 성격에 따라 몇몇 부류로 분류하여 문헌 부류별로 언어 사용상의 특징을 검토하는 수준에 있다. 그러나 앞으로 보다 많은 문헌을 대상으로 각 문헌에 사용된 언어 사용의 상태를 검토하여, 변화의 과정을 검토한다면, 각 유형별 언어 변화의 일반적인 유형과 각 문헌의 언어 사용상의 특징을 찾아낼 수 있다면 국어 음운사 연구, 나아가 국어사 연구는 보다 정확하고 구체적인 변화의 과정을 밝히는 방향으로 나아갈 수 있을 것으로 기대된다.

3 『뎡미가례시일긔』의 음운론적 특징*

1. 서언

본 연구에서는 그 동안 19세기 전반기 자료로 알려져 온 1권 1책의 한글 필사본인 『뎡미가례시일긔』(장서각 2-2708, 이하 『뎡미』로 약칭하기로 함)[1]의 음운론적 특징을 살펴보고, 이를 바탕으로 이 문헌에 사용된 언어 사용의 특성을 살펴보고자 한다. 아울러 이 『뎡미』와 동일한 내용으로서 한글이 군데군데 나타나는 한문본, 다른 한글 필사본인 『정미가례시일긔』(장서각 2-2709, 이하 『정미』로 약칭하기로 함)의 음운론적 특성을 비교하여 이들 자료의 계통과 언어적 특성을 살펴보고자 한다.

---

* 이 글은 같은 제목으로 『장서각』 19(한국학중앙연구원, 2008 : 69~94면)에 수록되었다.

[1] 『뎡미가례시일긔』는 궁체로 필사된 1권 1책의 필사본으로서, 표지서명은 『嘉禮日記가례일긔』, 권두서명은 『뎡미가례시일긔』로 되어 있다. 界線계선이 없지만 半葉반엽 8행, 註주 雙行쌍행으로 매 행의 글자 수는 일정하지 않다. 한편 不分卷불분권 72장으로 된 『정미가례시일긔』(장서각 2-2709)는 표지서명이 『가례일긔』, 권두서명이 『정미가례시일긔』로 되어 있으며, 四周雙邊사주쌍변에 반엽 11행 18자, 주 쌍행으로 되어 있으며 각 행의 글자 수는 일정하지 않다. 『정미』의 내용은 대부분 『뎡미』와 일치하지만, 『뎡미』를 그대로 따른 것은 아니다. 가례의 일정에 따른 물품의 종류나 내용, 체재에 있어서 차이를 보인다.

『뎡미』는 왕세손의 결혼을 주관하기 위하여 설치된 嘉禮都監가례도감에서 행사의 전 과정을 날짜순으로 정리하여 기록해 놓은 문서로서, 장서각에는 『정미』도 함께 전한다. 이 두 문헌의 내용은 대동소이하나 내용의 순서와 배열에 차이가 있을 뿐만 아니라, 표기와 음운현상에 있어서도 차이를 보인다. 이와 관련된 자료로서 규장각에는 두루마리로 된 한문 필사본이 전한다. 이 한문본은 『뎡미』와 체재와 내용이 동일하나 군데군데 한글로 표기된 부분이 있어 이 한글 표기에 반영된 국어의 음운론적 특징을 바탕으로 『뎡미』와 언어 사용의 특성을 대비해 보기에 좋은 자료이다.

장서각의 고서목록 해제에서는 『濬源譜考준원보고』의 '英祖丁未冊封世子嬪行嘉禮영조정미책봉세자빈행가례'에 근거하여, 『뎡미』(장서각 2-2708)가 영조 3년(1727년)에 영조의 맏아들인 진종이 좌의정의 딸을 효순왕후로 맞이할 때의 가례에 대한 기록으로 추정하였다.[2] 그러나 안병희(2000)에서는 1727년 9월에 가례가 있었으며, 그해 10월 초하루에는 가례에 대한 조정 백관의 하례가 있었다는 실록의 기록이, 삼간택과 가례일이 각각 10월 18일, 10월 21일로 되어 있는 『정미』의 기록과 일치하지 않는다는 점을 바탕으로, 이 문헌이 1727년의 가례에 대한 기록은 아니라고

---

[2] 뎡미가례시일긔(丁未嘉禮時日記)는 영조3년 정미(1727)년에 있었던 진종(眞宗)이 왕세자빈을 맞을 때의 가례일기이다. 동명의 다른 문헌(청구기호 2-2709)과 대부분 중첩되는 내용이다. 진종은 영조의 맏아들로서 이름은 '緈행', 자는 '聖敬성경', 능은 '永陵영릉'이며 시호는 '孝章효장'이다. 양자인 정조가 즉위하자 진종으로 추존되었다. 思悼世子사도세자의 형이며, 1724년에 敬義君경의군에 봉해지고 이듬해 왕세자에 책봉되었으나, 즉위하기 전 10세의 이른 나이로 세상을 떠났다. 비는 좌의정 趙文命조문명의 딸로 孝純王后효순왕후이다. 효순왕후는 1727년에 세자빈에 간택되어 효장세자와 가례를 올리는데 이때가 정미년이었다. 이 문헌에는 정미년 세자빈을 책봉하고 가례를 올렸던 제반 행사의 거행 일정, 과정, 절차, 참가자 명단 및 소요 인원, 필요한 의복 및 이불, 각 장소에 필요한 물품 목록과 수량 등을 소상하게 기록하고 있다. 이를 통해 행사진행의 구체적인 시나리오를 설정하고 물자를 마련하여 만전을 기하도록 하였다.

추정하였다. 이 문헌의 내용은, 『日省錄일성록』과 『憲宗實錄헌종실록』의 기사에 비추어 볼 때, 헌종 13년(정미년, 1847년)에 있었던 경빈 책봉 때의 기록으로 추정하여 이 문헌을 19세기 중반의 국어사 자료로 간주하였다. 황선엽(2000)에서도 이 문헌에 기록된 "김씨를 경빈으로 책봉하다. 主簿주부 김재청의 딸이다."라는 1847년 10월 20일 병인조의 헌종실록 기사와 『뎡미』의 납례일이 일치한다는 사실과, 예물을 보낼 사람의 이름으로 등장하는 "쥬부 김지청", "쥬부 김지청 외학흥비"(뎡미 67b), "쥬부 김지홍 삼촌"(뎡미 68a) 등의 기록을 바탕으로 이 문헌이 헌종 13년의 경빈 책봉 가례 시에 만들어진 것으로 추정하였다.

이 문헌의 기록과 역사적 사실의 관계를 따져볼 때, 이 문헌이 헌종 13년(1847년) 왕세자 가례의 기록이라는 추정은 타당한 것으로 간주된다. 그러나 이러한 추정이 타당하다고 하여 이 문헌에 사용된 언어가 18세기 중기 경의 국어였다고 단정하기는 어렵다. 왜냐하면 언어 외적 사실을 바탕으로 한 안병희(2000)이나 황선엽(2000)의 추정이 타당하다고 하더라도 그것이 곧 이 문헌에 사용된 언어 내적인 특징도 그러리라고 예단할 수는 없기 때문이다. 이러한 언어 외적 근거를 바탕으로 한 추정은 이 문헌에 반영된 언어 내적인 특징의 면밀한 검토를 통하여 뒷받침될 때 확고한 기반 위에 서게 될 것으로 생각된다.

이에 본 연구에서는 『뎡미』에 사용된 언어 사용의 상태를 검토하여 이 문헌에 반영된 언어의 국어사적 특징을 검토해 보고자 한다. 먼저 『뎡미』에 사용된 국어의 음운현상들을 통시적인 관점에서 검토하여 언어 사용의 상태를 점검해 보고자 한다. 아울러 이러한 음운론적 특징을 바탕으로 『뎡미』와 『정미』, 『뎡미』와 『한문본』을 대비하여 자료의 상호 관계를 살펴보고, 이들 자료에 반영된 언어의 시간적 층위와 특성을 구체적으로 논의해 보고자 한다.

2. 『뎡미가례일긔』의 음운변화 상태

근대국어 시기에 역동적으로 진행되는 대표적인 음운현상에 구개음화 현상이 있다. 구개음화 현상으로는 ㄷ구개음화, ㄱ구개음화, ㅎ구개음화 현상이 있고, 그 관련 현상으로 이들 각 구개음화 현상에 대한 과도교정, 구개성 반모음 y 첨가 현상, i나 y를 선행하는 어두 'ㄴ'의 탈락 현상 등이 있다. 근대국어 시기에도 이들 각 구개음화 현상이나 그 관련 현상들은 시간과 공간에 따라 차이를 보인다. 18세기 중·후기에 이르면 중앙어가 반영된 대부분의 문헌에서 ㄷ구개음화는 널리 확산되어 나타나며, ㅎ구개음화나 어두 'ㄴ'의 탈락 현상도 나타나기 시작한다.

이 문헌에 ㄱ구개음화는 전혀 나타나지 않는다. ㅎ구개음화는 '션반널[懸盤長松현반장송]<89b>'에 한 예 나타난다. '션반널[현반장송]'은 원래 '현반-'이 '션반-'으로 바뀌었으므로 어두음절의 y 앞에서 [h]가 [ʃ]로 바뀐 ㅎ구개음화를 보여주는 것이다.3)

이 문헌에는 한자어에서 i나 y 앞에서 'ㄴ'이 탈락되거나 첨가된 예들

---

3) '쥬요표리(酒料瓢裏)<90>'에서 어중에 'ㄴ'이 y앞에서 탈락되어 나타난다. 이 예가 '요표' 또는 '요표리'로 'ㄴ'이 어두에서 탈락된 형태에 '쥬'가 결합된 것인지 '료'나 '뇨'의 단순한 오기인지 현재로서는 확인하기 어렵다. 이 문헌에는 간혹 '오닙(五立)<91>'과 같이 모음 사이에서도 'ㄹ'이 'ㄴ'으로 표기된 예들이 간혹 나타나기도 한다. '유냥푼(鍮凉盆)<93>'과 같이 먼저 '냥푼(凉盆)'이 만들어져 독립적으로 사용되던 상황에서 접두사와 같이 다른 한자어가 선행할 때에는 어중에서 '냥푼'이 나타날 수 있었다는 사실을 고려하면 한문이나 한자의 사용에 익숙했던 당시의 사회에서 한자음을 단독으로 사용하기도 한 특성에 기인하는 것은 아닌가 추정된다.

도 보인다. '연경(蓮慶)이<6a>, 영모도(翎毛圖)<48b>'와 '금연(金蓮)이 <8b>'에서는 어두와 어중에서 'ㄴ'이 탈락되어 나타나며, '녕쵸단(英綃緞)'<10a, 19b, 52b, 55b>, 녕쵸(英綃)<71a>'에서는 어두에서, '빅닌문사(白仁紋紗) <64a, 2회>, 슌년(順姸)이<76b>'에서는 어중에서 'ㄴ'이 첨가되어 나타난다. '금연(金蓮)이'나 '쳑양(尺量)<72b>'에서 'ㄴ'이 표기되지 않았다고 하여 실제 발음에서도 'ㄴ'이 탈락된 것으로 보이지는 않는다. '금연(金蓮)이'나 '쳑양(尺量)<72b>'은 그렇게 표기하더라도 '녕쵸단(英綃緞)'과 같이 구개음 i나 y 앞에서 'ㄴ'이 첨가되는 현상이 있어서 표면음인 [금년]과 [쳑녕]을 도출할 수 있었기 때문에 가능했던 표기로 추정진다.

이 현상들에 비해 이 문헌에는 ㄷ구개음화는 상당히 많이 나타나며, ㄷ구개음화에 대한 과도교정의 예들도 나타난다. 그리하여 여기에서는 ㄷ구개음화와 그 과도교정에 대하여 구체적으로 살펴보기로 한다. ㄷ구개음화와 그 과도교정의 예들을 추출하여 계량화하면 1)의 도표와 같다. 1)의 도표 아래 제시한 예들은 'ㄷ>ㅈ', 'ㅌ>ㅊ'의 변화가 일어난 구개음화의 예들과, 'ㅈ>ㄷ', 'ㅊ>ㅌ'의 과도교정이 일어난 예들을 구체적으로 제시한 것이다.

1) 『뎡미가례일긔』(총 5,154어절)의 구개음화와 과도교정

	변화 유형	전 체 (1,717)	한 자 어		고유어
			어 휘 (어두/비어두)	문 법 (경계/문법)	
구개음화	ㄷ>ㅈ	28	28	0	0
	ㅌ>ㅊ	5	5	0	0
과도교정	ㅈ>ㄷ	16	12	3(0/3)	1(0/1)
	ㅊ>ㅌ	5	5	0	0

	변화 유형	전 체 (1,717)	한 자 어		고유어
			어 휘 (어두/비어두)	문 법 (경계/문법)	
그대로	ㄷ	637	596	41(0/41)	0
	ㅌ	48	40	1(0/1)	7(7/0)
	ㅈ	565	402	161(111/50)	2(0/2)
	ㅊ	414	306	106(28/78)	2(2/0)

(1) ㄷ>ㅈ : ▼한자음 : 장영(長英)이, 쟝셕(長錫)이, 쟝완(長完)이, 쟝협(長恊)이, 전디(纏帶), 전빈(典賓, 2회), 졈이(點伊, 2회), 졉문(蝶紋, 9회), 졉시(楪匙), 쥬방(廚房), 죽디(竹大), 즁쇼화로(中小火爐), 요지연(瑤池宴), 야쟝의(夜長衣), 통쟝(統長), 힝젼(行纏, 2회), 은연젹(銀硯滴).

(2) ㅌ>ㅊ : ▼한자음 : 치사(致詞), 쳔슌(天順)이, 도침셕(搗砧石, 2회), 대쳥(大廳)의셔.

(3) ㅈ>ㄷ : ▼한자음 : 던즈합(煎子盒), 뎡협(正恊)이, 뎡혜(正惠, 2회), 뎡혜(正慧), 옥뎝줌(玉接簪), 고둑상(高足床), 다홍뎐(多紅氈), 댱식(莊色, 장식), 옥댱돈(玉粧, 옥장돈), 옥댱돈(玉粧錢), 섭옥댱줌(攝玉粧簪). ▼고유어 ▼어휘 : 대뎝(大楪, 3회). ▼문법 : 직금블(織金黻)ㄱ디.

(4) ㅊ>ㅌ : ▼한자음 : 은텸(銀籤, 4회), 텬오문(千五門).

이 문헌에서 ㄷ구개음화 환경에 있는 총 718회 가운데 33회가 구개음화되어 나타나 4.59%의 확산 빈도를 보여준다. 구개음화된 예들이 고유어에서는 전혀 나타나지 않고, 한자음에서만 총 33회가 나타났다. 한자음에서는 총 689회의 환경에서 33회가 구개음화되어 4.79% 정도의 확산 비율을 보여준다. 이러한 정도의 구개음화 확산 비율은 이 문헌에 사용된 언어를 19세기 전반기 자료로 간주하는 데에 문제가 있음을 보여준다. 4% 대의 구개음화 확산 상태는 왕실 문헌에서도 18세기 전기, 전기에서도 다소 이른 시기에 나타나는 구개음화 확산 비율이기 때문에 이러한 비율은 이 문헌을 헌종 13년인 1847년의 국어사 자료로 추정한 기존의 주장에 문제가 있음을 말해준다.

이 문헌에는 한자어로 된 많은 물명이 등장한다. 그 많은 한자어 물명 가운데 "젼딕(纏帶), 젼빈(典賓, 2회), 졉문(蝶紋, 9회), 졉시(楪匙), 쥬방(廚房), 쥭딕(竹大), 즁쇼화로(中小火爐), 요지연(瑤池宴), 야쟝의(夜長衣), 통쟝(統長), 힝젼(行纏, 2회), 은연젹(銀硯滴), 치사(致詞), 도침셕(搗砧石, 2회), 대쳥(大廳)의셔" 등이 구개음화되어 나타났다. 어휘 수로 보면 15개, 한자음으로 보면 13자의 음, 총 빈도 26회 정도이다. 이에 비해 인명에 구개음화된 예들이 적지 않게 나타났다. "쟝영(長英)이, 쟝셕(長錫)이, 쟝완(長完)이, 쟝협(長恊)이, 젼빈(典賓, 2회), 졈이(點伊, 2회), 쳔슌(天順)이" 등으로서, 인명으로 보면 7인, 한자음으로 보면 4자가 구개음화되어 나타난다는 점이 주목된다.

이 문헌에는 과도교정도 총 21회가 나타났다. 이러한 과도교정의 빈도는 구개음화의 33회와 비교하면 적지 않은 빈도이다. 과도교정은 한자음에서 17회, 고유어 어휘형태소에서 3회, 문법형태소에서 1회 나타났다. 고유어의 어휘형태소는 '대졉'[4]이 '대뎝'으로 3회 나타난 것이고, 문법형태소는 'ᄀᆞ지'(까지)가 'ᄀᆞ디'로 된 '직금불(織金黻)ᄀᆞ디'가 1회 나타났다. 구개음화의 예에서처럼 "뎡협(正恊)이, 뎡혜(正惠, 2회), 뎡혜(正慧)" 등과 같이 인명이 과도교정된 형태로 나타난다는 점도 주목된다.

18세기 후기 중인들이 관여한 역서류 문헌에서는 거의 100%에 달하는 구개음화 확산 상태를 보여줄 뿐 아니라 왕실 문헌에서도 정조 대의

---

4) '대졉'은 과도교정된 '대뎝'으로 제시되고 한자가 '大接'으로 표기되어 있으나, "위가 넓적하고 운두가 낮으며 뚜껑이 없는, 국이나 물 따위를 담는 데 쓰는 그릇"을 말하는 고유어이다.

『綸音윤음』(1781~1799)에서는 90% 정도의 구개음화 확산 상태를 보여
주고 있다. 한자음에 있어서만 보면, 왕실 문헌인『어제내훈』(1737)에서
는 구개음화가 총 47회 중 2회, 과도교정이 총 2회 나타났고,『어제상훈
언해』(1745)에서는 구개음화가 총 120회 중 0회, 과도교정 0회였다. 그
리고『어제훈서언해』에는 구개음화가 168회 중 2회, 과도교정은 0회 나
타났고,『어제』와『경세문답』(1760년대?)에서는 구개음화가 총 442회 중
93회, 과도교정이 총 23회 나타났으며, 정조대『윤음』(1781~1795)에서
는 구개음화가 총 551회 중 405회, 과도교정이 19회 나타났다(김주필,
2006). 18세기 문헌에 나타나는 한자음의 이러한 구개음화 확산 경향과
이 문헌에서의 상태를 대비하면 아무리 늦어도 이 문헌은 1760년대에
간행된 것으로 보이는『어제』나『경세문답』보다 늦은 시기의 언어 상태
를 보인다고 할 수는 없다. 이러한 관점에서 이 문헌에 사용된 언어 상
태는 헌종 13년(1847년)의 것으로 볼 수 없다고 판단할 수 있다.

구개음화 외에도 이 문헌에는 자음과 관련된 음운현상들이 나타난다.
변자음화, 비음화, 유음화 등과 같은 동화 현상들을 반영한 예들이 간혹
나타났으나 이러한 현상은 근대국어에 널리 확산되는 현상도 아니었다.
통시적인 관점에서 근대국어 시기의 문헌에 주목할 필요가 있는 현상은,
현대국어의 현상과 관련하여 'ㄴ$ㄹ'의 환경에 있는 한자어에서 유음화
현상이 일어났는가 'ㄹ→ㄴ'현상이 일어났는가이다. 현대국어 한자음의
'ㄴ$ㄹ' 연쇄에서는 일반적으로 단어 내에서는 '신라[실라]'와 같이 유음
화가 일어나고 자립적인 형식인 단어에 'ㄹ'로 시작되는 접사가 결합되
는 경우에는 '흡인력[흡인녁]'과 같이 'ㄹ'이 'ㄴ'으로 되는 현상이 일어
나지만, 근대국어의 문헌에서는 문헌의 성격과 문헌에 반영된 국어의 시
기에 따라 차이를 보이기 때문이다. 이 문헌에서는 단어 내 'ㄴ$ㄹ'에서

선행하는 'ㄹ'이 'ㄴ'으로 되는 유음화 현상을 보이는 것이 아니라 후행하는 'ㄹ'이 'ㄴ'으로 바뀌는 'ㄹ→ㄴ'현상을 보여준다.

   2) 외문노(외문로)<1a>, 내문노<1a>, 문노(門路)<1a>, 순녹(順祿)이<10a>, 은녹(恩祿)이<10b>, 관녜시(冠禮時)<24a>

   2)의 예들은 한자어에서 비음 'ㄴ'과 유음 'ㄹ'이 만났을 때, 유음화 현상을 보이는 것이 아니라 유음이 비음으로 바뀌는 'ㄹ→ㄴ'현상을 보여준다. 이러한 현상은 현대국어의 한자음 연쇄에서 '신라[실라]'와 같이 유음화를 보이는 것이 아니라는 점에서, 그리고 당시의 일반 문헌에서도 이러한 환경에서는 유음화 현상을 보인다는 점에서 주목할 만하다. 현대국어에서도 자립적으로 사용되는 한자음 뒤에 'ㄹ'로 시작되는 접사가 결합되면 '흡인력'(흡인+-력)과 같은 환경에서는 'ㄹ'이 'ㄴ'으로 바뀌는 'ㄹ→ㄴ'현상을 보인다5)는 점에서 이러한 현상은 한자어나 한자음의 사용과 관련되는 것으로 간주된다.

   사실 'ㄹ'이 'ㄴ'으로 바뀌는 'ㄹ→ㄴ'현상은 현대국어의 한자음 연쇄에서 'ㄹ' 뒤에서만 일어나는 것이 아니라, 비음 뒤, 나아가 장애음 뒤에서도 일어난다. 그러므로 이러한 현상은 자음이 선행하는 환경에서 'ㄹ'로 시작하는 말이 결합되면 일어나는 일반적인 현상이지만, 현대국어에서는 유독 'ㄹ'을 선행하는 자음이 'ㄹ'인 경우에 한해서 'ㄹ→ㄴ'현상이 일어나지 않고 유음화 현상을 보인다는 점에서 'ㄹ→ㄴ'현상의 예외적인 특성을 구명하는 데에도 중요한 현상으로 받아들여진다. 이 문헌에서 보

---

5) 이 문헌에서도 이와 동일한 환경에서 현대국어 한자어에서와 마찬가지로 'ㄹ→ㄴ'현상이 일어난다. 예 : 됴현녜(朝見禮)<1a>, 단니의(單裏衣)<15a, 28a> 등.

여주듯이 근대국어의 일정 시기에는 'ㄹ'이 'ㄴ'으로 바뀌는 'ㄹ→ㄴ'현상이 'ㄹ' 뒤에서도 일어나는 시기가 있었음을 보여주기 때문이다.[6] 근대국어의 왕실 문헌에 보이는 이러한 현상은 한자어나 한자음의 사용과 밀접하게 관련된다. 현대국어에서 이 한자음의 연쇄에서 일어나는 사실과 같이 당시에도 한자음 연쇄에 나타나는 이 현상은 한자음의 연쇄가 고유어와 달라 고유어의 음 연쇄에 맞추기 위한 현상으로 간주된다.[7]

이 문헌에 나타난 원순모음화 현상도 이 문헌에 반영된 국어의 특성을 잘 보여준다. 먼저 이 문헌에 나타난 원순모음화와 비원순모음화의 빈도와 그 용례를 제시한다.

3) 『뎡미가례일긔』(총 5,154어절)의 원순모음화와 비원순모음화

	변화 유형	전 체 (911)	한 자 어		고유어
			어 휘 (어두/비어두)	경계·문법	
원순모음화	ㅡ>ㅜ	0	0	0	0
	·>ㅗ	0	0	0	0
비원순모음화	ㅜ>ㅡ	4	4	0	0
	ㅗ>·	3	3	0	0

---

6) 이 문헌에서는 어두음절에서도 대부분 'ㄴ'으로 표기되어 나타난다. 녜복(禮服)<2a>, 노의(鷺衣)<2a>, 농동궁(龍洞宮)<3a>, 뉵명(六名)<3a>, 농동궁(龍洞宮)<3a>, 년희(連姬)이<5b>, 노연승ᄌ비(爐烟陞差備)<6a>, 나쥬ᄌ비(羅照差備)<7a>, 농션ᄌ비(龍扇差備)<9a>, 남아랑단[藍雅浪緞]<16b>, 남무문(藍無紋)<16b>, 노기듀(老只紬)<16b>, 니의(裏衣)<26b>, 노구(爐口)<91a> 등. 그렇다고 하여 어두음절에서 'ㄹ'로 표기된 예가 전혀 나타나지 않는 것은 아니다. '룡침(龍枕)<52b>, 린침(麟枕)<52b>' 등과 같이 몇몇 예가 나타나기 때문이다.
7) 그렇다면 여기에서 제기되는 문제는 왜 현대국어에서는 이와 동일한 환경에서 유음화가 일어나는 데에 반해 이 시기의 왕실 문헌에서는 왜 'ㄹ→ㄴ'현상이 일어났는가 하는 이유에 대한 설명과, 또한 동일한 환경에서 현대국어에서는 유음화가 일어나는데 당시의 어떤 문헌에서는 왜 유음화가 일어나지 않고 'ㄹ→ㄴ'현상이 일어났는가에 대한 설명이다. 이에 대해서는 보다 많은 자료를 바탕으로 구체적으로 논의되어야 할 것이므로 여기에서는 논의에서 제외하고 후고로 미루기로 한다.

	변화 유형	전 체 (911)	한 자 어		고유어
			어 휘 (어두/비어두)	경계·문법	
그대로	ㅡ	23	4	18(15/3)	1
	·	210	205	5(1/4)	0
	ㅜ	241	225	16(12/4)	0
	ㅗ	430	360	70(55/15)	0

(1) ㅜ>ㅡ : ▼한자음 : 블슈(佛手, 4회).

(2) ㅗ>· : ▼한자음 : 직금블(織金黻, 2회), 금슈복즈블(金壽福字黻).

이 문헌에서 순자음 다음에 'ㅏ'나 'ㅡ'가 오는 원순모음화의 환경 총 233회 가운데, 원순모음화된 예는 단 한 예도 나타나지 않는다. 이러한 사정은 이 문헌이 19세기의 국어 상태를 보여주는 것이 아니라고 추정할 수밖에 없음을 말해준다. 왕실 문헌에서도 18세기 후기에 이르면 거의 30%에 이를 정도로 원순모음화 현상이 보이기 때문에 이 문헌이 19세기 중기의 언어 상태를 반영한다고 하기는 어려운 것으로 간주된다. 이 문헌에 원순모음화의 예는 나타나지 않지만, 비원순모음화의 예들이 몇 예 보인다는 점에서도 마찬가지이다.

이 문헌에서 비원순모음화는 한자음에서만 7회 나타났다. 'ㅜ>ㅡ' 비원순모음화가 '블슈(佛手)'에 4회 나타났으며, 'ㅗ>·' 비원순모음화가 '직금블(織金黻)'에 2회, '금슈복즈블(金壽福字黻)'에 1회 나타났다. 이러한 원순모음화와 비원순모음화의 빈도는 이 문헌에 사용된 국어의 상태가 적어도 19세기의 것이 아님을 말해준다. 영조 대의 왕실 문헌인『어제내훈』(1737)에는 총 59회의 원순모음화 환경에서 원순모음화의 예는 단 1회도 나타나지 않았으나 'ㅜ>ㅡ' 비원순모음화의 예가 1회 나타났다. 『어제상훈언해』(1745)에서는 원순모음화와 비원순모음화의 예가 단 1회도 나타나지 않았다. 『훈서언해』에서는 총 96회의 원순모음화 환경에서 3회가 원순모음화되어 나타났다.

그러나 이 시기의 문헌에 '·>ㅗ' 원순모음화는 거의 나타나지 않으므로 이 시기에 자주 나타나는 'ㅡ>ㅜ' 원순모음화를 보면, 총 19회 가운데 3회가 'ㅡ>ㅜ' 변화를 보여준다. 이 문헌에 비원순모음화의 예는 1회도 나타나지 않았다. <어제·경세문답>에는 총 66회의 'ㅡ>ㅜ' 원순모음화 환경에서 5회가 나타났으며, 비원순모음화 현상은 나타나지 않았다. 그러나 정조 대 『윤음』(1781~1795)에서는 총 109회의 'ㅡ>ㅜ' 원순모음화 환경에서 45회의 원순모음화 현상의 예들이 나타났으며, 'ㅜ>ㅡ' 비원순모음화는 3회 나타났다. 이러한 왕실 문헌의 경향으로 보아 이 문헌에 나타난 원순모음화나 비원순모음화의 예들이 적어 이를 계량화하여 통시적인 의미를 부여하기 어려운 측면은 있으나, 이 문헌을 아무리 늦잡아도 19세기 자료로 간주하기는 어렵다고 생각된다.

이 문헌에는 비원순모음화 현상 외에 모음 관련 음운변화를 반영한 형태들이 몇몇 보인다. 그 가운데 '·'의 변화는 그리 두드러지지는 않지만 몇몇 용례는 국어사적으로 주목해 볼 가치가 있다고 생각된다. 비어두음절에서의 '·>ㅡ' 변화를 보이는 예들이 나타나기는 하지만, 이 문헌의 내용이 한자어 어휘 중심으로 되어 있어 고유어의 비어두음절에서 일어난 '·'의 변화를 잘 보여주지 않는다. 일부 나타나는 '·'와 'ㅡ'의 사용 예는 다음과 같다.

4) 밧ᄂ니<1b>, 가시ᄂ니<2a>, 대뎐(大殿)의셔ᄂ<2a>, 문안(問安)의ᄂ<2b>, 드리ᄂ<10a>, 닙ᄂ니<11a>, 너론[廣]<55a, 60b>, 주오시ᄂ니<67a>, 프

눈<67a>, 바드실<2a>, 쟈근[小]<39a>

4)에서 보듯이 비어두음절의 ‘·’와 ‘ㅡ’는 18세기 왕실 문헌과 그 궤를 같이 한다. 이 시기의 ‘·’와 ‘ㅡ’의 사용에서 보여주는 특성은 대체로 선행 음절의 모음이 갖는 자질에 영향을 받는 것이 아니라 같은 음절에서 선행하는 자음의 자질에 영향을 받는데, 이 문헌에서 남아 있는 ‘·’는 [+grave]의 성격을 갖는 중자음에 국한되어 있는 것이다. 현재 시제 선어말어미인 ‘ᄂᆞ’는 그에 비해 [縮축] 자질에 의해 대립되는 ‘느’가 없기는 하지만, ‘ᄂᆞ’가 ‘느’로 바뀐 예는 하나도 보이지 않는다. [축] 자질에 의해 대립되던 주제의 보조사 ‘ᄂᆞᆫ’과 ‘는’도 이 문헌에서 ‘ᄂᆞᆫ’으로만 나타나고, 관형형 어미 ‘ᄂᆞᆫ’과 ‘는’도 ‘ᄂᆞᆫ’으로만 나타난다. 이러한 관점에서 ‘너른’이 ‘너론’으로 나타난 것이나, ‘쟈근’의 ‘근’이 ‘근’으로 나타난 것도 선행 자음의 [grave] 자질에 말미암은 것이라고 할 수 있다. 단지 ‘바드실’의 ‘ᄃᆞ’가 ‘드’로 나타나는 것은 이러한 당시의 경향에서 벗어나 점차 일부의 [-grave] 자질을 갖는 자음 뒤에서 ‘·’가 ‘ㅡ’로 바뀌어 가고 있었음을 보여주는 것으로 이해된다.

이 문헌에 고유어 어휘는 많지 않아 어두음절에서의 ‘·’ 변화를 보이는 예들을 찾기는 쉽지 않다. 그러나 한자음에서는 ‘·’가 ‘ㅏ’로 바뀐 예와 ‘ㅏ’가 ‘·’로 바뀐 예들이 다음과 같이 나타난다.

5) 1) 개복(改服)은<2a>, 챠영(次榮)<75b>, 츳(次)<75b>
   2) 디란(大襴)<2a>, 남디란(藍大襴)<3a>, 디란(大欄)<3a>, 기댱ᄌᆞ비(盖杖差
      備)<8a>, 화스듀(花紗紬)<14a, 15b, 19a, 19b, 24b, 53b, 59a, 59b, 72a,
      76b>

(5.1)은 한자음에서 '·>ㅏ' 변화를 보인 예들이고, (5.2)는 'ㅏ>·' 변화를 보인 예들이다. '·>ㅏ' 변화를 보인 예들은 '改, 次' 등인데, 이들 음 가운데 '次'의 음은 'ㅊ'가 '차'로 바뀐 다음, 다시 'ㅏ'가 'ㅊ' 뒤에서 'ㅑ'로 된 것이다. 'ㅏ'가 'ㅑ'로 나타나는 이유는 선행하는 'ㅊ'이 구개음이어서 'ㅏ'가 'ㅑ'로 바뀌어 나타난 예이다. 'ㅏ>·' 변화를 보인 예들에는 '大, 盖('蓋'의 속자), 紗' 세 글자의 음인데, 이 가운데 '紗'는 '絲'와 통용되는 것으로서, '화ᄉ듀(花紗紬)'에서만 'ᄉ'로 나타날 뿐만 아니라 유독 이 글자에서만 'ᄉ'로 많이 나타난다는 점에서 원래의 음이 'ᄉ'가 아니었나 추정되기도 한다.8) 그리 많이 나타나지는 않지만, 이 문헌의 한자음에 '·'가 'ㅏ'로 바뀐 예들과 'ㅏ'가 '·'로 바뀐 예들이 모두 나타난다는 점에서 이 문헌에 반영된 국어에는 '·>ㅏ' 변화가 어느 정도 진행되고 있었음을 보여준다.

'·>ㅏ' 변화는 대체로 18세기 후기 왕실 문헌의 언어 상태를 보여주는 것으로 추정된다. 영조 대의 『어졔』와 『경세문답』에는 어두음절에서 'ㅏ>·' 변화의 예가 한둘 보이지만, '·>ㅏ' 변화는 보이지 않는다는 점에서 이 문헌에 반영된 위의 예들은 영조 대 후기보다는 다소 늦은 시기의 상태와 일치한다. 정조 대의 『윤음』(1781~1795)에는 어두음절에서 '·>ㅏ' 변화와 'ㅏ>·' 변화가 함께 나타나지만, 어휘적으로 많이 확산된 상태는 아니었다는 점에서(김주필, 2004), '·>ㅏ' 변화를 보여주는 위의 예들은 정조 대 『윤음』의 언어 상태와 대체로 일치한다고 할 수 있다.

---

8) 인조조 왕조실록에는 '花紗紬'가 '花絲紬'로 나온다는 점에서 '화ᄉ듀(花紗紬)'가 '화사듀'의 변화가 아닐 가능성도 배제할 수 없다. 이 문헌에서 유독 '화ᄉ듀(花紗紬)'에 있어서만은 16회 모두 예외 없이 '화ᄉ듀'로 나타난다는 점에서 '사'가 'ᄉ'로 바뀐 것이 아닐 가능성은 상당히 큰 것으로 보인다.

3. 『뎡미가례시일긔』에 반영된 언어의 중층성

3장에서는 2장에서 검토한 『뎡미』의 음운론적 특징을 바탕으로, 『뎡미』와 내용과 물품의 나열 순서가 거의 같은 한문본, 『뎡미』와 내용은 유사하지만 물품의 나열 등에서 차이가 있는 다른 한글 필사본인 『졍미』들의 상호 관계를 살펴보고, 이들 각 문헌에 반영된 국어의 시간적 층위를 대비해 보기로 한다. 이들 세 문헌에 대한 음운론적 비교 작업은 2장에서 검토한 『뎡미』에 대한 논의 결과를 바탕으로, 군데군데 보이는 한문본의 한글 표기에 반영된 음운현상, 한글 필사본인 『졍미』에 나타나는 음운현상을 상호 비교하여 각 문헌에 반영된 국어 사용의 상태를 추정하는 작업이 될 것이다.

　3.1. 한글본 『뎡미』와 한문본의 비교 : 『뎡미』의 한문본과 한글본은 내용상으로는 차이가 없다. 『뎡미』와 한문본에 제시된 목차와 편차가 동일하며, 각 목차의 편차에 제시된 품목도 동일하고 그 순서도 같다. 말하자면 『뎡미』와 한문본은 거의 모두 동일한 내용으로서 표기만 한글과 한문으로 다른 것이다. 우리말을 한자로 나타내기 위해 한자의 음과 훈을 이용한 차자표기의 방법도 동원되고 있다. 그러나 이 차자표기에 대해 『뎡미』에서는 고유어는 고유어 어휘를 한글로 표기하였다.9) 이러한 특성을 바탕으로 하면 한글본이 먼저 만들어진 것으로 볼 수도 있으나 가례도감에서 간행하였다는 점을 고려하면 한문본을 먼저 만든 다음 이를 바탕으로 한글본을 만든 것이 아닌가 여겨진다(이근용, 2007)고 볼 수도

---

9) 『뎡미』와 달리 『졍미』에서는 차자표기된 한자들까지 거의 음독되고 있다는 점에서 『뎡미』와 『졍미』는 차이가 있다.

있다. 그러나 양자의 내용이 완전히 동일한 것도 아니며, 특히 표기와 음운현상에 있어서는 분명한 차이를 보인다는 점에서 이들의 선후 관계를 음운론적 특징을 바탕으로 대비해 볼 필요가 있다. 한문본과 한글본 사이에 차이 나는 부분을 제시하면 다음과 같다.

6) 『뎡미』와 한문본의 비교

장차	『뎡미』	한문본
3b	뎡	德應
6b	션즈비 이	扇差備〔이X〕
17b	빅셔양목~	白〔셔X〕洋木~
17b, 20a	징	載陽(21b 등)
23a	슈쇼병 일좌	繡小屛 二坐
28b	ㄱ릭마리	加來末里
31b	파란반듁줌 일 파란미듁줌 일	玻璃梅竹簪一 玻璃半竹簪一 〔← 순서 바뀌었음〕
35b	빅슈향낭 오부 니 〔일X〕	
35b	빅슈 쟈릭 줌치 삼부 니 일부 진쥬 구 뉴쳥슈 쟈릭 줌치 이부 니 일 산호 구	百壽香囊 五部 內 一部 百壽鼈囊 三部 內 一部 〔XXX〕 珊瑚 具 〔← 두 번 언해〕
36b	조지미 족두리 이 일	조지미 簇頭里 二 〔일X〕
49b	빅동 신션노 일빵	〔내용 없음〕
54b	옥식 문듀 즌 주 누비 져고리 일	玉色 紋紬 〔즌주X〕 縷飛 赤古里 一
66b	삼간퇵 지간퇵	再揀擇 三揀擇 〔← 순서 바뀌었음〕
75b	견마기 〔이X〕츠	肩莫只 二次
80a	개구	具盖 〔← 순서 바뀌었음〕

한문본과 한글본 중 시기적으로 어느 것이 먼저 만들어졌는가는 한글과 한문이라는 표기 수단의 차이로 인해 양자를 직접 대비하기는 어렵다. 그러나 한문본의 중간 중간에는 한글로 표기된 부분이 있어 양자에 반영된 국어의 상태를 일정한 범위 내에서 비교해 볼 수 있다. 양자의

한글 표기에 반영된 국어의 상태를 대비하여 보이면 다음과 같다.

7) 『뎡미』와 한문본의 국어 상태 비교

장 차	『뎡 미』	한문본
2a	ᄀᆞᆯ마리	가ᄅᆞ마리~ᄀᆞ라마리
10a, 11a	흑쥬리	흑듀리
11a	닙ᄂᆞ니	입ᄂᆞ니
31b	조짐 칠보	됴짐 七寶
74b	쥘 ᄉ매 ᄎ	쥘 ᄉ미 ᄎ
78b	부인(夫人)너ᄂᆞᆫ~ 져믄 셔방딕(書房宅)은	夫人네ᄂᆞᆫ~ 져믄 書房宅
100a	싱플 다판	싱플 茶板

두 자료의 한글 표기를 대비해 보면 대체적으로 한문본이 더 후대의
언어 상태를 보여준다.

먼저 『뎡미』의 'ᄀᆞᆯ마리'가 한문본에는 '가ᄅᆞ마리' 또는 'ᄀᆞ라마리'로
나타나 제1음절, 나아가 제2음절에서도 'ㆍ'가 'ㅏ'로 나타나 『뎡미』보
나 한문본의 싱대기 후대의 것임을 보여준다. 비어두음절에서 'ㆍ>ㅏ'
변화를 보이는 시기는 'ㆍ>ㅡ' 변화가 끝나고 'ㆍ>ㅏ' 변화가 비어두음
절에까지 일어나던 시기에 있었음을 말해주므로 비어두음절에서 'ㆍ>
ㅏ' 변화가 일어난 한문본은 빨라야 헌종 13년 정도, 늦으면 19세기 중
엽 이후의 문헌 자료로 다루어야 함을 말해주는 것이다. 『뎡미』의 '부인
(夫人)너ᄂᆞᆫ'이 한문본에 '부인네ᄂᆞᆫ'으로 나타난 사실이나 『뎡미』의 '져믄'
과 '싱플'이 한문본에 '져문'과 '싱풀'로 나타난 사실, 또는 『뎡미』의 '쥘
ᄉ매'가 한문본에서는 '쥘 ᄉ미'로 나타난 사실도 이러한 시기 추정을 뒷
받침해 준다.

그런데 이 한문본에 나타난 구개음화와 그에 대한 과도교정의 예들을 『뎡미』와 대비해 보면 이러한 추정이 타당한가 하는 의문을 제기한다. 『뎡미』의 '흑쥬리'가 한문본에는 '흑듀리'로 나타나며, 구개음화와 관계 없는 '조짐'이 한문본에는 '됴짐'이라는 과도교정된 형태로 나타나기 때문이다. 그러나 '조짐'이 '됴짐'으로 나타나는 과도교정은 뒤에서 살펴볼 『졍미』에도 나타나는 것으로서, 구개음화가 거의 완성 단계에 이르렀을 때에야 나타나는 유형의 과도교정이라는 점에서 이 한문본이 『뎡미』보다 후대의 언어 자료임을 추정할 수 있게 한다. 구개음화의 확산 과정을 고려할 때 한문본은 『뎡미』보다 상당히 늦은 시기, 구체적으로 19세기 중기 정도의 국어 상태를 보여주는 자료인 것으로 판단된다.

3.2. 『뎡미』와 『졍미』의 비교 : 『뎡미』가 1권 1책인 데에 반해 『졍미』는 不分卷불분권 72장으로서 양자 간에는 體裁체재에 있어서 차이가 있다. 불분권인 『졍미』는 각 권의 표지에 '의졀(1책), 의덕, 필단(2책), 의덕쇼 속물품(3책), 퓌물(4책), 은긔, 유긔(5책), 목물(6책)' 등으로 각 책마다 품목별로 분류된 물품의 이름이 나열되어 있다. 그러므로 정해진 절차에 따라 진행되는 각 행사에 필요한 물품이 나열된 『뎡미』와 품목별로 물품이 나열된 『졍미』는 동일한 것이 아니다. 그렇다고 하여 두 책의 내용이 이질적인 것은 아니다. 대체로 물품을 나열한 순서는 다르지만, 그 내용은 대체로 일치하기 때문이다(이근용, 2007).[10]

사실 이들 두 책은 표기의 원칙에 있어서도 적지 않은 차이가 있다. 『뎡미』는 고유어로 된 물명을 고유어 그대로 한글로 표기하였으나, 『졍미』

---

10) 이근용(2007)에는 이들 두 책의 체재와 내용을 『뎡미』의 편차에 따라 구체적으로 비교하여 참고문헌 뒤에 부록으로 제시해 놓았다.

는 고유어를 차자표기한 것을 차자표기된 한자의 음을 그대로 한글로 표기하였기 때문이다. 그러므로 『정미』의 저본은 한문본이거나 한문본을 바탕으로 한 다른 한글본이었다고 할 수 있으나, 그 한글본이 『뎡미』라고 하기는 어렵다. 이러한 사실과, 앞에서 살핀 『뎡미』의 음운론적 특징을 염두에 두고서 『정미』에 나타난 음운론적 특징을 살펴보고 두 책의 편찬 시기에 대하여 추정해 보기로 한다.

이 문헌에도 구개음화와 그 과도교정된 예들이 상당히 많이 나타난다. 이 문헌에 나타난 구개음화와 과도교정형의 빈도와 용례를 구체적으로 제시하면 다음과 같다.

8) 『정미가례일긔』(총 5,113어절)

	변화 유형	전 체 (1,553)	한 자 어		고유어
			어 휘 (어두/비어두)	문 법 (경계/문법)	
구개음화	ㄷ>ㅈ	317	317	0	0
	ㅌ>ㅊ	48	41	0	7(7/0)
과도교징	ㅈ>ㄷ	106	99	5(2/3)	2(2/0)
	ㅊ>ㅌ	13	13	0	0
그대로	ㄷ	313	313	0	0
	ㅌ	8	7	1(0/1)	0
	ㅈ	428	310	118(90/28)	0
	ㅊ	320	314	6(2/4)	0

(1) ㅈ>ㄷ : ▼고유어 ▼어휘 : $1 됴딤, 됴짐, $2 됴딤, 부뎐(付鈿), 흑듀리. ▼ 문법 : ▽경계 : 향고디(香串只), 힝고디(香串只). ▼한자음 : 딘칠귀(眞漆樻), 딘칠함(眞漆函, 2회), 진디간(進止間, 2회), 뎐귀(全櫃), 뎐즈(剪子), 뎐즈(篆字, 4회), 뎐즈이(煎子盒), 뎐쳘(煎鐵), 뎡혜(正惠), 됴명즈비(詔命差備), 둉즈(鐘子), 듀련문(珠聯紋), 나됴즈비(羅照差備), 독됴명즈비(讀詔命差備), 라듀

반(羅州盤), 소듀단(蘇州緞, 2회), 슈듀졍ㅈ비(壽酒亭差備, 2회), 왜듀홍칠(倭朱紅漆, 2회), 은듀발(銀周鉢), 쟉듀ㅈ비(酌酒差備), 진듀(眞珠), 뉴석던(鍮錫煮), 다홍던(多紅氈, 2회), 김ᄒᆡ듀딕(金海州宅), // 댱식(莊色, 장식), 댱원듀(壯元紬, 6회, 장원듀), 댱원쥬(壯元紬), 듀단병(鑄丹瓶, 주단병), 듀동ᄒᆡ(鑄東海, 2회), 듀듕화로(鑄中火爐), 듀디화로(鑄大火爐), 듀료표리(鑄要表裏), 듀사옹(鑄砂甕), 듀싀옹(鑄砂用), 듀양푼(凉盆), 옥댱(玉粧), 옥댱식[玉粧鑷], 의댱(衣欌, 2회, 의장), 찬댱(饌欌, 2회), 탄댱(饌欌), 외됴(外祖), 도금댱(鍍金粧, 4회), 산호댱(珊瑚粧), 삼층댱(三層欌, 3회), 셥옥댱줌(攝玉粧簪), 쇼찬댱(小饌欌), 슈자댱(壽字粧), 십녑댱(十葉粧), 아사댱(泥絲粧), 이사댱(泥絲粧, 11회), 진쥬댱(眞珠粧, 13회), 진칠롱댱(眞漆籠欌), ㅈ마유둉(紫瑪瑙琮, ㅈ마유종), // 왜딩(倭繒, 왜증).

(2) ㅌ>ㅊ : ▼고유어 ▼문법 : ▽경계 : 바침(7회). ▼한자음 : 금치(金雉), 급치사(及致詞), 도침석(搗砧石, 2회), 쳔쳥(天靑), 쳘공이(鐵孔伊), 쳘완(鐵完), 쳡지(貼只, 2회), 쳥직(廳直), 금체(金體, 3회), 쇼체경(小體鏡), 젼체(金體, 2회), 뎐쳘(煎鐵), 멸화쳘(滅火銕), 번쳘(本鐵, 2회), 소쳘(水鐵), 쇼쳘(小鐵), 슈건쳡(手巾貼), 슈쳘(水鐵, 9회), 팔쳡(八貼), 휘쳡(揮牒, 2회), 봉금체(鳳金體), 뉴식츅(鍮食築, 2회), 뉴식츅(鍮食軸), 류식츅(鍮食築), 십뉵츅(十六軸).

(3) ㅊ>ㅌ : ▼한자음 : 탄댱(饌欌, 찬장), 텨녀(處女), 텬의(ᄎ薦衣, 7회), 삼팅(三層, 2회, 삼층), 야탐(夜啖, 야담?), ᄉ팅(四層, ᄉ층).

(4) ㅌ>ㅌ : ▼고유어 ▼어휘 : $2 개팀. ▼한자음 : 텬슌(天順), 텬쳥(天靑, 3회), 텬홍(天興)이, 사텹(絲貼), 일톄입(一體入).

『졍미』에서는 구개음화의 환경에 있는 총 686회 가운데 365회가 구개음화되어 구개음화의 확산 비율은 53.21%를 보여준다. 이러한 구개음화의 확산 비율을 기계적으로 다른 문헌의 상태와 비교하면, 영조 대 후기, 대체로 1760년대 정도의 언어 상태와 유사하다. 그러나 이 문헌의 경우에는 이러한 비교로 이 문헌이 만들어진 연대로 추정할 수는 없다고 판단된다. 왜냐하면 이 문헌은 곳곳에 다른 이본의 영향을 받았음을 알 수 있는 표지가 보이기 때문이다. 그러므로 이 문헌은 이 자료에 나타나는 구개음화의 확산 상태보다 후대에 만들어진 것으로 추정하는 것이 타당하다고 생각된다.

이 문헌에는 구개음화된 용례가 총 365회로 적지 않은 데에 비하면 119회의 과도교정은 매우 많은 것이다. 이러한 정도의 과도교정은 국어사 문헌의 일반적인 상황이 아니다. 이와 같이 구개음화도 많이 나타나면서 과도교정도 많이 나타나는 것은 이 문헌이 구개음화가 상당히 확산된 상태에서 이전의 문헌을 바탕으로 할 때에 생기는 현상인 것으로 파악된다. 특히 이 문헌에서 보여주는 과도교정형 가운데 '됴딤~됴짐, 텨녀, 야탐, 산호당' 등과 '삼팅, 사팅' 등과 같은 예들은 이 문헌의 구개음화 빈도로 환산할 수 있는 연대보다 후기에 만들어졌음을 보여주는 과도교정의 유형으로 이해된다. 이 예들은 '조짐, 처녀, 야참, 산호장'의 과도교정형으로서, 원래의 'ㅈ'을 'ㄷ+y', 원래의 'ㅊ'을 'ㅌ+y'로 바꾸어 표기한 용례들이다. 이 과도교정은 'ㄷ+y=ㅈ'나 'ㅌ+y=ㅊ'이라는 등식을 전제로 하고 있으므로 이 시기의 문헌에 나타나는 표기 '댜, 뎌, 됴, 듀'가 [자~쟈, 저~져, 조~죠, 주~쥬]와 같은 형태로 인식되므로 표기상에 나타나는 구개음화되지 않은 예들이나, 원래 구개음이었던 것이 과도교정된 형태들이 모두 동일한 발음으로 인식되는 단계에 이르렀음을 말하는 것으로 이해된다. 다시 말해 이러한 과도교정의 출현은 이 문헌의 언어 사용자들에게 구개음화의 규칙이 일반화되어 구개음화가 거의 완성 단계에 있었음을 보여준다(김주필, 1994).

'삼층, 사층'이 과도교정된 표기 '삼팅, 사팅'은 또 다른 각도에서 구개음화가 일반화되었음을 보여준다. '삼팅, 사팅'은 '삼층, 사층'에 'ㅈ, ㅊ' 뒤에서 적용되던 'ㅡ>ㅣ' 변화의 규칙이 적용되어 도출된 '삼칭, 사칭'

에 다시 구개음화에 대한 과도교정이 적용되어 만들어진 형태라고 할 수 있다. 이 변화의 과정에서 이 문헌에 반영된 언어의 사용자들에게는 'ㅈ, ㅊ' 다음에 적용되는 'ㅡ> ㅣ' 규칙이 이미 내재화되어 있었음을 보여주는 동시에 ㄷ구개음화에 대한 과도교정이 적용될 수 있었음을 보여준다. 그러나 '삼칭, 사칭'에 적용되는 과도교정은 표기의 층위에서 이루어졌다고 할 수밖에 없다. 왜냐하면 이 시기에는 이미 구개음화가 거의 완성 단계에 있었으므로 i나 y를 선행하는 자음이 'ㄷ, ㅌ'이든 'ㅈ, ㅊ'이든 모두 구개음 'ㅈ, ㅊ'으로 인식되었을 것이기 때문이다.

이 문헌에는 어두 'ㄴ'의 탈락과 첨가의 현상을 보이는 예들도 상당히 빈번하게 나타난다.

9) 1) 육명(六名)<01 ; 2a>, 연희(連姬)<01 ; 4b>, 연혜(連惠)<01 ; 5a>, 유쳥단(柳靑緞)<02 ; 3a>, 이의(裏衣)<02 ; 4a>, 이사당(泥絲粧)<04 ; 1b>, 입봉잠(立鳳簪)<04 ; 2a>, 소용잠(小龍簪)<04 ; 2b>, 육(六)<04 ; 2b>, 입잠(立簪)<04 ; 3b>, 용잠(龍簪)<04 ; 4a>, 목연잠(木蓮簪)<04 ; 4a>, 연화(蓮花)<04 ; 5b>, 인접문사(鱗蝶紋紗)<02 ; 27b>, 남인접문사(藍鱗蝶紋紗)<02 ; 27b>, 목연(木蓮)<04 ; 8a>, 팔양듀(八兩紬)<02 ; 28a>, 연엽(蓮葉)<05 ; 1a>, 육부(六部)<05 ; 2a>, 용침(龍枕)<02 ; 15a>, 인침(鱗枕)<02 ; 15a>, 쌍용피(雙龍珮)<04 ; 9a>.

2) 방(房) 친녕(房親迎)<01 ; 1b>, 김몽렬(金夢悅)<01 ; 2b>, 녕희(英熙)<01 ; 7a>, 뉴긔(鍮器)<05 ; 1a>, 뉴젼(鍮剪)<05 ; 1a>, 뉴병(鍮瓶)<05 ; 1a>, 뉴반상(鍮盤床)<05 ; 1a>, 뉴신셜로(鍮新設爐)<05 ; 2a>, 공단뇨(貢緞褥)<02 ; 16b>, 십녑당(十葉粧)<04 ; 8b>, 진련(進宴)<02 ; 18a>, 빅쌍문쵸뇨(白雙紋綃褥)<02 ; 21b>, 빅화문사요(白花紋紗褥) <02 ; 22a>, 련두식(軟豆色)<02 ; 26a>, 쵸렵비(蕉葉盃)<05 ; 2b>, 류경(油檠)<05 ; 4b>, 련갑(硯匣)<06 ; 4ba>, 뉴류경(鍮油檠)<05 ; 5b>, 뉴양푼(鍮凉盆)<05 ; 6b>, 듀료표리(鑄要表裏)<05 ; 9a>, 쥬로표리(鑄要表裏)<05 ; 10b>, 류

시옹(鎭砂甕)<05 ; 10a>, 마뇨(磨要)<05 ; 10b>.

(9.1)은 i나 y를 선행하는 어두음절초 자음 'ㄴ'이 탈락된 예들이고 (9.2)는 i나 y를 선행하는 어두음절의 초 위치에 없던 'ㄴ'이 첨가된 예들이다. 이 현상은 'ㄴ'의 구개변이음화와 관련되는 현상으로서, 남부 방언에서는 'ㄴ'의 구개변이음화 현상이 'ㄴ'의 비모음화 현상과 맞물려 어중에서도 일어나지만, 중부 방언에서는 'ㄴ'의 구개변이음화 현상이 어두 자음의 제약과 맞물려 어두에서만 일어난다. 이 문헌에서는 어두음절에서만 이러한 현상을 보이기 때문에 이 문헌에 반영된 언어 사용자의 방언은 중부 방언, 좀 더 좁힌다면 한양을 중심으로 중앙어의 모습을 보여준다고 할 수 있다. '단이의(單裏衣)<15a>'와 같은 예는 어중에서 'ㄴ'이 탈락된 것으로 보이지만, 이 예는 '이의(裏衣)'에서 'ㄴ'이 탈락된 다음 그 앞에 접사의 성격을 갖는 '단(單)'이 결합된 것으로 보아야 할 것이다. 이러한 관점에서 "남인졉문사(藍鱗蝶紋紗), 목연(木蓮), 팔양듀(八兩紬), 연엽(蓮葉), 쌍용픽(雙龍珮)"도 동일한 방식으로 형성된 단어로 이해할 수 있다.

이 문헌에는 모음과 관련해서도 다양한 음운현상들이 보인다. 먼저 원순모음화 현상을 보기로 한다. 다음에 제시하는 도표는 원순모음화 현상을 음운론적, 어휘론적 관점에서 몇몇 유형으로 나누어 이 문헌에 나타나는 원순성 관련 현상을 계량화한 것이고, 그 아래에 제시하는 자료들은 계량화된 도표의 내용을 구체적으로 보여주는 예들이다.

10) 『정미가례일긔』(총 5,113어절)

	변화 유형	전 체 (896)	한 자		고유어
			어 휘 (어두/비어두)	경계·문법	
원순모음화	─>ㅜ	19	17	1(0/1)	1
	·>ㅗ	0	0	0	0
비원순모음화	ㅜ>─	10	10	0	0
	ㅗ>·	0	0	0	0
그대로	─	2	0	2(2/0)	0
	·	236	228	8(0/8)	0
	ㅜ	229	225	4(0/4)	0
	ㅗ	400	397	3(2/1)	0

(1) ─>ㅜ : ▼한자음 : 믈이미(勿伊磨, 3회), 믈품, 블위, 녜믈(禮物), 녜믈평(禮物評, 2회), 목믈, 숑믈기명, 싱믈방(生物房), 진묵(眞墨), 필묵(筆墨), 픠믈평, 히묵(海墨), 은픠믈(銀佩物). ▼고유어 ▼어휘 : 싱풀. ▼문법 : 져문.

(2) ㅜ>─ : ▼한자음 : 븐홍(粉紅, 7회), 븐니공, 남무믄(藍無紋), 진븐니공.[11]

『정미』에서는 원순모음화 환경에 있는 총 257회 가운데 19회의 원순모음화가 일어나 전체적으로는 7.39%의 확산 비율을 보여준다. 그러나 이 시기에 '·'는 이미 제2단계 변화도 상당히 진전된 상태로 나타나기 때문에, 전혀 나타나지 않는 '·>ㅗ' 원순모음화를 제외한다면, '─>ㅜ' 원순모음화 환경에 있는 총 21회 가운데 19회의 원순모음화가 일어나 대부분의 원순모음화 환경에서 '─>ㅜ' 변화가 일어났다. 비원순모음화도 'ㅗ>·' 변화는 하나도 나타나지 않고, 'ㅜ>─' 변화가 10회 나타났

---

11) 'ㅜ>─' 과도교정형으로 간주하였으나, 이 부분에 한해 글자의 서체가 다르다. 이 비원순모음화의 예들에 한해서는 필사자의 필체에 기인할 가능성을 배제할 수 없다. 왜냐하면 이 용례들이 이 문헌의 다른 부분에서는 비원순모음화된 예로 전혀 나타나지 않기 때문이다.

다. 이러한 상태의 원순모음화와 비원순모음화를 바탕으로 하면 '一>ㅜ' 원순모음화가 의식되어 이미 상당히 일반화된 상태에 접어들고 있었다는 해석이 가능하다. 그러나 이 문헌은 다른 문헌의 영향을 받은 것으로 보이기 때문에 이러한 원순모음화의 상태가 곧 바로 이 문헌에 사용된 국어의 상태를 말해준다고 할 수 없을 것이다. 그렇지만 이 문헌의 원순모음화 상태는 적어도 단 한 예의 원순모음화 현상도 보이지 않은『뎡미』보다 상당히 늦은 시기의 국어 상태를 보여준다는 점만은 분명하게 보여주는 것으로 간주된다.

이 문헌에는 'ㆍ'의 제2단계 변화도 상당히 확산되어 있었음을 보여준다. 먼저 'ㆍ>ㅏ' 변화와 'ㅏ>ㆍ' 변화를 보여주는 예들을 보기로 한다.

11) 1) 재간틱(再揀擇)<01 ; 1a, 1b>, 직금발(織金敍)<01 ; 1b>, 야탐(夜啖) <01 ; 1b>, 자뎐(慈殿)<01 ; 1b>, 금슈복ㅈ발(金壽福字敍)<01 ; 2a>, 직금발(織金敍)<01 ; 2a>, 재가(再加)<01 ; 2a>, 재영(再榮)<01 ; 5b>, 개장ㅈ비(盖杖差備)<01 ; 6a>, 오두잠(烏頭簪)<04 ; 1b>, 가란(加卵)<04 ; 1b>, 사이(絲耳)<04 ; 1b>, 금사(金絲)<04 ; 2a>, 은잠(銀簪)<04 ; 2a>, 후봉잠(後鳳簪)<04 ; 2a>, 입봉잠(立鳳簪)<04 ; 2a>, 쇼용잠(小龍簪)<04 ; 2a>, 슈자당(壽字粧)<04 ; 4b>, 자마유[紫瑪瑙]<04 ; 5b>. ▼고유어 ; 가르마리<01 ; 2a>, ᄀᆞ라마리<01 ; 2a>, 가리마리(加來末里)<04 ; 2a>.

2) 기픠(皆珮)<01 ; 2a>, 픠옥(珮玉)<01 ; 2a>, 오기(五箇)<04 ; 1b>, 빅져항느(白苧亢羅)<02 ; 9a>, 디셕웅황(大石雄黃)<04 ; 1b>, 십기(十箇)<04 ; 2a>, 디미듁잠(大梅竹簪)<04 ; 3b>, 남ᄉ(藍紗)<02 ; 9b>, 아쳥ᄉ(鴉青紗)<02 ; 9b>, 삼십기(三百箇)<03 ; 3a>, 공죡셕(孔雀石)<04 ; 9a>, 쌍용픠(雙龍珮)<04 ; 9a>, 스미츠<02 ; 12b>, 부인(夫人)네ᄂ<02 ; 15a>, 자마유픠(紫瑪瑙珮)<04 ; 8a>, 습건(三件)<05 ; 1a>, 디디야(大大也)<05 ; 3b>.

(11.1)은 ‘·’가 ‘ㅏ’로 바뀌어 나타난 예들이고, (11.2)는 ‘ㅏ’가 ‘·’로 바뀌어 나타난 예들이다. 대부분이 한자음인 이 예들에서 ‘·’와 ‘ㅏ’가 이런 정도로 바꾸어 쓸 수 있다는 것을 ‘·’가 ‘ㅏ’로 변화하는 과정의 상태로 판단하기는 어렵다. 말하자면 이 예들은 일반적으로 보수적인 경향을 보이는 한자음에서도 ‘·’가 이미 ‘ㅏ’로 거의 바뀌었음을 보여주는 예들이 아닌가 여겨진다. 고유어의 비어두음절에서 ‘·’와 ‘ㅡ’가 교체되는 환경이 보이지 않는 어휘 자료 중심의 문헌이라는 점에서 단정하기는 어려운 점이 있지만, 이 문헌에서의 ‘·’는 거의 ‘ㅏ’로 변화된 상태에 있었던 것으로 추정되는 것이다. 이러한 주장을 뒷받침해 주는 자료가 고유어인 “가ᄅ마리<01 ; 2a>, ᄀᆞ라마리<01 ; 2a>, 가러마리(加來末里)<04 ; 2a>”의 표기 예들이다. 이 예들은 고유어가 거의 없는 이 문헌에서 ‘·’의 변화 상태를 보여주는 소중한 자료라고 간주되기 때문이다.

 “가ᄅ마리<01 ; 2a>, ᄀᆞ라마리<01 ; 2a>, 가러마리<04 ; 2a>”의 이전 형태는 『뎡미』에 나오는 ‘ᄀᆞᄅ마리’라고 할 수 있다. 그러므로 ‘가ᄅ마리’는 어두음절에서 ‘·’가 ‘ㅏ’로 바뀌었음을 보여주며, ‘ᄀᆞ라마리’는 비어두음절인 제2음절의 ‘·’가 ‘ㅏ’로 바뀌었음을 보여준다. 그리고 ‘가러마리’는 한자로 된 차자표기형인 ‘加來末里’를 그대로 음독한 것이다. 이 가운데 고유어의 두 번째 음절에서 ‘·’가 ‘ㅏ’로 바뀐 ‘ᄀᆞ라마리’는 비어두음절에서도 ‘·’가 ‘ㅡ’가 아니라 ‘ㅏ’로 바뀌었다는 점에서 이 문헌의 언어 사용자는 비어두음절의 ‘·’에도 ‘·>ㅡ’ 규칙이 아니라 ‘·>ㅏ’ 규칙이 적용되는 단계에 있었음을 보여주는 것으로 판단된다. 다시 말해 이 문헌의 언어 사용자에게 ‘·>ㅡ’ 규칙이 사라지고, 비어두음절에 남아 있던 ‘·’에 ‘·>ㅏ’ 변화 규칙이 내재화되어 있었음을 말

해주는 것으로 추정되는 것이다.[12)]

이 문헌에는 18세기 후기부터 나타나기 시작하여 19세기에 점차 확산되는 'ㅅ, ㅈ, ㅊ' 다음의 'ㅏ, ㅓ, ㅗ, ㅜ'에 y를 첨가하는 현상도 상당히 많이 나타난다.

12) 1) 홍장삼(紅長衫)<01 ; 2a>, 장복(長服)<01 ; 2a>, 출궐시(出闕時)<01 ; 2b>, 장번(長番)<01 ; 2b>, 개장ᄌ비(盖杖差備)<01 ; 6a>, 이상(以上)<02 ; 1b>, 수향낭(繡香囊)<02 ; 3a>, 일작(一作)<02 ; 1a>, 족두리(簇頭里)<04 ; 1b>, 공ᄌ셕(孔雀石)<04 ; 9a>.

   2) 장복(長服)<01 ; 2a>, 쇼임(所任)<01 ; 2b, 3a>, 찬안ᄌ비(饌案差備)<01 ; 5b>, 초챠담(初茶啖)<01 ; 8a>, 한삼(汗衫)<02 ; 2b>, 일죵(一㐲)<04 ; 1a>, 슈화듀(水禾紬)<02 ; 1a>, 쵸록(草綠)<02 ; 4a>, 슈화쥬(水禾紬)<02 ; 2a>, 셥옥(攝玉)<04 ; 2b>, 식쇼라(食所羅)<05 ; 5a>, 셕쇠(錫釗)<05 ; 7a>

(12.1)은 'ㅅ, ㅈ, ㅊ' 다음의 'ㅑ, ㅕ, ㅛ, ㅠ'를 'ㅏ, ㅓ, ㅗ, ㅜ'로 표기한 예들이고, (12.2)는 반대로 'ㅏ, ㅓ, ㅗ, ㅜ'를 'ㅑ, ㅕ, ㅛ, ㅠ'로 표기한 예들이다. 전자의 예늘은 16·7세기에도 보이는 것이지만, 후자의 예들은 19세기에 널리 나타난다는 점에서 이 문헌이 19세기, 또는 그 이후의 자료임을 말해준다.

이 외에도 이 문헌에는 이 문헌의 언어 상태가 19세기 이후의 것임을 보여주는 음운현상들이 자주 보인다.

---

12) 이 문헌에는 방언형이라 생각되는 형태들도 상당히 보인다. 몇 예만 들면 "힝화로(香火爐)<05 ; 3b>, 힝고디[香串只]<05 ; 3b>, 쥬로표리(酒料瓢裏)<05 ; 7a>" 등이 그러한 예이다. 이 외에도 방언형으로 추정되는 예들이 많지만 통시적인 관점에서 음운변화를 반영하는 음운현상에 중점을 둔 이 글의 관심 영역에서 벗어나므로 이에 대해서는 구체적인 논의를 하지 않기로 한다.

13) 1) 구개성 반모음 첨가 현상 : 뤼비(縷飛)<03 ; 1b>

2) '一>ㅓ' 변화 : 검운(錦雲)<01 ; 5a, 6a>, 렁금(綾金)<04 ; 1b>, 검향
식(錦香色)<02 ; 16a>, 부인(夫人)네논<02 ; 15a>[13]

3) '一>ㅣ' 변화 : 실난(膝襴)<02 ; 2b 2회>, 실란(膝襴)<02 ; 6a 2회>,
미십(每緝)<02 ; 9b>, 구봉실논(九鳳膝襴)<02 ; 17a, 2회>, 뎐즈실논
(篆字膝襴)<02 ; 17a>, 삼칭(三層)<06 ; 5a, 6b>

4) 'ㅣ>一' 변화 : 광즉금디(廣織金帶)<02 ; 9b>, 사즉금(紗織金)<02 ;
16a>, 즉금(織金)<02 ; 18a>, 층자(稱子)<05 ; 6a>

　

(13.1)은 구개성 반모음 첨가 현상을 보이는 예이고, (13.2)는 어두음절
에서 '一'가 'ㅓ'로 바뀐 현상을 보인 예들이다. 그리고 (13.3)은 'ㅅ, ㅈ,
ㅊ' 다음에 오는 '一'가 'ㅣ'로 바뀐 현상, (13.4)는 'ㅣ'가 '一'로 바뀐
현상을 보이는 예들이다. 중부 방언, 나아가 중앙어 자료에서 이러한 현
상들은 대체로 19세기 이후에 나타난다. 좀 더 구체적으로 반모음 첨가
현상 또는 움라우트 현상은 19세기 전기부터 나타나기 시작하여 후기에
이르러 점차 확산되어 나타난다. 어두음절에서의 '一>ㅓ' 현상은 19세
기 후기에야 나타나는 현상이다. 이 현상은 'ㅓ>一' 현상과 입력부와 출
력부가 뒤바뀐 현상으로서, 이를 달리 말하면 'ㅓ>一' 현상의 과도교정
현상이라 할 만한 현상이다. 'ㅓ>一' 변화는 국어사 문헌에서『過火存神
과화존신』(1880),『竈君靈跡誌조군령적지』(1881) 등에서 나타나는 현상이므
로(백두현, 1997), 이 현상과 입력부와 출력부가 바뀐 '一>ㅓ' 현상도
'ㅓ>一' 변화 현상이 나타나는 1880년대를 전후한 시기의 현상으로 보

---

13)『뎡미』에 '즈우사(苧藕紗)<15a>'로 나타나는 예가 이 문헌에는 '겨우사(苧藕紗)<02 ;
2b>'로 나타나 '一'가 'ㅓ' 또는 'ㅕ'로 바뀐 예인 것처럼 보이기도 하고 한자음을 중심
으로 보면 그 반대의 현상이 일어난 예로 보이기도 한다. 그러나 '즈우사'와 '겨우사'는
별개의 형태로 간주된다. '즈우사'는 근대국어의 다른 문헌에도 보이므로 근대국어 시기
에 사용되던 단어이고, '겨우사'는 '苧藕紗'의 음인 '뎌우사'가 구개음화된 형태인 것이다.

아야 하지 않나 생각된다.14) 'ㅅ, ㅈ, ㅊ' 다음에 오는 'ㅡ'가 'ㅣ'로 바뀌는 현상이나 'ㅣ'가 'ㅡ'로 바뀌는 현상은 중앙어에서 19세기 이후에 나타난다. 그러므로 『졍미』에 반영된 국어의 상태는 대체로 19세기 후반기, 이 자료를 중앙어의 자료로 본다면 1880년대 전후의 19세기 후기 자료로 추정되는 것이다.

4. 마무리

이상 본 연구에서는 『뎡미』의 음운론적 특징을 살펴보고, 이를 바탕으로 『뎡미』와 한문본, 『뎡미』와 『졍미』를 음운론적 특성을 비교하여 각 문헌에 반영된 국어의 상태를 살펴보았다. 이러한 검토를 통하여 본 연구에서는 이들 세 문헌의 상호 관계와 이들 문헌에 반영된 언어의 시간적 층위와 특성을 논의하였다. 이를 간략하게 정리하면서 이 글을 마무리하고자 한다.

통시적인 관점에서 『뎡미』에 반영된 음운현상을 통하여 볼 때, 『뎡미』의 국어 상태는 대체적으로 18세기 전반기의 특성을 보여준다. 이 문헌의 검토에서 나타나는 구개음화와 원순모음화의 확산 상태는 전체적으로는 영조 대 초기의 국어 상태를 보여준다. 그러나 'ㆍ>ㅏ' 변화를 비롯한 일부의 음운변화에서 18세기 후기의 상태를 보여주는 극소수의 예들이 나타나기도 하였다. 이러한 사실은 국어사 자료로서의 『뎡미』는 대

---

14) 만일 이 문헌이 중앙어가 아니라면 이 시기는 좀 더 앞당겨질 수 있을 것이다. 이 문헌에는 방언적 특성을 보이는 어휘도 다소 보이므로 이에 대한 구체적인 연구가 필요하다.

체로 18세기 전반기, 구체적으로 영조 대 전기(상한 1720년대, 하한 1760년대) 자료로 추정되지만, 정조 대의 국어 상태, 좀 더 구체적으로 1780년에서 1890년 대의 자료가 일부 혼재함을 말해주는 것으로 이해된다. 그러므로 19세기 초기의 국어사 자료로 추정되어 온 이 문헌은 정조 대의 한 이본을 저본으로 하여 편찬되었으나, 정조 대 문헌은 영조 대에 간행된 한 이본을 저본으로 하여 편찬된 것이 아니었나 추정된다. 그리하여 이 문헌에 나타나는 '김지청' 등의 인명은 헌종 13년에 경빈을 맞이하는 가례에 활용된 것이라고 할 수는 있으나, 18세기 후기인 정조 대의 국어 상태와 18세기 전기인 영조 대의 국어 상태가 혼재되어 있다는 점에서 이 문헌을 국어사 자료로 활용하는 데에는 유의해야 할 것으로 간주된다.

『뎡미』를 한문본과 비교할 때, 두 문헌은 동일한 계통의 자료라고 할 수 있었다. 한글과 한문이라는 표기상의 차이에도 불구하고 두 책의 體裁체재나 목차, 물품의 나열 순서가 같았기 때문이었다. 그러나 국어사 자료로서의 성격은 구개음화와 그에 대한 과도교정 현상, 'ㆍ>ㅏ' 변화 등으로 볼 때, 한문본이 『뎡미』보다 시기적으로 상당히 늦은 것으로 나타났다. 한문본에 나타나는 음운현상을 통해 볼 때, 한문본은 빨라야 19세기 전반기, 늦잡으면 19세기 중후기까지 내려올 수 있는 자료로 추정되었던 것이다. 『뎡미』나 한문본과 체재나 물품의 나열 방식에서 차이가 있는 『졍미』의 음운론적 특징은 한문본과 유사한 시기의 자료이거나 그보다 더 늦은 시기의 자료로 추정되었다. 구개음화, 원순모음화 'ㆍ>ㅏ' 변화, 'ㅡ>ㅓ' 변화, 움라우트 현상, 'ㅅ, ㅈ, ㅊ' 다음에서 일어난 'ㅡ>ㅣ' 현상과 'ㅣ>ㅡ' 현상 등은 19세기 중기 이후, 보다 늦잡으면 1880년대를 전후한 시기의 국어사적 특징을 보이는 현상들로 간주되었기 때문이다.

 이상과 같이, 한 문헌에 반영되어 나타나는 언어 내적인 특성은 해당 문헌이 갖는 언어 외적인 사항들과 부합되어야 할 것이다. 이『뎡미』나 『졍미』와 같이 한 문헌 내에 여러 시기의 언어가 혼재된 경우에는 아무리 언어 내적인 특성을 바탕으로 한다고 해도, 언어 내적 특성만으로 해당 문헌의 편찬 과정을 분명하게 추정하기 어렵기 때문이다. 앞으로 국어사 연구가 보다 분명하고 보다 정밀화된 심도 있는 논의를 하기 위해서는 국어사 문헌에 반영된 자료의 특성을 구체적으로 밝히는 작업이 계속 이루어져야 할 것으로 생각된다. 국어사 자료들 가운데 이전의 문헌을 바탕으로 간행되거나 필사된 문헌들이 적지 않다는 점에서 이들 문헌들에 혼재하는 국어사 자료의 시간적 상태를 구체적으로 밝힌다면, 국어사 연구는 보다 분명한 기반 위에서 논의를 전개하여 보다 정밀화된 심도 있는 논의를 해 나갈 수 있을 것으로 기대되기 때문이다.

④ 『됴야긔문』의 음운현상*

1. 서론

『됴야긔문』은 관찬과 사찬의 역사서를 필자의 관점에서 재정리하여 펴낸 10권 10책의 『朝野記聞조야기문』을 언해한 23권 23책의 역사서이다.[1] 궁체로 정연하게 필사된 『됴야긔문』은 한문본과 함께 한국학중앙연구원의 장서각에 소장된 유일본이다. 이 문헌의 체제, 내용 구성, 편찬자, 간행 시기, 국어학적 특징, 문학적 특징 등의 전반적인 특징에 대해서는 「해제」, 『조야기문』(한국정신문화연구원, 2000)에 소개된 바 있다.

『조야기문』은 8권 말미에 붙어 있는 발문을 통하여 인조조의 문신인 徐文重서문중(1634~1709)[2]이 18세기 초기에 쓴 것임이 확인된다(이광

---

* 이 글은 같은 제목으로 『도야긔문 연구』(한국학중앙연구원, 2007 : 275~320면)에 수록되었다.

1) 『됴야긔문』은 『조야기문』(장서각 분류기호 : K2-289)과 함께 한국학중앙연구원의 장서각에 귀중본(장서각 분류기호 : K2-288)으로 소장되어 있으며, 한국정신문화연구원(현 한국학중앙연구원)에서 2000년 11월에 한국학자료총서 이십칠 『조야기문』으로 영인해낸 바 있다. 장서각 외에 서울대학교 규장각에도 서문중의 저작인 '조야기문'(상백 古951. 052-Se 61j, 상백 古951. 052-Se 61m, 古 4252. 4-7A 등)이 소장되어 있는 것으로 소개되어 있다.

2) 효종, 현종, 숙종 연간에 활약한 조선 중기의 문신. 1673년(현종 14) 學行학행으로 추천받아

호·최진옥·임치균, 2000). 그러나 한글본에는 서문이나 발문 등 이와 관련된 기록이 없어 언해나 편찬 시기를 추정하기가 쉽지 않다. 그러므로 이와 관련된 내용을 알기 위해서는 이 문헌의 언해에 사용된 국어 사용 상태를 통하여 접근할 수밖에 없는 실정이다. 이에 본 연구에서는 먼저 이 문헌에 사용된 국어 사용 상태, 그중에서도 근대국어에 널리 확산되는 음운변화 현상을 통하여 이 문헌의 언해에 사용된 국어의 음운론적 특징을 검토해 보고자 한다.

그런데 이 문헌은 붓으로 필사한 23권 23책이라는 적지 않은 분량이어서 이 모든 문헌을 검토하는 데에는 상당히 많은 시간과 노력을 필요로 한다. 본 연구에서는 이 문헌의 전반적인 특징을 보여줄 만한 표본으로 총 23권 23책의 앞부분에서 1권, 2권, 중간 부분에서 11권, 12권, 뒷부분에서 22권, 23권 등 총 6책을 검토 대상 문헌으로 한정하고자 한다.

검토 대상 음운현상은 근대국어에 뚜렷한 변화를 보이는 음운변화 현상들로 자음 관련 음운현상으로는 구개음화, '비음−유음'의 연쇄에서 나타나는 현상 등, 모음 관련 음운현상으로는 '·'의 변화, 원순모음화 현상 등이다. 이 현상들은 근대국어 시기에 널리 확산되는 대표적인 음운변화 현상들로서 변화의 과정에 있는 해당 현상이 반영된 형태들의 출현 빈도를 계량화하여 근대국어 시기의 다른 문헌과 대비하면,[3] 이 문헌

童蒙教官동몽교관을 지냈다. 1680년(숙종 6) 정시문과에 장원 급제, 광주부윤에 이어 도승지, 경상도관찰사, 예조참판 겸 비변사당상, 공조참판, 형조판서 겸 종묘·빙고의 제조, 지중추부사, 우참찬 등을 지냈다. 1689년 기사환국 때 인현왕후 폐위를 반대하여 안변부사로 밀려났다가 1694년 갑술옥사로 선혜청당상이 되었으나 다시 탄핵을 받고 금천으로 물러났다. 뒤에 재서용되어 병조판서를 역임하고 좌의정, 영의정을 지냈다. 저서에 『海防誌매방지』, 『喪祭禮家範상제례가범』, 『歷代宰相年表역대재상연표』, 『國朝大臣年表국조대신연표』 등이 있다. 시호는 恭肅공숙.

3) 국립국어원에서 개발한 '문자열 단어 검색 프로그램(Hgrep)'을 활용하여 필요한 자료를 추출하고, 추출된 용례를 Excel로 전환하여 계량화하였다. 그리고 특정 어휘나 특정 환경의

의 언해에 반영된 국어 사용상의 특징이 구체적으로 드러날 것으로 기대된다.

그리하여 본 연구에서는 『됴야긔문』에 나타나는 음운변화 현상을 통시적인 관점에서 검토하여 이 문헌의 언해에 나타나는 음운론적 특성을 살펴보고, 아울러 이들 음운변화 현상의 확산 정도를 통하여 이 문헌의 언해 시기도 추정해보고자 한다.

2. 자음 관련 음운현상

2.1. 구개음화

근대국어 시기에 역동적으로 진행되는 대표적인 음운현상 중 하나가 구개음화 현상이다. 근대국어에 일어난 구개음화 현상에는 ㄷ구개음화·ㄱ구개음화·ㅎ구개음화 현상이 있고, 그와 관련된 현상으로 각 구개음화 현상에 대한 과도교정, i나 y 선행 음절의 반모음 y 첨가 현상, i나 y 앞에서의 ㄴ탈락 현상 등이 있다. 중앙어를 반영한 대부분의 문헌에서 18세기 중·후기에 이르면 ㄷ구개음화는 널리 확산되어 나타나며, ㅎ구개음화나 어두 'ㄴ'의 탈락 현상도 꾸준히 확산되어 나타난다. 그러나 『됴야긔문』에는 ㄱ구개음화, ㅎ구개음화, 반모음 y 첨가 현상, 어두 'ㄴ'의 탈락 현상 등의 예들은 나타나지 않고, ㄷ구개음화와 그 과도교정의 예들만 나타난다. 그럼 먼저 이 문헌에 나타난 ㄷ구개음화와 그 과도교정

용례의 추출에는 소강춘 교수가 개발한 '깜짝새'를 활용하였다.

예들의 출현 빈도를 살펴보기로 한다.

『됴야긔문』에 나타난 ㄷ구개음화 관련 용례는 다음과 같다.

『됴야긔문』에 나타난 ㄷ구개음화 관련 용례

	변화 유형	전 체 14976	고 유 어			한자어
			어 휘 (어두/비어두)	경 계	문 법	
구개음화	ㄷ>ㅈ	594	48(13/35)	1	30	515
	ㅌ>ㅊ	665	180(16/164)	55	77	353
과도교정	ㅈ>ㄷ	434	52(2/50)	0	74	308
	ㅊ>ㅌ	56	2(0/2)	21	0	33
그대로	ㄷ	5,447	654(176/478)	7	1681	3,105
	ㅌ	1,488	131(43/88)	44	497	816
	ㅈ	4,594	620(344/276)	0	162	3,812
	ㅊ	1,698	43(7/36)	23	0	1,632

ㄷ>ㅈ

▼어휘 : $1 져(8), 져ᄅ-(3),4) 졀의, $2 더지는, 맛지믈, 불지ᄅ-(2), 싸지믈, 어질-(8), 엇지, 진짓(3), 건져, 더져, 맛졈즉, 싸져, 싸졋더니, $3 믄허지매, 브러지니, ᄯ허지고, 업서지니, 헤여지고, 훗터진, 긋처져, 긋처졋는디라, 믄허졋는디라, 깨여졋는디라, 깨여지지, 쩌러졋고, 업더졋더니, 헤여져. ▼경계 : $2 고지. ▼문법 : $2 될지언졍, 젹지, 지지(3), 짓지(3), $3 어지지, 나과져, ᄒ과져, $4 깨여지지, $6 득죄홀디언졍. ▼한자음 : $1 쟝구싀, 쟝긔ᄒ리라, 쟝뷔, 쟝산후, 쟝의로, 쟝이, 쟝폐ᄒ-(杖斃, 2), 쟝하의(杖下, 6), 쟝횡거, 져앙ᄒ리잇가(低昻), 져츅이, 져포, 젹격훈, 젹발, 젹발ᄒ야, 젹발훈, 젹젼인즉, 젹흑, 젹ᄌ궃치, 젹ᄌ궃티, 젼계롤, 젼고의, 젼교, 젼녜고ᄉ, 젼녜의셔, 젼니로, 젼도ᄒ-(顚倒, 4), 젼말을(2), 젼법ᄒ는, 젼셔ᄒ야, 젼셕ᄒ믈, 젼알훈죽, 젼의(殿, 3), 젼젼, 젼젼ᄒ-(3), 젼쥬ᄒ미, 젼통ᄒ-(2), 젼파

---

4) 이하 ( ) 안의 숫자는 출현 횟수를 나타낸 것이다.

ᄒᆞ-(傳播, 13), 젼비(展拜, 2), 졈고ᄒᆞ니, 졈과, 졈두ᄒᆞ시고, 졍강, 졍거(2), 졍
거ᄒᆞ-(5), 졍계, 졍계ᄒᆞ-(5), 졍녈, 졍녕, 졍녕ᄒᆞ-(2), 졍녜의, 졍됴시와, 졍
됴시ᄒᆞ고(2), 졍릉(定陵), 졍미ᄒᆞ, 졍민뎡(3), 졍민듕이, 졍민졍의, 졍셩ᄒᆞ시
니, 졍슉왕후, 졍이ᄌᆞᄂᆞᆫ, 졍죄ᄒᆞ-(定罪, 6), 졍챵, 졍침티, 졍침ᄒᆞ-(4), 졍탈
ᄒᆞ-(2), 졍티, 졍향(2), 졍형ᄒᆞ-(2), 졍호, 졍혼을, 졍비(4), 졍비ᄒᆞ-(33), 졍빅
ᄌᆞ, 졍ᄌᆞ(3), 졍ᄒᆞ-(10), 졔국(6), 졔긔ᄒᆞ-(3), 졔남의, 졔목(2), 졔복을, 졔복
ᄒᆞ-(4), 졔셩ᄒᆞ여, 졔수ᄒᆞ시니라, 졔슈, 졔슈ᄒᆞ-(3), 졔비ᄒᆞᄂᆞᆫ, 졔익을, 졔ᄌᆞ
롤, 죠하(朝賀, 2), 죠하홈과, 쥬륙을, 즁(中, 2), 지경의, 지도(知道, 4), 지듕
츄, 지듕츄부ᄉᆞ, 지란ᄒᆞᄂᆞᆫ, 지릉, 지실ᄒᆞ라, 지완티, 지위, 지의금(2), 지쳔,
지쳬케, 지평(持平, 4), 지품을, 지회ᄒᆞᄂᆞᆫ, 지ᄉᆞ(2), 직신, 직언을, 진계ᄒᆞ야,
진뎡ᄒᆞ니, 진도의, 진뒤, 진삼뫼, 진셜홀, 진셩뎌군으로, 진원군과, 진졍ᄒᆞ
얏거놀, 진향ᄌᆞᄂᆞᆫ, 진헌쟝은, 진희누, 질ᄌᆞ롤, 징계티, 징녀홀, 징즙디, $2
가젼 샹언ᄒᆞ야, 갑쥬, 강졍ᄒᆞ여, 결젹ᄒᆞᄂᆞᆫ, 공졔(2), 과쟝(2), 권졔(2), 극졍
(2), 긔진, 김진규의, 김진귀(4), 나졈의(2), 녜젼의, 뉴젼(2), 뉴젼ᄒᆞ-(3), 뉴
졍현, 능젼녜로, 능지ᄒᆞ니라, 니져, 니졍귀(11), 니졍보, 니졍졔ᄂᆞᆫ(2), 님봉
진, 단졍키, 당직이(11), 대져(2), 대졔혹, 뎡지화(8), 뎨질(2), 도졍을, 동지,
동지듕궁, 됴졍(2), 디졍, 마쟝, 망쥬셕, 면즁훈, 명죄, 모쟝, 민졈, 민졍듕은
(2), 민진동(6), 민진후(2), 민진휘(7), 박졍, 박졍길, 박지계ᄂᆞᆫ, 법젼(3), 복쥬
ᄒᆞ-(2), 부쟝긔ᄒᆞᄂᆞᆫ, 부졔혹, 샹젼을, 샹지ᄒᆞ-(4), 셔젼(2), 셕젼녜롤, 셕젼ᄒᆞ
ᄂᆞᆫ, 셜졍튱이, 슈쟝후, 시져, 심쟝으로, 심졍, 예졍이, 오젼ᄒᆞ엿다, 원졈(3),
원졈ᄒᆞᄂᆞᆫ, 의쟝을, 의젼, 이젹을, 이징의게(2), 일졍훈, 젹젼인즉, 젼쟝과,
젼젼ᄒᆞ야, 젼질을, 졍젹을, 졍젹이(3), 쥬쟝ᄒᆞᄂᆞᆫ, 증졈, 차질 ᄒᆞ야, 최졍건
이, 츄졍ᄒᆞ기롤, 치지믈논코져, 치지믈논ᄒᆞ다, 치지티, 치지ᄒᆞ-(2), 탐지ᄒᆞ-
(5), 튱졍공(3), 평지의, 한지원, 현져훈(2), 형쟝(8), 호쟝, 홍쥬, 황지과시롤,
흠젼이, 긔졔쥬ᄒᆞ여디이다, 긔졔쥬홀, 익졍의, 즘져시의, $3 강이징(25), 공
야쟝, 김셕쥬(7), 뉴슌졍(4), 니광젹(2), 니봉징(2), 니언젹(3), 니홍쥬(7), 니
홍쥐(4), 니홍쥬로, 명덕졍슌, 박만졍(5), 박안졔, 쇼셩졍의명녈광, 신경진
(4), 윤헌쥬와, 채원졍을, 쳔우쟝ᄉᆞ, 최셕졍이, 튱근졍냥갈셩효졀협칙션 무
공신, 효튱쟝의젹의협녁션무공신, $5 효튱쟝의젹의협녁션무공신, $7 슈튱
보사병긔졍난익뎌 공신, 졍튱츌긔포의젹개공신, $9 ᄌᆞ의공신휘헌강인졍

슉, $10 쇼셩졍의명녈광슉쟝졍.

ㅌ>ㅊ

▼어휘 : $1 치-(9), 치려ᄒ다, 칠디라, 쳐(2), 쳐내다, 쳐도, $2 고치-(20), 곳친(2), 내치-(39), 믜치고, 쎄치니, 업친, 즛치려, 고쳐(62), 곳쳐(9), 내쳐(3), 내쳐시니, 내쳣거눌, 내쳣고, 내쳣다가, 부쳐롤, 쌔쳐, 씨쳐(2), 썰쳐, $3 거두치며, 문희치-(2), 물니치-(4), 물리친, 믄희치고, 쩌ᄅ치디, 물니쳐, 물니쳣더니, 믈니쳐, $4 것구뢰칠. ▼경계 : $2 가치, 갓치이더, 갓치인, 긋치, 기치-(9), ᄀ치(9), ᄀ치ᄒ-(4), 돗치, 됴치, 밧치기롤, 부치인, 붓치-(3), 꼿치(3), 기쳣더니, 부쳐, 부쳐시니, 부쳐오니, 붓쳐, 일치, $3 너ᄀ치, 신ᄀ치, 쌔ᄀ치, 이ᄀ치(2), 일ᄀ치(2), $4 니이ᄀ치, 션비ᄀ치, 젹즈ᄀ치, 졔도ᄀ치, 헌신ᄀ치, 흐ᄅᄀ치(2). ▼문법 : $2 가치(4), 고치, 구치(3), 굴치, 굴치, 능치, 니치, 뎡치(2), 범치, 비치, 응치, 존치, 쳥치, 통치, 파치(2), 폐치, 피치, 허치(5), 혼치, 힝치, $3 거론치(2), 거힝치(3), 결을치, 고거치, 교량치, 그러치(11), 넘녀치(2), 다힝치, 맛당치, 무리치, 미안치(2), 변형치, 보젼치, 슈의치, 신하치, 아니치, 요더치, 용셔치, 윤허치, 의논치, 의심치, 인거치, 존경치, 지란치, 쳐분치, 츌향치, 통심치, 한심치, 흠승치. ▼한자어 : $1 챵일ᄒ니, 쳔지, 쳘습ᄒ야, 쳘식이, 쳘식ᄒ-(2), 쳘애ᄒ미, 쳘의(2), 쳘후의, 쳘홀, 쳡연ᄒ니, 쳬결ᄒ-(5), 쳬덕ᄒ미, 쳬치, 쳬치ᄒ-(14), 쵸ᄉ(97), 츄안을(2), 츄튱분의의병긔협칙평난공신, 츄튱분의익디좌명공신, 츄후, 츄후ᄒ-(2), 츄비ᄒ고, 츌송ᄒ여디이다, 츌쳑을, 츌쳑ᄒ-(2), 츌향(2), 츌향일이, 츌향치, 츌향티(2), 츌향ᄒ-(15), 치계ᄒ더, 치국ᄒ는, 치독ᄒ다는, 치디, 치부ᄒ니, 치셩ᄒ-(3), 치옥ᄒ-(5), 치지물논코져, 치지물논ᄒ다, 치지티, 치지ᄒ-(2), 치하ᄒ미, 검칙ᄒ디, 계쳥ᄒ-(2), $2 국쳥을, 권쳘과, 국쳥(7), 난쵸(2), 난뢰, 난뢰라(3), 낭쳥, 넘치, 넘치업기로, 대쳬, 뎡쳘(6), 득쳥ᄒ-(2), 디쳬ᄒ야, 딕쵸ᄒ족, 만쳘의, 명쵸, 명쵸ᄒ여디이다, 문츌ᄒ엿더니, 봉쵸(14), 봉쵸ᄒ-(15), 삼쳑은, 샥츌(4), 샥츌ᄒ-(2), 션쳘을, 소치나, 손쳑, 승츌(3), 승츌ᄒ-(5), 십쳘(4), 안치홀, 엄치ᄒ-(7), 완치ᄒ믄, 위치롤, 젹쵸(8), 져츅이, 졔쳥ᄉ롤, 지쳬케, 찬츅ᄒ-(5), 쳐치(6), 쳐치ᄒ-(17), 최치원, 텩츅혼, 파츌ᄒ-(3), 패쵸롤, 패쵸ᄒ-(3), 폐츌ᄒ미, 한치형, 함츅ᄒ미, 홍치, 희쳘은, 깅쵸ᄒ-

(5), 미치ᄒᄂ이다, 비치홀, $3 녀희쳘, 뉴세쳘(2), 뎐심챡녁ᄒ니, 문외츌송
ᄒ라(2), 변이쳑은, 셜졍춍이, 슈렴쳥뎡홀, $4 문묘승츌(2), 범거대치의, 위
리안치ᄒ니라, 젼후젹쵸의.

ㅈ > ㄷ

▼어휘 : $1 디디, 디으미, $2 가디믈, 아딕(21), 오딕(28). ▼문법 : 소망의 '-지
이다>-디이다'(56), -디라(6), -ᄀ디(9), 예ᄯ디(2), 이ᄯ디. ▼한자어 : $1
댱경왕후(章敬王后), 댱계곡병, 댱근과, 댱낙빅(將樂伯, 3), 댱릉(章陵), 댱복
(2), 댱슌티, 덕심으로, 뎐뮤ᄒ다, 뎐셕을(2), 뎐일히, 뎜복디, 뎡개, 뎡릉이
(靖陵), 뎡문ᄒ디, 뎡뷔(2), 뎡안군을, 뎡암(2), 뎡언(2), 뎡원(政院, 20), 뎡원
일긔예, 뎡팔품, 뎨문을, 됴림ᄒ엿ᄂ디라, 듕시, 듀문(2), 듀세붕, 듀숑, 듀
홍무의, 듀롤, 듁을, 듕인이, 디강후, 디당티(2), 디란ᄒ야, 디목ᄒ믈, 디졀
이, 디졍, 디쳑, 디쳑디, 디쳑의, 디쳑ᄒ-(2), 디쳔, 디지, 딕분이여늘, 딕호
롤, 딘국을, 딘나라, 딘달ᄒ-(3), 딘덕슈롤, 딘산군, 딘염(4), 딘을, 딘하(3),
딘빅ᄒ니, 딘ᄒ야, $2 곡댱이, 공뎡왕(3), 공뎡이, 광딕ᄒ믈, 광딘, 권댱ᄒ
ᄂ, 권뎡길을, 김뎐(2), 김뎡이, 남댱의(2), 노딘이, 뉴딕이, 니뎡ᄒ-(3), 니
디딕, 니디완(2), 니디흠, 니딕, 대뎜ᄒ시매, 뎡듕(8), 도동, 됴뎡언을, 됴디
셔, 명뎡(4), 명됴, 문덕이, 문뎡공, 민뎡의, 본딕과, 샹딘, 셕디, 션뎡신, 셩
디롤, 송동, 슈디, 시디샹, 신뎡의, 안디, 안디복, 유딕이, 의뎡, 의뎡부(2),
일뎨, 일뎨로, 입딘시예, 졍뎡원, 쥬댱관(2), 쥬디번과, 진덕훈, 진뎡ᄒ니,
참뎡ᄒ쇼셔, 채딘후와, 쳬딕ᄒ미, 최딘님, 텽뎡ᄒ시고, 파딕불셔ᄒ여디, 파
딕의, 파딕ᄒ-(3), 포댱ᄒ니(2), 하딕디, 하딕홀, 황딕이, 후됴, 휘디, 빅디
예, 빅디의, ᄉ뎡뎐의셔, ᄉ딕(2), ᄉ딕ᄒᄂ, ᄌ덕, ᄌ디(2), $3 강헌디인계
운셩문신무대왕, 공공디논을, 공셔덕, 군신디의롤, 김샹딕(2), 김양딘, 녕의
뎡(領議政, 31), 니셰댱, 댱구디계롤, 댱사뎡왕, 뎡광덕, 뎡몽듀, 딘헌댱은
(2), 만셰디계롤, 무신디ᄉ, 무인디경의, 박명듄ᄂ, 박슝딜, 슈렴뎡텽ᄒ시
다, 우의뎡(19), 이단디혹이, 인댱니, 임몽뎡, 임셩디, 임진디난의, 졍민뎡
(3), 좌의뎡(26), 텬하디병을, 튱의디ᄉ로, 한영됴의, 홍무덕(3), 빅디디하의,
$4 묘샤신듀와(2), 무소부디ᄒ더니, 슈렴쳥뎡홀, 슈렴텽뎡ᄒ-(2), 촌촌뎐딘
ᄒ여, $5 이단샤셜디뉘라, $9 갈셩분의츌긔효력딘무공신, 분튱찬모닙긔명

뉴뎡샤공신, 효튱분무병긔결칙뎡국공신.

ㅊ>ㅌ

▼어휘 : $3 ᄀᆞᄅᆞ티미. ▼경계 : 그티니(2), 긋티-(19), 마티게. ▼한자어 : $1 탕긔ᄒᆞ고, 탕산군(昌山君), 텩츅ᄒᆞᆫ, 텩화(2), 텩화신(2), 텩화인을, 텩화ᄒᆞ-(3), 텬고의, 텬권을, 텬만고, 텬디, 톕긔, 튜고ᄒᆞ-(推考, 2), 튝문이라, 튝문ᄒᆞ야, 튝복ᄒᆞ여, 튝밍헌과, 튱돌ᄒᆞ-(2), 팅탁ᄒᆞ-(2), 팅호ᄒᆞᄂᆞᆫ, 팅회, $2 고티(高熾), 도텬과(趙泉), 졀틍을, 졀티부심ᄒᆞ여, 태탕.

본 연구에서 검토 대상으로 삼은 『됴야긔문』의 6책에는 ㄷ구개음화 환경에 있는 총 8,195회 가운데 1,259회가 구개음화된 것으로 나타나 전체적으로 15.39%의 구개음화 확산 비율을 보여준다.[5] 한자어에서는 총 4,789회 가운데 868회의 구개음화가 일어나 18.12%의 구개음화 비율을 보여주고, 고유어에서는 총 3,406회 가운데 391회의 구개음화된 예가 나타나 11.48%의 구개음화 비율을 보여준다. 따라서 이 문헌에서는 고유어보다 한자어에서 ㄷ구개음화가 두 배 정도 많이 나타났다. 과도교정은 총 489회가 나타났는데, 그 가운데 한자어에서 341회, 고유어에서 148회가 나타나 과도교정 역시 한자음에서 많이 나타났다.

고유어의 문법형태소(형태소 경계에서의 구개음화 포함)에서 구개음화가 많이 나타나지 않은 점도 이 문헌의 특징 중의 하나이다. 문법형태소의 경우, 총 2,393회 구개음화 환경에서 163회가 구개음화된 예가 나타나 약 6.81% 정도의 확산 비율을 보여준다. 어휘형태소에서는 구개음화

---

5) 이러한 구개음화의 확산 상태는 역서류 문헌인 『朴通事新釋諺解박통사신석언해』(1764)의 51.65%(고유어 52.30%, 한자어 42.11%)와 비교하면 현저히 낮은 비율이며, 왕실 문헌인 「어제」와 「경세문답」의 8.66%(고유어 3.76%, 한자어 20.41%)와 비교하면 다소 높은 비율이다.

의 환경에 있는 총 1,013회 가운데 228회가 구개음화되어 22.50%의 확산 비율을 보여준다. 그러므로 이 문헌에서는 문법형태소에서의 구개음화 확산 비율이 어휘형태소의 경우보다 매우 낮은 비율로 나타난 것이다. 형태소 경계를 제외한 문법형태소만 본다면, 총 2,286회의 구개음화 환경에서 107회가 구개음화되어 4.68% 정도의 구개음화 확산 비율을 보여준다. 이러한 문법형태소의 비율은 18세기 중·후기의 왕실 자료보다도 낮은 비율이다.

이 문헌의 문법형태소에서 구개음화 비율이 낮게 나타나는 가장 큰 이유는 '아니-, 않-, 말-' 등의 부정사 앞의 어미 '-디'와 '-티'의 대부분이 구개음화되지 않은 형태로 나타나기 때문이다. '-디, -티' 가운데 구개음화된 상태로 나타나는 예들은 '젹지, 지지(3), 짓지(3), 어지지, 나과져, 호과져, 째여지지, 득죄홀디언정, 가치(4), 고치, 구치(3), 굴치, 굴치, 능치, 니치, 뎡치(2), 범치, 비치, 응치, 존치, 쳥치, 통치, 파치(2), 폐치, 피치, 허치(5), 혼치, 힝치, 거론치(2), 거힝치(3), 결을치, 고거치, 교량치, 그러치(11), 넘녀치(2), 다힝치, 맛당치, 무리치, 미안치(2), 변형치, 보전지, 슈의지, 신하치, 아니치, 요디치, 용셔치, 윤허치, 의논치, 의심치, 인거치, 존경치, 지란치, 쳐분치, 츌향치, 통심치, 한심치, 흠승치' 등으로서, 이 외에는 부정사 앞의 연결어미가 모두 구개음화되지 않은 '-디'로 나타나는 것이다.

형태소 경계에서는 총 107회의 환경에서 56회의 구개음화가 일어나 52.34%의 구개음화 확산 상태를 보여준다. 이러한 형태소 경계에서의 구개음화 비율은 문법형태소의 6.81%과 비교하면 상당히 많이 확산된 것이다. 구개음화된 예들의 출현 빈도가 문법형태소에 비하여 형태소 경계에서 이렇게 많이 나타나는 예를 다른 문헌에서 찾아보기 어렵다. 그러므로 이러한 특성 역시 이 문헌의 특성이라고 할 수 있기는 하지만, 현재 그 이유를 분명하게 밝히기는 어렵다.

형태소 경계에서 일어난 구개음화의 예들에서도 이 문헌의 특성이 드러난다. 어간말 'ㄷ'이 구개음화된 예는 8회 가운데 1회인 데에 비해, 'ㅌ'이 'ㅊ'으로 구개음화된 예는 99회 가운데 44회 정도이기 때문이다. 격음 'ㅌ'이 구개음화된 예들이 'ㄷ'이 구개음화된 예들보다 많이 나타난다는 점에서 이 문헌은 다른 문헌과 차이를 보이는 것이다.

어휘형태소에서는 총 1,013회 가운데 228회의 구개음화가 일어나 이 문헌의 어휘형태소에서는 22.51%의 확산 비율을 보여준다. 비어두음절에서는 총 765회 가운데 199회의 구개음화가 일어나 26.01%의 확산 비율을 보여주며 어두음절에서는 총 248회 가운데 29회가 일어나 11.69%의 확산 비율을 보여준다.

어휘형태소에서 'ㄷ'이 'ㅈ'으로 구개음화된 어휘는 '져(8), 져르-(3), 졀, 더지-(2), 맛지-(2), 불지르-(2), 빠지-(3), 어질-(8), 엇지, 진짓(3),[6] 건지-, 믄허지-(2), 브러지-, 쓴허지-, 업서지-, 헤여지-(2), 훗터지-, 긋처지-(2), 깨여지-(2), 쩌러지-, 업더지-' 등 21개의 어휘이다. 이 예들은 구개음화되지 않은 '뎌(13), 더디-(2), 맛디-(5), 불디르-(2), 빠디-(14), 어딜-(9), 엇디(375), 건디-, 믄허디-(6), 쓴허디-(3), 헤여디-(8), 훗터디-, 긋처디-(4), 쩌러디-(2), 업더디-(2)' 등과 같이 나타나 개별 어휘에 따라서도 구개음화 확산의 정도가 다름을 보여준다.

'ㅌ'이 'ㅊ'으로 구개음화된 어휘는 '치-(15), 고치-(93), 내치-(46), 믜

---

6) 15세기에도 '진짓'과 '진딧'이 모두 나타나므로 '진짓'을 구개음화 용례가 아니라고 할 수도 있다. 그러나 일반적으로 16세기 이후는 '진딧'이 널리 사용되었으므로 '진짓'을 구개음화의 용례에 포함하여 다루기로 한다.

치-, 쎄치-(4), 업치-, 즛치-, 부쳐, 썰치-, 거두치-, 문희치-(3), 물리치-(8), 쩌릇치-, 것구뢰치-' 등 총 14개의 어휘이다. 이 어휘들도 구개음화 되지 않은 '티-(40), 고티-(38), 내티-(21), 믜티-, 쎄티-, 부텨(4), 썰티-, 문희티-(5), 물리티-(3)' 등으로서 '고티-, 내티-, 물리티-, 쎄티-' 등은 구개음화된 예들이 더 많이 나타났다.

이 문헌에는 과도교정도 적지 않게 일어났음을 보여준다. 전체적으로 보면 총 6,781회 가운데 490회의 과도교정이 일어나 7.23%의 과도교정 이 일어났다. 한자어에서는 과도교정의 환경에 있는 총 5,785회 가운데 341회가 과도교정된 형태로 나타나 5.89%, 고유어에서는 총 996회 가운 데 149회가 과도교정된 형태로 나타나 14.96%의 과도교정이 일어났음 을 보여준다.[7]

고유어의 문법형태소에서는 73회의 과도교정이 일어났는데, 이렇게 과도교정이 많이 나타난 이유는 소망을 나타내는 '-지이다'가 '-디이다' 로, 원망을 나타내는 '-지라'가 '-디라'로 바뀌었기 때문이다.

형태소의 종류별로 보면, '-지(이)-'가 '-디(이)-'로 된 것이 62회, '-ㄱ 지'가 '-ㄱ디~ㅼ디'로 된 것이 12회로 나타나 전체 과도교정이 74회가 된 것이다. 과도교정된 예들 가운데 '-디이다'는 56회, '-지이다'는 5회 나타났다. 원망을 나타내는 '-지라'도 6회 모두 과도교정된 '-디라, -디 이라'로 나타났다. 조사 'ㄱ지'는 과도교정된 형태로 'ㄱ디'가 9회, 'ㅼ 디'가 3회 나타났으나 과도교정되지 않은 형태로는 '이제ㄱ지' 한 예만 나타났다.

형태소 경계에서는 과도교정된 예들이 21회 나타났다. 21회의 모든

---

7) 이러한 과도교정의 비율은 『박통사신석언해』의 3.39%보다 높으며, 『어제』와 『경세문답』 의 4.68%보다 높은 상태이다.

예들이 '긏-'이 사동접미사 '-이-'를 만나 만들어진 '그치-'를 '그티-(21)'로 교정한 것으로서, 어휘로 보면 몇몇 예에 국한되어 나타났다. 고유어 어휘형태소에서의 과도교정은 총 54회로서, 어두음절 2회, 비어두음절 52회였다. 어휘로 보면 과도교정의 예들은 어두음절에서 '디디(負), 디으미(作)' 등이었고, 비어두음절에서 '가디믈, 아딕(21), 오딕(28), ᄀᆞᆮ티미, 마티게' 등이었다. 이 과도교정된 형태들은 대부분 '아딕'과 '오딕'처럼 여러 번 반복되어 나타났다. 그러나 과도교정된 형태들이 여러 번 반복되어 나타난다고 하여 원래의 형태가 전혀 나타나지 않는 것은 아니었다. 과도교정된 형태들이 나타나는 경우에도 '그치-(17), 짓-(作, 75), 가지-(33), 아직(14), 오직(14), ᄀᆞᆮ치-(19), 마치-(2)' 등의 원래 형태도 함께 나타났다.

2.2. 비음이나 유음 연쇄에서의 교체 현상

이 자료에는 한자음 연쇄에서 선행 음절의 말음이 'ㄴ'이고 후행 음절의 첫 음이 'ㄹ'일 때, 일반적으로 후행 음절의 첫 음 'ㄹ'이 'ㄴ'으로 교체되어 나타났다. 이러한 'ㄴ-ㄹ'의 한자음 연쇄에서 (가)는 'ㄴ-ㄹ' 연쇄가 그대로 표기된 예들이고, (나)는 'ㄴ-ㄴ'으로 교체되어 나타난 예들이다.

> (가) 만력<萬曆, 1 : 14b, 12 : 2a>,8) 한림원<1 : 21b> 먼리<2 : 7a>, 전라<全羅, 11 : 15b>, 김쥰룡<金俊龍, 11 : 15b>, 천리의<11 : 52b, 11 : 62a>, 전라도<全羅道, 11 : 64a>, 근리<12 : 32a>, 안로<顔路, 12 :

---

8) < > 안에는 <책명 권차 : 쪽수>를 적었으며, 책명이 생략된 것은 『됴야긔문』의 권차와 쪽수이다.

　　　59a>, 인류의<22 : 8b>, 먼리<22 : 10b>, 논란ㅎ야<22 : 52a>, 텬리
　　　<12 : 58b>, 수쳔리롤<11 : 87b>
　(나) 최만니<崔萬理 1 : 5b>, 윤니언<尹李堰, 1 : 7b>, 김안노<金安老, 1 :
　　　10b>, 만녁<萬曆, 1 : 14>, 인녈왕후<仁烈王后, 1 : 15>, 최딘닙<崔震
　　　立, 1 : 16a>, 현녈뎡헌문덕<顯烈貞獻文德, 1 : 17a>, 니원녹<李元祿,
　　　1 : 18b>, 김안노<金安老, 1 : 18b>, 빈관녹<儐館錄, 1 : 21a>, 단녜<端
　　　禮, 1 : 21a>, 한님원<翰林院, 1 : 21b>, 인뉸이<人倫, 2 : 4b>, 텬니
　　　<2 : 27b>, 수쳔니<11 : 7b>, 젼나도<全羅道, 11 : 37b>, 살한니<沙乙
　　　閑里, 12 : 2a>, 변난<12 : 6b>, 탄노ㅎ야<22 : 2a>, 본니<23 : 31a>,
　　　근노ㅎ시믈<23 : 35a>, 논난ㅎ미<23 : 46a>, 근니예<23 : 48b, 23 :
　　　53b>

　　일반적으로 현대국어에서는 (가)의 환경에서 '인류[일류]'와 같이 한자
어의 선행 형태와 후행 형태가 의존적일 때에는 유음화가 일어나고, '흡
인력'의 '흡인＋력[흐빈녁]'과 같이 자음으로 끝나는 선행 형태가 자립적
이고 후행 형태가 접사적 성격을 지닌 의존 형태일 때에는 후행 형태의
첫음인 'ㄹ'이 'ㄴ'으로 교체된다. 그런데 (나)와 같이 『됴야긔문』에서는
'인류'와 같이 선행 형태가 자음으로 끝나고 후행 형태가 'ㄹ'로 시작하
는 경우, 선행하는 'ㄴ'이 후행하는 'ㄹ'의 영향을 받아 유음화가 일어나
는 것이 아니라, 후행하는 'ㄹ'이 'ㄴ'으로 교체되어 '만녁, 인뉸, 텬니,
젼나도, 본니, 논난, 김안노, 최만니' 등으로 나타나는 것이다. 이러한 예
들이 보여주는 현상은 18세기 중후기의 왕실 문헌인 영조대의 『어제』나
『경세문답』에도 나타나는 현상이다.

　　그런데 'ㄴ-ㄹ' 연쇄가 'ㄴ-ㄴ'으로 되는 이 현상을 비음화 현상으로
설명하는 경우를 자주 보게 된다. 이러한 설명은 'ㄴ-ㄹ'에서 'ㄹ'이
'ㄴ'으로 교체되도록 하는 선행 환경인 비음 'ㄴ'을 동화주로 간주하여

'ㄴ'의 비음성 때문에 후행하는 유음 'ㄹ'이 비음 'ㄴ'으로 교체되는 현상으로 파악한 것인데, 이 현상에서 'ㄹ'을 'ㄴ'으로 교체하도록 하는 선행 환경을 보다 폭넓게 검토할 필요가 있다.

이 현상은 한자음의 연쇄에서만 나타나는 현상으로서, 'ㄴ-ㄹ' 연쇄에서만이 아니라 'ㅁ-ㄹ, ㅇ-ㄹ' 연쇄에서도 나타나며, 나아가서 'ㅂ-ㄹ, ㄱ-ㄹ' 등의 한자음 연쇄에서도 나타난다. 말하자면 'ㄴ-ㄹ'에서 'ㄹ'을 'ㄴ'으로 교체하도록 하는 환경은 'ㄴ' 뒤에서뿐만 아니라 'ㄴ'과 같은 비음인 'ㅁ, ㅇ'은 물론, 장애음 'ㅂ, ㄱ' 등의 자음 뒤에서도 'ㄹ'이 'ㄴ'으로 교체되어 나타나는 것이다. 이러한 특징을 문헌에 나타나는 다음 예들을 통하여 확인해보기로 한다.

> (다) 공니<孔鯉, 12 : 58b>, 공논을<1 : 32a>, 뎡닌지(鄭隣趾)<2 : 2a>, 명눈당을<2 : 28b>, 넘녀ᄒ디<2 : 23b>, 늠늠ᄒ미<11 : 86b>, 음난ᄒ고<23 : 32b>
>
> (라) 압녹강(鴨綠江)<11 : 55b>, 이십니의<11 : 61a>, 법녜롤<23 : 44b>, 법늉이<23 : 47a>, 법니예<22 : 49a>, 가녜집남(家禮集覽)<됴야12 : 60a>, 격녀ᄒ미<11 : 7a>, 박노(朴魯)<11 : 11a>, 국난의<12 : 35a>, 북낙(北落)이<11 : 88a>, 측냥티<2 : 12b>, 격녀ᄒ고<11 : 3a>

(다)의 예들은 비음화 현상으로 설명되기도 하고, 자음 뒤 'ㄹ'의 제약으로 설명되기도 한다. 일부에서는 (다)의 예들을 'ㄹ'이 앞의 'ㅁ, ㅇ'의 비음성에 영향을 받아 비음화를 일으킨 것으로 설명한다. 이러한 설명은 (가), (나)의 예들도 함께 설명할 수 있기 때문에 일견 타당한 것으로 보인다. 그러나 이러한 특성은 (라)의 예들을 고려하면 일반화되기 어렵다.

(라)의 예들은 'ㅂ, ㄱ'과 같은 무성 폐쇄음 다음의 'ㄹ'이 'ㄴ'으로 교

체되었음을 보여준다. (라)의 예들이 보여주는 현상은 동화주를 비음으로 설정할 수 없으므로 비음화로 설명할 수 없다. 이 현상은 한자의 음절과 음절이 통합하면서 선행 음절 말음과 후행 음절 첫음의 연결체가 고유어에는 없는 'ㄱ-ㄹ, ㅂ-ㄹ'과 같은 음소 연쇄를 형성하게 되어 'ㄹ'이 'ㄴ'으로 교체되는 현상으로 설명될 수 있다. 이러한 과정을 바탕으로 선행 음절 말음 'ㅂ, ㄱ'이 비음 [m]과 [ŋ]으로 교체되는 비음화 현상을 설명할 수 있게 된다(김주필, 1994).

(라)가 한자어와 고유어의 음절 차이, 다시 말해 그 음절들의 통합에서 만들어진 음절 연쇄상의 이질성으로 인해 일어나는 현상으로 설명하는 것이 타당하다면, (가)의 예들도 (나)의 예들과 동일한 방식으로 설명할 수 있다. 즉 (가), (나)도 (다), (라)의 예들과 함께 한자어의 음절 통합에서 만들어진 음소 연쇄상의 이질성으로 인해 생기는 현상으로서, 이러한 현상은 'ㄹ'을 제외한 자음 뒤에 'ㄹ'이 올 수 없다는 고유어의 음소 연쇄상의 제약이 한자어의 음소 연쇄에도 적용되어 생긴 현상인 것이다. 이러한 관점에서 (가), (나)나 (다), (라)의 예들은 모두 'ㄹ'을 제외한 자음 뒤에는 'ㄹ'이 올 수 없다는 고유어의 음소 연쇄상의 제약으로 인해 일어난 동일한 교체 현상으로 설명하는 것이 타당하다.

『됴야긔문』에는 'ㄹ-ㄹ' 연결체를 'ㄹ-ㄴ'으로 표기한 예들도 보인다. 'ㄹ-ㄹ'이 'ㄴ-ㄴ'으로 된 예도 보인다.

(마) 실닌<1 : 28a>, 올녀시나<1 : 29b>, 들니니<2 : 8b>, 물니쳐<2 : 9b>, 글넛다<12 : 52b>, 글노<12 : 5a>, 날노<12 : 29a, 12 : 76a>, 널녀<12 : 74b>, 널니<11 : 28a>, 놀납고<23 : 3a>, 놀니고<12 : 37a>, 닐녀<11 : 63b>, 달나<11 : 5b>, 달내고<11 : 62a>, 돌녀<11 : 44a>, 돌노<12 : 4b>, 둘너<11 : 56b>, 멀니<11 : 61a>, 몰나<11 : 55b>, 별노<12 :

38b>, 불너<11 : 18b>, 빌녀<11 : 86a>, 실녀시니<11 : 82a>, 실노
<11 : 20a, 3b>, 알니러라<11 : 51a>, 텰녕(鐵嶺)으로<11 : 52a>, 플니
디<11 : 62b>, 끌느니<22 : 32a>, 뚤니고<11 : 72b>, 샬니<11 : 29a>

(바) 셰지 비록 먼니 쩌나가나<11 : 44a>, 먼니 오논 연고롤 뭇고<11 :
79a>

(마)의 '르-ㄴ' 표기는 '르-르'로도 표기되었다. 그러나 표기의 관습을 고려하면 (마)의 예들은 '르-ㄴ'보다 '르-르'이 일반적인 표기였다. 그럼에도 [르-르]을 '르-ㄴ'으로 적은 것은 '르-ㄴ'의 연쇄에서 일어나는 유음화 현상을 적용하여 [르-르]을 도출할 수 있었기 때문으로 보인다.

이러한 관점에서 볼 때, (마)의 '먼니'는 기저의 형태를 분명하게 말하기 어려운 매우 특이한 예로 간주된다. 피상적으로 생각하면 '먼니'는 형용사 어간 '멀-'에 부사화접미사 '리'가 결합된 '멀리'가 바뀐 형태로 간주할 수 있다. 그러나 이 자료에 '멀리'는 단 한 예도 보이지 않고, '멀니'가 6회 나타나며 '먼니'는 2회 나타난다. 이 문헌의 표기 원칙으로 볼 때 '멀리'는 (마)와 같이 '멀니'로는 표기될 수 있으나 '먼니'로 표기되기는 어렵지 않나 생각된다. 고유어의 '멀-'에 부사파생접미사 '리'가 결합된 '멀리'는 '멀니'로 표기하는 것은 가능하지만, '먼니'로 표기하는 것은 가능하지 않은 것으로 간주된다. '먼니'에서 표면형인 '멀리'를 도출해낼 수 없기 때문이다. (마)의 예들을 바탕으로 하면, 고유어의 '르-르' 연결체가 '르-ㄴ' 연결체로 표기되는 것은 가능하지만, 적어도 고유어의 '르-르'이나 '르-ㄴ' 연결체가 'ㄴ-ㄴ' 연결체로 바뀌어 나타나는 경우는 없으므로 '먼니'가 고유어의 '멀니'가 바뀐 형태로 간주하기는 어려운 것으로 생각된다.

본 연구의 대상 자료에는 '먼니' 외에 '먼리'도 나타난다. 이 글의 대

상이 되는 권1, 권2, 권11, 권12, 권22, 권23을 통틀어 '먼리'는 (사)와 같이 세 개의 용례가 나타난다.

(사) 황뎨 불도룰 슝신ᄒᆞ샤 먼리 구리 부쳐룰 구ᄒᆞ시고<2 : 7a>. 다시 슬피 디 아니ᄒᆞ고 믄득 먼리 뎡비ᄒᆞ시니<22 : 10b>. 그 말이 삼가디 아니ᄒᆞ믈 칙ᄒᆞ샤 먼리 찬츅ᄒᆞ시고<22 : 40a>

(사)에 나타난 '먼리'를 구성하는 형태소를 분석하여 각 형태를 분명히 말하기는 어렵다. 그러나 '멀리'를 '먼리'로 표기했다고 본다는 것은 '먼니'를 '멀니'나 '멀리'의 다른 표기로 보는 것과 같은 문제가 있다. '먼리'는 'ㄴ-ㄹ' 연결체를 형성하므로, 이 문헌에 나타나는 대로 음운규칙을 적용하면 '먼리'는 [먼니]로 실현될 표기이지 [멀리]로 실현될 표기는 아닌 것이다.

'먼리'의 의미와 형태를 고려하면 '萬里만리' 정도로 추정하는 것이 가능하지 않나 생각된다. 그러나 이러한 추정도 '萬만'의 한국 한자음이 '만'이라는 점에서(예 : 萬 만<육조 상 : 20>, 萬 만<飜老 下 : 4>, 일만 만<訓蒙字會(叡山本) 14b> 일만량<飜譯小學 八 : 5> 등) 분명하게 단정지을 수는 없는 형편이다. 『東國正韻동국정운』식 한자음으로 주음한 『月印釋譜월인석보』 등에서 '萬'의 음을 '먼'으로 달았다는 사실을 참고하면 '먼리'는 한자어 '萬里' 정도로 추정하는 것이 불가능하지는 않다고 생각된다. 여기에서는 '먼리'는 '萬里'의 표기로서 그 '먼리'의 'ㄴ-ㄹ' 연결체에서 일어난 'ㄹ'을 제외한 자음 뒤에서 일어나는 'ㄹ→ㄴ'의 교체 현상이 표기에 반영되어 '먼니'로 나타났을 가능성을 열어두기로 한다. 이에 대해서는 근대국어의 여러 문헌에 나타나는 'ㄹ'이 'ㄴ'으로 되는 현상, 유음화 등의 예들을 포괄적으로 검토한 이후에 보다 구체적인 논의가 있어야 할 것이다.

2.3. 기타 자음 관련 현상

『됴야긔문』에는 비음화나 유음화를 반영한 표기가 거의 나타나지 않는다. 그러나 이 문헌에 반영된 국어에서도 비음화나 유음화가 일어나지 않았다고 할 수는 없다. 비음화, 유음화 현상 역시 비음화나 유음화의 환경에서는 자동적으로 해당 규칙이 적용되어 표면형이 도출되었기 때문에 표기에 반영하지 않은 것으로 간주된다.

> (아) 이튼날<2 : 28b, 11 : 8b>, 건너매<11 : 11b>, 만나다<11 : 11b>, 만나
> 　　　<11 : 13b>, 만나니<11 : 22a>, 건너니<11 : 32b>, 만낫고<11 : 66b>,
> 　　　든니터<12 : 3a>, 의논티 아닌는다<23 : 72b>
> (자) 불릉히<22 : 5a>, 그 불릉훈 죄롤<22 : 5a>
> (차) 먼니<11 : 44a>, 마단님(馬端臨)의<12 : 51b>

이 자료에는 '시'으로 끝나는 어간이 'ㄲ'으로 바뀐 예들이 보인다. (카)는 후기중세국어 시기부터 사용되어 오던 '시' 말음 어간이 이 자료에도 그대로 나타난 예들이며, (타)는 '시'이 'ㄱ$ㄱ'으로 바뀌어 나타난 예들이다.

> (카) 깃거<2 : 32b>, 깃브고<11 : 19b>, 깃거ᄒ더라<11 : 26a>, 깃거ᄒ게
> 　　　<11 : 33a>, 깃거ᄒ고<12 : 27b>, 닷가<11 : 1a>, 닷그미<12 : 18a>,
> 　　　섯겨<11 : 12a>, 섯거 니ᄅ는디라 이제<됴야 11 : 19b>, 뭇그니<11 :
> 　　　88a>, 짯가<12 : 16a>, 짯그면<12 : 38b>
> (타) 닥고<1 : 35a>, 썩게<11 : 6a>, 싹가<11 : 11b>, 닥고져<11 : 12b>,
> 　　　닥고<11 : 16a>, 썩그며<11 : 65b>, 썩기니<11 : 84a>, 격근<12 : 9a>,

격거<됴야12 : 10b>, 닥고<12 : 23b>, 닥고져<12 : 34a>, 닥그실<12 :
52a>, 석기니<22 : 13a>, 썩기인<23 : 27b>

3. 모음 관련 음운현상

3.1. '·' 변화

'·'는 일반적으로 두 단계에 걸쳐 소멸되어 모음체계에서 사라진다고
지적되어왔다. '·'의 제1단계 변화로서 16세기경에 제2음절 이하의 환
경에서 '·'가 '一'로 바뀌고, 18세기 중엽에 이르러 어두음절의 '·'가
'ㅏ'로 바뀌는 '·'의 제2단계 변화가 일어남으로써 '·'가 비음운화되는
것으로 설명되어왔다. 그러나 이러한 일반적인 설명은 적어도 왕실 문헌
의 '·' 변화에는 부합하지 않는다는 사실이 지적되었다(김주필, 2004).
18세기 중엽의 문헌은 물론, 18세기 후기의 정조대 왕실 문헌에서는 비
이두음절에서 '·'가 제1단계 변화를 모두 거친 것으로 보기는 어려울
뿐만 아니라, 어두음절의 '·'가 'ㅏ'로 바뀌는 제2단계 변화의 예도 거
의 나타나지 않기 때문이다.
　이 문헌에서는 어두음절의 '·'가 'ㅏ'로 바뀌는 변화도 거의 보여주
지 않는다. 일부의 어두음절에서 이중모음 'ㆎ'가 'ㅐ'로 바뀌는 변화를
보여주기는 하지만, 어두음절의 '·'는 'ㅏ'로 바뀌지 않고 '·' 그대로
나타나는 것이다. 제1음절 모음이 'ㅏ'나 '·'인 경우, 제2음절의 '·'가
'ㅏ'로 바뀌는 변화를 보여주기는 하지만, '·'의 제2단계 변화의 반대
방향인 'ㅏ > ·'의 변화도 일부 보여준다. '·'의 제2단계 변화 초기에

주로 나타나는 이러한 상태는 적어도 이 문헌에서 어두음절의 '·'가 모두 'ㅏ'로 바뀌어 모음체계에서 '·'가 사라졌다고 할 수는 없는 상태였던 것으로 추정된다.

또한 이 문헌에서의 '·'가 비어두음절에서 완전히 'ㅡ'로 바뀌었다고 하기도 어려워 보인다.9) 후기중세국어 시기에 선행 모음의 [縮축] 자질에 따라 결정되던 '·'와 'ㅡ'가 이 문헌 자료에서는 선행 음절의 모음이 [+縮] 자질의 모음이든 [-縮] 자질의 모음이든 관계없이 같은 음절에서 직접 선행하는 자음에 영향을 많이 받는 것으로 나타난다(김주필, 2004). 이러한 특징은 영조 대의 왕실 자료인 『어제』, 『경세문답』이나 정조 대의 『윤음』에도 보이던 현상으로 같은 음절에서 직접 선행하는 자음의 조음 위치에 따라 '·'와 'ㅡ'가 변화를 보이기 때문이다.10) [-설정성]의 자질을 갖는 변자음에서는 대부분 '·>ㅡ' 변화를 보여주는 데에 반해 [+설정성]의 자질을 갖는 중자음 'ㅅ, ㄴ, ㄹ' 다음에는 대부분 '·'로 나타나 'ㅡ>·' 변화를 보여준다는 점에서 비어두음절에서의 '·'도 완성된 것이 아니라 변화의 과정에 있었던 것으로 생각된다.

이러한 '·'의 변화를 조음 위치에 따라, [-전부성], [-설정성]의 자질을 갖는 후부변자음, [+설정성]의 자질을 갖는 중자음, [+전부성], [-설정성]의 자질을 갖는 전부변자음으로 나누어 '·'와 'ㅡ'의 변화 양상을 살펴보기로 한다. 먼저 후부변자음 'ㄱ, ㅋ, ㅎ'11) 뒤에서 '·' 변화와 관

---

9) 영조대의 『어제』에서는 '·'와 'ㅡ'가 선행 모음의 성격에 따르지 않고 같은 음절에서 직접 선행하는 자음의 특성에 영향을 받는 뚜렷한 경향을 보여준다. 그리하여 중자음인 'ㄹ' 다음에는 '·'나 'ㅡ'가 올 수 있는 311회가 모두 선행 음절의 모음에 관계없이 'ᄅ'로 나타났다(김주필, 2004).
10) 한영균(1994), 송민(1986)에서도 이와 유사한 논의를 전개하고 있다.
11) 'ㅎ'은 [-anterior, +grave] 자질을 갖는 후부변자음이라고 할 수는 없지만 편의상 여기에 넣어 논의한다.

련된 예들을 보기로 한다.

3.1.1. 후부변자음 뒤 '·'의 변화

(가) ㄱ 뒤

① ·>ㅡ : ▼어휘 $2 밍그미, 밍글라. ▼문법 $2 남글, 닥그실, 닷그-
(닭-, 2), 쌌그면, 썩그며, 쟈근, 밧그로(2), 밧근(6), 볼그믈, 볼그심
과, $3 이밧근.

② ㅡ>· : 없음.

③ ·>ㅏ : 없음.

④ ㅏ>· : 없음.

(나) ㅋ 뒤 : 없음.

(다) ㅎ 뒤

① ·>ㅡ : ▼어휘 $3 브야흐로(24), 비야흐로. ▼문법 $2 갑흐-(값-, 5),
노흐-(놓-, 7), 놉흐-(높-, 7), 됴흐-(둏-, 16), 만흐-(많-, 41), 뫼흘,
빠흐려, 살흘(3), 짜흐로써, 짜흔(5), 짜흘(6), 안흐로(2), 안흐로셔, 압
흐로, 압흘(앞, 2), 올흐-(옳-, 19), 칼흘(4), $3 바다흐로, 바다흘(5),
ㅎ나흐로(2), ㅎ나흔(19), ㅎ나흘(9), 닛뫼ㅎ흐로.

② ㅡ>· : ▼문법 $2 겻히, 너히(2), 네녁히, 둘히(2), 뒤히(4), 들히(4),
싯히(3), 뜰히(3), 우히(18), 저히(3).

③ ·>ㅏ : ▼어휘 $1 하는.

④ ㅏ>· : 없음.

비어두음절의 후부변자음 'ㅋ' 뒤에서는 '·'나 'ㅡ'가 변화한 예들이
없고 'ㄱ, ㅎ' 뒤에서만 변화한 예가 나타난다. 'ㄱ, ㅎ' 뒤에서는 'ㅡ'가
'·'로 바뀐 예들은 없고, '·'가 'ㅡ'로 바뀐 변화의 예들이 상당수 보
인다. 'ㅎ' 뒤에서 'ㅡ'가 '·'로 변한 것처럼 보이는 예들이 있으나 그

예들이 모두 'ㅎ'을 후행하는 위치인 것은 아니다. '너희(2), 둘희(2), 뒤희(4), 들희(4), 쓸희(3), 우희(18), 저희(3)' 등은 'ㅎ' 다음이지만, '겻희, 네녁희, 尖희(3)' 등은 'ㅌ, ㅋ'과 같은 격음으로 실현되는 것으로 간주되는 음들 다음이기 때문이다. 오히려 이 예들에 나타나는 '익'는 모두 이중모음 'ㅢ'가 'ᆡ'로 변한 예들로서 처격이나 속격조사라는 공통점이 있다. 이 문헌에서 처격조사와 속격조사의 경우에도 '너희(12), 너희게, 네녁희, 우희(3), 우희서, 저희(3)' 등과 같이 'ㅢ'로 나타난 예들도 있지만, 흔히 '익'로 나타나기 때문에 이 조사들은 '익, 에'로 재편되는 과정에 있었던 것으로 간주된다. 그러므로 예외처럼 보이는 이들 처격, 속격조사들을 제외하면, 후부변자음 뒤에서 'ᆞ'는 'ㅡ'로 바뀌는 것으로 일반화할 수 있다. 이러한 일반화는 선행 음절이 [+縮축] 자질을 갖는 모음이 있다고 하더라도 'ㄱ' 다음이나 'ㅎ' 다음에 오는 모음이 'ᆞ'로 실현되는 경우는 거의 없어 대부분이 'ㅡ'로 실현된다는 사실에 의해서도 뒷받침된다.

어두음절에서 'ᆞ'가 'ㅏ'로 바뀐 예는 거의 나타나지 않는다. 단지 20세기 초기의 문헌에서도 그대로 나타나는 'ᄒᆞ-'가 '하-'로 바뀌어 나타난 예(ᄒᆞᄂᆞᆫ>하ᄂᆞᆫ)가 있어 주목된다. 그러므로 이 문헌에 어두음절의 후부변자음 뒤에서 'ᆞ'가 'ㅏ'로 바뀐 예들은 거의 없다는 점에서 이 문헌에서 'ᆞ'의 제2단계 변화가 완성된 상태에 있었다고 하기는 어려운 것으로 보인다.

그럼 이 문헌에서 중자음 'ㄷ, ㅌ, ㅅ, ㅈ, ㅊ, ㄴ, ㄹ' 뒤에 오는 'ᆞ'와 'ㅡ'의 변화를 구체적으로 살펴보기로 한다.

3.1.2. 중자음 뒤에서의 ' · ' 변화

(가) ㄷ(ㅼ) 뒤

① · > ㅡ : ▼어휘 $2 모든(47), 몬드라, 민드는, 민드뎌, 민드라(2), 민드러(2), 민드믄, 민들-(3),[12] ▼문법 $2 맛드니, 맛드라, 맛든(맍-), 바드-(받-, 27), 고든(곧-), 도드니라, 도드와(돋-).

② ㅡ > · : ▼어휘 $1 기드는, 기드리-(62),[13] $2 드디여(16), 어디(12).

③ · > ㅏ : ▼어휘 $1 다 이도다, 다 이려(드자오리다)[14], $3 가온대(31), 가운데.[15]

④ ㅏ > · : ▼어휘 $1 디총(大總), 디문(大文),[16] 디비(大比), 디샹(大祥), $2 막디호.[17]

(나) ㅌ 뒤

① · > ㅡ : ▼문법 $2 フ트-(길-, 10)[18], 솟틀.

② ㅡ > · : ▼어휘 $2 구틔여. ▼문법 $2 겻틔, 믓틔(3), 솟틔.

③ · > ㅏ : 없음.[19]

④ ㅏ > · : 없음.

(다) ㅅ 뒤

① · > ㅡ : 없음.

② ㅡ > · : ▼어휘 $2 거스려, 거스로기, 거스린다,[20] 구술을, 므스, 므

---

12) ' · > ㅡ' 변화를 보이지 않은 '민들-'이 20회 사용되었다.
13) '기드리-'는 제1음절의 모음이 ' ㅣ '이기 때문에 'ㅡ > · ' 변화와 무관하다고 할 수 있다. 그러나 15세기 형태가 모두 '기들-' 또는 '기드리-'과 같이 제2음절의 모음이 'ㅡ'로 나타나기 때문에 여기에 포함하였다.
14) '헤아리다'의 의미.
15) ' · > ㅏ' 변화를 보이지 않은 '가온딕'가 2회 사용되었다.
16) '대문'이 3회 나타난다.
17) '막대호'이 3회 나타난다.
18) 'フ트-'가 37회 나타난다.
19) 'ㅡ > ㅏ' 변화인 듯한 예로 '겻태'가 보인다. 그러나 이 예도 '틔'이 중자음이므로 '겻틔 > 겻태' 변화를 거치지 않았나 생각된다.
20) '거스리-'가 1회, '거스디'가 1회 나타난다.

숟(4), 므슴(28), 벼슬(46), 스스로(96), 여슷(4), $3 옷기슭을. ▼문법
$2 거스로(6), 거슨(11), 거슬(89), 넉슨, 업스-(<없-, 217), $3 무어
슬, 므어스로뻐, 므어슬(2).

③ ·>ㅏ : 없음.

④ ㅏ>· : 없음.21)

(라) ㅈ 뒤

① ·>ㅡ : ▼문법 $2 마즘(마침, 7), ㅁ즈-(<곶-, 2), ㄴ즈미, 마즐(迎)22)
ㅈ즈디.

② ㅡ>· : ▼어휘 $2 거즛(10)23), 움즉이-(6), 일즉(20),24) 짐즛(3). ▼문
법 $2 느즌, 느즌디라, 어즈럽-(15)25)

③ ·>ㅏ : 없음.

④ ㅏ>· : ▼어휘 $2 아즈비.

(마) ㅊ 뒤

① ·>ㅡ : ▼문법 $2 돗츨, 조츤.26)

② ㅡ>· : ▼문법 $2 긋츠-(8), $3 뉘오츨, 뉘우츠미, 뉘우츨, 뉘웃츠
들, 뉘웃츠미, 뉘웃츨.

③ ·>ㅏ : 없음.

④ ·>· : 없음.

(바) ㄴ 뒤

① ·>ㅡ : 없음.

---

21) 이 문헌에는 'ㅓ>·' 변화를 보여주는 것으로 생각할 수도 있는 '(열두) 술'이 보인다. 그
러나 이 예는 '살'과 '설'이 모음의 교체에 의해 차이를 보이던 어휘로 간주할 수도 있어
보다 많은 자료가 검토되어야 할 것이다.
22) '마즈디'가 1회 나타난다.
23) '거즛'이 1회 나타난다.
24) '일즉'이 34회 나타난다.
25) '어즈럽-'이 2회 나타난다.
26) '조츠-'가 41회 나타나고 '붓좃촌'이 1회 나타난다.

② ㅡ>·：▼어휘 $2 어느(8), $3 나그너(2). ▼문법 -눈(조사)(74회),[27]
-는(관형형 어미)(98회).[28]

③ ·>ㅏ：없음.

④ ㅏ>·：없음.

(사) ㄹ 뒤

① ·>ㅡ：▼어휘 $2 느르(ᄂᆞᆯ).[29]

② ㅡ>·：▼어휘 $2 겨를티, 그르-(53),[30] 그릇(11), 그릇된, 그릇들미
니, 그릇들미여눌, 그릇ᄒᆞ-(37), 너르-(9)[31], 녀름의, 누른, 누름, 므
릇(5), 브르-(16), 서르(79), 어르ᄆᆞᆫ뎌, 어르ᄆᆞᆫ져. ▼문법 $2 어름(7),
여르쇼셔, 드롤(<들, 3), 무롤(<묻, 21), '롤>를'(목적격조사, 261회).

③ ·>ㅏ：▼어휘 $2 ᄇᆞ람(2).[32]

④ ㅏ>·：▼어휘 아릭(2).[33] ▼문법 $3 비브르 먹고.

비어두음절의 중자음 뒤에서 '·'와 'ㅡ'의 변화 실태를 검토해보면,
'·>ㅡ' 변화를 보이는 예들과 'ㅡ>·' 변화를 보이는 예들이 함께 나
타난다. 전체적으로 보면, 'ㄷ, ㅌ, ㅈ, ㅊ, ㄹ' 뒤에서는 '·>ㅡ' 변화와
'ㅡ>·' 변화가 모두 보이고, 'ㅅ, ㄹ' 뒤에서는 'ㅡ>·' 현상만 보였다.
그러므로 이 두 변화 현상 중에서 보다 널리 일어난 변화는 'ㅡ>·' 변
화였다. 어휘의 빈도나 수에 있어서도 'ㅡ>·' 변화를 보이는 예들이 많
았다.

---

27) '눈'은 1회도 나타나지 않는다.
28) 넘는, 니르러는(21), 닐너는, 닐러는, 닐럿는, 둣덥는, 드럿는(2), 밋처는, 비럿는, 업는(31),
엇는, 여럿는, 우리는, 우럿는, 죽엇는 등.
29) 'ᄂᆞᆯ'가 3회 나타난다.
30) '그른디라'로 1회 나타난다.
31) '너른' 1회 나타난다.
32) 'ᄇᆞ롬'이 1회 나타난다.
33) '아래'가 20회 나타난다.

그리고 'ㄹ' 뒤에서는 'ㆍ>ㅡ' 변화가 한 예만 나타났으며, 'ㅌ, ㅈ, ㅊ' 뒤에서는 'ㆍ>ㅡ' 변화가 문법형태소에서만 나타났다. 비어두음절의 중자음 뒤에서 'ㆍ>ㅡ' 변화를 보이는 어휘형태소는 '모든, 믄들~믠들-, 느르' 정도로서, 어휘형태소 내부에서 'ㆍ>ㅡ' 변화를 보이는 예들은 그리 많지 않았다. 이러한 변화를 보이는 예들 외에는 대부분 원래의 'ㆍ'를 그대로 유지한 채 나타난다는 점에서 이 환경에서는 일반적으로 'ㅡ>ㆍ' 변화가 일어났다고 할 수 있다.

중자음 뒤에서 'ㆍ'가 'ㅡ'로 바뀌기보다 'ㅡ'가 'ㆍ'로 바뀐다는 사실은 이미 지적된 것으로서(한영균, 1994), 이러한 변화는 18세기 왕실 문헌에 와서 새로 나타나는 현상이 아니라 후기 중세국어 시기부터 보이던 현상이었던 것이다. 말하자면 18세기의 왕실 자료나 이 글의 대상 문헌인 『됴야긔문』에 나타나는 'ㅡ>ㆍ' 변화도 이러한 중세국어의 변화를 계승한 것이라고 할 수 있다.

이 글의 대상 문헌에는 'ㆍ'가 'ㅏ'로 바뀐 예가 'ㄷ, ㄹ' 뒤에서는 어두음절에서 '다스ᄒᆞ도다, 다ᄌᆞ으려(ᄃᆞ자오리다)' 두 예밖에 나타나지 않았다. 비어두음절에서는 'ㄷ' 뒤에 'ㆍ'가 오는 '가온대(31), 가운대, ᄇᆞ람(2)' 정도만 나타나고 'ㅏ'가 'ㆍ'로 바뀐 예는 'ㄷ, ㅈ, ㄹ' 뒤에서 'ᄃᆡ충(大總), ᄃᆡ문(大文), ᄃᆡ비(大比), ᄃᆡ샹(大祥), 막ᄃᆡ훈, 아ᄌᆞ비, 아릭, 비브ᄅᆞ' 등이 나타났다.[34]

선행 음절의 모음이 'ㅏ'인 경우(간혹 'ㆍ'인 경우도 보임)에 비어두음절에서 나타나는 'ㆍ>ㅏ' 변화는 이미 16세기에도 보이던 현상으로(이

---

[34] 한영균(1994)에서도 'ㅡ>ㆍ' 변화를 보이는 예들도 선행 자음에 영향을 받아 일어난 변화로 간주하는 것이 타당하다고 하면서 용례들에 나타나는 'ㅏ>ㆍ' 변화가 'ㆍ>ㅡ' 변화에 대한 역표기가 아니라 실제 음성 층위에서 일어난 변화로 간주되어야 한다고 논의된 바 있다.

기문, 1972), 이 문헌에서는 중자음 뒤에서 '·>ㅏ' 변화가 두 개의 예 정도만 나타난다.

이와는 반대로 'ㅏ>·' 변화를 보여주는 예들이 적지 않게 나타났다. 그러므로 이 문헌에서 '·>ㅏ' 변화가 끝났다고 할 수는 없다. 16·17세기 문헌에 보이는 비어두음절에서의 '·>ㅏ' 변화 예의 출현이나 어두음절의 '·>ㅏ' 변화의 예가 거의 보이지 않는다는 사실은 이 문헌의 '·'변화는 제2단계 변화의 초기 모습을 보여준다고 할 수 있다. 이런 정도의 '·' 제2단계 변화 상태를 18세기 중·후기의 왕실 문헌과 대비하면, 이 문헌의 '·' 변화는 영조대 왕실 문헌인 『어제』나 『경세문답』과는 크게 다르지 않고, 정조대 왕실 문헌인 『윤음』에는 미치지 못하는 상태였던 것으로 파악된다.[35]

전부변자음 'ㅁ, ㅂ, ㅍ' 뒤에서도 '·'와 'ㅡ'는 여전히 많이 사용되고 있다.

3.1.3. 전부변자음 뒤의 '·'와 'ㅡ' 변화

(가) ㅁ 뒤

① ·>ㅡ : ▼어휘 $2 나믈(<남-), ᄒᆞ믈며(23). 나믄(11), 나믄디라(<남-). ▼문법 올믄(옮-), -므로(28회), '믄>믄(-명사형전성어미 '옴'의 'ㅁ' 뒤에서의 관형형어미+'온>은', 145회), '몰>믈(-명사형전성어미 '옴' 의 'ㅁ' 뒤에서의 관형형어미+'올>을', -믈 : 178회).

② ㅡ>· : 없음.

③ ·>ㅏ : ▼어휘 $1 마즈막, 맛치미라, 맛치시니,[36] $2 다만(125), ᄀᆞ마니(12, ᄀᆞᄆᆞ니), ᄀᆞ만이(4).

---

35) 영조대 왕실 문헌인 「어제」와 「경세문답」의 '·' 변화와 정조대 왕실 문헌인 「윤음」의 '·' 변화에 대해서는 김주필(2004)를 참조할 것.

36) '못츨'이 1회 나타난다.

  ④ ㅏ > ㆍ : ▼문법 $2 언미나, 언민.

(나) ㅂ 뒤
  ① ㆍ > ㅡ : ▼문법 $2 불브믈, $3 즛블브면.
  ② ㅡ > ㆍ : 없음.
  ③ ㆍ > ㅏ : 없음.
  ④ ㅏ > ㆍ : 없음.

(다) ㅍ 뒤
  ① ㆍ > ㅡ : 없음.
  ② ㅡ > ㆍ : 없음.
  ③ ㆍ > ㅏ : 없음.
  ④ ㅏ > ㆍ : 없음.

이 문헌에 비어두음절의 전부변자음 뒤에서 '—'가 'ㆍ'로 바뀐 예는 전혀 보이지 않고 'ㆍ'가 '—'로 바뀐 예들만 보인다. 이러한 변화의 정도는 『어졔』와 『경셰문답』, 『윤음』 같은 왕실 문헌에서 보이던 상태와 매우 유사하다. 'ㆍ'가 'ㅏ'로 바뀐 예들이 'ㅁ' 다음에서만 일부 예들이 보이는데 어휘는 어두음절에서, 빈도는 비어두음절에서 많이 나타났다. 어휘형태소의 어두음절에서 'ㆍ'가 'ㅏ'로 바뀐 예들은 '마즈막, 맛치미라, 맛치시니' 등을 보여주고, 비어두음절에서 '다만(125), ㄱ마니(12), ㄱ만이(4)'[37] 등을 보여준다. 비어두음절에서 '다ᄆᆞᆫ'은 125회 모두 '다만'으로 바뀌어 나타났다. 그러나 어두음절의 일부 예에서 'ㆍ'가 'ㅏ'로 나타나는 것은 이 문헌에서 'ㆍ'의 제2단계 변화가 진행되고 있었음을 보

---

37) 'ㄱ마니'와 'ㄱᄆᆞ니'는 15세기에도 'ㆍ'형과 'ㅏ'형으로 나타나던 예들이라는 점에서 분명히 'ㆍ > ㅏ' 변화를 보인 예라고 단정할 수는 없을 듯하다.

여준다. 그러나 이런 정도의 예를 가지고 '·'의 제2단계 변화가 완성되었다고 할 수는 없는 것으로 간주된다.

전체적으로 보아 『됴야긔문』에 나타나는 문법형태소의 '·'와 '一' 변화는 18세기 중기와 후기의 왕실 자료와 마찬가지로 매우 복잡한 양상을 띤다. 문법형태소가 위치하는 비어두음절에서 변자음 뒤에서는 '·'가 '一'로 바뀐 예들만 나타나 '·'의 제1단계 변화가 활발하게 진행되고 있었음을 보여준다. 그러나 중자음 'ㄴ, ㄹ, ㄷ, ㅌ, ㅅ, ㅈ, ㅊ' 뒤에서는 '·'가 '一'로 바뀐 예들은 극히 일부일 뿐이고 일반적인 변화는 중자음 뒤에서 '一'가 '·'로 바뀌어 나타난다는 점에서 '·'의 제1단계 변화에 대한 기존의 일반적인 주장과는 상당히 다른 변화의 양상을 보여준다. 어휘형태소의 비어두음절에서도 '·'와 '一'는 문법형태소와 대체적으로는 유사하게 나타나 변자음 뒤에서는 '·>一' 변화가 일반화되었다고 할 수 있을 정도였다. 그러나 어휘형태소 비어두음절의 중자음 뒤에서는 '·>一' 변화가 미미하게 일어나는 정도였다는 점에서 '·>一' 변화의 방향으로 돌아서는 과도기에 있었던 것이 아닌가 추정된다. 그러나 비어누음절의 중자음 뒤 환경이라 하더라도 문법형태소에서 목적격조사는 '을'과 '룰'로, 주제격 보조사는 '은'과 '눈'으로, 처격이나 속격조사는 '익'나 '에'로 재편되다시피 하여 '·'의 일반 변화와 다른 양상을 보여준다.

비어두음절의 '·'나 '一' 변화와 달리 어두음절에서의 '·>ㅏ' 변화는 이 문헌에서 그리 확산된 상태는 아니었던 것으로 나타났다. 어두음절에 위치하는 '·'가 변화한 형태를 보여주는 예들의 출현 빈도도 매우 낮았지만, '·'의 제2단계 변화를 보이는 어휘 수도 많지 않았던 것이다. 그러므로 이 문헌에서 보여주는 '·'의 제2단계 변화는 초기 상태에서 진행되고 있었던 것으로 추정된다. 이러한 ‘·’의 변화 상태를 영·정조대의 왕실 문헌과 대비하면, 영조대의 『어제』나 『경세문답』과는 거의 같거나 조금 더 확산된 상태였으며, 정조대의 『윤음』에는 미치지 못한 상태에 있었던 것으로 간주된다.

3.2. [원순성] 관련 현상

3.2.1. 순자음 다음의 원순모음화와 비원순모음화

순자음 다음에 오는 비원순모음 ‘·, ㅡ’가 각각 원순모음 ‘ㅗ, ㅜ’로 되는 현상은 대표적인 [원순성] 관련 현상이다. 이 현상이 반영된 예들은 17세기 중·후기의 역서류 문헌인 『노걸대언해』나 『박통사언해』에 이미 나타났지만, 18세기 왕실 자료에는 거의 나타나지 않았다. 그런데 『됴야긔문』에는 이 현상이 반영된 표기가 상당히 많이 나타난다.

『됴야긔문』의 원순모음화의 비원순모음화

	변화 유형	전 체 8352	고 유 어			한자어
			어 휘 (어두/비어두)	경 계	문 법	
원순모음화	ㅡ>ㅜ	506	163(124/39)	4	1	338
	·>ㅗ	2	0(0/0)	2	0	0
비원순모음화	ㅜ>ㅡ	40	39(39/0)	0	0	1
	ㅗ>·	28	28(26/2)	0	0	0
그대로	ㅡ	1101	421(201/220)	664		
	·	1271	620(501/119)	2	0	649
	ㅜ	2447	373(346/27)	0	0	2074
	ㅗ	2957	1792(1668/124)	0	0	1165

(가) ㅡ>ㅜ

▼어휘 : $1 무거워, 무셔오려니와, 무어시(5), 무어시뇨, 무어슬, 문득
(8), 문허디-(2), 문희치-(2), 문희티-(2), 믈(8), 믈너가, 믈너간디라, 믈
너나면, 믈니른, 믈니엿는디라, 믈니쳐, 믈니쳣더니, 믈니치-(4), 믈니티-
(2), 믈니는, 믈드러, 믈러가-(13), 믈러갓는디라(2), 믈러나-(3), 믈러와,
믈려도, 믈리다, 믈리친, 믈리티다, 믈フ의(2), 뭇디르리라, 부듸, 부어
도, 부쳐내여, 부쳐(2), 부쳐시니, 부쳐오니, 부치인, 부르며, 불(9), 불근,
불너, 불러(13), 불러낸, 불러오기로, 불러와, 불지른, 불탓는디라, 붓쳐,
붓치여, 붓티디, 붓줏는, 푸디, 풀-(7), 풀리이니, 풀의, $2 눈물(6), 더부
러, 머물니잇고, 밀물이, 베풀-(2), 우물의(2), 져물매(2), 찬물은, 허물
(15), 허물홀, 허물며, 흐물며(6). ▼경계 : $3 노닐물, 쳥흐물, $4 문후흐
물, 방송흐물, ▼문법 : $2 밋부디. ▼한자음 : $1 묵묵디(2), 묵묵히, 묵
묵흐-(3), 묵샥흐고, 묵격의, 믈고흐-(6), 믈논공쳔흐고, 믈논(7), 믈논코
져, 믈논하다, 믈론, 믈론이, 믈망이, 믈목, 믈번흐-(4), 믈역(2), 믈위급
가흐는, 믈의롤, 믈졍이(6), 믈더명흐-(5), 믈더죄흐라, 믈수흐-(7), 믈흔
년흐고, 부당타, 부당흐-(5), 부도지과의, 부도지셜(2), 부도흐-(4), 부동
흐야, 부딕훈, 부졍훈(2), 부죡디, 북경, 북낙이, 북당의, 북도(3), 북면흐
야, 북문으로, 북방의(2), 북변민의, 북병스(3), 북으로(5), 북의, 북져, 북
편(2), 북희후, 불가불(21), 불가타(5), 불가흐-(16), 불경흐니, 불계흐고,
불공즈파흐고, 불과(18), 불니지심이, 불릉히, 불릉훈, 불만훈, 불복흐-
(8), 불셔흐여디이다, 불셩모양흐야, 불승, 불승황공흐여이, 불신흐야,
불안흐-(11), 불역지던이나(2), 불우흐미, 불원흐는, 불윤(5), 불윤흐-(7),
불의예, 불일흐-(2), 불찰흐-(5), 불쵸훈, 불측훈(3), 불퉁흐기로, 불편훈
디라, 불평이, 불합다, 불합흐미, 불수흐니는, 불혹, 불힝흐-(13), 붕당
이, 붕흐시-(14), $2 각물은, 긔북한슈어스, 남북도의, 남북(2), 네물을,
뇌물을, 동북이라, 등물(3), 만물(2), 묵묵디(2), 묵묵히, 묵묵흐-(3), 민묵
고져, 민불탐, 방물미쥰훈, 병부진흐여시디, 복불졔, 산북으로, 셔북(2),
셕물은, 의물을(2), 인물(3), 인물디튝이, 임불졔, 잡물은, 졔물(3), 진부
진(3), 패부진흐-(3), 지물을(2), $3 경기물스흐고, 궁흉부도흐여, 뎡슌붕
(2), 듀셰붕, 무소부디흐더니, 무소부지흐여, 범샹부도훈, 법지불힝은,

불가불(21), 삼패부진ᄒ니, 쥬셰붕, 치지물논코져, 치지물논ᄒ다, 퇴더
물논ᄒ니라, 파딕불셔 ᄒ여디, 파직불셔ᄒ라, 지패부진ᄒ니(2).

(나) · > ㅗ
▼경계 : $2 올모셔, 올모시니라.

(다) ㅜ > ㅡ
▼어휘 : $1 므러(3), 므르라, 므르시니, 므론대, 믓티(2), 블샹이(2), 블샹
히(2), 블희롤, 붓그러오-(10), 붓그러워, 붓그럽고, 붓그리고(2), 붓그리
믈, 붓쳬롤, 븨여시미, 븬(7), 빌디라, 픠워. ▼한자어 : $2 방블티.

(라) ㅗ > ·
▼어휘 : $1 ᄇ야ᄒ로(24), 비야ᄒ로, 비야니(뵈아-, 재촉하다), $2 아ᄆ(2).

『됴야긔문』에는 순자음 뒤에서 원순모음화된 예들이 많이 나타난다는
점도 하나의 중요한 특징이다. 총 2,880회 가운데 원순모음화가 508회
일어나 17.64%의 원순모음화 확산 비율을 보여준다. 그러나 순자음 뒤
에서 ‘ㅡ’가 ‘ㅜ’로 바뀌는 원순모음화가 대부분이고, ‘·’가 ‘ㅗ’로 바뀌
는 원순모음화는 ‘올모셔, 올모시니라’와 같이 형태소 경계에서 단 2회
만 일어나 이 문헌에도 ‘·>ㅗ’ 원순모음화는 거의 나타나지 않는다.[38]
‘ㅡ>ㅜ’ 변화만 국한하면, 원순모음화의 환경에 있는 총 1,607회 가운데
506회가 원순모음화된 것으로 나타나 31.49%의 높은 원순모음화 확산
비율을 보여준다.

이 문헌의 원순모음화는 문법형태소에서는 거의 보이지 않고 한자어

---

[38] 이러한 원순모음화 환경의 특징은 18세기의 왕실 문헌이나 역서류 문헌의 경우와 다르지
않은, 17, 18세기 국어에서 일어나는 원순모음화의 특징이라 할 수 있다.

와 고유어의 어휘형태소에 많이 나타난다는 점도 특징이다. 한자어에서는 원순모음화의 환경에 있는 총 1,003회 가운데 '一>ㅜ' 원순모음화만 338회 일어나 33.70%의 비율을 보여주며, 고유어에서는 총 1,877회 가운데 170회가 일어나 9.06%의 원순모음화 비율을 보여준다.

한자어나 고유어의 어휘형태소에서도 'ㆍ>ㅗ' 변화는 일어나지 않아 '一>ㅜ' 변화만 따지면, 한자어에서는 총 354회 가운데 338회가 일어나 95.48%가 원순모음화된 형태로 나타났으며, 고유어의 어휘형태소에서는 총 584회 가운데 163회가 일어나 27.91%가 원순모음화된 형태로 나타났다. 그러므로 한자어에서는 거의 모두 원순모음화된 형태로 나타나는 반면 고유어의 어휘형태소에서는 30%에도 미치지 못하는 비율로 나타나 한자어와 고유어에서 매우 대조적인 모습을 보여준다.39)

문법형태소에서는 'ㆍ>一' 변화가 상당히 진전됨에 따라 'ㆍ>ㅗ' 변화가 적용될 수 있는 환경이 없어져서 'ㆍ>ㅗ' 변화가 나타나지 않으리라는 점은 예측되는 사항이지만, '一>ㅜ' 변화 예가 이 문헌에 거의 보이지 않는 점은 매우 특이한 사실이다. 어휘형태소가 아닌 경우(형태소 경계와 문법형태소 내부), 총 669회 가운데 5회(노닐물, 쳥ᄒ물, 문후ᄒ물, 방송ᄒ물, 밋부디 등)만이 '一'가 'ㅜ'로 바뀌어 0.75% 정도만 원순모음화되어 나타났기 때문이다.

어휘형태소의 경우 원순모음화가 일어난 예들이 보인다고 하여 원래의 형태가 나타나지 않은 것은 아니었다. 이 글의 검토 대상 자료에서

---

39) 문법형태소에서는 이미 'ㆍ>一' 변화가 많이 진전되어 비어두음절에서 순자음 뒤에 'ㆍ'가 오는 경우가 거의 사라져 문법형태소나 형태소 경계에서의 순자음 뒤 'ㆍ>ㅗ' 환경은 거의 없었다고 할 수 있다. 위의 도표와 용례를 보면 알 수 있듯이 순자음 뒤에 'ㆍ' 그대로 나타난 예가 2회, 'ㆍ'가 'ㅗ'로 바뀐 예가 '올모셔, 올모시니라' 2회로서 모두 4회 정도 'ㆍ'가 나타나는 것을 확인할 수 있다.

원순모음화가 일어난 어휘형태소는 '무겁-, 무섭-, 무엇(7), 믄득(8), 믄허디-(2), 믄희치-(4),[40] 믈(8), 믈러가-(19), 믈러나-(4), 믈리-(5), 믈리치-(10), 믈들-, 믈러오-, 믈ㄱ(2), 뭇디ㄹ-, 부듸, 부어도, 부처내여, 부치-(8), 부ㄹ-, 불(9), 불근, 불러(14), 불러내-, 불러오-(2), 불지ㄹ-, 불타-, 븟줏는, 풀-(8), 풀리이니, 풀, 눈물(6), 더부러, 머물-, 밀물, 베풀-(2), 우물(2), 져물-(2), 찬물, 허물(16), 허물며, ㅎ물며(6)' 등 42개 정도의 어휘였으며, '므엇(7), 믄득(23), 믄허디-(8), 믄희치-(4)[41], 믈(3), 믈러가-(3), 믈러나-(3), 믈리-(1), 믈리치-, 브치-(4), 브ㄹ-(16), 블(4), 블러(16), 플-(4), 플(3), 눈믈(4), 더브러(86), 머믈-(25), 베플-(45), 져믈-(3), 허믈(7), ㅎ믈며(23)' 등은 원순모음화되지 않은 형태로 나타났기 때문이다.

이 문헌에는 순자음 뒤에서 원순모음의 비원순모음화 현상도 보인다. 한자어에서는 '방블티'에 1회 나타났으며, 고유어에서는 어휘형태소에서만 비원순모음화 현상이 나타났다. 'ㅜ>ㅡ' 비원순모음화가 '므러(3), 므ㄹ라, 므ㄹ시니, 므론대, 믓틱(2), 블샹이(2), 블샹히(2), 블희롤, 븟그러오-(10), 븟그러워, 븟그럽고, 븟그리고(2), 븟그리믈, 븟쳐롤, 븨여시미, 빈(7), 빌디라, 픠워' 등에 나타나 총 40회 비원순모음화된 형태가 나타났다. 어휘로 보면 '문->믄, 물>믈, 불샹>블샹,[42] 불휘(불희)>블희, 븟

<hr>

40) 어휘형태소 '문희치-'에는 구개음화가 일어난 형태 속에 구개음화가 일어나지 않은 '문희티-' 2회를 포함하였다. 여기에서의 논의 대상은 어두음절의 순자음 뒤에서 일어난 원순모음화 현상이기 때문이다.
41) 어휘형태소 '문희치-'에는 구개음화가 일어난 형태 속에 구개음화가 일어나지 않은 '문희티-' 2회를 포함하였다. 여기에서의 논의 대상은 어두음절의 순자음 뒤에서 일어난 원순모음화 현상이기 때문이다.
42) '블샹'은 『계축일기』에 처음 보이지만, 이 단어는 한자어 '불샹'에 기원하는 것으로 생각된다. 근거를 찾지 못하여 일단 『계축일기』를 근거로 '불샹>블샹'의 변화 예로 분류하기로 한다.

그리->붓그리, 붓그럽->붓그렵-’ 정도로 대여섯 개 정도의 어휘가 반복하여 나타나는 특성을 보인다.

‘ㅗ>ㆍ’ 비원순모음화는 총 28회 나타났는데, 그 예는 ‘ㅂ야흐로(24), 비야흐로, 비야니(<뵈아-, 재촉하-), 아ᄆᆞ’로서 주로 ‘보야흐로(뵈야흐로)’가 반복되어 25회나 나타난 것이다. ‘보야흐로’가 비원순모음화되어 나타나는 ‘ㅂ야흐로’에 ‘ㆍ>ㅏ’ 변화가 적용되면 현대국어의 ‘바야흐로’가 만들어지므로 ‘보야흐로>ㅂ야흐로’의 비원순모음화 현상을 원순모음화에 대한 역표기로 간주할 수는 없을 것이다. 다시 말해 ‘ㅗ>ㆍ’ 변화를 보여주는 예들은 음성의 층위에서 일어난 소리의 변화로서 그 소리의 변화가 표기에 반영된 것으로 간주해야 할 것이다.

이 문헌에 비원순모음화된 예들이 반복되어 나타난다는 사실이나, 이 문헌에 나타나는 비원순모음화의 예들이 『어제』나 『경세문답』, 『윤음』 등에서도 유사한 특성을 보이며 나타난다는 점에서 비원순모음화의 예들에도 소리의 변화 현상이 반영된 것으로 간주된다.

3.2.2. 기타 [원순성] 관련 현상

『됴야긔문』에는 원순모음에 인접한 ‘ㆍ’나 ‘ㅡ’의 원순모음화와 비원순모음화 현상이 반영된 예들은 거의 보이지 않는다. 이미 15세기에도 나타나던 ‘감탄의 선어말어미 ‘-롯-~-로소-’,[43] 도급형의 어미 ‘-도록’[44]을 제외하면, ‘도ᄅᆞ혀’가 바뀐 ‘도로혀<1 : 36a, 11 : 17b, 11 : 24a, 11 : 84a>’ 등과, ‘도로혀’ 또는 ‘도로혀-’가 바뀐 ‘두로혀<2 : 45b>, 두

---

43) 예 : 못ᄒᆞ리로소이다<1 : 31a, 12 : 8b>, 보리로소이다<12 : 33b>, ᄒᆞ리로소이다<22 : 41b>, 흥참ᄒᆞ도소이다<23 : 11a> 등.

44) -ᄃᆞ록, 예 : 못도록<11 : 15a>, 새도록<11 : 72b>, 오래도록<22 : 46b> 등.

로혀디<2 : 11a>, 두로혀고<11 : 68b>' 정도가 나타날 뿐이다.[45)]

이 자료에는 이전 시기에도 보이던 원순모음 다음 음절에서 [원순성]을 갖는 반모음 w가 첨가되거나 탈락되는 현상이 간혹 보인다. '됴화ᄒᆞ눈<23 : 32a, 23 : 33b, 23 : 73b>, 모화<22 : 2a, 22 : 3a, 23 : 34b>, 모도와<2 : 29a, 11 : 37b>, 보와디라<11 : 8b>, 엿보와<23 : 24a>, 적을 쏘와<11 : 33b>' 등은 w가 첨가된 예들이고 '눈하<11 : 8b, 11 : 15a>'는 '눈화<11 : 6b, 11 : 13a, 11 : 13b>' 등에서 w가 탈락된 예들이다. '논화<1 : 35b>'는 '눈화'의 제2음절의 원순성에 동화를 입어 제1음절이 원순모음화되어 나타난 예라고 할 수 있다.[46)]

3.3. 기타 모음 관련 현상

이 자료는 모음과 모음이 만날 때 만들어지는 히아투스의 환경에서 다

---

45) 『됴야긔문』에는 '어두오미<11 : 20a>, 어두온<11 : 66a, 12 : 76b>, 어두워<23 : 56b>, 어둡고<22 : 56a>'와 같이 '어듭-'이 '어둡-'으로 바뀌어 어간의 모음이 원순모음으로 나타난다. '어듭-'이 '어둡-'으로 된 것은 선행하는 자음이 'ㄷ'이므로 순자음에 의한 원순모음화 현상이라 할 수도 없다. 그러나 어간 '어듭-'이 'ㆍ'나 'ㅡ'로 시작하는 어미와 결합하면 '어두오미, 어두온, 어두워' 등과 같이 활용하여, 후행하는 모음의 원순성에 동화되어 어간의 'ㅡ'가 'ㅜ'로 바뀐 것이다. 그러므로 '어듭-'의 모음 'ㅡ'는 후행하는 활용형의 모음 'ㅗ'나 'ㅜ'에 의한 원순성의 동화 현상이 적용된 예라 할 수 있다. 후기중세 국어에서 '외롭-~외롭-'에서와 같이 형용사파생접미사로서 '-릅-~-롭-' 두 형태를 갖던 접사들은 모두 '-롭-'으로 단일화되어 '외로온<11 : 14a, 11 : 19b>, 괴로오믈<11 : 53a>, 죵요로온<11 : 68a>, 방해로오미<12 : 38b>, 해로오미<12 : 64b>, 번거로오니<12 : 67b>, 혐의로오미<23 : 17a>' 등과 같이 단일화되어 나타난다.

46) 왕실 문헌인 『어졔』에서는 순자음 'ㅁ' 다음 위치의 'ㅡ'나 'ㆍ'가 원순모음화된 예들을 거의 보여주지 않는다. 그러나 『됴야긔문』에서는 어휘형태소 내부의 순자음 다음에 오는 'ㅡ'가 원순모음화된 예들을 많이 보여준다. 『어졔』에서는 형태소 경계에서도 어간말 'ㅁ' 다음이나 명사형어미 다음에 오는 'ㆍ'나 'ㅡ'도 원순모음화된 예들을 보여주지 않는데, 『됴야긔문』에서도 이 점은 같다. 가령, 용언 어간에 명사형어미 '(ᄋᆞ/으)ㅁ'이 결합되어 활용하는 경우에 명사형 어미 'ㅁ' 다음의 'ㆍ'나 'ㅡ'가 원순모음화된 예는 거의 보여주지 않는 것이다.

양한 현상이 일어났음을 보여준다. 이 자료에 국한하여 나타나는 새로운 현상은 보이지 않지만, 이 예들은 이전의 음운현상이 계속해서 이 자료에도 나타남을 보여준다. 유형으로는 약모음 '·'나 '一'가 탈락되는 현상, 반모음 첨가 현상, 비음절화에 의한 음절 축약 현상 등이 있다. 그러나 이 문헌에 움라우트 현상은 보이지 않는다.

'ㅣ'로 끝나는 고유어의 체언에 속격조사나 처격조사가 결합될 때 체언의 'ㅣ'가 탈락되는 현상은 보이지 않는다.

> 잠간 스이의 호병이 니르러<11 : 70a>, 이 두 가지의 낫니라<12 : 27b>, 아디 못게라 이의 어디 잇느뇨<12 : 38a>, 취정ᄒ눈 무리의 소긴 배<12 : 77b>, 감히 그 스이의 스이ᄒ리오<12 : 62b>, 적이 산머리의 와 급히<11 : 29b>, 냥 릉 사이의 소남기 하눌의<2 : 11a>

위의 예는 '두 가지, 무리, 산머리' 등과 같이 'ㅣ'로 끝나는 체언 다음에 처격조사인 '의'가 왔지만 체언 말의 'ㅣ'가 탈락되지 않고 그대로 실현되는 특성을 보여주는 것이다. 15세기 국어에서는 'ㅣ'로 끝나는 체언 나음에 처격소사 '이'나 '의'가 오게 되면 체언 말의 'ㅣ'가 탈락되어 '스싀, 두 가직, 무릐, 산머릐' 등으로 나타나던 예들이다.

이와 같이 체언 말의 'ㅣ'가 처격조사 앞에서 탈락되는 현상은 18세기 중후기 왕실 자료인 『어졔』나 『경세문답』에도 나타난다. 이들 왕실 문헌에서도 'ㅣ'로 끝나는 고유어의 체언 다음에 처격조사나 속격조사가 오게 되면, "어버의 ᄆᆞ음이(빅힝원 2a), 어버의 쯧을(어졔 1a), 그 어버의게 욕이 밋게 ᄒ며(빅힝원 5b)" 등과 같이 체언의 'ㅣ'가 탈락하는 특성을 보여주었다. 그러나 이 문헌에서는 이러한 현상이 사라지고 현대국어처럼 체언 말의 'ㅣ'가 그대로 실현된다는 점에서 18세기 중후기의 왕실

자료와 차이를 보인다.[47]

4. 결론

이상에서 23권 23책으로 된 한글 필사본『됴야긔문』의 제1권, 제2권, 제11권, 제12권, 제22권, 제23권에 나타나는 음운현상의 특징을 통시적인 관점에서 검토하면서 18세기 중·후기의 다른 부류의 문헌들과 대비해보았다. 검토된 음운론적 특징과 논의 내용을 간략하게 정리하고 이 문헌의 언해 시기를 추정하는 것으로 이 글을 마무리하고자 한다.

이 글에서 대상으로 삼은『됴야긔문』의 6책에 나타나는 구개음화는 전체적으로 15.39%의 확산 상태를 보이는 것으로 나타났다. 한자어에서는 18.12%, 고유어에서는 11.48%로 나타났다. 고유어의 구개음화 확산 비율이 낮은 이유는 부정사 앞의 연결어미 '-디'가 대부분 구개음화되지 않은 상태로 나타났기 때문이다. 그리하여 고유어의 문법형태소에서는 구개음화의 확산 비율이 6.81%에 그쳐 어휘형태소의 22.50%에 비해 매우 낮은 비율을 보였다. 특이하게도 문법형태소에서 구개음화의 비율이 어휘형태소에서보다 매우 낮은 상태로 나타났는데, 이것 역시 '-디'를 구개음화되지 않은 형태를 표기의 기준으로 삼았기 때문이 아닌가 여겨진다.

이 문헌의 자음 관련 현상 가운데 특이한 것은 한자어 내부의 '비음―

---

[47] '어디 잇ᄂ뇨'와 같이 체언 말의 'ㅣ'가 탈락된 예도 간혹 보이는데, 이러한 예들은 'ㅣ'가 탈락된 형태가 굳어진 것으로 간주된다.

유음’ 연결체가 유음화를 일으키지 않고 후행하는 ‘ㄹ’이 비음 ‘ㄴ’으로
바뀌는 현상이 널리 나타나는 것이다. 현대국어에서는 한자음의 ‘ㄴ-ㄹ’
연쇄에서 유음화 현상이 일어나지만, 『됴야긔문』에서는 유음화 현상이
일어나지 않고 ‘ㅁ-ㄹ, ㅇ-ㄹ’의 연쇄에서 일어나는 현상과 동일한 현상
이 일어난다. 한자어에 나타나는 ‘비음-ㄹ’의 음연쇄를 고유어의 음연쇄
로 맞추고자 하는 현상이 ‘ㄹ-ㄴ’의 음연쇄에도 적용된 이러한 특성은
18세기 중·후기 왕실 문헌에도 보인다는 점에서 이 문헌은 18세기
중·후기의 왕실 자료와 동일한 성격을 갖는다.

　한편 이 문헌에서도 ‘ㅅ’을 말음으로 하는 어간이 모음 어미 앞에서는
‘ㄲ’으로 바뀌어 그 활용 패러다임이 바뀌는 과정에 있었음을 보여주지
만, 자음 어미 앞에서는 ‘ㅅ’이 그대로 나타나는 예들도 적지 않아 ‘ㅅ’
으로 끝나는 어간이 ‘ㄲ’을 말음으로 끝나는 어간으로 재구조화되었다고
하기는 어려운 상태인 것으로 판단된다.

　이 문헌에 나타나는 ‘·’ 변화의 양상도 대체로 영조대의 왕실 자료와
유사한 특성을 보여준다. ‘·’의 변화는 비어두음절에서 일률적으로 ‘ㅡ’
로 바뀌는 것이 아니라 직접 선행하는 자음의 특성, 그것도 해당 자음의
조음 위치에 영향을 받는 것으로 나타났다. 즉 변자음인 양순음이나 연
구개음 다음에서는 ‘ㅡ’로, 중자음인 치음과 구개음 다음에서는 ‘ㅡ’가
‘·’로 변화하여 영조대 후기의 왕실 자료와 그 궤를 같이 하고 있다.

　어두음절에서 ‘·’가 ‘ㅏ’로 바뀐 예로는 ‘ᄒ·->하-, ᄃ슷ᄒ·->다슷
ᄒ·-, ᄃ자오리->다즈오리-, ᄆ즈막>마자막, ᄆ치->맛치-(2회), ᄃ만>
다만(125회)’ 등이 보이고, ‘ㅏ’가 ‘·’로 바뀐 예로는 ‘ᄀ마니(12회), ᄀ
만이(4회)’ 등이 보인다. 이러한 ‘·’ 변화의 확산 정도는 영조대의 『어제』,
『경세문답』 등과 유사하며, 정조 대의 『윤음』에는 미치는 못하는 상태이다.

이 문헌에는 순자음 뒤의 'ㆍ'나 'ㅡ'가 원순모음화된 예들이 많이 나타난다. 원순모음화의 예들은 전체적으로 17.4% 정도 확산되어 나타났는데, 'ㆍ'가 'ㅗ'로 바뀐 예는 거의 없고 대부분 'ㅡ'가 'ㅜ'로 바뀐 예로서, 'ㅡ>ㅜ' 변화를 보이는 예들의 비율이 31.49%나 되었다. 'ㅡ>ㅜ' 원순모음화는 문법형태소보다 어휘형태소에서 두드러지게 많이 나타났다. 어휘형태소 가운데에서도 고유어(27.91%)보다 한자어(95.48%)에서 많이 나타났으며, 한자어에서는 원순모음화가 거의 완성 단계에 이르렀다고 할 정도로 많이 확산되어 나타났다. 한자어에 나타나는 이러한 원순모음화 비율은 영·정조대의 왕실 문헌이나 역서류 문헌 등의 다른 문헌보다 월등하게 높은 상태로 나타났다.

본 연구에서 검토한 자음 관련 음운현상의 구개음화의 확산 정도나 한자음의 'ㄹ-ㄴ' 연쇄에서의 'ㄹ'의 'ㄴ'으로의 교체 현상 등, 모음 관련 음운현상의 'ㆍ' 변화, [원순성] 관련 현상 등의 검토 결과는 18세기 중·후기의 왕실 문헌과 유사한 특성을 보여준다. 어휘형태소와 문법형태소에 보이는 구개음화의 출현 빈도나 한자어에 나타나는 원순모음화 비율 등과 같이 이 문헌만의 특수성을 보여주는 경우도 있었지만, 대체적으로 이 문헌의 음운변화 상태는 영·정조 시대의 『어제』, 『경세문답』, 『윤음』 등과 매우 유사한 특징을 보여준다. 좀 더 구체적으로 말하면 이 문헌의 음운변화 진행 상태는 정조대의 『윤음』에는 미치지 못하고, 영조대의 『어제』나 『경세문답』과는 유사하거나 다소 확산된 상태라고 할 수 있다.

『됴야긔문』의 언해자(또는 편찬자)는 관찬과 사찬의 역사서를 정리할 정도, 말하자면 야사와 정사에 대한 지식을 갖고 있었던 사람이라 할 수 있다. 그렇다면 『됴야긔문』의 언해자(또는 편찬자)는 양반 지식인으로 보아도 크게 틀리지 않을 것으로 추정된다. 그렇다고 하여 『됴야긔문』의 언해자나 편찬자가 왕실 보관의 유일본인 『어졔』나 『경셰문답』, 왕이 쓴 칙령을 언해한 『윤음』 등의 언해자나 편찬자보다 상류층의 지식인이라 하기는 어렵지 않나 생각된다. 다시 말하면 『됴야긔문』의 언해자나 편찬자는 왕실 문헌의 언해자나 편찬자와 유사하거나 다소 낮은 사회적 지위에 있던 사람이고, 사역원 소속의 역서류 문헌 언해자나 편찬자보다는 상류 계층에 속하는 지식인이었다고 추정할 수 있다.

이러한 관점에서 『됴야긔문』에 반영된 언어 사용의 상태는 1760~70년대에 언해·편찬된 것으로 추정되는 영조대 왕실 문헌인 『어졔』나 『경셰문답』보다는 나중에 언해·편찬된 것으로 보이며, 1790년대에 만들어진 정조대의 『윤음』보다는 앞선 시기에 언해·편찬된 것으로 추정된다. 좀 더 정확하게 말하면, 『어졔』나 『경셰문답』이 간행된 1764년경보다는 후대인 1770~80년대, 좀 더 포괄적으로 말한다면 18세기 후기에 언해·편찬된 것으로 추정된다. 이러한 추정은 『됴야긔문』의 언해문에 나타난 음운현상을 통시적인 관점에서 검토한 결과를 바탕으로 이루어진 것으로서, 18세기 중·후기, 좀 더 시기를 넓혀 17세기부터 19세기에 이르는 근대국어 시기의 다양한 문헌의 국어 사용 상태를 언어학의 제층위에 걸쳐 꾸준히 검토하여 보완할 필요가 있다.

제3부

1 장서각본 『천자문』의 표기와 음운현상*

1. 논의의 방향

[사진 1] 장서각본 『千字文』 표지

藏書閣本장서각본 『千字文천자문』은 한국학중앙연구원의 장서각에 소장된, 石峰석봉 『千字文』 계통의 1권 1책의 필사본이다. 이 책은 편찬이나 필사에 관련된 기록이 없어 언제 어떠한 과정을 통하여 펴내게 되었는지 분명하게 알 수 없다. 그러나 이 책이 장서각에 다른 왕실 문헌과 함께 보존되어 왔다는 사실과 책의 상태가 일반 문헌과 상당히 차이가 있

---

* 이 글은 같은 제목으로 『장서각 소장 한글필사자료 연구』(태학사, 2007 : 443~487면)에 수록되었다.

[사진 2] 장서각본 『千字文』 1a

는 고급 裝幀本장정본의 필사본이라는 점에서 특별한 목적을 위해 만들었다는 점은 짐작할 수 있다.

쑥색 비단으로 된 표지에 붉은색 실을 5침으로 제본한 이 책은 40.4×26.9cm 정도의 크기이다. 표지의 왼쪽 상단에 '千字文'이라는 표제가 題簽제첨되어 있고, 제첨된 종이는 붉은색으로 테두리가 쳐져 있다. 이 책의 표지와 본문 사이에는 空隔紙공격지가 앞뒤에 한 張장씩 있는데, 앞쪽 격지는 노란색, 뒤쪽 격지는 붉은색으로 되어 있다. 질 좋은 닥종이로 된 본문은 총 42장으로서, 각 장은 붉은색, 옥색, 노란색, 분홍색, 쑥색, 흰색의 순서로 되어 있다. 細筆세필로 정성들여 그린 半葉廣郭반엽광곽은 四周雙邊사주쌍변으로 되어 있으며 半郭반곽의 크기는 27.7×18.4cm 정도이다. 有界유계로 된 매 면은 3행 4자씩으로 석봉『千字文』과 동일한 형식을 취하였다. 붓으로 그린 版心판심과 사주쌍변의 테두리는 파란색과 붉은색의 두 색상으로 되어 있고, 붉은색과 분홍색으로 된 면에는 테두리가 파란색으로 되어 있고, 옥색, 노란색, 쑥색, 흰색으로 된 면에는 테두리가 붉은색으로 되어 있다. 본문 첫 면의 시작 부분에 '千字文'이란 서명이 있으며, 본문은 두 번째 행부터 시작된다. 판심에는 上下內向상하내향 3葉엽 花紋魚尾화문어미가 역시 붓으로 그려져 있으며, 상하 어미 사이에 '千字文'이라는 서명과 장차가 적혀 있다.1)

장서각본『千字文』은 책의 형식이나 내용이 석봉『千字文』과 대동소이하다. 책의 체제나 배열된 한자가 석봉『千字文』과 같으며, 한자의 훈과 음이 석봉『千字文』과 완전히 같은 항목도 적지 않다. 이 문헌에 배열된 한자의 훈과 음을 석봉『千字文』과 대비해 보면, 훈과 음이 동일한 한자가 400자, 한자의 훈만 동일한 한자가 390자, 훈이나 음이 동일하지 않은 한자가 210자이다. 이 가운데 석봉『千字文』과 동일한 부분은 석봉『千字文』이 간행된 16세기 후기의 언어 상태로, 석봉『千字文』과 다른 부분은 장서각본『千字文』이 편찬되거나 필사된 시기의 언어 상태로 추정할 수 있다.[2] 이러한 특성을 바탕으로 본 연구에서는 장서각본『千字文』에 나타난 표기와 음운현상을 통시적인 관점에서 살펴보고 이를 바탕으로 이 책이 편찬되거나 필사된 시기를 추정해 보고자 한다.

2. 표기

이 문헌에 사용된 음절의 초성은 근대국어 시기의 다른 문헌과 다르지 않다.[3]

---

1) 장서각본『千字文』의 자세한 서지 사항에 대해서는 정재영(2002)과 박부자(2002)를 참조할 것.

2) 물론 근대국어 시기에 편찬된 석봉『千字文』계통의 이본을 이 책의 저본으로 삼았을 가능성도 배제할 수 없다. 그러나 장서각본『千字文』의 저본이라 할 만한 문헌을 찾지 못한 상태이기 때문에 이 글에서는 이러한 관점을 취할 수밖에 없는 상황이다. 그러나 설사 이 책을 만들면서 저본으로 삼은『千字文』이 있었다 할지라도, 그것이 언어 내적·언어 외적 특성을 통하여 접근하는 이 글의 편찬 시기 추정에 큰 변수로 작용할 가능성은 크지 않을 것으로 판단된다.

3) 장서각본『千字文』에는 다음과 같이 탈자나 오자의 예들이 자주 나타나는 편이다(다음 예들에서 '可 오흘 가<藏千 8b> 올홀 가'에서처럼 출전 <藏千 8b> 뒤에 제시되는 '올홀 가'는 석봉『千字文』의 것이다, 이하 제시되는 예에서는 동일함).
可 오흘 가<藏千 8b> 올홀 가, 維 열글 유<藏千 9b> 얼글 유, 敬 공경 공<藏千 11a> 공경 경, 愼 삼길 신<藏千 13a> 삼갈 신, 而 말리 이<藏千 14a> 말리을 이, 詠 읇흘 영<藏

(1) ㄱ : 秋 가을 츄<藏千장천, 2a>, ㄴ : 騰 날 등<藏千, 2b>, ㄷ : 垂 드리울
    슈<藏千, 5b>, ㄹ : 龍 룡 룡<藏千, 4a>, ㅁ : 推 밀 츄<藏千, 4b>, ㅂ :
    夜 밤 야<藏千, 3a>, ㅅ : 鳥 싀 됴<藏千, 4a>, ㅇ : 露 이슬 로<藏千,
    2b>, ㅈ : 制 지을 제<藏千, 4b>, ㅊ : 伐 칠 벌<藏千, 5a>, ㅋ : 劍 칼 검
    <藏千, 3a>, ㅌ : 邙 터 망<藏千, 18b>, ㅍ : 懷 프믈 회<藏千, 15b>,
    ㅎ : 壹 한 일<藏千, 6a>.

초성에 사용된 병서에는 'ㅂ'계 합용병서와 'ㅅ'계 합용병서가 나타났
으며, 'ㅆ'을 'ㅅ'계 합용병서로 간주한다면 이 문헌에 각자병서는 사용
되지 않았다고 할 수 있다. 먼저 'ㅂ'계 합용병서를 보기로 한다.

(2) 'ㅂ'계 합용병서 : 以 뻐 이<藏千 14a>, 情 뜻 정<藏千 17a>, 逐 쏲줄
    츅⁴⁾<藏千 17b>, 志 뜻 지<藏千 17b> 뜬 지, 意 뜻 의<藏千 17b> 뜬의,
    振 떨 진<藏千 22a> 떨 진, 嚬 삥글 빈<藏千 40a> 삥글 빈.

이 문헌에는 'ㅂ'계 합용병서로 'ㅄ, ㅲ, ㅳ'이 사용되었으나 '嚬 삥글
빈<藏千 40a>'만 제외하면 모두 석봉『千字文』의 표기와 동일하다. '嚬
삥글 빈<藏千 40a>'도 석봉『千字文』에는 '삥글 빈'으로 나와 있지만,
이 용례도 근대국어 문헌에 거의 쓰이지 않던 'ㅄ'이 이 문헌에서 새로
사용되었다고 보기는 어렵지 않나 생각된다. 그러므로 이 문헌에는 'ㅂ'
계 합용병서가 사용되고 있기는 하지만 이 문헌의 이전의 표기를 따른
것으로 이해하는 것이 자연스럽다.

千 14a> 으플 영, 殊 다을 슈<藏千 14b> 다눌 슈, ?滿 가들헐 만<藏千 17b> 출 만, 麋 얽
글 미<藏千 18a> 얼글 비, 恥 브그릴 티<藏千 30b> 붓그릴티 , 淑 말을 슉<藏千 40a>
몰글 슉.
4) 석봉『千字文』에는 "쏲출 튝"으로 나온다. 그러므로 "쏲줄 츅"의 '줄'은 '출'의 오기라고
   할 수 있다.

(3) 'ㅅ'계 합용병서 :

ㅅㄱ(11회) : 湯 쓸흘 탕<藏千 5a>, 端 끝 단<藏千 10a>, 英 꼿부리 영<藏千 21a>, 俠 낄 협<藏千 21b>, 橫 빗낄 횡<藏千 25a>, 猷 꾀 유<藏千 30a>, 象 코끼리 샹<藏千 36a>, 誚 쑤지즐 쵸<藏千 42a>, 焉 이끼 언<藏千 42b>, 哉 이끼 지<藏千 42b>, 也 이끼 야<藏千 42b>.

ㅅㄷ(15회) : 地 싸 디<藏千 1a>, 當 맛짱 당<藏千 11b>, 馨 곳싸을 형<藏千 12a>, 離 쩌날 리<藏千 16b>, 浮 뜰 부<藏千 18b>, 亦 쏘 역<藏千 21a>, 時 찌 시<藏千 23a>, 庭 뜰 정<藏千 27b>, 彫 쩌러질 쵸<藏千 33a>, 落 쩌러질 락<藏千 33a>, 且 쏘 츠<藏千 37a>, 垢 찌 후<藏千 38a>, 躍 뛸 약<藏千 38b>, 超 뛸 초<藏千 38b>, 帶 띄 디<藏千 41b>.

▼ㅅㅂ(3회) : 抽 쌘힐 츄<藏千 32b>, 根 뿌리 근<藏千 33a>, 骸 뼈 히<藏千 38a>.

▼ㅆ(6회) : 積 싸을 젹<藏千 10b>, 用 쓸 용<藏千 26a>, 務 심쓸 무<藏千 28a>, 射 쏠 샤<藏千 39a>, 莊 씩씩헐 장<藏千 41b>.

'ㅅ'계 합용병서자로는 'ㅅㄱ, ㅅㄷ, ㅅㅂ'이 사용되었으며, 각자병서라 할 수 있는 'ㅆ'도 사용되었다. 그러나 'ㅆ' 외에 다른 긱자병시는 보이지 않으므로 'ㅆ'을 'ㅅ'계 합용병서로 이해하는 것이 타당한 것으로 생각된다. 'ㅅ'계 합용병서는 'ㅅㄱ'이 11회, 'ㅅㄷ'이 15회, 'ㅅㅂ'이 3회, 'ㅆ'이 6회로서 총 35회가 사용되었는데, 이 35회 가운데에는 이전 시기에도 'ㅅ'계 합용병서였던 것들도 있지만, '浮 뜰 부(뜰 부), 用 쓸 용(쁠 용), 庭 뜰 정(뜰 정), 彫 쩌러질 쵸(뼈러딜 됴), 落 쩌러질 락(뼈러질 락), 烝 쓸 증(삘 즁), 垢 찌 후(뼈 구), 躍 뛸 약(삘 약), 超 뛸 초(삘 초), 射 쏠 샤(쁠 샤)' 등과 같이 'ㅂ'계 합용병서에서 'ㅅ'계 합용병서로 바뀐 것들도 있다.5) 석봉『千字文』을 따르지 않은 부분에 'ㅂ'계 합용병서가 거의 사용되지 않는데, 이는 'ㅂ'계 합용병서가 이 문헌에서 'ㅅ'계 합용병서로 바뀌어 사용되었기 때문이다. 한편 '勉 힘슬 면(<힘쁠 면, 30a>)'과 같이 이전 시기의 'ㅽ'이 'ㅅ'으로 된 예도 있고, '寫 슬 샤<藏千 19a>'와 같이 이전 시기의 'ㅆ'이 'ㅅ'으로 된 예들도 있다. 그렇다고 하여 'ㅆ'이 전혀 사용되지 않은 것은 아니었다. '務 심쓸 무<藏千 28a> 힘쁠 무'와 같은 예들에서는 'ㅆ'도 사용되었기 때문이다.

이 문헌의 표기에서 중성자는 'ㅏ, ㅑ, ㅓ, ㅕ, ㅗ, ㅛ, ㅜ, ㅠ, ㅡ, ㅣ, , ㆎ, ㅢ, ㅚ, ㅟ, ㅙ, ㆌ, ㅖ, ㅘ, ㅝ, ㅞ' 등이 사용되고 있다.

(4) 중성자 : ㅏ : 月 달 월<藏千 1b>, ㅑ : 羊 양 양<藏千 9a>, ㅓ : 首 머리 슈<藏千 5b>, ㅕ : 官 벼슬 관<藏千 4a>, ㅗ : 衣 옷 의<藏千 4b>, ㅛ : 隨 죠출 슈<藏千 15a>, ㅜ : 玉 구슬 옥<藏千 3a>, ㅠ : 忠 튱셩 튱<藏千 11b>, ㅡ : 端 끗 단<藏千 10a>, ㅣ : 麼 얽글 미<藏千 18a>, ㆍ : 溫 드슬 온<藏千 12a>, ㅐ : 禽 새 금<藏千 19a>, ㅔ : 布 베 포<藏千 39a>, ㅢ : 旣 임의 긔<藏千 20b>, ㆎ : 民 빅셩 민<藏千 5a>, ㅚ : 左 욀 좌<藏千 20b>, ㅙ : 岱 ㅁ 딕<藏千 26b>, ㅟ : 耳 귀 이<藏千 34a>, ㆌ : 取 취헐 취<藏千 12b>, ㅒ : 없음, ㅖ : 古 예 고<藏千 31b>, ㅘ : 睦 화목 목<藏千 14b>, ㅝ : 願 원헐 원<藏千 38a>, ㅙ : 없음, ㅞ : 헐 훼<藏千 7b>.

종성자는 근대국어 후기 문헌에서는 'ㄱ, ㄴ, ㄹ, ㅁ, ㅂ, ㅅ, ㅇ'의 7자의 종성으로 굳어지는 데에 반해 이 문헌에는 (5)와 같이 7종성에 'ㄷ'

---

5) 'ㅂ'계 합용병서가 'ㅅ'계 합용병서로 바뀐 예들은 통시적인 관점에서 일련의 음운변화의 결과로 판단된다. 'ㅂ'계 합용병서는 두 분절음을 표기한 것이므로 'ㅂ'계 합용병서가 그대로 'ㅅ'계 합용병서가 나타내는 경음으로 바뀌었다고 할 수는 없다. 'ㅂ'계 합용병서가 두 음을 나타내므로 그 두 음의 연쇄에서 탈락 현상이 개재하였기 때문에 경음이라는 하나의 분절음으로 바뀌게 된 것으로 이해하는 것이다. 이러한 관점에서 'ㅂ'계 합용병서에서 'ㅂ'이 다음 소리를 경음으로 만든 다음 탈락됨으로써 'ㅅ'계 합용병서가 나타내는 경음이 된 것으로 이해할 수 있다.

이 추가되어 8자의 종성이 사용되고 있다. 그러나 'ㄷ'이 사용된 예는 (6)에 제시한 9개의 예가 전부로서 대부분이 종성 위치에서 'ㅅ'이 사용되었다.

(5) ㄱ : 墨 먹 믁<藏千 9a>, ㄴ : 臣 신하 신<藏千 6a>, ㄷ : 端 귿 단<藏千 10a>, ㄹ : 劍 칼 검<藏千 3a>, ㅁ : 身 몸 신<藏千 7a>, ㅂ : 則 법측 법 <藏千 11b>, ㅅ : 外 밧 외<藏千 15a>, ㅇ : 東 동녁 동<藏千 18a>.

(6) 光 빋 광<藏千 3a> 빗 광, 李 외얃 니<藏千 3b> 외얏 니, 景 볃 경<藏千 9b> 볃 경, 端 귿 단<藏千 10a> 귿 단, 表 받 표<藏千 10a> 받 표, 伯 믿 빅<藏千 15b> 믿 빅, 兄 믿 형<藏千 15b> 믿 형, 友 벋 우<藏千 16a> 벋 우, 傍 겯 방<藏千 19b> 겯 방.

(6)의 예들과 같이 이 문헌에 'ㄷ'이 종성으로 사용되었다는 것은 특기할 만하다. 그러나 '光 빋 광<3a>, 李 외얃 니<3b>'를 제외하면, 그 나머지는 모두『석봉 천자문』의 한자 훈과 음을 그대로 따른 부분에서 나타난다는 점에서 특이할 것이 없다. 단지 '光 빋 광<3a>, 李 외얃 니<3b>'는 석봉『千字文』에서 '빗 광, 외얏 니'로 나타나 이 문헌에서 바뀐 것처럼 나타나지만, 이 예들 역시 이전의 형태를 따랐거나 'ㄷ'의 사용에 이끌려 일시적으로 사용된 예들로 추정된다. 사실 이 문헌에는 '堅 굿을 견<藏千 17b>'과 같이 [t]나 [d]를 이끌어 낼 수 없는 음절말 위치에서도 'ㅅ'을 썼다는 점에서 일부 환경에서 'ㄷ'을 종성으로 택하여 사용한 것이라고 보기는 어렵다.

종성에 사용된 합용자는 다음과 같이 'ㄺ, ㄼ'에 한하여 나타난다.

(7) ㄺ : 雅 묽을 아<藏千 17b>, 麋 얽글 미<藏千 18a>, 土 흙 토<藏千

25a>, 丹 븕을 단<藏千 26a>, 紫 븕글 자<藏千 27a>, 鷄 닭 계<藏千 27a>, 赤 븕글 젹<藏千 27a>, 的 붉을 젹<藏千 32b>, 朗 밝을 낭<藏千 40b>, 래 : 詠 읇흐 영<藏千 14a>, 省 숣힐 셩<藏千 30b>, 'ㅄ, ㄺ, ㄽ, ㄳ, ㅅㄱ' 등이 사용된 예는 없음.6)

  이 문헌의 표기 상태는 표면적으로 보면 16세기 후기와 근대국어의 표기 질서가 공존하고 있다. 그러나 16세기의 표기 상태를 보이는 부분은 석봉『千字文』을 그대로 따른 것이므로 석봉『千字文』과 같은 한자의 훈과 음의 표기를 제외하면 이 문헌의 표기 상태는 근대국어의 표기 질서와 다르지 않다. 석봉『千字文』을 따른 부분에는 연철된 예들도 적지 않게 나타나지만, 석봉『千字文』을 따르지 않은 한자의 훈과 음 표기에 있어서 실사와 허사 사이에는 8종성의 범위 내에서 분철되고 있다는 점도 이러한 점을 뒷받침해 준다.

  이 문헌에는 중철 표기처럼 보이는 다음과 같은 예들이 보인다.

  (8) ㄱ : 靡 얽글 미<藏千 18a>, 紫 븕글 자<藏千 27a>, 赤 븕글 젹<藏千 27a>, ㄴ : 寧편난 녕<藏千 24b>, ㄷ, ㄹ,7) ㅁ, ㅂ, ㅅ : 없음.

  (8)의 '리'에서 'ㄱ'이 중철 표기된 예들의 경우에는 단순한 오기로 간주할 수도 있으나 어간 형태를 밝혀 적으려는 의식과 음성적 음절을 표기에 반영하려는 의식이 이중으로 작용한 결과로 간주하는 것이 타당한 것이 아닌가 여겨진다(홍윤표, 1993).8) '편안'을 '편난'으로 한 표기도 단

---

6) '시>끼' 변화를 보여주는 예로 '禪 터닥글 션<藏千 27a>, 脩 닥글 슈<藏千 41a>, 束 묵글 속<藏千 41b>' 등이 있다,

7) "而 말리 이<藏千 14a>, 倫 일륜 륜<藏千 39b>, 環 골리 환<藏千 41a>" 등에서도 'ㄹ'이 중철 표기된 것처럼 보이지만 말 그대로 동일한 음가를 중복 표기한 중철 표기라고 할 수 없다. 음운현상이 일어난 표면형을 표기에 그대로 반영한 예들이기 때문이다.

순한 표기상의 오류라기보다는 '편'의 음절말 'ㄴ'을 파열하지 않을 경우 다음 음절에 영향을 미치는 상태가 표기에 반영된 것으로 생각된다.

이 문헌에는 격음 표기가 다양한 유형으로 나타난다. 원칙적으로 격음은 격음자로 표기하는 것이지만, 다음과 같이 달리 표기되기도 하였기 때문이다.

> (9) 가. 尊 놉흘 존<藏千 14b>, 邵 놉흘 소<藏千 41a>, 詠 읇흐 영<藏千 14a>, 省 숣힐 셩<藏千 30b>, 守 직힐 슈<藏千 17b>.
>
> 나. 及 밋츨 급<藏千 7a>, 改 곳칠 기<藏千 8a>, 貢 밧칠 공<藏千 28b>, 散 헷칠 산<藏千 32a>, 飄 븟칠 표<藏千 33a>, 颻 븟칠 요<藏千 33a>, 寓 븟칠 우<藏千 34a>, 屬 븟칠 속<藏千 34a>, 扇 븟치 션<藏千 35b>, 曜 빗칠 요<藏千 40b>, 照 빗칠 됴<藏千 41a>, 篤 돗타올 독<藏千 13a>.

어중의 격음은 근대국어 문헌에서 세 가지 유형으로 나타난다. 'ㅋ'을 예로 들면 'ㅋ' 그대로 표기하는 유형, 'ㄱ+ㅋ'으로 표기하는 유형, 'ㄱ +ㅎ'으로 표기하는 유형 등이 그것이다. 하나의 격음을 이와 같이 다양하게 표기한다고 하여 그 표기가 근대국어 문헌에서 아무렇게 나타나는

---

8) 일반적으로 실사와 실사는 분철 표기하는 것이 원칙이다. 그리하여 한자어나 복합어, 어휘적 의미를 갖는 접사와 실사의 결합형인 파생어 등은 분철한다. 예 : 浴 목욕 욕<藏千 38a>, 安 편안 안<藏千 13a>, 夫 졋아비 부<藏千 15a>, 文 글월 문<藏千 4b>, 章 글월 쟝<藏千 5b>, 奏 알욀 쥬<藏千 32a>, 牒 글월 첩<藏千 37b>.
15세기에는 문법기능을 나타나내는 접사와 실사가 결합된 파생어는 연철하는 것이 원칙이었으나 근대국어 시기로 오면서 분철 표기하기도 한다. 이 문헌에서도 이러한 표기의 예들을 보여주기도 한다. 예 : 成 일울 셩<藏千 2a>, 致 일울 치<藏千 2b>, 動 움작일 동<藏千 17a>. 이러한 분철 표기가 나아가 과도로 분철 표기한 예들도 나타난다. 예 : 正 발을 정<藏千 10a>, 抗 걸을 항<藏千 30b>, 旣 임의 긔<藏千 20b>. 분철 표기의 또 한 유형은 다음과 같이 음운변화가 반영된 경우도 있다. 예 : 履 볼을 리<藏千 11b>, 薄 열울 박<藏千 11b>, 轂 슐위통 곡<藏千 22a>, 車 슐위 거<藏千 22b>, 匡 발을 광<藏千 23b>, 踐 발을 쳔<藏千 25a>.

것은 아니었다. 원칙적으로 격음은 격음자 하나로 표기하는 것이지만, 둘로 나누어 표기하는 경우에는 양순음과 연구개 위치, 즉 [+grave]의 자질을 갖는 변자음의 격음 'ㅍ, ㅋ'은 '{ㅂ, ㄱ}+ㅎ' 유형으로 나타나는 것이 일반적이라면, 치조와 구개 위치, 즉 [-grave]의 자질을 갖는 중자음의 격음인 'ㅌ, ㅊ'은 'ㅅ+{ㅌ, ㅊ}'으로 나타나는 뚜렷한 경향을 보여주기 때문이다(김주필, 2004). 이 문헌에서도 (9가)의 예들과 같이 변자음의 예들로서 'ㅍ, ㅋ'이 각각 'ㅂ+ㅎ, ㄱ+ㅎ'으로 나타나지만 'ㅂ+ㅍ, ㄱ+ㅋ'으로 나타나지는 않으며, (9나)의 예들과 같이 중자음인 'ㅌ, ㅊ'은 각각 'ㅅ+ㅌ, ㅅ+ㅊ'으로는 나타나지만 'ㅅ+ㅎ'으로는 거의 나타나지 않는다. 아마도 이러한 특징은 음절말 표기 'ㅅ, ㄷ'의 음가와 표기 사이의 대응 관계로 인해 'ㅅ+ㅎ'을 통하여 표면형이 자동적으로 적용되는 음운현상으로 도출하는 데에 문제가 있기 때문이 아니었나 생각된다.

3. 음운현상

이 문헌에는 구개음화된 예들이 많이 나타나지만 구개음화되지 않은 예들도 적지 않게 나타난다. 구개음화와 관련되는 예들의 출현 빈도를 다음의 표에 제시하고, 구개음화되지 않은 예들을 구체적으로 제시하기로 한다.

(8) 『千字文』

	변화 유형	전 체	훈		한자어	음
			고 유 어			
			어 휘 (어두/비어두)	문 법		
구개음화	ㄷ>ㅈ	59	22(7/15)	0	9	37
	ㅌ>ㅊ	16	6(3/3)	0	2	10
과도교정	ㅈ>ㄷ	3	0	0	1	0
	ㅊ>ㅌ	0	0	0	0	0
그대로	ㄷ	22	4(1/3)	0	0	18
	ㅌ	22	0	0	0	22
	ㅈ	82	29(16/13)	0	18	35
	ㅊ	38	7(0/7)	0	6	25

▼ㄷ>ㄷ(22) : 陶 {딜그릇} 도<5a>, 善 {어딜} 션<10b>, 何 {엇디} 하 <25b>, 弊 {히여딜} 폐<25b>, 地 짜 {디}<1a>, 直 고든 {딕}<29a>, 帷 {댱} 유<35b>, 帳 {댱} 댱<19b>, 帳 댱 {댱}<19b>, 嫡 뎍실 {뎍} <37a>, 嫡 {뎍실} 뎍<37a>, 弟 아오 {뎨}<15b>, 眺 볼 {됴}<42a>, 鳥 시 {됴}<4a>, 條 가지 {됴}<32b>, 調 고로 {됴}<2a>, 釣 낙시 {됴} <39b>, 趙 됴국 {됴}<25a>, 弔 됴문 {됴}<5a>, 朝 아침 {됴}<5b>, 趙 {됴국} 됴<25a>, 弔 {됴문} 됴<5a>.

▼ㅌ>ㅌ(5) : 恥 브그릴 {티}<30b>, 陟 니칠 {텩}<29a>, 天 하눌 {텬} <1a>, 忠 튱셩 {튱}<11b>, 忠 {튱셩} 튱<11b>.

▼ㅈ>ㄷ(2) : 照 빗칠 {됴}<41a>, 珠 구슬 {듀}<3a>.

이 문헌에서는 총 ㄷ구개음화의 환경에 있는 101회 가운데 구개음화 된 예가 74회로 나타나 약 73.27% 정도의 확산 비율을 보여준다. 이러 한 구개음화의 비율은 18세기 후반의 왕실 문헌보다는 다소 높지만, 18 세기 후기의 『綸곱윤음』에는 미치지 못한다. 그러나 이 문헌에 나타난 음운변화의 전체적인 변화 양상이나 어휘 형태들의 사용 상태는 이러한 18세기 후기 왕실 문헌의 상태보다 보수적인 특성을 보인다고 할 수는 없다.[9] 사실 구개음화가 되지 않은 형태는 대부분이 한자음이라는 점에서 구개음화의 전체적인 확산 비율만 가지고 시기를 추정하는 것은 무리가 있다.

이러한 맥락에서 석봉『千字文』에서 한자의 훈이나 음이 달라진 장서각본의 예들만 대상으로 하면 이 문헌에서도 구개음화의 환경에 있는 예들이 대부분 구개음화된 상태로 나타남을 확인할 수 있다. 그러나 다음 예들은 구개음화가 되지 않은 상태로 나타나거나 일종의 과도교정의 형태로 나타난다.

> (9) 가. 調 고로 됴<藏千 2a>, 鳥 시 됴<藏千 4a>, 朝 아침 됴<藏千 5b>, 弟
>   아오 데<藏千 15b>, 陶 딜그릇 도<藏千 5a> 陟 니칠 텩<藏千 29a>,
>   條 가지 됴<藏千 32b>.
> 나. 珠 구슬 듀<藏千 3a> 구술쥬, 照 빗췰 됴<藏千 41a> 비췰 죠

구개음화되지 않은 (9가)의 예들에서 '딜그릇'을 제외하면 나머지는 모두 한자의 음이라는 공통점을 갖는다. 고유어의 '딜그릇'은『석봉 천자문』에 '딜 것'으로 나타난다는 점에서 석봉『千字文』에 영향을 받았다고 볼 수 있다. 그러나 구개음화되지 않은 한자음들이 석봉『千字文』과 동일한 것은 아니므로 석봉『千字文』의 영향을 받았다고는 할 수 없다. 석봉『千字文』을 그대로 따른 예들에 구개음화되지 않은 예들이 상당수 나타난다

---

9) 예컨대, 'ㅈ, ㅅ' 다음의 'ㅡ>ㅣ' 변화, 'ㆍ'의 변화 상태, 'ㅓ>ㅡ' 고모음화 현상, 'ㅎ->허-' 변화 등의 현상은 19세기 중기 이후의 상태와 흡사하기 때문이다. 이에 대해서는 후술 내용 참고.

는 점에서 석봉 『千字文』에 간접적으로 영향을 받았다고 할 수도 있으나, 구개음화되지 않은 예들이 한자음이라는 점을 고려하면 이 문헌의 편찬되던 시기의 언어 사용 상태를 보여주는 것으로 이해하는 것이 타당하지 않나 생각된다. 한자음의 경우에는 20세기 이후에도 구개음화되지 않은 예들이 자주 나타나기 때문이다. 이러한 관점에서 이 문헌에서 구개음화되지 않은 한자음의 경우에는 한자음의 보수적인 언어 사용 상태가 문헌에 반영된 것으로 이해하고자 한다.

그런데 이 문헌에는 (10나)와 같이 과도교정처럼 보이는 예도 나타났다. 이 예들 역시 한자음에 국한되어 나타났다. 과도교정처럼 보이는 이 현상이 표기의 층위에서 만들어진 것인지 음성의 층위에서 만들어진 것인지 분명하게 판단하기는 어렵다. 'ㄷ+y' 표기가 음성의 층위에서는 'ㅈ'으로 실현되는 규칙이 있었다면 이 예들은 구개음으로 실현되었을 것이므로 음성의 층위에서 변화가 없었다고 할 수 있다. 그러나 'ㄷ+y' 표기가 구개음으로 실현된다는 규칙이 없었다면 이 예들은 음성의 층위에서 일어난 과도교정의 예로 간주해야 할 것이다. 이 예들이 과도교정의 예라고 하더라도 구개음화가 널리 확산되어 일반화된 상황에서 나타나는 이러한 예들은 구개음화가 일어나기 시작하는 단계에서의 과도교정과는 달리 이해되어야 할 것이다. 구개음화의 초기 단계에서는 구개음화를 받아들이지 않으려는 의식이 작용하겠지만(Labov, 1972), 이 문헌에서는 구개음화가 이미 일반화된 상태에 있었으므로 구개음화를 수용하지 않으려는 의식이 작용한 것으로 보기는 어렵기 때문이다.

이 문헌에는 ㅎ구개음화와 ㄱ구개음화가 한 예씩 나타난다. 전반적으로 이 문헌의 언어 사용 상태가 중부 방언을 반영하고 있다는 점에서(박부자, 2002), 이 문헌에 ㄱ구개음화의 예가 보인다는 점은 주목할 만한 사실이다.

    (10) 가. ㅎ구개음화 : 務 심쓸 무<藏千 28a> 힘쁠 무.
        나. ㄱ구개음화 : 黍 지쟝 셔<藏千 28b> 기쟝 셔.

이 문헌에는 'ㅈ'과 'ㅅ' 다음에 보이는 다음 두 유형의 예들로도 나타
난다.

    (11) 가. 初 처음 쵸<藏千 13a> 처엄 쵸, 操 줍을 죠<藏千 17b> 자불 조, 階
        셥 계<藏千 20a> 드리 계, 將 쟝슈 쟝<藏千 21b> 쟝슈 쟝, 相 셔로
        샹<藏千 21b> 서르 샹, 最 가쟝 최<藏千 26a> ㄱ쟝 최, 賊 도젹 젹
        <藏千 38b> 도젹 젹, 盜 도젹 도<藏千 38b> 도젹 도, 笑 우슘 소
        <藏千 40a> 우움 쇼, 璇 구슐 션<藏千 40b> 구슬 션, 璣 구슐 긔
        <藏千 40b> 구슬 긔.
        나. 結 미질 결<藏千 2b> 밀 결, 坐 안질 좌<藏千 5b> 안줄 좌, 朝 아
        침 됴<藏千 5b> 아춤 됴, 拱 고질 공<藏千 5b> 고줄 공, 索 추질
        싁<藏千 31b> 노 삭, 尋 추질 심<藏千 31b> 추줄 심, 紛 어지러울
        분<藏千 39b> 어즈러울 분, 誚 꾸지즐 쵸<藏千 42a> 구즈줄 쵸.

(11가)는 'ㅈ, ㅅ' 다음에 오는 단모음을 y계 상향이중모음자로 표기한
예들이고,[10] (11나)는 'ㅈ, ㅅ' 다음에 오는 'ㅡ'가 구개음 'ㅈ, ㅅ'에 이
끌려 전설고모음인 'ㅣ'로 바뀐 예들이다. 일반적으로 (11가)와 같은 예
들은 중앙어에서 17세기 후기부터 나타나고, (11나)의 예들은 19세기 이

---

10) 석봉『千字文』의 "治 다스릴 티"가 장서각본『千字文』에는 "治 다시릴 치<藏千 28a>"로
   나온다. 그러나 이 예에서 'ㅅ'이 구개음으로 실현되었는지는 분명하지 않다. 아마도 치조
   음이었던 'ㅈ'이 구개음으로 변이음이 확산되어 갔던 것과 마찬가지로 근대국어 시기에
   'ㅅ'도 동일한 과정을 거치다가 i나 y를 제외한 환경에서는 다시 치조 위치에서 실현되는
   음으로 굳어진 것이 아닌가 여겨진다(김주필, 1985).

후에야 나타난다.

이 문헌에는 어두음절에서 'ㄴ'이 탈락된 예들도 자주 보인다. 석봉『千字文』과 대비하여 달라진 항목에서 나타나는 예를 제시하면 다음과 같다.

> (12) 가. 致 일울 치<藏千 2b> 닐월 티, 帝 임금 제<藏千 4a> 님금 데, 被 이블 피<藏千 6b> 니블 피, 夏 여름 하<藏千 18a> 녀룸 하, 禹 임금 우<藏千 26b> 님군 우, 主 잉금 쥬<藏千 27a> 님 쥬, 云 이를 운<藏千 27a> 니룰 운, 熟 익을 슉<藏千 28b> 니글 슉, 兩 두 양<藏千 31a> 두 냥, 寥 괴요 요<藏千 31b> 괴오 료, 古 예 고<藏千 31b> 네 고, 葉 입 녑<藏千 33a> 닙 엽.
> 나. 忘 니즐 망<藏千 8a> 니줄 망, 承 니을 승<藏千 20b> 니을 승, 續 니을 쇽<藏千 37a> 니을 속, 利 리헐 리<藏千 39b> 니홀 리.

'ㄴ'이 탈락된 예들은 고유어와 한자어에서 모두 나타난다. 'ㄴ'이 탈락되지 않은 예들은 대체로 석봉『千字文』의 형태와 거의 같은 훈으로 된 항목에서 나타난다. 그러므로 이 문헌에서는 어두 'ㄴ'의 탈락 현상이 상당히 일반화된 상태에 있었다고 할 수 있다.

이 문헌에는 'ㄴ'이 없던 위치에 'ㄴ'이 첨가되어 나타난 예들도 보인다. 이 예들은 실사와 실사가 결합될 때 두 번째 실사가 'ㅣ'나 반모음 y로 시작될 때 일어나는 'ㄴ' 첨가 현상이 반영된 것으로 간주된다. 현대 국어의 복합어에서 일어나는 'ㄴ' 첨가 현상이 단어 경계를 사이에 두는 것과 마찬가지로, 한자의 훈과 음의 연쇄로 형성된 통사적 구도 음운론적으로 하나의 발화단위를 형성하여 복합어에 적용되는 'ㄴ' 첨가 현상이 이들 통사적 구에도 적용된 것으로 이해된다.

> (13) 陽 볏 낭<藏千 2a> 볃 양, 葉 입 녑<藏千 33a> 닙 엽, 驤 달닐 량<藏千

38b> 둘일 양, 仰 우러 랑<藏千 41b> 울얼 앙.

'ᄭ'으로 끝나는 어간말 자음 연쇄에서 일어나는 음운현상도 이 시기에 완결된 것으로 나타나지는 않는다. 먼저 다음 예들을 보기로 한다.

> (14) 가. 邇 갓가올 이<藏千 6a>, 感 늣길 감<藏千 24a>, 近 갓가올 근<藏千 30b>, 欣 깃글 흔<藏千 32a>, 易 밧골 역<藏千 34a>, 悅 깃글 열 <藏千 37a>, 任 맛길 임<藏千 39b>, 引 잇글 인<藏千 41b>.
> 나. 禪 터닥글 션<藏千 27a>, 脩 닥글 슈<藏千 41a>, 束 묵글 속<藏千 41b>.

(14가)는 15세기 이래 'ᄭ'으로 끝나던 어간말 자음이 이 문헌에서도 그대로 나타난 예들이다. 어간말 자음인 'ᄭ'이 모음으로 시작되는 어미를 만나 'ㅅ'은 해당 어간의 종성 위치에, 'ㄱ'은 후행하는 모음 어미와 결합되어 표기된 것이다. 이러한 표기에서 종성의 'ㅅ'은 이미 16세기부터 'ㄷ'으로 바뀌었기 때문에 엄밀하게 말하면 어간말의 'ᄭ'은 [tk] 또는 t에 의해 k가 경음화된 [tk']였다고 할 수 있다. (14나)는 일반적으로 'ᄭ'이 'ㄲ'으로 바뀐 것으로 간주되어 온 형태들이다. 이 문헌에서는 어간말 자음이 'ㄲ'으로 된 형태들이 모음으로 시작되는 어미 앞에서만 나타나 자음으로 시작되는 어미 앞에서도 어간말 자음이 'ㄲ'으로 바뀐 형태들이 사용되었는지는 확인할 수 없다. 그러므로 이 문헌에서 'ㄲ'이 어간말 자음인 신형의 어간이 모든 환경에 사용되는 패러다임을 빈칸 없이 형성하고 있었는지는 알 수 없다. 그러나 이 문헌에는 'ㄲ'을 어간말 자음으로 하는 신형 어간만이 나타나는 것이 아니라 'ᄭ'으로 표기된 구형의 어간도 함께 나타난다는 점에서 이 문헌에서 편찬이나 필사 시기에

'ᄉ'을 말음으로 하던 구형의 어간이 'ㄲ'을 말음으로 하는 신형의 어간
으로 완전히 바뀌었다고 할 수는 없는 것으로 판단된다.

이 문헌에도 'ㆍ'는 자주 나타난다. 'ㆍ'는 그 환경에 따라 매우 다양
하게 나타나지만, 'ㆍ' 역시 이전의 석봉 『千字文』과 달라진 부분을 중
심으로 검토하면 대체적으로 비어두음절에서는 'ㅡ'로, 어두음절에서는
'ㅏ'로 바뀌어 나타난다. 그러나 이 문헌에도 'ㆍ'는 상당히 많이 남아
있는 상태이다. 이 문헌에 나타나는 'ㆍ'의 상태를 살펴보기로 한다.

(15) 가. 어두음절 : 履 불을 리<藏千 11b> 불올 리, 澄 물굴 징<藏千 12b>
　　　　물굴 딩, 分 눈흘 분<藏千 16a> 눈홀 분, 沛 곳바질 픠<藏千 17a>
　　　　졋싸딜 패, 逐 쪼줄 축<藏千 17b> 쪼출 튝, 雅 몱을 아<藏千 17b>
　　　　물굴 아, 壁 ᄇ람 벽<藏千 21a> ᄇ롬 벽, 頗 즈모 파<藏千 25b> 즈
　　　　ᄆ 파, 孟 뭇 밍<藏千 29a> 묃 밍, 省 솗힐 셩<藏千 30b> 술필 셩,
　　　　殆 즈못 티<藏千 30b> 바드라올 티, 索 츳질 식<藏千 31b> 노 삭,
　　　　沈 줌길 침<藏千 31b> ᄃ물 팀, 尋 츳질 심<藏千 31b> 츳줄 심, 的
　　　　붉을 젹<藏千 32b> 마줄 뎍.
　　나. 고유어 : 去 굴 거<藏千 14a> 갈 거, 叔 ᄋ자비 슉<藏千 15b> 아자
　　　　비 슉, 子 ᄋ들 ᄌ<藏千 15b> 아들 ᄌ, 持 ᄀ질 지<藏千 17b> 가질
　　　　디, 操 줍을 죠<藏千 17b> 자볼 조, 筵 ᄌ리 연<藏千 19b> 디의
　　　　연, 杜 ᄆ글 두<藏千 21a> 마글 두, 刻 ᄉ길 각<藏千 23a> 사길 각,
　　　　銘 ᄉ길 명<藏千 23a> 조을 명, 秉 줍을 병<藏千 29a> 자볼 병, 勞
　　　　ᄌ블 로<藏千 29b> 잇쁠 로, 謹 솜굴 근<藏千 29b> 삼갈 근, 嘉 ᄋ
　　　　롬다올 가<藏千 30a> 아롬다올 가, 近 ᄀ가올 근<藏千 30b> 갓싸
　　　　올 근, 抽 샌힐 튜<藏千 32b> 싸일 튜, 嘗 뭇볼 샹<藏千 37a> 맛볼
　　　　샹. ▼한자음 : 兒 ᄋ히 ᄋ<藏千 15b> 아히 ᄋ, 次 버금 츳<藏千
　　　　16b> ᄀ음 츳, 且 쏘 츳<藏千 37a> 쏘 챠.

(15가)는 석봉 『千字文』을 따른 형태가 ‘·’가 남아 있는 예들이거나 이전 시기의 형태에 ‘·’가 있던 것이 이 문헌에도 그대로 나타난 예들이다. 이 예들은 이전 시기에 ‘·’를 가지고 있던 형태들이므로 석봉 『千字文』의 것을 그대로 옮긴 것이지만, 그렇지 않은 예들의 경우에는 ‘·’의 음가가 남아 있었던 것으로 보기는 어렵지 않나 생각된다. (15나)의 예들이 이러한 추정을 뒷받침해 준다.

(15나)의 예들은 이전 시기의 ‘ㅏ’가 이 문헌에서 ‘·’로 바뀌어 나타난 예들이다. 어두음절에 나타나는 이러한 ‘·’의 예들은 이 시기의 ‘·’와 ‘ㅏ’가 거의 구별 없이 동일한 음을 나타냈음을 보여주는 것으로 간주된다. 왜냐하면 이 시기의 일부 남아 있던 ‘·’를 제외하면 어두음절이든 비어두음절이든 대부분의 ‘·’가 다른 음으로 바뀌어 음소로서의 지위가 확고하지 못하였으므로 ‘ㅏ’가 ‘·’로 과도교정된 것이라고 보기는 어렵기 때문이다. 이러한 관점에서 ‘ㅐ’와 ‘·ㅣ’가 구별되지 않고 ‘·ㅣ’로 표기된 다음의 예들도 (15나)의 예들과 같이 ‘·’의 음가가 남아 있던 예들이라고 보기는 어려운 것으로 판단된다.

(16) 가. 어두음절 : 結 ᄆᆡ질 결<藏千 2b> 밀 결, 薑 싀양 강<藏千 3b> 싱강 강, 鳥 시 됴<藏千 4a> 새 됴, 駒 ᄆᆡ지 구<藏千 6b> 미야지 구, 烈 ᄆᆡ울 열<藏千 7b> 미올 렬, 行 딩길 힝<藏千 9b> 녈 힝, 念 싱각 넘<藏千 9b> 넘홀 넘, 學 비울 학<藏千 13b> 비홀 학, 實 열ᄆᆡ 실<藏千 22b> 염굴 실, 時 ᄲᅵ 시<藏千 23a> 시절 시, 密 빅빅헐 밀<藏千 24b> 벅벅홀 밀, 城 지 셩<藏千 27a> 잣 셩, 新 시 신<藏千 28b> 새 신, 黜 ᄂᆡ칠 츌<藏千 29a> 내틸 튤, 陟 ᄂᆡ칠 텩<藏千 29a> 오롤 텩, 慮 싱각 려<藏千 32a> ᄉᆞ념 녀, 飽 ᄇᆡ부를 포<藏千 34b> 비브롤 포, 垢 ᄲᅵ 후<藏千 38a> ᄶᅵ 후, 想 싱각 샹<藏千 38a> 스칠 샹, 催 지촉 최<藏千 40b> ᄇᆡ알 최, 暉 히빗 휘<藏千

40b> 힛귀 휘.

나. 비어두음절 : 翔 나리 샹<藏千 4a> 눌 샹, 敢 구틔여 감<藏千 7b>
구틸 감, 男 사니 남<藏千 8a> 아둘 남, 下 아리 하<藏千 14b> 아
래 하, 策 막디 칙<藏千 22b> 막대 칙, 溪 시니 계<藏千 23a> 시내
계, 衡 져울디 형<藏千 23a> 저울대 형, 沙 모리 사<藏千 26a> 몰
애 사, 中 가온디 즁<藏千 29b> 가온대 듕, 音 쇼리 음<藏千 29b>
소리 음, 遣 보닐 견<藏千 32a> 보낼 견, 歷 지닐 력<藏千 32b> 디
날 력, 扇 붓치 션<藏千 35b> 부체 션, 歌 노리 가<藏千 36b> 놀애
가, 讌 잔치 연<藏千 36b> 이바디 연, 騾 노시 나<藏千 38b> 로새
라, 輶 가비야울 유<藏千 34a> 가비야올 유

다. 한자음 : 珎 보비 진<藏千 3b> 보비 딘, 奈 벗 니<藏千 3b> 멋 니,
菜 나물 치<藏千 3b> ᄂᆞ물 치, 芥 겨자 기<藏千 3b> 계ᄌᆞ 개, 海
바다 히<藏千 3b> 바라 히, 乃 이예 니<藏千 4b> 사 내, 在 이슬
지<藏千 6b> 이실 지, 白 흰 빅<藏千 6b> 힌 빅, 大 큰 디<藏千
7a> 큰 대, 才 지쥬 지<藏千 8a> 지죠 지, 改 곳칠 기<藏千 8a> 고
틸 기, 兒 ᄋᆞ히 ᄋᆞ<藏千 15b> 아히 ᄋᆞ, 對 디답 대<藏千 19b> 디답
디, 笙 져 싱<藏千 20a> 뎌 싱, 乂 지쥬 예<藏千 24b> 어딜 예, 士
션비 사<藏千 24b> 션비 ᄉᆞ, 更 다시 깅<藏千 24b> 고틸 깅, 覇
웃듬 픠<藏千 24b> 읏듬 패, 百 일빅 빅<藏千 26b> 온 빅, 岱 ㅁ
디<藏千 26b> 뫼 디, 亭 졍ᄌᆞ 졍<藏千 27a> 뎡ᄌᆞ 뎡, 塞 막을 식
<藏千 27a> 마글 식, 稼 거들 식<藏千 28a> 곡식거둘 식, 載 시를
지<藏千 28b> 시롤 지, 藝 지쥬 예<藏千 28b> 시믈 예, 幸 다힝 힝
<藏千 31a> 힝혀 힝, 解 플 히<藏千 31a> 그롤 히, 烹 살물 핑<藏
千 34b> 술믈 핑, 宰 지샹 지<藏千 34b> 버힐 지, 拜 절 빅<藏千
37b> 절 비, 駭 놀날 히<藏千 38b> 놀랄 히, 徘 머물 비<藏千
42a> 머믈 비, 哉 이끼 지<藏千 42b> 입겻 지.

‘·ㅣ’와 20세기에도 흔히 나타나는 ‘ㅎ-’(또는 ‘ㅎ-’ 관련 어휘)[11]를 제

---

11) 이 외에 ‘·’가 남아 있는 유형으로 다음과 같이 ‘ㅎ-’ 또는 ‘ㅎ-’ 관련 형태가 있다.

외하면 이 문헌에는 ‘·’가 비어두음절에서 거의 나타나지 않지만, 두 유형의 예에서 ‘·’가 나타나기도 한다. 먼저 [-grave]의 자질을 갖는 중자음 다음에서는 비어두음절이라 할지라도 ‘·’가 나타나기도 한다.

   (17) 비어두음절 : 중자음 뒤 : 夙 이를 슉<藏千 12a> 이늘 슉, 從 죠출 죵<藏千 14a> 조출 죵, 存 이슬 존<藏千 14a> 이실 존, 別 다를 별<藏千 14b> 다늘 별, 隨 죠출 슈<藏千 15a> 조출 슈, 猶 가톨 유<藏千 15b> ᄀ톨 유, 子 ᄋ들 ᄌ<藏千 15b> 아들 ᄌ, 卿 벼슬 경<藏千 21b> 벼슬 경, 旦 아춤 죠<藏千 23b> 아춤 됴, 招 부를 쵸<藏千 32a> 브를 툐.

  (17)에 제시된 ‘·’의 예들은 ‘·’를 선행하는 자음이 ‘ㄹ, ㅅ, ㄷ, ㅌ, ㅊ’ 등으로서 [-grave]라는 공통점을 갖는다. 다시 말하면 [-grave]의 자질을 갖는 중자음 다음 위치에 ‘·’가 나타나기도 하는데, 이러한 특징은 근대국어 시기에도 유형적으로 나타나던 예들로서, 근대국어 시기에는 이들 중자음 뒤에 나타나는 ‘·’는 15세기부터 ‘·’이던 것은 물론, 이전 시기의 ‘ㅡ’가 ‘·’로 바뀐 예들도 있었다. 이 문헌에는 ‘이를, 이슬’을 제외하면 ‘ㅡ’가 ‘·’로 바뀌어 남아 있는 예는 ‘벼슬, 부를’이고, 나머지는 모두 원래부터 ‘·’였던 것들이다.

  이 문헌에서 ‘ᄒ-’는 ‘ᄒ-’로도 나타나지만, 석봉 『千字文』과 훈을 달리 한 한자의 훈에서는 대부분 ‘허-’로 바뀌어 나타난다.

   (18) 平 평헐 평<藏千 5b>, 能 능헐 능<藏千 8a>, 傳 전헐 젼<藏千 10a>, 因 인헐 인<藏千 10b>, 嚴 엄헐 엄<藏千 11a>, 臨 림헐 림<藏千 11b>, 取 취헐 취<藏千 12b>, 定 정헐 졍<藏千 13a>, 甚 심헐 심<藏千 13b>, 弱

  益 더홀 익<藏千 14a> 더을 익, 勅 신칙홀 칙<藏千 29b> 정히홀 틱, 增 더홀 증<藏千 30b> 더을 증, 極 다홀 극<藏千 30b> ᄀ재 극, 逼 다홀 핍<藏千 31a> 갓까올 핍.

약헐 약<藏千 24a>, 密 빅빅헐 밀<藏千 24b>, 困 곤헐 곤<藏千 25a>,
精 정헐 정<藏千 26a>, 杳 아득헐 묘<藏千 28a>, 冥 아득헐 명<藏千
28a>, 願 원헐 원<藏千 38a>, 利 리헐 리<藏千 39b>, 吉 길헐 길<藏千
41a>.

'ᄒᆞ-'가 '허-'로 나타나는 것은 중부 방언의 특징으로『閨閤叢書규합총
서』(1869)에서부터 나타나기 시작하지만, 20세기 이후의 문헌에서 자주
보인다는 점에서 이 예들은 이 문헌이 필사되거나 편찬된 시기가 상당히
늦은 시기임을 말해준다. 이 문헌에는 'ᄒᆞ-'가 '허-'로 바뀌어 나타나는
것 외에도 다음과 같이 'ᄇᆞ리-'가 '버리-'로 나타나기도 하며 '여ᄃᆞᆲ'이
'여덜'로 나타나기도 한다.

   (19) ᄇᆞ리- : 委 버릴 위<藏千 33a> ᄇᆞ릴 위, 여ᄃᆞᆲ : 八 여덜 팔<藏千 21b>
      여ᄃᆞᆲ 팔.

이 문헌에는 원순모음화와 비원순모음화 현상이 반영된 형태들도 보
인다. 먼저 이 문헌에는 '璇 구슐 션<藏千 40b>, 璣 구슐 긔<藏千 40b>,
指 손구락 지<藏千 41a>' 등의 원순모음화 현상의 예들이 보인다. 흔히
'구슬'로 나타나던 형태가 선행하는 원순모음 'ㅜ'의 영향으로 원순모음
으로 바뀌고 선행하는 자음 'ㅅ'의 영향으로 구슐이 된 것이다. '손구락'
역시 제1음절의 원순모음 'ㅗ'의 영향으로 'ᄀᆞ락'의 'ᆞ'가 'ㅜ'로 나타
난 것이다.

이 문헌에는 순자음 다음의 비원순모음 'ㅡ'가 원순모음인 'ㅜ'로 바
뀐 예들이 상당히 많이 나타난다.12) 이러한 현상을 보여주는 예들을 제

---

12) 이 문헌에서 일반적으로 'ㅡ'가 'ㅜ'로 바뀐 예들이 보이지만, 이전 시기에 'ᆞ'였던 형태

시하면 다음과 같다.

> (20) 가. 어두음절 : 水 물 슈<藏千 2b>, 火 불 화<藏千 4a>, 草 풀 쵸<藏千 6b>, 使 부릴 사<藏千 8b>, 物 만물 물<藏千 17b>, 扶 붓들 부<藏千 24a>, 勿 말 물<藏千 24b>, 招 부롤 쵸<藏千 32a>, 飄 붓칠 표<藏千 33a>, 颻 붓칠 요<藏千 33a>, 寓 붓칠 우<藏千 34a>, 屬 붓칠 속<藏千 34a>, 絳 불글 강<藏千 33b>, 飽 비부를 포<藏千 34b>, 鈞 무거울 균<藏千 39b>.
>
> 나. 비어두음절 : 菜 나물 치<藏千 3b>, 黎 가물 려<藏千 5b>, 深 기풀 심<藏千 11b>, 高 노풀 고<藏千 22a>, 說 깃불 열<藏千 24a>, 琴 거문고 금<藏千 39a>, 徘 머물 비<藏千 42a>, 徊 머물 회<藏千 42a>.[13]

이 문헌에는 다음과 같이 인접한 원순모음이나 양순음에 의해 원순모음 'ㅜ'가 비원순모음 'ㅡ'로 바뀌어 나타난 예들도 보인다.

> (21) 가. 雲 구름 운<藏千 2b>, 懷 프믈 회<藏千 15b>, 鍾 븍 죵<藏千 21a>, 晦 그믐 회<藏千 41a> 그믐 회.
>
> 나. 本 밋 번<藏千 28a> 믿 본, 布 베 포<藏千 39a> 뵈 포.

───────────────

들 가운데 'ㅗ'로 바뀌어 나타나는 예들도 3예가 보인다. '達 사모칠 달<藏千 20b>, 頗 즈모 파<藏千 25b>, 殆 즈못 틴<藏千 30b>' 등. 비어두음절에서만 나타나는 이 예들은 근대국어 시기의 다른 문헌에도 자주 보이는 에들이다. 'ㆍ'가 남아 잇던 시기에 선행하는 양순음의 영향으로 원순모음화를 일으켜 굳어진 형태일수도 있고, 이 시기에도 극히 일부의 환경에서 'ㆍ'의 음가가 남아 있어 'ㆍ'가 'ㅗ'로 바뀌는 원순모음화 현상이 일어난 형태일 수도 있다. 어느 쪽이든 분명하게 판단하기 쉽지 않다. 이에 대한 포괄적인 검토가 필요하다.

13) "樹 나무 슈<藏千 6b>, 木 나무 목<藏千 6b>, 枇 나무 비<藏千 32b>, 杷 나무 파<藏千 32b>" 등과 같이 '나모'가 '나무'로 나타난다. '나모>나무'의 변화는 '나모>나믕>나므> 나무'로 설명이 가능하다. 즉 'ㅁ' 다음의 'ㅗ'에 비원순모음화 현상이 일어나 'ㆍ'가 된 다음, 'ㆍ'가 'ㅡ'로 바뀌는 'ㆍ'의 제1단계 변화, 그리고 그 'ㅡ'에 다시 'ㅁ'에 의해 원순모음화 현상이 순차적으로 일어난 것으로 추정할 수 있다.

(21가)는 '구름'은 '구룸'이 '구름'으로 비원순모음화된 예이고, '프믈, 븍, 그믐'은 '푸믈, 북, 그뭄'이 양순음 다음 위치에서 비원순모음으로 바뀐 것이다. 후자의 예들은 19세기 후기부터 나타나는 경기지역어를 비롯한 중부 방언의 특성을 보이는 예들인데, 국어사 문헌에서는 '몬져>면져'의 예가 『규합총서』(1869)에서부터 처음 나타나 1880년대 이후에 다소 확산되는 특성을 보여준다(이병근, 1970). 그러므로 '본>번, 뵈>베'와 같은 이 문헌의 비원순모음의 예들을 바탕으로 하면 이 문헌은 1880년대보다 늦은 19세기의 90년대 이후 또는 19세기와 20세기의 교체기의 중부 방언이 반영된 자료의 특성을 보여준다고 할 수 있다.

이 문헌에는 'ㅓ'가 'ㅡ'로 바뀐 예들도 보여준다.

(22) 'ㅓ>ㅡ' 변화 : 奄 믄득 음<藏千 23b> 믄득 엄, 濟 근널 졔<藏千 24a> 건널 졔.

'ㅓ'가 'ㅡ'로 바뀌는 현상은 모음체계에서 중모음인 'ㅓ'가 고모음 'ㅡ'로 되는 고모음화 현상으로서, "奄 믄득 음"에서는 '奄'의 음이 '엄'에서 '음'으로 바뀐 것이며, "濟 근널 졔"에서는 '건널'의 제1음절 '건'이 '근'으로 바뀐 것이다. 현대 중부 방언에서 장음으로 실현되는 제1음절의 'ㅓ'가 'ㅡ'로 실현되는 현상으로서 고모음화 현상이라고 불리어지기도 하는 이러한 예들은 국어사 문헌에서 『過化存神과화존신』(1880), 『竈君靈跡誌조군령적지』(1881) 등에서부터 나타난다(백두현, 1997). 그러므로 (22)의 예들은 이 문헌의 언어 사용 상태가 19세기 후기, 빨라야 1880년대를 앞서지 않을 것임을 말해 준다.

이 문헌에 움라우트 현상의 예들은 뚜렷한 확산 경향을 보이지는 않는다. "行 뎡길 힝<藏千 9b>, 切 베힐 졀<藏千 16a>, 歷 지닐 력<藏千 32b>" 등은 움라우트 현상으로 볼 수도 있는 예들이지만, '베히-'는 이미 전기 근대국어 시기에도 보이던 예이고, '지닐 력'은 어간이 '지니다'가 나타나므로 움라우트 현상으로 간주하기 어렵다. "둗니-"의 후대형으로서 『가례언해』에서부터 보이는 '뎡기다'는 '둥기-'에 움라우트 현상이 일어난 것으로 추정할 수는 있으나 '다니다'의 의미를 갖는 "둥기-"가 문증되지 않아 현재로서는 움라우트 현상이 일어난 것이라고 말하기가 어렵다. 이 밖에 비음화나 유음화, 격음화, 경음화('橫 빗낄 횡<藏千 25a>' 등), 탈락이나 첨가 현상 등은 나타나지만, 이 문헌만이 갖는 특이한 사항은 보이지 않는다.

4. 마무리

　본 연구에서는 장서각 소장의 『千字文』은 석봉 『千字文』과 동일한 부분이 많아 자료의 성격에 따라 석봉 『千字文』을 그대로 따른 부분과 그렇지 않은 부분으로 나누어 검토해 왔다. 석봉 『千字文』을 그대로 따른 한자의 훈과 음에서는 16세기 후기의 특징을 보여주고 있어서 그렇지 않은 부분에서 이 문헌의 언어 사용 상태가 잘 드러날 것으로 기대하였기 때문이다. 그러므로 여기에서는 석봉 『千字文』과 다른 부분에서 드러나는 언어 자료의 표기와 음운현상을 통시적인 관점에서 검토한 특징을 간략하게 정리하고 이 문헌의 편찬 시기를 추정하는 것으로 마무리를 삼고자 한다.

이 문헌의 표기 상태는 후기 근대국어 문헌의 것과 대동소이하다. 초성, 중성, 종성에 사용된 문자의 사용, 'ㅂ'계 합용병서자의 쇠퇴와 'ㅅ'계 합용병서 사용의 일반화, 어간말 자음의 분철 표기, 중철 표기, 격음의 표기 등에서 근대국어 후기 문헌과 큰 차이가 없었다. 그러나 이 문헌에서 보여주는 음운현상은 상당히 중요한 언어적 특징을 보여주는 것으로 나타났다. 일반화된 ㄷ구개음화와 구개음화를 따르지 않은 예들의 특성, 어두 'ㄴ'의 탈락 현상과 첨가 현상, 어두음절에서의 'ㆍ>ㅏ' 변화와 비어두음절에서의 'ㆍ>ㅡ' 변화, 비어두음절 'ㆍ'의 특성, 'ᄒ->허-, 브리->버리-, 여듧>여덜' 등의 변화, 양순음 다음에 오는 'ㅗ'의 'ㅓ'로의 비원순모음화 현상, 'ㅓ>ㅡ' 고모음화 현상 등을 고려할 때 이 문헌이 편찬된 시기가 빨라도 1880년대를 앞서지 않을 것으로 추정된다. 또한 ㄱ구개음화가 한 예 나타나기는 하지만, 지역적으로 보아 이 문헌에 반영된 언어는 중부 방언, 그중에서도 서울·경기 방언인 것으로 추정된다.

이러한 장서각 소장『千字文』의 언어적 특성을 바탕으로 하면서 왕실에서 보관해 온 쑥색 비단으로 된 표지를 붉은 실로 엮은 고급 장정본으로서, 오색으로 된 최고급 닥송이 위에 정성스레 필사한 장서각 소상의 천자문의 언어외적인 특성을 고려하면 이 문헌이 왕손의 돌상에 올려진 문헌이었으리라는 추정(박부자, 2002)이 설득력을 갖는다고 생각된다. 그렇다면 이 책은 1880년대보다 늦은 시기, 보다 정확하게 추정하면 19세기와 20세기의 교체기에 태어난 왕손의 돌상을 위해 편찬된 책이었을 것으로 판단된다.

■ 부록

장서각 『千字文』과 석봉 『千字文』의 음과 훈 비교
⇒ 후행 음훈은 석봉 『千字文』의 것(두 천자문 간에 차이가 나는 용례)

〈藏千 1a〉

天 하놀 텬
地 짜 디
玄 감을 현〈藏千 1a〉 가믈현
黃 누를 황
宇 집 우
宙 집 쥬〈藏千 1a〉 집듀
洪 너블 홍
荒 거츨 황

〈藏千 1b〉

日 날 일
月 달 월〈藏千 1b〉 둘월
盈 찰 영〈藏千 1b〉 출영
昃 기울 칙
辰 별 진〈藏千 1b〉 별신
宿 잘 슉
列 벌 렬
張 베플 쟝〈藏千 1b〉 베플댱
寒 찰 한〈藏千 1b〉 출한
來 올 리
暑 더울 셔
往 갈 왕

〈藏千 2a〉

秋 가을 츄〈藏千 2a〉 가올츄
收 거들 슈
冬 겨아 동〈藏千 2a〉 겨ᄋ동

藏 감츌 쟝〈藏千 2a〉 갈몰장
閏 윤달 윤〈藏千 2a〉 부롤윤
餘 나믈 여〈藏千 2a〉 나몰여
成 일울 셩〈藏千 2a〉 이룰셩
歲 힛 셰
律 법측 뉼
呂 법측 녀
調 고로 됴〈藏千 2a〉 고롤됴
陽 볏 낭〈藏千 2a〉 볃양

〈藏千 2b〉

雲 구름 운〈藏千 2b〉 구룸운
騰 날 등〈藏千 2b〉 놀등
致 일울 치〈藏千 2b〉 닐윌티
雨 비 우
露 이슬 로〈藏千 2b〉 이슬로
結 미질 결〈藏千 2b〉 밀결
爲 헐 위〈藏千 2b〉 헐위
霜 셔리 샹〈藏千 2b〉 서리샹
金 쇠 금
生 날 싱
麗 빗날 녀
水 물 슈〈藏千 2b〉 믈슈

〈藏千 3a〉

玉 구슬 옥
出 날 츌
昆 뫼 곤

岡 뫼 강<藏千 3a> 묏부리강
劒 칼 검<藏千 3a> 갈검
號 이름 호<藏千 3a> 일홈호
巨 클 거
闕 집 궐
珠 구슬 듀<藏千 3a> 구슬쥬
稱 일카를 칭<藏千 3a> 일ㅋ룰칭
夜 밤 야
光 빋 광<藏千 3a> 빗광

〈藏千 3b〉

果 과실 과<藏千 3b> 여름과
珎 보비 진<藏千 3b> 보비딘
李 외얏 니<藏千 3b> 외얏니
柰 벗 니<藏千 3b> 멋니
菜 나물 치<藏千 3b> 느물치
重 무거을 즁<藏千 3b> 무거울 듕
芥 겨자 기<藏千 3b> 계ㅈ개
薑 싱양 강<藏千 3b> 싱강강
海 바다 히<藏千 3b> 바라히
鹹 잘 함<藏千 3b> 뿔함
河 물 하<藏千 3b> ㄱ룸하
淡 말글 담<藏千 3b> 물ᄀᆞᆯ담

〈藏千 4a〉

鱗 비눌 린<藏千 4a> 비눌린
潛 잠길 잠<藏千 4a> 줌길줌
羽 짓 우
翔 나리 샹<藏千 4a> 눌샹
龍 룡 룡<藏千 4a> 미르룡
師 스승 사<藏千 4a> 스승ᄉ
火 불 화<藏千 4a> 블화
帝 임금 졔<藏千 4a> 님금뎨
鳥 시 됴<藏千 4a> 새됴
官 벼슬 관<藏千 4a> 구의관
人 사람 인<藏千 4a> 사룸인
皇 님금 황

〈藏千 4b〉

始 비로솔 시<藏千 4b> 비르슬시
制 지을 졔
文 글월 문
字 글자 자<藏千 4b> 글월ᄌ
乃 이예 니<藏千 4b> 사내
服 입을 복<藏千 4b> 니블복
衣 옷 의
裳 치마 샹
推 밀 츄
位 벼슬 위
讓 사양 양<藏千 4b> ᄉ양양
國 나라 국

〈藏千 5a〉

有 이슬 유<藏千 5a> 이실유
虞 혜아릴 우
陶 딜그릇 도<藏千 5a> 딜것도
唐 당나라 당<藏千 5a> 대당당
弔 됴문 됴
民 빅셩 민
伐 칠 벌<藏千 5a> 베힐벌
罪 허믈 죄
周 두루 쥬
發 베플 발
殷 은국 은<藏千 5a> 만홀벌
湯 ᄯᅳᆯ흘 탕

〈藏千 5b〉

坐 안질 좌<藏千 5b> 안줄좌
朝 아침 됴<藏千 5b> 아춤됴
問 무을 문<藏千 5b> 무룰문
道 길 도
垂 드리울 슈
拱 고질 공<藏千 5b> 고줄공
平 평헐 평<藏千 5b> 평홀평
章 글월 쟝

愛 스랑 이
育 칠 육
黎 가물 려<藏千 5b> 가믈려
首 머리 슈

〈藏千 6a〉

臣 신하 신
伏 업틀 복<藏千 6a> 굿쌜복
戎 되 융
羌 되 강
遐 멀 하
邇 갓가올 이<藏千 6a> 갓싸올이
壹 한 일<藏千 6a> 혼일
體 몸 체<藏千 6a> 몸톄
率 거느릴 솔<藏千 6a> 드릴솔
賓 손 빈
歸 도라갈 귀
王 임금 왕<藏千 6a> 님금왕

〈藏千 6b〉

鳴 울 명
鳳 시 봉
在 이슬 지<藏千 6b> 이실지
樹 나무 슈<藏千 6b> 나모슈
白 흰 빅<藏千 6b> 힌빅
駒 미지 구<藏千 6b> 미야지구
食 먹을 식<藏千 6b> 머글식
場 마당 장<藏千 6b> 맏댱
化 될 화
被 이블 피<藏千 6b> 니블피
草 풀 쵸<藏千 6b> 플쵸
木 나무 목<藏千 6b> 나모목

〈藏千 7a〉

賴 힘닙을 뇌<藏千 7a> 힘니블뢰
及 밋츨 급<藏千 7a> 미출급
萬 일만 만

方 모 방
蓋 더플 기<藏千 7a> 두를개
此 이 츠
身 몸 신
髮 터럭 발
四 넉 스
大 큰 더<藏千 7a> 큰대
五 다숫 오
常 샹례 샹<藏千 7a> 샹녯샹

〈藏千 7b〉

恭 온공 공
惟 오직 유
鞠 칠 국
養 칠 양
豈 엇지 긔<藏千 7b> 엇뎌긔
敢 구티여 감<藏千 7b> 구팁감
毀 헐 훼
傷 헐 샹
女 계집 녀<藏千 7b> 겨집녀
慕 스모 모
貞 고들 졍<藏千 7b> 고돌뎡
烈 미울 열<藏千 7b> 미올렬

〈藏千 8a〉

男 사니 남<藏千 8a> 아돌남
效 본바들 효<藏千 8a> 본볼효
才 직쥬 지<藏千 8a> 지죠지
良 어즐 량<藏千 8a> 어딜냥
知 알 지<藏千 8a> 알디
過 지날 과<藏千 8a> 디날과
必 반듯 필<藏千 8a> 반득필
改 곳칠 기<藏千 8a> 고틸기
得 어들 득
能 능헐 능<藏千 8a> 잘홀능
莫 말 막
忘 니즐 망<藏千 8a> 니줄망

〈藏千 8b〉

罔 업슬 망
談 말슴 담〈藏千 8b〉 말슴담
彼 져 피〈藏千 8b〉 뎌피
短 자를 단〈藏千 8b〉 뎌롤단
靡 아닐 미
恃 미들 시〈藏千 8b〉 미둘시
己 몸 긔
長 어른 쟝〈藏千 8b〉 긴댱
信 미들 신〈藏千 8b〉 미둘신
使 부릴 사〈藏千 8b〉 브릴ᄾ
可 오흘 가〈藏千 8b〉 올흘가
覆 다시 복

〈藏千 9a〉

器 그릇 긔〈藏千 9a〉 그릇끠
欲 ᄒ고져 홀 욕
難 어려울 란
量 헤아릴 량
墨 먹 믁
悲 슬홀 비
絲 실 ᄾ
染 믈들 염
詩 글 시
讚 기릴 찬
羔 염소 고〈藏千 9a〉 염고
羊 양 양

〈藏千 9b〉

景 볃 경
行 딩길 힝〈藏千 9b〉 녈힝
維 열글 유〈藏千 9b〉 얼글유
賢 어질 현〈藏千 9b〉 어딜현
剋 이길 극〈藏千 9b〉 이길극
念 싱각 념〈藏千 9b〉 념홀념
作 지을 작
聖 셩인 셩

德 큰 덕
建 셸 건
名 일훔 명
立 셜 닙

〈藏千 10a〉

形 얼굴 형
端 ᄭᅳᆮ 단〈藏千 10a〉 긋단
表 받 표
正 발을 졍〈藏千 10a〉 졍홀졍
空 븰 공
谷 골 곡
傳 젼헐 젼〈藏千 10a〉 옴길뎐
聲 소리 셩〈藏千 10a〉 소리셩
虛 븰 허
堂 집 당
習 니길 습
聽 들을 쳥〈藏千 10a〉 드를 텽

〈藏千 10b〉

禍 지화 화
因 인헐 인〈藏千 10b〉 지줄인
惡 모질 악〈藏千 10b〉 모딜악
積 싸음 젹〈藏千 10h〉 사훔젹
福 복 복
緣 말믜 연
善 어딜 션
慶 경ᄉ 경〈藏千 10b〉 경하경
尺 자 쳑
璧 구슬 벽
非 아닐 비
寶 보비 보

〈藏千 11a〉

寸 ᄆ디 촌
陰 그늘 음
是 이 시〈藏千 11a〉 잇시

競 드톨 경
資 ᄌ뢰 ᄌ
父 아비 부
事 셤길 ᄉ
君 님금 군
曰 갈 왈<藏千 11a> 글왈
嚴 엄헐 엄<藏千 11a> 싁싁홀엄
與 더블 여
敬 공경 공<藏千 11a>공경경

〈藏千 11b〉

孝 효도 효
當 맛ᄯᅡᆼ 당
竭 다올 갈
力 힘 녁
忠 튱셩 튱
則 법측 법
盡 다올 진
命 목숨 명
臨 림헐 림<藏千 11b> 디놀림
深 기풀 심<藏千 11b> 기풀심
履 볼을 리<藏千 11b> 볼올리
薄 열울 박

〈藏千 12a〉

夙 이룔 슉<藏千 12a> 이눌슉
興 닐 흥
溫 ᄃᆞ술 온
凊 시글 졍
似 ᄀᆞ톨 ᄉ
蘭 난초 난
斯 이 사
馨 곳ᄯᅡ을 형<藏千 12a> 곳ᄯᅡ올형
如 ᄀᆞ톨 여
松 솔 송<藏千 12a> 솔송
之 갈 지
盛 셩홀 셩

〈藏千 12b〉

川 내 쳔
流 흐롤 류
不 아닐 블
息 쉴 식
淵 못 연
澄 몰골 징<藏千 12b>몰골딩
取 취헐 취<藏千 12b> 아올취
映 비칠 영<藏千 12b> 비췰영
容 얼굴 용<藏千 12b> 즛용
止 그칠 지
若 ᄀᆞ톨 약
思 싱각 ᄉ

〈藏千 13a〉

言 말슴 언<藏千 13a> 말슴언
辭 말슴 사<藏千 13a> 말슴ᄉ
安 편안 안
定 졍헐 졍<藏千 13a> 일뎡뎡
篤 돗타올 독<藏千 13a> 도타올독
初 쳐음 쵸<藏千 13a> 처엄 쵸
誠 졍셩 셩
美 아름다을 미<藏千 13a> 아롬다올미
愼 삼길 신<藏千 13a> 삼갈신
終 마참 죵<藏千 13a> ᄆᆞ춤죵
宜 맛당 의<藏千 13a> 맛ᄯᅡᆼ의
令 하야금 녕<藏千 13a> 어딜령

〈藏千 13b〉

榮 영화 영
業 업 업
所 바 소
基 터 긔
籍 호젹 젹<藏千 13b> 글월젹
甚 심헐 심<藏千 13b> 심홀심
無 업슬 무
竟 마츰 경<藏千 13b> ᄆᆞ춤경

學 비울 학<藏千 13b> 비홀학
優 넉넉 우<藏千 13b> 나을우
登 오를 등<藏千 13b> 오롤등
仕 벼슬 사<藏千 13b> 벼슬스

〈藏千 14a〉

攝 잡을 셥
職 벼슬 직
從 죠출 종<藏千 14a> 조출종
政 졍스 졍
存 이슬 존<藏千 14a> 이실존
以 뻐 이
甘 달 감<藏千 14a> 둘감
棠 아가위 당<藏千 14a> 아가외당
去 굴 거<藏千 14a> 갈거
而 말리 이<藏千 14a> 말리을이
益 더홀 익<藏千 14a> 더을익
詠 읇흐 영<藏千 14a> 으플영

〈藏千 14b〉

樂 풍류 악<藏千 14b> 풍뉴악
殊 다을 슈<藏千 14b> 다늘슈
貴 귀홀 귀
賤 쳐홀 쳔
禮 레도 레<藏千 14b> 녜도녜
別 다롤 별<藏千 14b> 다놀별
尊 놉흘 존<藏千 14b> 노풀존
卑 나즐 비<藏千 14b> 느줄비
上 웃 샹
和 고로 화<藏千 14b> 고롤화
下 아릭 하<藏千 14b> 아래하
睦 화목 목

〈藏千 15a〉

夫 젓아비 부<藏千 15a> 짓아미부
唱 브를 챵
婦 며느리 부

隨 죠출 슈<藏千 15a> 조출슈
外 밧 외
受 바돌 슈
傅 스승 부
訓 フ르칠 훈
入 들 입
奉 밧들 봉<藏千 15a> 받들봉
母 어미 모
儀 거동 의

〈藏千 15b〉

諸 모둘 제
姑 할미 고
伯 묻 빅
叔 오자비 슉<藏千 15b> 아자비슉
猶 가톨 유<藏千 15b> フ톨유
子 오둘 즈<藏千 15b> 아둘즈
比 견줄 비
兒 오히 오<藏千 15b> 아희오
孔 구멍 공<藏千 15b> 구무공
懷 프믈 회<藏千 15b> 푸물회
兄 묻 형
弟 아오 데<藏千 15b> 아슨데

〈藏千 16a〉

同 한가지 동<藏千 16a> 오힌동
氣 긔운 긔
連 니을 련
枝 가지 지
交 사괼 교
友 벋 우
投 더질 투<藏千 16a> 더딜투
分 눈홀 분<藏千 16a> 눈홀분
切 베힐 졀<藏千 16a> 그츨졀
磨 갈 마<藏千 16a> 굴마
箴 경계 잠<藏千 16a> 경계줌
規 법 규<藏千 16a> 법식규

〈藏千 16b〉

仁 어질 인〈藏千 16b〉 클인
慈 사랑 자〈藏千 16b〉 ᄌᆞ빌ᄌᆞ
隱 스믈 은
惻 슬흘 측
造 지을 조
次 버금 ᄎᆞ〈藏千 16b〉 ᄀᆞ음ᄎᆞ
弗 말 블
離 ᄯᅥ날 리〈藏千 16b〉 여흴리
節 ᄆᆞ디 졀
義 올흘 의
廉 청념 념〈藏千 16b〉 청렴렴
退 므를 퇴

〈藏千 17a〉

顚 업더질 젼〈藏千 17a〉 업더딜뎐
沛 굿바질 픠〈藏千 17a〉 졋ᄲᅡ딜패
匪 아닐 비
虧 이즈러질 휴〈藏千 17a〉 이줄휴
性 셩픔 셩〈藏千 17a〉 셩셩
靜 고요홀 졍
情 ᄠᅳᆺ 졍
逸 편안 일〈藏千 17a〉 편안홀일
心 ᄆᆞ음 심
動 움작일 동〈藏千 17a〉 밀동
神 귀신 신〈藏千 17a〉 신령신
疲 갓블 픠〈藏千 17a〉 ᄀᆞ불피

〈藏千 17b〉

守 직흴 슈〈藏千 17b〉 디킐슈
眞 참 진〈藏千 17b〉 춤진
志 ᄠᅳᆺ 지〈藏千 17b〉 ᄠᅳᆺ지
滿 가득헐 만〈藏千 17b〉 출만
逐 뽀줄 츅〈藏千 17b〉 뽀출튝
物 만물 물〈藏千 17b〉 것믈
意 ᄠᅳᆺ 의〈藏千 17b〉 ᄠᅳᆺ의
移 옴길 이

堅 굿을 견〈藏千 17b〉 구들견
持 ᄀᆞ질 지〈藏千 17b〉 가질디
雅 묽을 아〈藏千 17b〉 몰ᄀᆞᆯ아
操 줍을 죠〈藏千 17b〉 자볼조

〈藏千 18a〉

好 죠을 호〈藏千 18a〉 됴홀호
爵 벼슬 쟉〈藏千 18a〉 벼술쟉
自 스스리 자〈藏千 18a〉 스스리ᄌᆞ
縻 얽글 미〈藏千 18a〉 얼글비
都 도읍 도〈藏千 18a〉 모돌도
邑 고을 읍〈藏千 18a〉고올읍
華 빗날 화〈藏千 18a〉 빈날화
夏 여름 하〈藏千 18a〉 녀롬하
東 동녁 동
西 셔녁 셔〈藏千 18a〉 션녁셔
二 두 이
京 셔울 경

〈藏千 18b〉

背 등 비
邙 터 망
面 낫 면〈藏千 18b〉 눗면
洛 낙슈 낙
浮 ᄠᅳᆯ 부〈藏千 18b〉 ᄯᅳᆯ부
渭 위슈 위
據 웅거 거〈藏千 18b〉 루를거
涇 경슈 경
宮 집 궁
殿 집 뎐〈藏千 18b〉 집뎐
盤 소반 반〈藏千 18b〉 서릴반
鬱 답답 울〈藏千 18b〉 덥ᄲᅥ츨울

〈藏千 19a〉

樓 다락 누
觀 본 관〈藏千 19a〉 볼관
飛 놀 비

驚 놀랄 경〈藏千 19a〉 놀날경
圖 그림 도
寫 슬 샤
禽 새 금
獸 즘승 슈
畫 그림 화
綵 치식 치
仙 신션 션〈藏千 19a〉 션인션
靈 녕홀 녕〈藏千 19a〉 녕홀녕

〈藏千 19b〉

丙 남녁 병
舍 집 샤
傍 겯 방
啓 열 계
甲 갑 갑
帳 댱 댱
對 디답 대〈藏千 19b〉 디답디
楹 기동 영
肆 베플 스
筵 즈리 연〈藏千 19b〉 디의연
設 베플 셜
席 돗 셕

〈藏千 20a〉

鼓 북 고〈藏千 20a〉 갓붑고
瑟 비파 슬〈藏千 20a〉 비화슬
吹 불 취〈藏千 20a〉 불츄
笙 져 싱〈藏千 20a〉 뎌싱
陞 오를 승〈藏千 20a〉 오롤승
階 섬 계〈藏千 20a〉 드리계
納 드릴 납〈藏千 20a〉 드릴랍
陛 섬 폐〈藏千 20a〉 섬폐
弁 관 변〈藏千 20a〉 곳갈변
轉 구을 젼〈藏千 20a〉 구을뎐
疑 의심 의
星 별 셩

〈藏千 20b〉

右 오를 우〈藏千 20b〉 올홀우
通 통헐 통〈藏千 20b〉 스모츌통
廣 널블 광〈藏千 20b〉 너블광
內 안 니
左 욀 좌〈藏千 20b〉 욀자
達 사모칠 달〈藏千 20b〉 스모츌달
承 니을 승〈藏千 20b〉 니올승
明 발글 명〈藏千 20b〉 볼굴명
旣 임의 긔〈藏千 20b〉 이믜긔
集 모들 집〈藏千 20b〉 모둘집
墳 무덤 분
典 법 전〈藏千 20b〉 법뎐

〈藏千 21a〉

亦 쏘 역
聚 모달 취〈藏千 21a〉 모둘취
群 무리 군〈藏千 21a〉 물군
英 곳부리 영〈藏千 21a〉 곳쑤리영
杜 목을 두〈藏千 21a〉 마글두
藁 집 고〈藏千 21a〉 딥고
鍾 북 죵〈藏千 21a〉 죵즈죵
隸 글시 예
漆 옷 칠
書 글 셔〈藏千 21a〉 글월셔
壁 브람 벽〈藏千 21a〉 브롬벽
經 글 경〈藏千 21a〉 글월경

〈藏千 21b〉

府 마을 부〈藏千 21b〉 마올부
羅 벌 나〈藏千 21b〉 벌라
將 장슈 장〈藏千 21b〉 쟝슈쟝
相 셔로 상〈藏千 21b〉 서르샹
路 길 노〈藏千 21b〉 길로
俠 씰 협
槐 괴화 괴
卿 벼슬 경〈藏千 21b〉 벼슬경

戶 지게 호<藏千 21b> 지게호
封 봉홀 봉
八 여덜 팔 <藏千 21b> 여둛팔
縣 고을 현<藏千 21b> 고올현

〈藏千 22a〉

家 집 가
給 줄 급
千 일쳔 쳔
兵 병마 병
高 노풀 고<藏千 22a> 노풀고
冠 관 관<藏千 22a> 곳갈관
陪 뫼실 비
輦 년 년
驅 몰 구
轂 슐위통 곡<藏千 22a> 슐위통곡
振 뿔 진
纓 긴 영

〈藏千 22b〉

世 인간 셰
祿 녹 녹
侈 샤치 치
富 가ᄋ멸 부
車 슐위 거<藏千 22b> 슐위거
駕 멍에 가
肥 술질 비
輕 가비야올 경
策 막디 칙<藏千 22b> 막대칙
功 공 공
茂 거츨 무
實 열미 실<藏千 22b> 염글실

〈藏千 23a〉

勒 구례 륵<藏千 23a> 굴에륵
碑 비셕 비<藏千 23a> 빗비
刻 스길 각<藏千 23a> 사길각

銘 스길 명<藏千 23a> 조을명
磻 돌 반
溪 시너 계<藏千 23a> 시내계
伊 져 이<藏千 23a> 져이
尹 맛 윤<藏千 23a> 묻윤
佐 도을 좌<藏千 23a> 도올자
時 찌 시<藏千 23a> 시절시
阿 언덕 아<藏千 23a> 두던아
衡 져울디 형<藏千 23a> 저울대형

〈藏千 23b〉

奄 믄득 음<藏千 23b> 믄득엄
宅 집 턱
曲 구블 곡<藏千 23b> 고볼곡
阜 언덕 부<藏千 23b> 두던부
微 젹을 미<藏千 23b> 쟈글미
旦 아춤 죠<藏千 23b> 아춤됴
孰 누구 슉
營 지을 영
桓 굿셀 환<藏千 23b> 세와돌환
公 귀이 공<藏千 23b> 구의공
匡 발을 광<藏千 23b> 고틸광
合 모들 합<藏千 23b> 모돌합

〈藏千 24a〉

濟 근널 졔<藏千 24a> 건널제
弱 약헐 약<藏千 24a> 약홍약
扶 붓들 부<藏千 24a> 븓들부
傾 기울 경
綺 비단 긔<藏千 24a> 깁긔
廻 도라올 회
漢 한슈 한
惠 은혜 혜
說 깃불 열<藏千 24a> 니눌셜
感 늣길 감<藏千 24a> 늗길감
武 호반 무<藏千 24a> 미올무
丁 장졍 졍<藏千 24a> 장뎡뎡

〈藏千 24b〉

俊 쥰걸 쥰〈藏千 24b〉 미올쥰
乂 지쥬 예〈藏千 24b〉어딜예
密 빅빅헐 밀〈藏千 24b〉 빅빅홀밀
勿 말 물〈藏千 24b〉 말믈
多 만흘 다〈藏千 24b〉 할다
士 션비 사〈藏千 24b〉 션비ᄉ
寔 이 식〈藏千 24b〉 잇식
寧 편난 녕〈藏千 24b〉 편홀령
晉 진국 진
楚 쵸국 쵸〈藏千 24b〉 초국초
更 다시 깅〈藏千 24b〉 고틸깅
覇 읏듬 픠〈藏千 24b〉 읏듬패

〈藏千 25a〉

趙 됴국 됴
魏 위국 위
困 곤헐 곤〈藏千 25a〉 잇블곤
橫 빗씰 횡
假 빌 가
途 길 도
滅 멸헐 멸〈藏千 25a〉 ᄲᅳᆯ멸
虢 괵국 괵
踐 발을 젼〈藏千 25a〉 발올젼
土 흙 토〈藏千 25a〉 흙토
會 모둘 회
盟 밍셔 밍

〈藏千 25b〉

何 엇디 하
遵 조츨 쥰
約 언약 약
法 법 법
韓 한국 한
弊 히여딜 폐
煩 어즈러울 번
刑 형벌 형

起 닐 긔
翦 굴길 젼
頗 즈모 파〈藏千 25b〉 즈므파
牧 칠 목

〈藏千 26a〉

用 쓸 용〈藏千 26a〉 뼈용
軍 군사 군〈藏千 26a〉 군군
最 가쟝 최〈藏千 26a〉 ᄀ쟝최
精 졍헐 졍〈藏千 26a〉 졍홀졍
宣 베플 션
威 위염 위〈藏千 26a〉 위엄위
沙 모릭 사〈藏千 26a〉 몰애사
漠 멀 막〈藏千 26a〉 아득홀막
馳 달닐 치〈藏千 26a〉 달일티
譽 기릴 예
丹 븕을 단〈藏千 26a〉 블글단
靑 푸를 쳥〈藏千 26a〉 프를 쳥

〈藏千 26b〉

九 아홉 구
州 고을 쥬〈藏千 26b〉 고올쥬
禹 임금 우〈藏千 26b〉 님군우
跡 자최 젹〈藏千 26b〉 자최져
百 일빅 빅〈藏千 26b〉 온빅
郡 고을 군〈藏千 26b〉 고올군
秦 진나라 진〈藏千 26b〉 진국진
并 아울 병〈藏千 26b〉 아올병
嶽 뫼부리 악〈藏千 26b〉 묏부리악
宗 마루 종〈藏千 26b〉 ᄆᆞᆯ종
恒 항상 항〈藏千 26b〉 샹녜흥
岱 뫼 디〈藏千 26b〉 뫼디

〈藏千 27a〉

禪 터닥글 션〈藏千 27a〉 터닷글션
主 잉금 쥬〈藏千 27a〉 님쥬
云 이를 운〈藏千 27a〉 니롤운

亭 정즈 정<藏千 27a> 뎡즈뎡
雁 기러기 안<藏千 27a> 그려기안
門 문 문<藏千 27a> 오래문
紫 붉글 자<藏千 27a> 블글즈
塞 막을 식<藏千 27a> 마글식
鷄 닭 계<藏千 27a> 돍게
田 밧 전<藏千 27a> 받뎐
赤 붉글 격<藏千 27a> 블글격
城 지 셩<藏千 27a> 잣셩

〈藏千 27b〉

昆 맛 곤<藏千 27b> 몯곤
池 못 지<藏千 27b> 못디
碣 돌 갈
石 돌 셕
鉅 톱 거
野 들 야<藏千 27b> 드르야
洞 골 동
庭 쓸 정<藏千 27b> 쓸뎡
曠 너를 광
遠 멀 원
綿 소음 면<藏千 27b> 소옴면
邈 멀 막

〈藏千 28a〉

巖 바위 암<藏千 28a> 바회암
岫 묏부리 슈<藏千 28a> 묏쑤리슈
杳 아득헐 묘<藏千 28a> 아득홀묘
冥 아득헐 명<藏千 28a> 아득홀명
治 다시릴 치<藏千 28a> 다스릴티
本 밋 번<藏千 28a> 믿본
於 늘 어
農 농사 농<藏千 28a> 녀름지을롱
務 심쓸 무<藏千 28a> 힘쁠무
玆 이 자<藏千 28a> 이즈
稼 시믈 가<藏千 28a> 곡식시믈가
穡 거들 식<藏千 28a> 곡식거둘식

〈藏千 28b〉

俶 비로술 슉<藏千 28b> 비르슬슉
載 시를 지<藏千 28b> 시롤지
南 남녁 남<藏千 28b> 앏남
畝 이랑 묘<藏千 28b> 이럼묘
我 나 아
藝 지쥬 예<藏千 28b> 시믈예
黍 지쟝 셔<藏千 28b> 기장셔
稷 피 직
稅 부세 세<藏千 28b> 낙세
熟 익을 슉<藏千 28b> 니글슉
貢 밧칠 공<藏千 28b> 바틸공
新 시 신 <藏千 28b> 새신

〈藏千 29a〉

勸 권홀 권
賞 샹쥴 샹<藏千 29a> 샹홀샹
黜 니칠 츌<藏千 29a> 내틸튤
陟 니칠 텩<藏千 29a> 오롤텩
孟 믓 밍<藏千 29a> 몯밍
軻 슈례 가<藏千 29a> 술위가
敦 도타올 돈<藏千 29a> 두터울돈
素 흴 소<藏千 29a> 흴소
史 스괴 스
魚 고기 어
秉 즙을 병<藏千 29a> 자블병
直 고든 딕

〈藏千 29b〉

庶 믓 셔<藏千 29b> 물셔
幾 거의 긔
中 가온디 즁<藏千 29b> 가온대듕
庸 즁용 용<藏千 29b> 샹녜용
勞 곳블 로<藏千 29b> 잇쓸로
謙 겸손 겸
謹 숨굴 근<藏千 29b> 삼갈근
勅 신칙홀 칙<藏千 29b> 경히홀틱

聆 드를 영<藏千 29b> 드룰령
音 쇼리 음<藏千 29b> 소리음
察 술필 찰
理 다스릴 리

〈藏千 30a〉

鑑 거울 감<藏千 30a> 거우루감
貌 모양 모<藏千 30a> 양줃모
辨 골힐 변
色 빗 식
貽 쥴 이<藏千 30a> 쥴이
厥 그 궐
嘉 으롬다올 가<藏千 30a> 아롬다올가
猷 쇠 유
勉 힘슬 면<藏千 30a> 힘쓸면
其 그 기
祗 공경 지
植 시믈 식

〈藏千 30b〉

省 솗힐 셩<藏千 30b> 술필셩
躬 몸 궁
譏 긔롱 긔
誡 경계 계<藏千 30b> 경곗계
寵 괴일 총<藏千 30b> 괼툥
增 더홀 증<藏千 30b> 더을증
抗 결을 항<藏千 30b> 결울항
極 다홀 극<藏千 30b> ᄀ재극
殆 즈못 티<藏千 30b> 바드라올티
辱 욕홀 욕
近 갓가올 근<藏千 30b> 갓까올근
恥 브그릴 티<藏千 30b> 붓그릴티

〈藏千 31a〉

林 슈플 림<藏千 31a> 수플림
皐 언덕 고<藏千 31a> 두던고
幸 다힝 힝<藏千 31a> 힝혀힝

即 곳 즉<藏千 31a> 즉제즉
兩 두 양<藏千 31a> 두 냥
疎 쇼통 쇼<藏千 31a> 소통홀소
見 볼 견
機 틀 긔
解 플 히<藏千 31a> 그롤히
組 인쯘 조<藏千 31a> 인쯘조
誰 누구 슈
逼 다홀 핍<藏千 31a> 갓까올핍

〈藏千 31b〉

索 초질 식<藏千 31b> 노삭
居 술 거
閑 한가 한<藏千 31b> 겨른한
處 곳 쳐<藏千 31b> 곧쳐
沈 줌길 침<藏千 31b> 드물팀
默 줌줌 묵
寂 괴요 젹<藏千 31b> 괴오젹
寥 괴요 요<藏千 31b> 괴오료
求 구홀 구
古 예 고<藏千 31b> 녜고
尋 초질 심<藏千 31b> 초줄심
論 의논 논

〈藏千 32a〉

散 혯칠 산<藏千 32a> 흐틀산
慮 싱각 려<藏千 32a> 스념녀
逍 노닐 쇼
遙 노닐 요
欣 깃글 흔<藏千 32a> 깃쯜흔
奏 알욀 쥬<藏千 32a> 술올주
累 더러울 루<藏千 32a> 더러일류
遣 보닐 견<藏千 32a> 보낼견
慼 슬플 쳑
謝 샤례 샤
歡 즐길 환
招 부룰 쵸<藏千 32a> 브를툐

〈藏千 32b〉

渠 기천 거
荷 년 하
的 붉을 젹<藏千 32b> 마줄덕
歷 지닐 력<藏千 32b> 디날력
園 동산 원
莽 플 망
抽 샌힐 츄<藏千 32b> 싸일튜
條 가지 됴<藏千 32b> 올됴
枇 나무 비<藏千 32b> 나모비
杷 나무 파<藏千 32b> 나모파
晩 느즐 만
翠 프를 취<藏千 32b> 프를취

〈藏千 33a〉

梧 오동 오<藏千 33a> 머귀오
桐 오동 동<藏千 33a> 머귀동
早 이를 죠<藏千 33a> 이롤조
彫 써러질 죠<藏千 33a> 떠러딜됴
陳 무글 진<藏千 33a> 무글딘
根 쑤리 근<藏千 33a> 불휘근
委 버릴 위<藏千 33a> 브릴위
翳 가릴 예<藏千 33a> 그릴예
落 써러질 락<藏千 33a> 딜락
葉 입 녑<藏千 33a> 닙엽
飄 붓칠 표<藏千 33a> 부칠표
飀 붓칠 요 <藏千 33a> 부칠요

〈藏千 33b〉

遊 놀 유<藏千 33b> 노닐유
鶤 고기 곤 <藏千 33b> 새곤
獨 홀 독
運 옴길 운
凌 넘을 릉<藏千 33b> 오롤릉
摩 만질 마<藏千 33b> 문질마
絳 불글 강<藏千 33b> 블글강
霄 하날 쇼<藏千 33b>하놀쇼

耽 즐길 탐
讀 외일 독<藏千 33b> 닐글독
翫 구경 완
市 져자 시<藏千 33b> 져제시

〈藏千 34a〉

寓 붓칠 우<藏千 34a> 브틸우
目 눈 목
囊 쥬머니 낭<藏千 34a> 느뭇낭
箱 상자 상<藏千 34a> 샹즈샹
易 밧골 역
輶 가비야울 유<藏千 34a> 가비야올유
攸 바 유
畏 두려울 외<藏千 34a> 저흘외
屬 붓칠 속<藏千 34a> 브틸쇽
耳 귀 이
垣 담 원
墻 담 장<藏千 34a> 담쟝

〈藏千 34b〉

具 가촐 구<藏千 34b> マ촐구
膳 반찬 션<藏千 34b> 차반션
飡 밥 손
飯 밥 반
適 마츨 젹<藏千 34b> 마줄덕
口 입 구
充 찰 츙<藏千 34b> 출츙
腸 창자 쟝<藏千 34b> 애댱
飽 비부를 포<藏千 34b> 비브롤포
?飫 스를 예<藏千 34b> 슬믤어
烹 삶믈 핑<藏千 34b> 술물핑
宰 지샹 지<藏千 34b> 버힐지

〈藏千 35a〉

飢 쥬릴 긔<藏千 35a> 주릴긔
厭 슬홀 염
糟 지강 조

糠 겨 강
親 친홀 친
戚 겨레 쳑<藏千 35a> 아움쳑
故 연고 고<藏千 35a> 늘글고
舊 녜 구
老 늘글 노<藏千 35a> 늘글로
少 져믈 쇼
異 다롤 이
糧 냥식 냥

〈藏千 35b〉

妾 첩 쳡
御 뫼실 어
績 질삼 젹
紡 질삼 방
侍 뫼실 시
巾 슈건 건
帷 댱 유
房 방 방
紈 깁 환
扇 붓치 션<藏千 35b> 부체션
圓 둥굴 원<藏千 35b> 두렫원
潔 죠흘 결<藏千 35b> 조흘결

〈藏千 36a〉

銀 은 은
燭 쵸 쵹
煒 빗날 위
煌 빗날 황
晝 낫 쥬<藏千 36a> 낫듀
眠 죠을 면<藏千 36a> 조울면
夕 져녁 셕<藏千 36a> 나죄셕
寐 잘 미
藍 쏙 남<藏千 36a> 죡남
筍 듁순 순<藏千 36a> 듁슌슌
象 코끼리 상<藏千 36a> 고키리샹
床 샹 샹<藏千 36a> 샹샹

〈藏千 36b〉

絃 쥴 현<藏千 36b> 시울현
歌 노러 가<藏千 36b> 놀애가
酒 슐 쥬<藏千 36b> 술쥬
讌 잔치 연<藏千 36b> 이바디연
接 브들 졉<藏千 36b> 브틀졉
杯 잔 비
舉 들 거
觴 잔 샹
矯 들 교
手 숀 슈<藏千 36b> 숀슈
頓 구를 돈
足 발 죡

〈藏千 37a〉

悅 깃글 열<藏千 37a> 깃쓸열
豫 미리 예<藏千 37a> 즐길예
且 또 추<藏千 37a> 또챠
康 편안 강
嫡 뎍실 뎍
後 뒤 후
嗣 니을 ᄉ
續 니을 쇽<藏千 37a> 니을속
祭 졔ᄉ 졔
祀 졔ᄉ ᄉ
蒸 쓸 증<藏千 37a> ᄢᆯ증
嘗 뭇볼 상<藏千 37a> 맛볼샹

〈藏千 37b〉

稽 조을 계<藏千 37b> 조올계
顙 니마 상
再 두 지
拜 졀 비<藏千 37b> 절비
悚 두럴 숑<藏千 37b> 두릴숑
懼 두릴 구
恐 두릴 공<藏千 37b> 져홀공
惶 두릴 황<藏千 37b> 져홀황

牋 종희 전<藏千 37b>죠희전
牒 글월 쳡<藏千 37b> 글월텹
簡 간략 간<藏千 37b> 갈략간
要 죵요 요

〈藏千 38a〉

顧 도리볼 고<藏千 38a> 도라볼고
答 디답 답
審 살필 심<藏千 38a> 술필씸
詳 자셰 샹<藏千 38a> 즈셰샹
骸 써 히
垢 씨 후<藏千 38a> 씨후
想 싱각 샹<藏千 38a> 스칠샹
浴 목욕 욕
執 잡을 집<藏千 38a> 자볼집
熱 더울 열
願 원헐 원<藏千 38a> 원홀원
凉 서늘 량<藏千 38a> 서늘냥

〈藏千 38b〉

驢 나귀 녀<藏千 38b> 나귀려
騾 노시 나<藏千 38b> 로새라
犢 숑아치 독<藏千 38b> 쇠야지독
特 소 특<藏千 38b> 쇼특
駭 놀날 히 <藏千 38b> 놀랄희
躍 쮤 약<藏千 38b> 뛸약
超 쮤 초<藏千 38b> 뛸툐
驤 달닐 량 <藏千 38b> 둘일양
誅 버힐 쥬<藏千 38b> 버힐듀
斬 버힐 참
賊 도젹 젹<藏千 38b> 도적적
盜 도젹 도<藏千 38b> 도적도

〈藏千 39a〉

捕 자블 포
獲 어들 획
叛 비반 반

亡 도망 망<藏千 39a> 업슬망
布 베 포<藏千 39a> 뵈포
射 쏠 샤<藏千 39a> 뽈샤
遼 동료 료<藏千 39a> 멀료
丸 탄즈 환
해 희가 히
琴 거문고 금<藏千 39a> 거믄고금
阮 환가 완<藏千 39a> 완가완
嘯 파람 쇼<藏千 39a> 프람쇼

〈藏千 39b〉

恬 편안 렴<藏千 39b> 안졍념
筆 붓 필<藏千 39b> 붇필
倫 일류 류<藏千 39b> 물류
紙 죠희 지<藏千 39b> 죠희지
鈞 무거울 균<藏千 39b> 므거울균
巧 공교 교<藏千 39b> 공굣교
任 맛길 임<藏千 39b> 맛들임
釣 낙시 됴<藏千 39b> 랏실됴
釋 노을 셕<藏千 39b> 그롤셕
紛 어지러울 분<藏千 39b> 어즈러울분
利 리헐 리<藏千 39b> 니홀리
俗 풍속 속<藏千 39b> 풍쇽속

〈藏千 40a〉

竝 아울 병<藏千 40a> 굴올병
皆 다 개<藏千 40a> 다기
佳 아롬다울 가<藏千 40a> 아롬다올가
妙 묘홀 묘
毛 터럭 모
施 베플 시<藏千 40a> 베플시
淑 말을 슉<藏千 40a> 물글슉
姿 양즈 즈
工 장인 공<藏千 40a> 바치공
嚬 삥길 빈<藏千 40a> 삥길빈
姸 고을 연 <藏千 40a> 고올연
笑 우슘 소<藏千 40a> 우움쇼

〈藏千 40b〉

年 히 년
矢 살 시
每 미양 미
催 지촉 최〈藏千 40b〉 뵈알최
羲 복희 희〈藏千 40b〉 힛귀희
暉 히빗 휘〈藏千 40b〉 힛귀휘
朗 밝을 낭〈藏千 40b〉 몰글랑
曜 빗칄 요〈藏千 40b〉 비칠요
璇 구슐 션〈藏千 40b〉 구슬션
璣 구슐 긔〈藏千 40b〉 구슬긔
懸 달 현〈藏千 40b〉 둘현
斡 돌 알

〈藏千 41a〉

晦 그믐 회〈藏千 41a〉 그뭄회
魄 혼 빅〈藏千 41a〉 넉빅
環 골리 환〈藏千 41a〉 골회환
照 빗췰 됴〈藏千 41a〉 비칠죠
指 숀구락 지〈藏千 41a〉 ᄀᄅ칠지
薪 섭 신
脩 닥글 슈〈藏千 41a〉 닷질슈
祐 도을 우〈藏千 41a〉 복우
永 긴 영〈藏千 41a〉 길영
綏 편안 유
吉 길헐 길〈藏千 41a〉 길훌길
邵 놉흘 소〈藏千 41a〉 노폴쇼

〈藏千 41b〉

矩 법 구〈藏千 41b〉 모날구
步 거름 보
引 잇글 인〈藏千 41b〉 혈인
領 거나릴 영〈藏千 41b〉 깃녕

俯 구프릴 부〈藏千 41b〉 구블부
仰 우러 랑〈藏千 41b〉 울얼앙
廊 중집 낭〈藏千 41b〉 힝낭낭
廟 사당 묘〈藏千 41b〉 종묘묘
束 묵글 속〈藏千 41b〉 뭇쓸속
帶 씌 디
矜 자랑 긍〈藏千 41b〉 쟈랑궁
莊 씩씩헐 장〈藏千 41b〉 춈될장

〈藏千 42a〉

徘 머물 비〈藏千 42a〉 머믈비
徊 머물 회〈藏千 42a〉 머믈회
瞻 볼 쳠
眺 볼 됴
孤 외로올 고〈藏千 42a〉 외로올고
陋 더러올 누〈藏千 42a〉 더러울루
寡 져글 과〈藏千 42a〉 쟈글과
聞 드를 문〈藏千 42a〉 드롤문
愚 어릴 우
蒙 니블 몽
等 무리 등〈藏千 42a〉 굴올등
誚 꾸지즐 쵸〈藏千 42a〉 구ᄌ줄쵸

〈藏千 42b〉

謂 니롤 위
語 말슴 어
助 도을 죠〈藏千 42b〉 도율조
者 놈 쟈
焉 이ᄶᅵ 언〈藏千 42b〉 이겻언
哉 이ᄶᅵ 지 〈藏千 42b〉 입겻지
乎 온 호
也 이ᄶᅵ 야〈藏千 42b〉 입겻야

2 영조 어제류 한글 필사본의 표기와 음운현상*

1. 서언

제왕이 친히 저술한 '御製어제'류의 글은 역대 제왕 가운데 영조의 것이 가장 많다고 알려져 있다(안병희, 2000). 『어제』, 『어제 ᄌᆞ성편』, 『어제 속ᄌᆞ성편』, 『어데 조훈』, 『어제 경세문답』, 『어제 경세문답 속녹』 등이 그 대표적인 글들이다. 대부분 장서각에 소장되어 있는 이들 영조 대 '어제'류의 한글 필사본 중에서도 『어제』, 『어제 ᄌᆞ성편』, 『어제 속ᄌᆞ성편』 등은 왕실 소장의 유일본들로서, 장정, 지질 판식 등에서 다른 한글 필사본들과는 구별되는 뚜렷한 차이를 보인다.[1]

장서각 소장의 영조 대 '어제'류 한글 필사본은 대부분이 한문본을 언해한 것이지만, 한문본과 달리 간기가 없어 편찬 시기를 정확하게 알 수가 없다. 그러나 영조 대에 편찬된 한문본 『어제 상훈』과 거의 같은 시

기에 언해본『어제 상훈 언해』가 만들어졌음을 고려하면, 장서각에 유일본으로 보관되어 있는 영조 대의 한글 필사본들도 한문본의 편찬 시기에서 그리 멀지 않은 시기에 만들어졌을 것으로 추정된다. 이런 점에서 장서각 소장의 영조 대 한글 필사본들은 한문본이 편찬된 18세기 중엽에서 영조가 퇴위한 1779년 사이에 만들어진 것으로 보아도 큰 무리가 없을 것으로 판단된다.

이 글에서는 장서각 소장의『어졔』,『어졔 즈셩편』,『어졔 쇽즈셩편』 등을 대상으로, 18세기 중・후기 왕실 자료의 표기와 음운현상을 검토하고자 한다. 이 글에서는 이 자료들이 18세기 중・후기 자료라는 점에서 근대국어의 표기와 음운변화를 개괄적으로 살피면서, 이 자료들이 또한 왕실 자료라는 점을 중시하여 당시 표기와 음운변화의 일반적인 경향과 달리 나타나는 특성에 대해서도 관심을 가질 것이다. 그리하여 특정의 표기나 음운현상을 논의하는 과정에서 구체적으로 자료가 필요한 경우에는, 편의상『어졔』를 중심으로 제시하기로 한다.

2. 표기

2.1. 초성자

초성자는 이 시기의 판본 자료와 유사하게 사용되고 있다. 'ㄱ, ㄴ, ㄷ, ㄹ, ㅁ, ㅂ, ㅅ, ㅇ, ㅈ, ㅊ, ㅋ, ㅌ, ㅍ, ㅎ' 14자와 'ㅅ'계 합용병서의 'ㅼ, ㅽ, ㅺ', 'ㅂ'계 합용병서의 'ㅄ, ㅶ' 등 총 22자가 초성자로 사용되고 있다. 어두자음군 가운데 'ㅄ'계 합용병서는 사용되지 않았으며, 'ㅅ'

계 합용병서의 'ㅆ, ㅆㅎ', 'ㅂ'계 합용병서의 'ㅂㄱ, ㅂㄷ' 등도 사용되지 않았다. 『어졔』[2]에 나타나는 어두자음군 표기의 빈도와 어휘를 모두 제시하면 (1)과 같다.

(1) 1) ㅅㄱ(15회) : '꿈, 꿈이라, 꿈에', '꾸ᄂᆞᆫ, 꾸며', '씌ᄃᆞᄅᆞ미, 씌ᄃᆞᆺ디, 씌ᄃᆞ론', '씌치믈', '꺼리ᄂᆞᆫ', '끗히'

2) ㅅㄷ(121회) : '뜻, 뜻을, 뜻이, 뜻의', '따흘, 따흔, 따히', '또', '또ᄒᆞᆫ', '떠난, 떠나ᄂᆞ니', '쩍, 쩍룰, 쨰룰, 쨰, 쨰예, 쨰예도, 쨰로브터, 쨰로, 쨰에, 쨰의', '쫄와, 쫄오디, 쫄오미라, ᄯᆞ라'(追), 'ᄯᆞ롬이러니, ᄯᆞ롬이어니와', '떠러디미, 떠러디기, 떠러딘', '가족씌', '범인이ᄯᆞ녀', '쟈ᄯᆞ녀', '씌고', '떠나면, 떠나ᄂᆞ니'

3) ㅅㅂ(1회) : '샏매'(選)

4) ㅂㅅ(112회) : '뻐', '쁘디, 쁘이디, 쁘기의, 뻐도, 쁘리오, 쁘미'(用), '힘쁘며, 힘쁠디어다, 힘쁘라, 힘쁘매', '빨을', '빠흔, 빠혼'(蘊), '삐서'(洗), '빠홈, 빠호며'

5) ㅂㅈ(2회) : '뺏'(字)

(1.2)의 '쨰(時)'에서 알 수 있는 바와 같이, 『어졔』에는 이전 시기의 'ㅄ'계는 모두 'ㅅ'계로 바뀌어, 'ㅄ'계는 나타나지 않는다.[3] 『어졔』에 'ㅆ'은 'ㅄ'으로 바꾸어 표기하고 있다. 그러므로 이 자료의 'ㅄ'에는, (2)와 같이 'ㅆ'이 'ㅄ'으로 나타나는 표기와 원래부터 'ㅄ'인 표기 등 두

2) 용례는 국립국어연구원에서 개발한 용례 추출 프로그램인 Hgrep97을 이용하였다.

3) 'ㅄ'계의 변화와 관련하여, 'ㅄ'이 나타내던 어두자음군이 경음으로 변했기 때문에 'ㅄ'계의 어두자음군이 사라지게 되었다고 설명해 왔다. 그러나 '어두자음군'을 구성하는 두 개의 분절음이 하나의 분절음인 경음으로 바뀌었다는 설명은 타당하지 않다. 'ㅄ'계 합용병서자가 표방하는 'ㅂ'계 어두자음군이 그대로 경음으로 되었다고 한다면, 분절음 'ㅂ'과 'ㅅ'계 자음군 표기가 담당하던 경음이 결합하여 경음으로 바뀌었다는 것인데, 'ㅅ'계 자음군은 이미 경음을 나타내고 있었기 때문에 이러한 설명은 타당하지 않은 것이다. 'ㅄ'계 어두자음군의 표기에서 'ㅂ'[p]가 탈락되어 'ㅅ'계 자음군 표기가 담당하던 경음만 남아 'ㅄ'계 자음군이 사라진 것으로 설명하는 것이 타당한 것으로 보인다.

종류의 'ㅄ'이 있다.

(2) 1) 빠호며(빅힝원 5a), 빠흔(蘊, 경셰 1b), 씨서(洗, 경셰 7a), 외와 뻐(書, 어졔 1a), 초고룰 가져 뻐(書, 어졔 6a), 귀룰 엇디 쁘ᄉᆞ며(경문 13a), 아히 뻿는(경문 14a)

2) 뻐[以](어졔 3a, 6a, 2a, 경셰 3b, 6b, 7a, 9a, 1b), 뻐도(用, 경셰 1b), 쁘기의(경셰 1b), 사롬 쁘미(눈음 2b), 빨을(어졔 5a, 빅힝원 1a), 힘쁘라(경셰 10a), 힘쁘며(어졔 6a)

(2.1)은 이전 시기에 'ㅆ'이었던 것을 'ㅄ'으로 표기한 경우이고, (2.2)는 원래부터 'ㅄ'이었던 경우이다. 이 자료에서는 이전 시기의 'ㅆ'을 'ㅄ'으로만 표기하였으며, 'ㅆ' 외에도 'ㅈ'의 경음도 'ㅶ'으로만 표기하였다. 그리하여 'ㅂ'계 합용병서는 'ㅄ'과 'ㅶ'만 사용되고, 'ㅅ'계 합용병서는 'ㅺ, ㅽ, ㅼ'만 사용되어, 'ㅅ'계 합용병서와 'ㅂ'계 합용병서가 배타적인 분포를 보이며 사용되었다고 할 수 있다.

그런데, (1)과 (2)에서 보듯이 이 자료에는 경음을 'ㅂ'계 합용병서나 'ㅅ'계 합용병서로 표기하였으나 모든 경음이 이러한 합용병서로만 표기된 것은 아니었다. (3)과 같이 경음화 현상이 일어나는 경우에는 평음자로 쓰고 음운규칙을 통하여 표면음을 도출하도록 한 예들도 보이기 때문이다.

(3) 1) 히로 굿디 아닐 분 아니라(경셰 2b), 진황이 될 번ᄒᆞ고(경셰 3a), 소경이 청하태슈 되어실 제(빅힝원 3b), 당쥬룰 닑을 제(어졔 4b), 븟그러올 분 아니라(경셰 6b)

2) 인군의 큰 경계분이리오(경셰 4a), 즈음긔(경셰 2a)

3) ᄂᆞ믈블회(경문 15a), 늣김(경문 30a)

(3.1)의 용언의 관형형 '-(으/으)ㄹ' 다음에 평음 'ㄱ, ㄷ, ㅂ, ㅅ, ㅈ'이 오면 자동적으로 경음화가 일어난다. 이러한 현상은 이미 15세기에도 있었으며, 현대국어에서도 마찬가지이다. 그러므로 관형형 어미 '-ㄹ' 다음에 오는 '분, 번, 제' 등은 모두 경음으로 실현되었다고 추정할 수 있다. (3.2)의 '분'과 '긔'도 마찬가지이다. 이 예들은 15세기에 이미 경음으로 실현되던 예들이므로 이 자료에서도 경음으로 실현되었다고 할 수 있다. (3.3)의 '느믈블휘'나 '늣김'의 '블휘'와 '김'도 경음으로 시작되었을 것으로 추정되는 예들이다. 그러나 이 예들에서도 경음으로 추정되는 음들을 평음자로 표기하였다. 이 예들에서 'ㅅ'계 합용병서나 'ㅂ'계 합용병서를 사용하지는 않았지만, 해당 환경에 적용되는 음운규칙을 통하여 표면의 경음을 도출해 낼 수 있는 경우들이다.

이러한 관점에서 '신고, 담고'와 같이 비음 다음에 평자음으로 시작하는 어미가 결합되는 경우나, '먹고, 놉고'와 같이 무성의 평폐쇄음 다음에 역시 평자음으로 시작하는 어미가 결합되는 경우에도 (3)과 같은 표기의 원칙이 적용되지 않았나 생각된다. 음운규칙을 통하여 표면음을 도출해 내는 이러한 표기는 음운론적 환경을 바탕으로 표면음을 도출할 수 있다면, 가능하면 형태를 고정시키고자 한 노력의 일환으로 간주된다.4)

2.2. 중성 표기

이 자료들에는 중성자로는 'ㆍ, ㅏ, ㅓ, ㅗ, ㅜ, ㅡ, ㅣ, ㅑ, ㅕ, ㅛ, ㅠ,

---

4) 'ㅾ'을 'ㄱ'으로만 표기하는 '즈음긔(경셰 2a)'와 같은 예들은, 'ㅾ'에서 'ㅂ'과 'ㅅ'을 사용하지 않았음을 보여준다. 경음을 표기에 드러내지 않은 이러한 표기도, 음운현상을 통하여 표면음을 도출해 낼 수 있었기 때문이 아닌가 여겨진다.

ㆎ, ㅓ, ㅘ, ㅝ, ㅒ, ㅖ, ㅚ, ㅟ, ㆋ, ㆌ, ㅙ, ㅞ' 등 23개의 문자가 사용되고 있다. 'ㅣ'로 끝나는 'ㆎ, ㅒ, ㅖ, ㅚ, ㅟ, ㆋ, ㆌ' 등은 'ㆍ, ㅑ, ㅓ, ㅗ, ㅜ, ㅛ, ㅠ' 다음에 주격 조사나 계사가 결합될 때에 나타났는데, 'ㆋ, ㆌ' 등은 고유어에는 사용되지 않고 한자어에 주격조사나 계사가 연결될 때에만 나타났다.

이 자료들은, 자음의 경우와 달리 모음과 모음의 통합에서 일어나는 음운현상은 대체로 그 결과를 표기에 반영하였다. 가령 공명도가 높은 모음과 모음의 연쇄에서 만들어지는 hiatus를 피하기 위해 탈락, 활음화, 첨가 등의 현상이 일어나는데, 이러한 현상이 일어나면, (4)와 같이 그 현상이 일어난 결과를 표기에 반영하였던 것이다.

(4) 1) 어버의 ᄆᆞ음이(빅힝원 2a), 어버의 뜻을(어제 1a), 어버의게(빅힝원 5b)

　　2) 뵈야(경세 2a), 현재(賢者ㅣ, 경세 5a), 너겨시니(눈음 2b), 비화(學, 경세 8a)

　　3) 되여시니(어제 3b), 녜예(禮, 어제 3b), 치위예(빅힝원 2a), 도라보와(어제 1a), 다토와(경세 5b)

(4.1)은 '어버이'에 속격조사 '의'와 여격 조사 '의게'가 결합되어 '어버이'의 마지막 모음인 'ㅣ'가 탈락된 경우이고, (4.2)는 '보-+-이야', '현쟈+ㅣ', '너기-+-어시니', '비호-+-아'의 통합에서 'ㅣ'나 'ㅗ'가 활음 y나 w로 바뀐 경우이고, (4.3)은 '되-+-어시니', '녜+에', '치위+에', '도라보-+-아', '다토-+-아'의 통합에서 반모음 y나 w가 첨가된 경우이다. 이러한 모음 충돌 현상을 피하기 위한 음운현상이 일어나면, 그 현상이 일어난 결과를 모두 표기에 그대로 반영하였다.5)

---

5) 물론 자음에 있어서도 '탈락' 현상은 반드시 탈락 현상이 일어난 결과가 표기에 반영되었

국어의 음소체계에서 '·'가 완전히 소실된 시기가 18세기 초·중반이라는 기존의 논의를 바탕으로 하면, 이 자료들의 '·' 표기는 주목을 끌 만하다. 기존의 주장대로 이 자료에 반영된 언어의 시기가 '·'가 비음운화된 이후라면 이 자료에 사용된 '·'는 그 본래 음가와 관계없이 변화된 음으로 추정되어야 할 것이다. 기존의 연구에서는 이 시기 자료에 나타나는 '·'는, '·'가 비음운화 되었음에도 불구하고 표기는 그 변화를 따르지 않고 이전의 관습을 고수한 보수적인 표기로 설명해 왔다.6) 그러나 이 자료의 '·' 표기는 이전의 표기 전통을 고수함으로써 결과된 관습적인 표기로 보기 어려운 특징들이 보인다(김주필, 2004). '·'가 'ㅏ'로 바뀐 예는 거의 없으며, '·'와 'ㅡ'의 표기 변화도 보이기는 하지만, 그 표기의 변화를 대체로 예측할 수 있기 때문이다. 나아가 분철 표기와 연철 표기에서의 '·'와 'ㅡ'의 표기도 확연하게 구별되는데, 이들 '·'와 'ㅡ'의 출현 역시 예측할 수 있다. 그러므로 이 자료에 보이는 '·'와 'ㅡ'의 표기는 '·'의 변화와 관련하여 논의가 이루어져야 할 것이다. 3.2절에서 이루어질 '·' 변화의 논의에 앞서 '·'의 표기 특성을 말한다면,7) 이 자료의 '·' 표기는 '·'의 변화를 충실히 반영한 것으로 여겨진다.

다. 그러나 격음화와 같은 '축약' 현상은 현상이 일어난 결과를 표기에 그대로 반영하기도 하고, 그렇지 않기도 하였다.

6) 일반적으로 두 단계에 걸쳐 비음운화된 것으로 간주되는 '·'는 이 시기에 이르면 이미 비음운화되어 국어의 모음체계에서 사라진 것으로 이해되어 왔다. '·'는 제1단계 변화로서 제2음절 이하에서 'ㅡ'로 바뀌고, 제2단계 변화로서 1음절에서 'ㅏ'로 바뀌는데, 제1단계는 16세기, 제2단계는 18세기 중엽에 완성된다는 것이다. 이러한 지적에 따르면 적어도 제2음절 이하의 '·'는 이미 'ㅡ'로 바뀐 이후에 해당되므로 모두 'ㅡ'로 표기되어야 하며, 설사 '·'가 그대로 표기되어 있다 할지라도 그것은 표기의 보수성에 기인하는 것으로 이해해 왔던 것이다.

7) 연철 표기와 분철 표기의 '·'와 'ㅡ' 표기에 대해서는 2.4절에서, '·' 변화에 대해서는 3.2절의 모음과 관련된 음운현상에서 논의하기로 한다.

2.3. 종성자

이 자료에는 종성자로 'ㄱ, ㄴ, ㄹ, ㅁ, ㅂ, ㅅ, ㅇ' 등 7개의 문자가 사용되고 있다. 8종성자 가운데 'ㄷ'은 모두 'ㅅ'으로 표기되어 7종성의 자음자만 사용된 것이다(예 5.1). 종성 위치에 사용되는 겹자음자는 'ㄺ, ㄼ'에 한정되어 나타난다(예 5.2).

> (5) 1) ㄱ : 격다(경세 1a), ㄴ : 져믄(빅힝원 6a), ㄹ : 둘을(경세 6b), ㅁ : 힘쁘
>   며(어졔 6a), ㅂ : 우차홉다(빅힝원 1a), ㅅ : 다숫(눈음 3a), ㅇ : 샹셔에
>   (어졔 1a)
>   2) ㄺ : 늙을(어졔 4b), 늙으미(어졔 4b), 붉이(경세 8a), 늙기에(경세 8a),
>   ㄼ : 거슯디면(빅힝원 5a), 거슯디므로(빅힝원 5a), 여돏이오(눈음 3b)

이 자료에서도 격음은 하나의 격음자 'ㅊ, ㅋ, ㅌ, ㅍ'으로 표기되었다. 훈민정음 창제의 직후부터 사용되어 온 이러한 격음의 표기 외에 이 자료에는 다른 두 유형의 표기가 보인다. 물론 이러한 유형들은 당시의 다른 문헌에도 보인다. 이러한 유형들의 표기 특성을 알아보기 위해 이들 세 유형의 격음 표기를 『어졔』에서 계량적으로 조사해 보았다.

> (6) 격음의 표기

표기 유형	제Ⅰ유형	제Ⅱ유형	제Ⅲ유형
후부변자음(ㅋ)	총 4회	0회	7회
중자음(ㅊ)	총 56회	20회	0회
중자음(ㅌ)	총 54회	14회	1회
전부변자음(ㅍ)	총 12회	0회	11회

(6)에서 제Ⅰ유형은 격음을 격음자, 즉 'ㅋ, ㅊ, ㅌ, ㅍ'로 표기한 전통

적인 유형이다. 제Ⅰ유형의 표기는 후부변자음인 'ㅋ'만 사용한 경우가 총 4회, 중자음 'ㅊ'이 56회, 'ㅌ'이 54회였고, 전부변자음인 'ㅍ'이 총 12회로서 가장 널리 사용된 표기 유형이다. 제Ⅱ유형은 'ㅋ'을 'ㄱ-ㅋ'으로, 'ㅊ'과 'ㅌ'을 'ㅅ-ㅊ, ㅅ-ㅌ'으로, 'ㅍ'을 'ㅂ-ㅍ'으로, 다시 말해서 격음을 '격음과 동일한 조음 위치의 평음자'와 '격음자'의 연쇄로 표기한 유형이다. 이 유형은 'ㅊ, ㅌ'에만 나타났는데, 'ㅊ'이 20회, 'ㅌ'이 14회였다. 그러므로 후부변자음인 'ㅋ'과 전부변자음인 'ㅍ'을 'ㄱ-ㅋ', 'ㅂ-ㅍ'으로 표기한 경우는 한 예도 없었다. 'ㅊ, ㅌ'을 Ⅱ유형으로 표기한 예들을 모두 제시하면 다음과 같다.

(7) 1) ㅊ(20회) : 곳칠(경세 8a), 긋치고(어제 3b) 외 1회, 긋치리오(눈음 2a), 긋칠(눈음 3b), 깃치며(빅힝원 5b), 굿치(경세 9b) 외 1회, 뉘웃춘들(빅힝원 6a), 낫치(빅힝원 4b), 밋츠매(경세 6a), 볏치(눈음 3a), 붓쳐(경세 1a), 좃차(빅힝원 5b), 혼굴굿치(어제 3b) 외 5회

　　 2) ㅌ(14회) : 굿티(경세 2a), 굿트니(경세 3b) 외 2회, 굿트더(경세 8a), 굿트라(빅힝원 4a), 굿트시고(빅힝원 4b), 굿트시니(빅힝원 4b), 굿트여(어제 6a), 긋튼(눈음 5a) 외 1회, 굿틀디라도(빅힝원 3a), 빗틱(눈음 4b), 집굿티(경세 6a)

제Ⅲ유형은 'ㅋ'을 'ㄱ-ㅎ'으로, 'ㅊ, ㅌ'을 'ㅅ-ㅎ'으로, 'ㅍ'을 'ㅂ-ㅎ'으로, 다시 말해서 격음을 '격음과 동일한 조음 위치의 평음자'와 'ㅎ'의 연쇄로 표기한 유형이다. 제Ⅲ유형은 'ㅋ'을 'ㄱ-ㅎ'으로 표기한 예가 7회, 'ㅊ, ㅌ'을 'ㅅ-ㅎ'으로 표기한 예가 각각 0회, 1회, 'ㅍ'을 'ㅂ-ㅎ'으로 표기한 예가 11회 나타났다. 그 용례를 제시하면 다음과 같다.

(8) 1) ㅋ(총 7회) : 딕희디(경세 5b 외 4회), 딕희면(빅힝원 4b), 딕히디(경세

5b)

2) ㅌ(총 1회) : 긋히(눈음 4a)

3) ㅍ(총 11회) : 갑흐래(빅힝원 1a), 갑흐리오(빅힝원 2a), 깁흐나(어제 4a), 깁흔(어제 4b), 깁히(빅힝원 6b) 외 1회, 놉흐신(눈음 4a), 놉히(어제 2b), 놉히며(어제 2b), 닙히믈(빅힝원 4b), 덥흐며(어제 3a)

전통적인 격음의 표기 유형인 제Ⅰ유형을 제외하고, 하나의 격음을 두 개의 문자로 표기한 제Ⅲ유형과 제Ⅱ유형의 표기를 서로 비교해 보면, 이들 두 유형의 표기가 격음의 조음 위치에 따라 배타적으로 사용된 경향을 보여준다. 즉 중자음 'ㅊ, ㅌ'은 제Ⅲ유형의 표기가 1예밖에 없는 대신에 제Ⅱ유형으로 주로 나타났다. 반면 제Ⅱ유형의 표기는 하나도 보이지 않던 변자음의 격음, 'ㅋ'과 'ㅍ'은 제Ⅲ유형으로 나타난다. 그러므로 중자음은 제Ⅰ유형과 제Ⅱ유형으로 표기되는 경향을 보여주고, 변자음은 제Ⅰ유형과 제Ⅲ유형으로 표기되는 경향을 보여준다.

이 '어제'류 자료들은 중성과 달리 어간말 자음과 어미의 자음이 음운 규칙을 적용하여 표면음을 도출할 수 있는 경우라면, 대부분 음운현상의 결과를 표기에 반영하지 않았다. 앞에서 살펴본 경음화 현상과 격음화 현상의 결과를 표기하기보다는 그 현상이 일어나기 전의 형태를 표기함으로써 형태를 고정시키고자 한 것이다.[8] 이 자료에서도 (9.2)를 통하여 비음화 현상이 일어났음은 알 수 있으나, (9.2)의 몇 예를 제외하면 (9.1) 과 같이 대부분 비음화의 결과를 표기에 반영하지 않은 것이다.

---

8) 물론, 훈민정음 창제 초기부터 적용된 8종성가족용의 표기 전통에 따라 중화 현상은 표기에 반영되었다. 'ㄱ, ㅋ'은 'ㄱ'으로, 'ㄷ, ㅌ, ㅅ, ㅈ, ㅊ'은 'ㅅ'으로, 'ㅂ, ㅍ'은 'ㅂ'으로 표기되어, 비음 'ㅁ, ㄴ, ㅇ'과 유음 'ㄹ' 등 음절말 위치에서 7개의 자음자가 사용되었다.

   (9) 1) 십뉵(어제 4a), 듯는(경세 1b), 혹문을(경세 1a), 아닛느냐(빅힝원 6a),
         섬기옵는(빅힝원 4a)
       2) 신느니[載], 만나니(경세 2b, 6b)

이 자료에서는 (10)과 같이 유음화도 표기에 반영하지 않았다. (10.1)
과 같이 유음화 환경에서 유음화된 표기를 보여주지 않기 때문이다. 그
러나 (10.2)와 같이 유음화와 관련하여 '르-르'로 적어야 할 것을 '르-
ㄴ'으로 적은 경우도 간혹 보인다.

   (10) 1) 말년의(어제 3b), 칠년을(어졔 4b), 일는(잃-, 경문 24b), 오늘날이(경
         세 6b)
       2) 실넛고(빅힝원 1b), 열녀시면(경문 15a), 멀니(경문 28a), 닐넘죽디(경
         문 33b)
       3) 실려시나(빅힝원 1a), 범인은 족히 닐럼죽디 아니ᄒ거니와(뉸음 3b)

(10.2)의 '르-ㄴ' 표기는 (10.3)과 같이 '르-르'로도 표기되었다. 오히
려 표기의 전통을 고려하면 [르-르]을 표기한 (10.3)이 일반적인 표기라
고 할 수 있다. 그럼에도 [르-르]을 '르-ㄴ'으로 적은 것은 '르-ㄴ'의
연쇄에서 일어나는 유음화 현상을 적용하면 [르-르]을 도출할 수 있기
때문이었다고 할 수 있다.

그러나 이 자료에서 자음의 탈락 현상은, 모음 표기에서 마찬가지로
탈락된 결과를 표기에 반영하였다.

   (11) 1) 드므다(경세 9b), 아더(뉸음 4a), 어려이(뉸음 2b), 아롬다이(어졔 6a)
       2) 명연이(어졔 5b), 방죵이(뉸음 3b), 평안이(어졔 5a)

(11.1)은 분절음이 필수적으로 탈락되는 현상을 표기에 반영한 예들이다. '드므다'는 '드믈다'의 'ㄹ'이, '아디'는 '알다'의 'ㄹ'이, '어려이'와 '아롬다이'는 어간말 'ㅂ'이 탈락된 예들이다. (11.2)는 수의적으로 탈락되는 현상을 표기에 반영한 예들이다. '명연이'에 대해서는 '명연히(눈음 4b, 경세 6b)', '방종이'에 대해서는 '방종히(경세 3b)', '편안이'에 대해서는 '평안히(어제 5a)'가 나타나기 때문에 모음간 'ㅎ'이 수의적으로 탈락한 것임을 알 수 있다. 이러한 탈락 현상의 경우에도, 그 현상이 필수적이든 수의적이든, 일어나기만 하면 그 결과를 표기에 반영하였다.

2.4. 연철 표기와 분철 표기

이 자료에서 체언과 조사는 대부분 분철 표기를 하고 있으나 용언 어간과 어미는 분철 표기한 경우와 연철 표기한 경우가 모두 보인다. 분철 표기한 예들을 『어제』에서 찾아 보이면 다음과 같다.

(12) 1) 근원이니(경세 4b), 뽈을(어제 5a), 돌을(경세 2a), 몸으로써(어제 1b), ᄆᆞ옴의(경세 2a), 당습은(경세 7b), 여덟이오(눈음 3b), 뜻을(어제 1a), 아셩으로(어제 2a)

    2) 거시(어제 5a) 외 16회, 거시니(경세 9a) 외 2회, 거시라(빅힝원 2b) 외 2회, 거슬(눈음 2b) 외 11회, 다스시라(어제 4a), 므어슬(빅힝원 1b), 나디나(晝, 경세 8a)

이 자료에서 (12.1)과 같이 명사의 마지막 자음이 7종성에 속하는 자음이라면, 모음으로 시작하는 조사와 분리하여 표기한 분철 표기로 나타난다. 그러나 연철 표기한 경우도 전혀 없는 것이 아니어서 (12.2)와 같은 예들도 보인다. (12.2)에서 알 수 있는 바와 같이, 체언이 연철 표기된 예들은 마지막 자음이 'ㅅ'인 몇몇 명사에 한정되어 나타난다. 마지막 자음이 'ㅅ'인 '뜻'은 예외 없이 8회를 모두 분철 표기하였으나 의존명사 '것' 다음에 모음 조사가 오는 곡용형은 15회 모두 연철 표기하였다. 그러므로 이 자료에서 'ㅅ'으로 끝나는 몇몇 명사를 제외하면 모두 분철 표기되었다고 할 수 있다.

그러나 용언의 경우에는 (13)과 같이 분철 표기와 연철 표기가 다양하게 나타난다.

(13) 1) 늙을 제(어졔 4b), 먹으며(어졔 5b), 늙으미(어졔 4b), 격으롸(빅힝원 2b), 닉으미(빅힝원 6a), 삼을딘대(빅힝원 2b), 겨집의(빅힝원 3b)

2) 거러시니(빅힝원 1b), 너믈가(경셰 4b), 드러(빅힝원 3b), 말미아마(경셰 3b), 버러(列, 빅힝원 6a), 본바다(경셰 5a), 소기리오(경셰 1b), 어드며(어졔 5a)

3) 거른매(빅힝원 2a), 아로미(경셰 6a), 근졀ㅎ믈(어졔 1a), 싱각ㅎ미(어졔 1a), 존ㅎ미라도(어졔 1b), 아니ㅎ미라(어졔 3b), 다스리미(어졔 3b), 싱각ㅎ매(어졔 4a), 시탕ㅎ매(어졔 4b), 진션ㅎ시미(어졔 4b)

(13.1)은 'ㄱ, ㄹ, ㅂ, ㅁ, ㄴ' 등의 자음으로 끝나는 용언 어간 다음에 모음 어미가 결합된 경우에 분철 표기된 예들이고, (13.2)는 연철 표기된 예들이다. '없-'과 같이 'ㅄ' 자음군을 갖는 어간이나 'ㄹ, ㄷ'을 말음으로 갖는 어간은 모음 어미가 오면 대체로 연철 표기를 하였다. 그러나 (13.3)과 같이 용언의 명사형 다음에 모음 어미가 오면 연철 표기를 하였다. 이 자료에서는 용언의 명사형을 분철 표기한 예는 보이지 않는다.

이 자료에는 분철을 지나치게 한 과잉분철의 예들도 나타난다. 이 자료의 과잉분철 표기는 종성으로 쓰지 말아야 할 'ㄹ'을 앞 음절의 종성으로 표기함으로써 생긴 경우이다.[9]

(14) 날을(어제 3b), 날을 위ᄒᆞ야(어제 6a), 결을티(눈음 2b 외 1회), 닐ᄋ샤디
(빅힝원 4a 외 2회), ᄀᆞᆯᄋ디(빅힝원 1b), ᄀᆞᆯᄋ샤디(빅힝원 1a 외 6회)

(14)의 예들은 형태소와 형태소의 통합에서 어느 한 형태소 내부의 요
소들을 과도하게 분석하여 표기한 예들이다. '날을'은 대격조사 '를'을
'ㄹ'과 '을'로 분석하여 'ㄹ'을 선행어인 '나'의 종성으로 표기하여 과잉
분철이 된 것이다. '결을'은 하나의 형태소로서, 한 형태소는 각 음절을
소리대로 적는다는 원칙을 위배하며 '결'과 '을'이 다른 형태소인 것처럼
분석하여 과잉분철이 된 것이며, '닐ᄋ샤디'와 'ᄀᆞᆯᄋ디' 등도 'ㄹ'과 'ᄋ'
를 분리하여 표기함으로써 과잉분철이 된 경우이다. 이 자료에 나타나는
과잉분철이 'ㄹ-ᄋ'의 연쇄에 한정된다는 점이 특징적이라 할 수 있다.
이 자료의 이러한 표기는 같은 시기의 다른 문헌의 표기와 비교할 때
에 상당히 보수적이다. 이 시기의 다른 문헌, 예를 들어 역서류에서는 용
언에서도 분철 표기의 경향을 보이며, 용언의 명사형도 분철 표기의 경
향을 보여주지만, 이 자료는 그렇지 않은 것이다. 그러면서도 근대국어
문헌에 중철 표기되어 나타나기도 하던 'ㅅ, ㄹ'이 이 자료에서 중철 표

---

9) 이 자료에는 이전의 표기 관습으로 인해 연철 표기하지 않아 과잉분철 표기처럼 보이는 다
음과 같은 예들도 상당히 보인다.

알오미(눈음 4b), 알외미(어제 4b), 알외고(눈음 4b), 닐오디(눈음 1a 외 13회), 애둘온(눈음
1b), 애둘와(경세 7b), 일워(경세 10b), 일윘논(경세 5a), ᄀᆞᆯ오샤디(어제 5a 외 1회), ᄀᆞᆯ오디
(어제 5b 외 16회), 갈온(눈음 3a 외 1회), ᄀᆞᆯ와시디(경세 10a), ᄀᆞᆯᄋ샤디(빅힝원 1a 외 5회),
ᄯᅩᆯ오디(어제 5b), ᄯᅩᆯ오미라(경세 4b), ᄯᅩᆯ와(경세 9a 외 5회)

그러나 이 예들은 연철 표기하지 않은 것은 사실이지만, 그렇다고 과잉분철 표기하였다고
하기도 어려운 것으로 보인다. 의도법의 '오', 명사형을 만들 때 개재하던 '오', 'ㄹ-ᄋ'의
특수 어간 교체를 보이던 것들, 'ㅸ'의 변화 과정에 보이던 'ᄋ' 표기 등 그 음가로 보아
[ɦ]와 관련되는 것들로서 [ɦ]가 사라졌음에도 이전의 표기 관습을 그대로 이어받은 표기들
이기 때문이다.

기된 예는 보이지 않는다.

3. 음운현상

3.1. 자음 관련 음운현상

3.1.1. 구개음 관련 현상

근대국어 시기에 일어난 대표적인 자음 변화 현상으로 구개음화 현상이 있다. 구개음화 현상에는 ㄷ구개음화, ㄱ구개음화, ㅎ구개음화 현상이 있고, 그 관련 현상으로 이들 각 구개음화 현상에 대한 과도교정, 반모음 y 첨가 현상, 어두 'ㄴ'의 탈락 현상 등이 있다. 이들 구개음화 현상은 시간과 공간에 따라 차이를 보이지만, 중앙어를 반영한 대부분의 문헌에서 18세기 중·후기에 이르면 ㄷ구개음화는 널리 확산되어 나타나며, ㅎ구개음화나 어두 'ㄴ'의 탈락 현상도 일부 어휘에 적용되어 나타난다. 이 자료에는 ㄷ구개음화와 어두 'ㄴ'의 탈락 현상이 나타난다.

이 자료에는 ㄷ구개음화 현상이 18세기 중·후기의 여타 자료에 비해 그다지 뚜렷하게 나타나지 않지만, 비어두음절, 형태소 경계, 어두음절 등의 모든 환경에서 두루 나타난다.

(15) 1) 븟쳐(경세 1a), 고쳐(경세 7a), 찌치믈(경세 10a), 들치디(즈셩 4b, 눈음 4b), 깃치며(빅힝원 5b), 흣과져(경문 2a), 빠져(경문 11a), 더져시니(경문 20b), 써러지고(경문 28a), 찌치니(경문 39), 들쳐(경문 45b), 곳칠(경세 8a)

   2) 과쟝ᄒ고(誇張ᄒ-, 경세 4b), 즁화롤(경문 42b), 츄회ᄒ미(追悔ᄒ-, 경
     세 7a)

   3) 흔골ᄌ치(어졔 3b, 경세 3a, 6a, 9b, 빅힝원 3b, 눈음 4b, 5a, ᄌ셩 4b),
     경계홈ᄌ치(경세 3a), 이ᄌ치(경세 9b), 볏치(ᄌ셩 3a), 지게 다쳐시면
     (경문 4b)

   4) 치는(攺, 어졔 3a), 그 ᄆ음을 치는(눈음 2b), 져즈음긔(경문 45b)

   (15.1)은 비어두음절, (15.2)은 한자음, (15.3)은 형태소 경계, (15.4)는 어두음절에서 구개음화가 일어난 예를 보여준다. 물론 이 자료에는 동일한 환경에서 구개음화를 일으키지 않은 예들도 많다. 오히려 계량적으로 보면, 이 자료에는 구개음화가 일어난 예들보다는 일어나지 않은 예들이 더 많이 나타나며, (16)과 같이 ㄷ구개음화에 대한 과도교정의 예들도 상당수 나타난다.

   (16) 1) 못ᄀ디예(경문 11a), 긋티미(경문 11b), 긋티며(경문 31a)
      2) 듕이(衆, 경세 8a), 듕인의(衆人, 경세 9b)
      3) 숑빅의 것티(경문 36b), 나디나 밤이나(晝, 경세 8a)
      4) 뿔을 디믄(負, 빅힝원 1a), 뿔을 디고져(負, 어졔 5a), 뿔 디는(경문 28a)

   (16.1)은 비어두음절, (16.2)는 한자음, (16.3)은 형태소 경계, (16.4)는 어두음절에서 ㄷ구개음화에 대한 과도교정의 예들이다. 이 자료에서 ㄷ구개음화와 그 과도교정의 예들이 여러 환경에서 동시에 나타나는 것은 이 시기의 다른 자료와 구별되는 특성이다. ㄷ구개음화의 예들이 많지 않은 17·8세기 교체기의 문헌들에서도 이러한 다양한 환경에서 과도교정된 예들을 보여주지는 않기 때문이다.

   이 자료에는 중앙어를 반영한 다른 문헌에서와 마찬가지로 ㄱ구개음

화는 보이지 않는다. 그리고 다른 문헌에는 드물게나마 이 시기에 ㅎ구
개음화의 예가 보이지만, 이 자료에는 'ㅎ'이 구개음화된 예들이 나타나
지 않는다. i나 y를 선행하는 어두음절의 'ㄴ'이 구개 변이음으로 바뀌어
탈락된 예가 『어제』와 『ᄌ셩편』에 한 예씩 보인다.

  (17) 엿트믈(뉸음 4b), 엿트믈(ᄌ셩 4b)

3.1.2. 'ㄹ'과 'ㄴ'의 교체 현상

  이 자료에는 한자음의 초성 위치의 'ㄹ'이 'ㄴ'으로 교체된 예들이 많
이 나타난다. 이러한 예들을 그 환경에 따라 간략하게 살펴보기로 한다.

  (18) 텬니에(天理, 어제 3b), 텬니롤(天理, 뉸음 2a), 신닌(臣隣)을(어제 4b), 근
      노(勤勞)ᄒ시며(어제 4b), 근노ᄒ시고(어제 4b), 근노ᄒ믈(어제 4b), 근녁
      (筋力), 년니(年來)로(경세 2a), 곤뉸(崑崙)의(경세 3a), 한의 환녕(桓靈)의
      (경세 3b), 텬니(天理)롤(ᄌ셩 2a)

  (18)은 다른 문헌에서 'ㄴ ㄹ' 연쇄로 나타나는 예들이 이 문헌에서는
후행하는 'ㄹ'이 'ㄴ'으로 바뀐 'ㄴ-ㄴ' 연쇄로 나타나는 예들이다. 'ㄴ'
다음에 오는 'ㄹ'이 'ㄴ'으로 교체되므로 이러한 표기를 그대로 해석하
면 후행하는 'ㄴ'의 영향을 받아 선행하는 음절의 마지막 'ㄹ'이 'ㄴ'으
로 비음화된 것이라고 할 수 있다. 그러나 한자음에 나타나는 'ㄹ-ㄴ'의
연쇄가 현대국어에서는 'ㄹ-ㄹ'로 되어 비음화 현상이 아니라 유음화 현
상이 일어난다. 그러므로 당시의 표기 원칙으로 보아 현대국어에서와 같
은 유음화 현상을 (18)과 같이 표기했다고 보는 것은 타당하지 않은 것
으로 간주된다.

먼저 이러한 '르'이 'ㄴ'으로 표기된 사실을 이해하기 위해서는 (18)의 예들이 한자음에 한정된다는 사실에 주목해야 할 것으로 보인다. 현대국어의 한자음에서 선행 음절의 마지막 자음을 후행하는 '르'은 'ㄴ'으로 교체되는 현상이 흔히 일어나기 때문이다. (18)의 예들과 유사한 교체의 예로서, 현대국어에서 선행 음절의 마지막 자음이 'ㅁ, ㅇ', 또는 장애음 'ㅂ, ㄱ, ㅅ'인 한자음 다음에 '르'이 오면, 후행하는 '르'이 'ㄴ'으로 교체된다. 이 자료에도 같은 환경에서 동일한 현상이 일어나고 있었음을 보여준다.

(19) 1) 념녀(念慮)(어제 3b), 승노반(承露盤)(경세 3a), 싱녀지(生荔)(경세 3b)
  2) 십뉵(어제 4a), 빅냥디(柏梁臺)(경세 3a), 십니(경세 3a), 목능(穆陵)(경세 4b)

(19.1)의 예들은 비음화 현상으로 설명되기도 하고, 자음 뒤 '르'의 제약으로 설명되기도 한다. 일부 학자들은 (19.1)의 예들을 '르'이 앞의 'ㅁ, ㅇ'의 비음성에 영향을 받아 비음화를 일으킨 것으로 설명한다. 이러한 설명은 (18)의 예들도 함께 설명할 수 있기 때문에 일견 타당한 것으로 보인다. 그러나 이러한 특성은 (19.2)를 고려하면 일반화하기가 어렵다.

(19.2)의 예들은 'ㅂ, ㄱ'과 같은 무성 폐쇄음 다음의 '르'이 'ㄴ'으로 교체되었음을 보여준다. 이러한 (19.2)의 예들이 보여주는 현상은 비음화로 설명할 수가 없다. 이러한 현상은 한자의 음절과 음절이 통합하면서 'ㄱ-르, ㅂ-르'과 같은 고유어에 없는 음소 연쇄를 형성하게 되어 '르'이 'ㄴ'으로 교체되는 현상이기 때문이다. (19.2)가 한자음과 고유어에서 보여주는 음절 연쇄상의 차이, 그리고 그 음절들의 통합의 이질성으로

인해 일어나는 현상으로 설명하는 것이 타당하다면, (18)도 (19.1)의 예들과 같은 부류의 현상으로 설명하는 것이 가능하다. 다시 말하면 (18)의 예들도 한자어의 음절 통합에서 만들어진 한자음의 이질적인 음소 연쇄를 고유어의 음소 연쇄와 같도록 만드는 현상으로서, 자음 뒤에 'ㄹ'이 올 수 없다는 제약 현상의 일환으로 이해하는 것이 타당하지 않은가 여겨지는 것이다.

어두 위치에서 'ㄹ'이 'ㄴ'으로 교체되는 예들도 다음과 같이 상당히 많이 보인다.

(20) 1) 짜흘 어미로 ᄒᆞᆫ 니(理)(어제 1b), 냥(梁)(어제 2a)
　　 2) 녜로뼈(어제 2a), 녁대(歷代, 어제 3a), 녜(禮)에(어제 3b), 녀곽(黎藿)(어제 5a), 녜(禮)롤(어제 5b), 농어(龍馭)롤(어제 5b), 노디(露臺)의(경세 3a), 눈디(輪臺)(경세 3a), 녹쥬(綠珠)롤(경세 3a), 뉵경(六更)을(경세 3b), 늠연(凜然)티(경세 3b), 니어(鯉魚)와(경세 4b)

(20)의 예들은 흔히 말하는 두음법칙의 범위에 포함하여 설명해 왔다. 그러나 (20)의 예들도 고유어 어휘 가운데 'ㄹ'로 시작하는 어휘가 없기 때문에 우리말의 음소 연쇄에 따라 한자음의 연쇄를 조정했다는 (19)의 관점에서 보면 이 예들도 (18)의 예들과 크게 다르지 않다. (18)과 (20)의 예들이 차이를 보이는 것은 (18)이 'ㄹ' 앞에 자음이 오는 데에 반해, (20)은 'ㄹ' 앞에 휴지가 온다는 점이다. 그러나 이러한 차이는 본질적인 차이가 아니다. 왜냐하면 국어에서 음운론적으로 자음과 휴지는 동일한 기능을 수행하는 경우가 있기 때문이다. 가령 음절말 자음의 중화 현상에서 중화가 일어나는 환경은 휴지와 자음 앞에서 일어나는 것이다. 그러므로 휴지나 자음 다음에 오는 'ㄹ'은 'ㄴ'으로 바뀌며, 그 'ㄴ'이 i나

y 앞인 경우에는 구개변이음으로 바뀌어 'ㄴ'이 탈락되는 것으로 보인다.

이러한 맥락에서 (18)의 예들은 'ㄴ' 다음에 오는 'ㄹ'이 'ㄴ'으로 교체된 현상으로 이해하는 것이 타당하다고 판단된다. 사실 현대국어에서도 이러한 현상을 전혀 찾아볼 수 없는 것은 아니다. 그 형태론적 환경은 다르지만, '음운론'을 [음운논]으로 발음하기도 하기 때문이다. 'ㄹ'이 'ㄴ'으로 교체된 (21)의 예들도 'ㄴ'이 실제의 음성형이었을 가능성을 시사해 주는 것으로 보인다.

(21) 부렴(浮念)을(경세 1b), cf. 부넘(浮念)이(경세 2a), 먼니(빅힝원 6a), cf. 멀리

3.1.3. 자음동화

이 자료에서 비음화는 어간의 'ㄷ'이 'ㄴ'으로 시작하는 어미와 결합하는 경우에 한정하여 몇 예가 보인다. 비음화는 이미 15세기의 문헌에 보였음에도 불구하고, 이 자료에는 비음화가 반영된 표기가 거의 나타나지 않는다. (20)은 비음화가 표기에 반영된 예들이다.

(22) 만믈을 신ᄂ니[載](어제 3a), 만나(어제 5b), 만나니(경세 2b, 6b)

(22)와 같은 예들이 있어서 이 자료에서도 비음화가 일어났음은 의심할 수 없지만, 비음화 현상의 결과를 표기에 반영하지는 않았다. 유음화 현상도 마찬가지였다.

(23) 1) 아홉을 일논 듕에(경문 24b)
    2) 실녓고(빅힝원 1b), 열녀시면(경문 15a), 열니고(경문 9a), 들 니 잇거든(경문 15b), 빌니샤(경문 22a), 멀니(경문 28a), 닐넘죽디 아니훈디라(경문 33b)

3) 닐러(빅힝원 3b), 날로(빅힝원 3b)

이 자료에는 유음화가 반영된 표기는 보이지 않는다. (23.1)은 유음화가 일어나는 환경인데도 유음화가 일어난 표기를 보여주지 않는 것이다. 그러나 이 자료에서도 유음화가 전혀 일어나지 않았다고 단정할 수는 없다. (23.2)는 유음화를 전제로 한 표기로 간주되기 때문이다. (23.2)의 'ㄹ-ㄴ' 표기는 'ㄹ-ㄹ'로도 나타나는데, 이 단어나 형태소들의 통합은 [ㄹ-ㄹ]로 실현되며, 그러한 [ㄹ-ㄹ]을 'ㄹ-ㄹ'로 표기하는 것이 일반적이었다. 이러한 'ㄹ-ㄹ'을 'ㄹ-ㄴ'으로 표기한 이유는 'ㄹ-ㄴ'의 표기가 현상을 통하여 'ㄹ-ㄹ'의 표면형을 도출할 수 있었기 때문인 것으로 보인다.

3.1.4. 어간의 형태 변화(어간의 재구조화 등)

이 자료에는 'ㅅ' 말음 어간이 'ㄲ' 말음 어간으로 바뀌는 과정을 보여주는 예들이 몇몇 보인다.

(24) 덕을 닥디 아니ᄒ면(어졔 1b), 졍신 능히 닥디 못ᄒ며(어제 1b), 몸을 닥디 아니ᄒᄂᆞᆫ(경문 18b)

3.2. 모음 관련 음운현상

3.2.1. 'ᆞ'의 변화

'ᆞ'는 일반적으로 두 단계에 걸쳐 소멸되는 것으로 간주된다. 제1단계 변화로서 제2음절 이하에서 'ᆞ'는 'ㅡ'로 바뀌고, 제2단계 변화로서 1음절에서 'ㅏ'로 바뀌는데, 제1단계는 16세기, 제2단계는 18세기 중엽에 완성된다는 것이다(이기문, 1972, 송민, 1986). 그러나 이들 왕실 자료의 ‘·’와 ‘ㅡ’는 어두음절뿐만 아니라 비어두음절에서도 이러한 기존의 논의와는 차이를 보인다.

『어졔』의 ‘·’와 ‘ㅡ’는 전반적으로 모음조화를 따르는 것이 아니라 선행 자음의 특성에 따르는 뚜렷한 경향을 보여준다. 그리하여 비어두음절의 ‘·’나 ‘ㅡ’가, 선행 음절에 위치하는 모음의 영향을 받는지, ‘·’나 ‘ㅡ’ 앞의 자음에 영향을 받는지 알아보기 위해 ‘모음+ᄅᆞ(×)/르(×)’ 환경에 나타나는 ‘·’와 ‘ㅡ’를 검토해 보았다. 그 결과 선행하는 음절의 모음에 관계없이 ‘르’과 ‘ᄅᆞ/르’가 결합할 수 있는 총 311회의 환경에서 모두 ‘ᄅᆞ’가 선택되고 있었다. 그 결과를 보이면 (25)와 같다(김주필, 2004).

(25) · : 30회,[10] ㅏ : 61회,[11] ㅓ : 17회, ㅗ : 24회, ㅜ : 14회, ㅡ : 9회,
   ㅣ : 111회, ㅑ : 3회, ㅕ : 2회, ㅛ : 5회, ㅠ : 3회, ㅢ : 2회, ㅐ : 5회,
   ㆎ : 9회, ㅖ : 16회, 총 311회

(25)를 통하여 알 수 있듯이, 선행 모음이 음성모음이든 양성모음이든 관계없이 ‘르’ 다음에 ‘·’와 ‘ㅡ’가 나타날 수 있는 총 312회의 환경 가운데 ‘게어르게’ 한 예를 제외한 총 311회에 걸쳐 ‘ᄅᆞ’가 선택되었다. 이러한 사실은 이 자료의 ‘·’와 ‘ㅡ’가 선행 모음의 특성에 절대적으로 영향을 받지 않고 있음을 말해준다. 동시에 ‘르’ 다음 위치에서 1예를 제외한 모든 경우에 ‘·’가 선택되었다는 사실은 ‘·’와 ‘ㅡ’가 선행하는 자

---

10) ᄀᆞᄅᆞ치- : 4회, 무르- : 2회, ᄰᆞᄅᆞᆷ : 2회, ᄒᆞᄅᆞ날 : 1회, ᄒᆞᄅᆞ밤 : 1회, ᄭᅵ드르- : 3회, 일ᄏᆞ르- : 3회, 간ᄌᆞ롤(‘·’로 끝나는 명사나 ‘명사형+롤’) : 14회.
11) 다ᄅᆞ- : 12회, 아름답- : 2회, 사ᄅᆞᆷ : 38회, 바롤(‘명사+롤’) ; 5회, 녯사ᄅᆞᆷ : 1회, 신하롤(‘명사+롤’) : 3회.

음인 '르'에 영향 받았음을 말해준다. 이러한 관점에서 『어제』에 나타나는 '·'와 '─'의 변화를 선행 자음의 조음 위치, 즉 후부변자음, 전부변자음, 중자음으로 나누어 살펴보았다.

후부변자음 'ㄱ, ㅋ, ㅎ'[12] 뒤에서 '·'와 '─'는 큰 변화 없이 그대로 사용되는 예들은 많았지만, 기존의 논의에서 말하는 '·'의 두 단계 변화를 반영한 예들은 그리 많지 않았다.

> (26) 1) ·>─ : ① 어휘형태소 : 용례 없음.
> ② 문법형태소 : 나흐시고, 나흐시며, 만흐니, 만흐더, 만흐라, 만흐며, 빠흔, 짜흔, 짜흘, 올흔, 나라흔, 나라흘(3), 흐나흐로눈(2), 흐나흔(11), 흐나흘(3)
> 2) ─>· : ① 어휘형태소 : 너희(어제 5a)
> ② 문법형태소 : 용례 없음.
> 3) ·>ㅏ : ㅈㅗ오술

어두음절에서는 '·'의 변화가 거의 없었다. 'ㄱ, ㅋ, ㅎ' 뒤에서 '·'가 'ㅏ'로 바뀐 예는 없었고, 'ㅏ'가 '·'로 바뀐 'ㅈㅗ옷'이 하나 있었다. 비어두음절에서는 (26.1)과 같이 문법형태소 'ㅎ' 뒤에서 '·'가 '─'로 바뀐 예들이 상당수 나타났다. 그러나 어휘형태소에서는 '─'가 '·'로 변한 '너희'가 한 예 나타날 뿐 '·'나 '─'의 변화 예들이 거의 나타나지 않았다. 후부변자음 뒤에서 '·'나 '─'의 변화는 주로 'ㅎ' 뒤에서 보이지만, '─'가 '·'로 바뀐 예들은 거의 없고, '·'가 '─'로 바뀐 예들이 많다는 특징을 보인다.

---

12) 'ㅎ'은 [−anterior, +grave] 자질을 갖는 후부변자음이라고 할 수는 없지만 편의상 여기에 넣어 논의한다.

중자음 'ㄷ, ㅌ, ㅅ, ㅈ, ㅊ, ㄴ, ㄹ' 뒤에서 'ㆍ'와 'ㅡ'는 변화 없이 이전과 같이 사용되는 예들이 많았지만, 변화가 반영된 예들도 나타났다.

(27) 1) ㆍ>ㅡ : ① 어휘형태소 : 용례 없음.

② 문법형태소 : 바드미

2) ㅡ>ㆍ[13] : ① 어휘형태소 : 므스, 므슴(7), 스스로, 여슷, 벼슬을, 벼슬ᄒ-(2), 여듧이오, 어즈러여, 어즈러이고, 며느리롤, 어느(4), 거르매, 구룸(2), 그르-(2), 녀름, 어ᄅ 믄디시니, 므릇(2), 서르(5), 어룸에, 게어르-(5), 게으르- 등

② 문법형태소 : 거손, 거술(12), 업스나, 업스니(4), 업스라, 업스면(3), 업스믈, 업스미, 업손, 업손더, 업술고, 업숨만, 우스니, 므어술, 닐럼죽디,[14] 뉘우츨, 뉘웃춘들, 너롤(2), 네롤(2), 드르미(2), 드롤 디어다, 무르면(5), 져롤, 쥬롤, 비브롬과, 현재 시제 선어말어미 'ㄴ~ㄴ' 펴ㄴ니, 듣는, 업는디라, 되엿는(3), 미처는, 블븟는, 꿈꾸는, 일웟는, 니르러느뇨, 니르러는(3), 합ᄒ엿ᄂ니' 등, 양보의 어말어미 '-거놀, -어놀', ᄒ여놀, 도리어놀, 어딜거놀, 아니어놀, 근원이어놀, 못ᄒ시거놀, 아니ᄒ엿거놀, 주제의 보조사 'ㄴ' ᄒ나ᄒ로는(2), 목적격조사는 $3에 85회, $4에 19회 모두 '롤'임.

3) ㆍ>ㅏ : ᄇ람에(2)

4) ㅏ>ㆍ : ᄶ(2), ᄶ예(빅힝원 2b), 우츠홉다

---

13) 이른바 중성모음이라고 하는 'ㅣ' 다음에서는 'ㅈ' 뒤에 대부분 'ㆍ'가 선택되는 것도 하나의 경향이다. 예 : 니즈니, 니즈미, 니줄더라 등. 이러한 경향은 'ㅅ, ㅈ, ㅊ, ㄹ' 뒤에서도 마찬가지로 일어난다. 기르-, 니르-, 미츠리오, 미츠매(2), 밋츠매, 미츠미라.

14) '즉'도 모두 '죽'으로 바뀌어 나타나며(예 : 못ᄒ죽(2), 아닌죽, 일인죽), '-암직/엄직'도 '암죽/엄죽'으로 바뀌어 나타난다(예 : 닐럼죽, 법바담죽, 경계ᄒ얌죽 등).

어두음절의 중자음 뒤에서 'ㅏ'가 '·'로 바뀐 예는 'ㅏ'가 '·'로 바뀐 'ᄊᆞ'가 몇 예 보인다. 비어두음절에서 '·'가 'ㅏ'로 바뀐 예는 'ᄇᆞ람'이 있고 'ㅏ'가 '·'로 바뀐 예는 '우ᄎᆞ홉다'가 보인다. 그리고 비어두음절에서는 어휘형태소 내부나 문법형태소 모두 '·'가 'ㅡ'로 바뀐 예들은 거의 보이지 않고, 'ㅡ'가 '·'로 바뀐 예들은 상당히 많이 보인다. 특히 'ㄹ' 다음에서는 모두 '·'로 실현되는 특성을 보이기까지 한다. 문법형태소에서는 복수접미사가 'ᄃᆞᆯ'로 되어야 할 것이 '들'로 된 예 둘을 제외하면, '·'가 'ㅡ'로 바뀐 예들은 거의 보이지 않는다.[15] 이와 같이 중자음 뒤에서는 'ㅡ'가 '·'로 바뀐 예들은 많이 보이는 반면, '·'가 'ㅡ'로 바뀐 예들은 거의 보이지 않는다는 특징을 보여준다. 중자음 뒤에서 'ㅡ'가 '·'로 바뀌는 변화는 '·'가 'ㅡ'로 바뀌는 예들이 많이 확산되지 않은 상태에서 주로 중자음 뒤에서 나타난다는 점에서 '·'가 'ㅡ'로 바뀌는 변화와 대등한 실제 음성 차원의 변화로 간주하여야 할 것으로 보인다. 한영균(1994)에서도, 후기 중세국어 시기에도 이러한 변화의 예들이 보임을 지적하면서 이 변화가 '·>ㅡ' 변화의 역표기가 아니라 실제 음성 층위에서 일어난 변화임을 주장한 바 있다.

전부변자음 'ㅁ, ㅂ, ㅍ' 뒤에서도 '·'와 'ㅡ'는 변화 없이 이전 시기와 같이 여전히 많이 사용되고 있다.

(28) 1) ·>ㅡ : ① 어휘형태소[16] : ᄒᆞᆯ믈며(11)

　　　　　　② 문법형태소 : ᄀᆞ믄(去), 놀므로뼈, 흐므로(3), 곤흐믈, 그

---

15) 물론 여기에서도 'ㄷ, ㅅ, ㄹ' 등 8종성에 해당하는 어간말 자음 뒤에서의 모습은 분철 표기를 별도로 검토하여야 한다. 이에 대해서는 2.5절의 내용을 참고하기 바람.

16) 'ㅍ' 뒤에 '·'나 'ㅡ'가 사용된 용례는 '슬프-'(43)가 모두로서, '·>ㅡ'변화나 'ㅡ>·' 변화의 예 없음.

ᄅᆞ믈, 마ᄅᆞᆫ, 곤ᄒᆞ믈, 그ᄅᆞᆯ, 니ᄅᆞ믈, 다ᄅᆞᆫ, 담ᄒᆞᄆᆞ로써, 못ᄒᆞᆫ, 블(不)ᄒᆞᆫ, ᄇᆞ라믈, 쇠ᄒᆞ믈, 쉬오ᄆᆞᆫ, 업ᄉᆞ믈, 임ᄒᆞᆫ, 타ᄒᆞᆫ, 홍ᄒᆞ믈, 감동ᄒᆞ믈, 개연ᄒᆞ믈(2), 게어ᄅᆞ믈, 근노ᄒᆞ믈, ᄀᆞᆫ절ᄒᆞ믈, 노쳐ᄒᆞ믈, 말미아ᄆᆞ니, 말미아ᄆᆞ디, 말미아ᄆᆞᆫ디라, 명텰ᄒᆞᆫ, 믈러오ᄆᆞᆫ, 방죵ᄒᆞᄆᆞ로, 복명ᄒᆞ믈, 복졍ᄒᆞ믈, 부조ᄒᆞ믈, 식당ᄒᆞᄆᆞ로, ᄉᆞ랑ᄒᆞᄆᆞ로써, ᄉᆞ랑ᄒᆞ믈, ᄉᆞ모ᄒᆞ믈, 아니ᄒᆞᆫ(2), 아니ᄒᆞ믈, 암험ᄒᆞ믈, 어려오ᄆᆞ로, 어려오ᄆᆞᆫ, 억졔ᄒᆞᆫ, 영오ᄒᆞ믈, 오열ᄒᆞ믈, 용퇴ᄒᆞ믈, 인도ᄒᆞᆫ, 젼연ᄒᆞᆫ, 죵쇽ᄒᆞ믈, ᄌᆞ닙ᄒᆞᄆᆞ로, 탄식ᄒᆞ믈, 튜모ᄒᆞ믈, 패연ᄒᆞ믈, 붓그러오ᄆᆞᆫ, 붓그러오믈, 갑흐랴, 갑흐리오, 놉흐신[17]

   2) ㅡ > ㆍ : ① 어휘형태소 : 너모(경세 1b)

            ② 문법형태소 : 용례 없음.

   3) ㆍ > ㅏ : 다만(2)

전부변자음 뒤에서도 어두음절의 'ㆍ'가 'ㅏ'로 바뀐 예는 보이지 않고 비어두음절의 'ㆍ'가 'ㅏ'로 바뀐 '다만'이 2회 나타난다. 비어두음절에서는 어휘형태소나 문법형태소에서 'ㆍ'가 'ㅡ'로 바뀐 예들은 보이지만, 'ㅡ'가 'ㆍ'로 바뀐 예들은 거의 보이지 않는다.[18]

『어제』의 자료를 토대로 할 때, 'ㆍ'의 제2단계 변화가 직접적으로 반영된 예는 나타나지 않는다. 'ㆍ'의 제2단계 변화와 관련되는 'ᄇᆞ롬>ᄇ

---

17) '갑흐랴, 갑흐리오, 놉흐신' 등은 'ㅍ' 뒤라고 해야 할지, 'ㅎ' 뒤라고 해야 할지 분명하지 않다. 음절 단위로 하는 정확한 발음을 표기의 대상으로 하였다면 'ㅎ' 뒤로 간주하여 표기한 것으로 볼 수도 있으나 여기에서는 'ㅂ'과 'ㅎ'이 결합되어 'ㅍ'으로 실현되므로 'ㅍ' 뒤로 분류한다. 그러나 'ㅎ' 뒤에서나 'ㅍ' 뒤에서나 'ㆍ'가 'ㅡ'로 되는 변화가 적용된다는 점에서 어느 것으로 분류해도 결과는 같다.

18) '너모'는 'ㅁ' 뒤에서 'ㅡ'가 'ㆍ'로 바뀐 것으로 간주할 수 있다. '너무'의 'ㅁ' 뒤에서 'ㅜ'가 'ㅡ'로 비원순모음화된 다음, 'ㅡ>ㆍ'의 변화를 거치고, 'ㆍ'가 'ㅁ'의 영향을 받아 'ㅗ'로 된 것으로 추정할 수 있기 때문이다.

람, 다믄>다만' 등의 예들이 보이기는 하지만, 제1음절에서 'ㆍ'가 'ㅏ'로 바뀐 예는 하나도 보이지 않기 때문이다. 그러므로 'ㆍ'의 제2단계 변화가 완결되어 'ㆍ'가 비음운화되었다고 할 수는 없다. 다시 말하면 이 자료는 'ㆍ'의 제2단계 변화가 시작되기 이전이거나 그 변화가 시작된 초기 상태에 있었다고 할 수밖에 없다.

'ㆍ'의 제1단계 변화와 관련하여 『어제』는 매우 복잡한 양상을 보여준다. 먼저 문법형태소의 경우, 후부변자음이나 전부변자음 뒤에서는 'ㆍ'가 'ㅡ'로 바뀐 예들이 주로 나타나 'ㆍ'의 제1단계 변화를 보여준다. 그러나 중자음 'ㄴ, ㄹ, ㄷ, ㅌ, ㅅ, ㅈ, ㅊ' 뒤에서는 오히려 'ㅡ'가 'ㆍ'로 바뀐 예들이 많이 나타나 'ㆍ'의 제1단계 변화와는 반대 방향의 변화를 보여준다. 어휘형태소 내부(비어두음절)에서도 이러한 변화의 특성은 동일하게 나타나지만, 예가 많이 나타나지 않는 것으로 보아 문법형태소의 경우보다는 느리게 진행된 것으로 간주된다. 이러한 비어두음절의 'ㆍ'와 'ㅡ' 변화의 특징을 바탕으로 하면 'ㆍ'의 제1단계 변화도 완결되었다고 하기는 어려울 것으로 보인다. 비어두음절에서도 변화하지 않은 'ㆍ'와 'ㅡ'의 사용이 많을 뿐 아니라, 변자음 뒤에서는 주로 'ㆍ>ㅡ' 변화를, 중자음 뒤에서는 주로 'ㅡ>ㆍ' 변화를 거치는 것으로 나타나, 이 두 변화가 상호작용하면서 진행되고 있었던 것으로 이해되기 때문이다.

이 자료에서 명사와 조사, 용언 어간과 어미가 분철 표기된 경우에는 조사나 어미의 'ㆍ'와 'ㅡ'가 앞에서 검토한 연철 표기와 달리 나타난다는 점에서 주목할 만하다.

(29) 자음 어간과 모음 어미의 분철 표기

어간말 자음	·/—	1음절	2음절	3음절	4음절
ㄱ]	·	0	0	0	0
	—	15	16	0	2
ㄴ]	·	0	0	0	0
	—	20	49	4	4
ㅁ]	·	0	0	0	0
	—	15	53	0	1
ㅂ]	·	0	0	0	0
	—	9	7	0	0
ㅇ]	·	0	0	0	0
	—	11	40	2	0
ㄹ]	·	0	0	0	0
	—	44	18	0	2
ㅅ]	·	7	0	0	0
	—	0	0	0	0

(29)를 통하여 알 수 있는 바와 같이, 분철 표기에서 '·'나 '—'로 시작하는 조사나 어미는 선행 어간말 자음이 'ㅅ'인 경우를 제외하면 모두 '—'로 시작하는 조사나 어미로 나타났다. 이러한 특성은 연철 표기에서 나타나는 '·'와 '—'의 출현과는 상당히 다르다. '·'와 '—'의 변화가 연철 표기에서는 선행 자음의 조음 위치에 따라 중자음 뒤에서는 주로 '—>·' 변화가, 변자음 뒤에서는 '·>—' 변화가 일어났지만, 분철 표기에서는 선행 자음에 관계없이 대부분 '·>—' 변화가 일어난 것으로 간주되기 때문이다.

분철 표기에서 나타나는 이러한 '·' 변화의 특성은 분철 표기와 연철 표기의 차이에서 찾을 수밖에 없는 것으로 보인다. 연철 표기된 경우, 모음 어미는 해당 음절에 선행 자음을 갖지만, 분철 표기된 경우, 모음 어미는 선행 자음을 갖지 않는다. 그러므로 연철 표기에서는 선행 자음의 조음 위치 자질에 영향을 받지만, 분철 표기에서는 자음의 영향을 받지 않아 'ㅡ'가 선택된 것으로 이해할 수 있다.[19) 다시 말하면, 연철 표기와 분철 표기에서 '·'의 변화가 이렇게 차이 나는 이유는 연철 표기에서는 선행 자음의 영향을 받고, 분철 표기에서 선행 자음의 영향을 받지 않았기 때문이라고 할 수 있다. 이러한 추정을, 변자음 뒤에서의 변화와 자음이 없는 분철 표기에서의 변화가 동일하고, 연철 표기의 중자음 뒤에서만 'ㅡ> ·' 변화가 일어난다는 사실과 연계하면, '·'의 변화에서 주로 'ㅡ> ·' 변화에 영향을 미치는 중자음이 '·'의 제1단계 변화에서 유표적인marked 환경이 되며, 그러한 유표적인 환경에서는 '·>ㅡ' 변화보다 'ㅡ> ·' 변화가 일어나는 시기가 있었다고 결론짓는 것이 타당하게 보인다.

3.2.2. [원순성] 관련 현상

[원순성] 관련 현상에는 여러 종류가 있다. 순자음 아래에서의 원순모음화 현상은 대표적인 [원순성] 관련 현상이라 할 수 있나. 이 현상은 역서류에서는 이미 17세기 중·후기의 『노걸대언해』나 『박통사언해』에도 상당히 확산되어 나타나지만, 이 자료에는 순자음 아래에서 원순모음화 현상이 거의 보이지 않는다. 순자음에 의한 모음의 원순모음화는 제1음절의 'ㅂ' 다음에 오는 'ㅡ'가 'ㅜ'로 되는 두 예가 나타난다.

---

19) 이러한 관점에서 연철 표기와 분철 표기에서 '·'와 'ㅡ'의 선택에서 차이가 나는 이유는 음절 중심의 정확한 발음을 관찰하여 그 발음형을 표기에 반영하였기 때문이라고 할 수 있다. 이러한 표기 기준을 받아들인다면, 분철 표기된 음절의 모음이 대부분 'ㅡ'로 선택되었다는 사실은 'ㅅ'을 제외한 경우에 '·'나 'ㅡ'의 교체가 선행 자음의 영향을 받지 않았음을 말해주는 동시에 선행 자음에 영향을 받지 않는 환경에서는 일반적으로 '·>ㅡ' 변화 규칙이 선택되었음을 말해준다.

(30) 부리디(使, 눈음, 3a), 부덕이라(不德, 눈음 5a)

(30)에서 '부리-'는 '브리-'가, '부덕'은 '不德'의 발음인 '브덕'이 바뀐 것이므로 순자음인 'ㅂ' 뒤에서 'ㅡ'가 'ㅜ'로 바뀐 원순모음화 현상이 일어난 것으로 볼 수 있다. 『어졔』에는 이와 같이 순자음 다음 위치에서 'ㆍ'나 'ㅡ'가 원순모음화된 예들이 거의 보이지 않는다. 이 정도의 원순모음화는 17세기 중·후기의 『노걸대언해』나 『박통사언해』에도 미치지 못한다.

『어졔』에는 '어둡디(경셰 1b), 어두오매(빅힝원 5a)'와 같이 '어듭-'이 '어둡-'으로 바뀌어 어간의 모음이 원순모음으로 나타난다. '어듭-'이 '어둡-'으로 된 것은 선행하는 자음이 'ㄷ'이므로 순자음에 의한 원순모음화 현상이라 할 수도 없다. 그러나 어간 '어듭-'이 'ㆍ'나 'ㅡ'로 시작하는 어미와 결합하여 형성되는 '어드워, 어드우니(또는 어드오니)' 등에서, 어간의 'ㅡ'가 후행하는 모음의 원순성에 동화되어 'ㅜ'로 바뀐 것이다. 그러므로 '어듭-'의 'ㅡ'는 후행하는 'ㅗ'나 'ㅜ'에 의한 원순성의 동화 현상이 일어난 예라 할 수 있다. 그러나 전반적으로 이 자료는 모음에 의한 원순성의 동화 현상을 보이는 예들도 거의 보여주지 않는다. 심지어 이 시기의 다른 자료에 원순모음화된 형태로 굳어진 것처럼 보이는 '(호)도록'도 '(호)드록'으로 나타나 원순모음화 현상이 다른 자료의 상태에 미치지 못함을 보여준다.

이 자료에는 이전 시기에도 보이던 원순모음 다음 음절에서 [원순성]을 갖는 반모음 w가 첨가되는 현상이 적용된 예들이 보이기도 한다.

(31) 됴화ᄒ며(빅힝원 5a), 다토와(경셰 5b), 브라보와(경셰 6b), 도라보와(어

졔 1a), 보왓노라(빅힝원 1b), 됴화ᄒ고(빅힝원 5a)

(31)의 예들은 'ㅗ'로 끝나는 어간에 'ㅏ'로 시작되는 어미가 결합되면 반모음 w가 첨가되어 나타난 예이다. '돟-, 다토-, 보-'등과 같이 'ㅗ'로 끝나는 어간에 부사형 어미 'ㅏ'가 결합되어 실현될 때, w가 첨가되어 '됴화, 다토와, 보와' 등으로 바뀌어 나타난 것이다. 이와 같이 [원순성]의 반모음인 w 첨가 현상은 선행하는 어간의 모음 다음에 'ㅎ'이 개재하거나 아무 자음도 개재하지 않는 경우에 적용되었다.

이 자료는 전체적으로 [원순성]과 관련된 현상이 다른 문헌에 비해 잘 보이지 않는다. 특히 순자음 다음에 오는 'ㆍ'나 'ㅡ'의 원순모음화 현상이나 원순모음 다음에 오는 'ㆍ'나 'ㅡ'의 원순모음화 현상은 거의 보이지 않는다. 오히려 이 자료는 원순모음이 비원순모음으로 바뀐 예들을 보여준다.

(32) 1) 붓그러오믄(경세 1a, 1b), 붓그러오믈(빅힝원 5b), 븍(皷, 경세 7a), 붓그러올(경세 6b), 붓ㄱ럽다(경세 5a, 7b), 븟그려(경세 1b, 6b, 2a, 눈음 4b), 붓그리고(눈음 1a)
2) 도으미(경세 7a), 도으리롤(ᄌ셩 1b), 고으니롤(빅힝원 2b)

(32.1)은 15세기의 '붓그럽다, 붓그리다, 북' 등이 '붓그럽-, 붓그리, 븍' 등으로 나타나 비원순모음화 현상이 일어났음을 보여준다. (32.2)는 용언 어간의 원순모음 'ㅗ'나 'ㅜ' 다음의 'ㅜ'가 비원순모음으로 바뀐 예들이다. '도으미, 도으리롤, 고으니롤'에서는 'ㅸ'이 변한 'ㅂ'의 [원순성]이 뒤에 오는 어미의 'ㆍ'와 결합하여 'ㅗ'가 형성되지만, 선행하는 어간의 모음이 'ㅗ'이어서 비원순모음화 현상이 일어나 'ㅡ'가 된 것이다.

이 자료는 순자음 'ㅁ' 다음 위치의 'ㅡ'나 'ㆍ'가 원순모음화된 예들을 거의 보여주지 않는다. 그리하여 어휘형태소 내부에서는 'ㅁ'에 의한 원순모음화 현상을 거의 보여주지 않는다. 이 자료에서는 형태소 경계에서도 'ㅁ' 다음에 원순모음화된 예들이 보이지 않는다. 가령, 용언 어간에 명사형 어미 '(ㅇ/으)ㅁ'이 결합되어 활용하는 경우에 명사형 어미 'ㅁ' 다음의 'ㆍ'나 'ㅡ'가 원순모음화된 예를 하나도 보여주지 않는 것이다.

3.2.3. '오/우'의 탈락과 유지

15세기에 화자의 주관적 의도가 가미된 동작이나 진술에는 의도법의 선어말어미 '-오/우-'가 용언 어간에 사용되었다. 이러한 의도법의 선어말어미와 동일한 것은 아니지만, 음운론적으로 동일한 행위를 보이는 '-오/우-'로써 명사형을 형성하는 경우와 '-(ㅇ/으)디'에는 필수적으로 개재하였다. 그런데 의도법의 선어말어미는 15세기 후기부터 점차 사용되지 않게 되어 16세기 후반에 이르면 명사형과 '-(ㅇ/으)디' 앞에서도 '-오/우-'가 사용되지 않게 된다. 이 자료도 명사형과 '-(ㅇ/으)디' 앞에서 '-오/우-'가 거의 사용되지 않는다. 몇 예만 보이기로 한다.

> (33) 1) 품음과(빅힝원 1a), 들믄(경세 3b), 되믈(눈음 2a), 밧들믈(빅힝원 5b), 놀므로뻐(경세 3b), 끼치믈(경세 10a), ᄒᆞ시므로뻐(빅힝원 2a), 드리오시믈(어제 6b)
>
> 2) 굴와시디(경세 10a), 굴ᄋᆞ디(빅힝원 1b), 닐ᄋᆞ시디(빅힝원 3a), ᄀᆞ튼디(경세 8a), 나아가디(어제 2a), 되디(어제 3a), 만흐디(어제 4b, 눈음 4a)

(33.1)은 용언의 명사형이고 (33.2)는 용언 어간에 '-디'가 결합된 예들 인데, 이 예들에서 '-오/우-'가 사용되지 않은 것이다. 일반적으로 이 환경에서 16세기 전반, 늦어도 16세기 후반에는 '-오/우-'가 사용되지 않았다고 하므로 18세기 중·후기에 속하는 이 자료에서 '-오/우-'를 사용하지 않은 것은 당연하다. 그런데 '-오/우-'가 사용되지 않은 이 예들 가운데 'ㄹ'로 끝나는 용언의 명사형 형성에서는 음운론적으로 특이한 현상이 보인다. 'ㄹ'로 끝나는 용언 다음에는 '-오/우-'가 소멸하면서 명사형 어미의 첫 모음인 '·'나 'ㅡ'가 탈락되었다는 점이다. '들믄, 밧들믈, 놀므로뻐' 등으로 나타날 뿐이지 '드르믄, 밧드르믈, 노르므로뻐'로 나타나지는 않는 것이다. '-오/우-'가 사용되지 않은 '품음, 굴ᄋ디, 닐ᄋ시디' 등과 비교하면 알 수 있는 'ㄹ'로 끝나는 용언의 이러한 특성은 현대국어에서도 동일하게 나타난다.

용언 어간이 명사형 어미나 어미 '-디'와 결합될 때 개재하던 '-오/우-'가 일반적으로 16세기 경에 사라진다는 기존의 논의를 바탕으로 하면, 이 자료에서 '-오/우-'를 사용하는 예들이 몇몇 보인다는 점에서 이 왕실 자료는 매우 보수적인 특성을 보여준다.

(34) 1) 거시로디(눈음 1b, 2b, 경셰 4b, 7b, 빅힝원 1b), 닐오디(눈음 1a, 1b, 3a, 4a, 빅힝원 4a, 어졔 1a, 2a, 3a, 경셰 1b, 8a), 굴오디(어졔 1a, 2a, 5b, 눈음 1a, 2a, 빅힝원 2a, 3a, 3b, 5b, 경셰 1a, 4a, 4b, 7b, 9a)

2) 굴오샤디 (어졔 5a, 눈음 3a), 굴와시디(경셰 10a), 굴와샤디(빅힝원 1a, 1b, 어졔 3b, 4b, 경셰 4b), 굴ᄋ샤디(어졔 3b, 4b, 빅힝원 1a, 1b, 경셰 4b)

(34.1)과 (34.2)와 같이 용언의 어간에 명사형 어미나 어미 '-디'가 결

합될 때 '-오-'가 사용되는 용언은, 어휘적으로 몇몇 용언에 국한된다. 15세기에 비자동적 교체를 보였던 이른바 특수 어간들 가운데 '르-ㅇ'의 교체를 보였던 유형에 속하는 '니르-', 'フ르-'만 이 환경에서 '-오-'를 사용하고 있는 것이다. 물론 다른 용언 어간 다음에 이들 어미가 결합되면서 '-오-'가 사용된 '아로미(경셰 6a), 되오매(눈음 2b), 되오미(어제 5b, 빅힝원 4a)' 등이 있지만, 이 용언에 사용된 '-오-'는 15세기에 의도법의 선어말어미와 같은 음운론적 행위를 보이던 '-오/우-'가 아니라 겸양법 선어말어미 '-숩-'에 기원하거나 유추되어 이끌린 형태로 간주된다.

3.2.4. 기타 모음 관련 현상

이 자료는 모음과 모음이 만날 때 만들어지는 hiatus의 환경에서 다양한 현상이 일어났음을 보여준다. 이 자료에 국한하여 나타나는 새로운 현상은 보이지 않지만, 이 예들은 이전의 음운 현상이 계속하여 이 자료에도 나타남을 보여준다.

> (35) 1) 어버[親]의 무음올 톄(體)호며(빅힝원 5a)
>
>   2) 브라[仰] 호시고(어제 4a), 브라 호샤(어제 4a)
>
>   3) 되여시니(어제 3b), 녜예(禮, 어제 3b, 눈음 4a), 위(位)예(어제 3b), 이 째예(어제 5a), 째예도(빅힝원 1a), 이긔여(눈음 2a, 4a, 경셰 5a)

(35.1)은 'ㅣ'로 끝나는 명사가 속격조사를 만날 때에 명사의 마지막 모음 'ㅣ'를 탈락시키는 현상이 일어났음을 보여주며, (35.2)는 'ㅏ'로 끝나는 용언 어간이 부사형 어미 'ㅏ'를 만날 때에 어간의 동일 모음의 연쇄를 피하기 위해 'ㅏ'가 탈락하는 현상이 일어났음을 보여준다. (35.3)

은 반모음 y로 끝나는 명사나 용언 어간이 ‘ㅏ’나 ‘ㅓ’로 시작하는 조사
나 어미를 만날 때 반모음 y가 첨가되었음을 보여준다.[20]

　이 밖에 모음과 관련된 현상으로 ‘처엄’이 ‘처음(어제 4a)’으로, ‘게어
롤가(어제 4b), 게어르며(ㅈ셩 5a), 게어르며(빅힝원 4b), 게얼리(빅힝원
5a)’ 등의 어간 ‘게어르-’가 ‘게으르게(빅힝원 5a)’로도 나타나 ‘ㅓ’가
‘ㅡ’로 교체되어 나타나기도 한다. 그리고 ‘작년의 뜻을(경세 1a), 회포
쓰기의 잇느니(경세 1a), 망팔의 고요히 싱각ᄒ니(경세 1a), 나지 싱각ᄒ
는(경세 2a), 밤의 꿈쑤는(경세 2a), 현재 위예 잇고 능재 직의 이시믄(경
세 5a)’ 등과 같이 처격 ‘에/애’가 ‘익/의’로 실현되는 현상을 보여준다.

4. 마무리

　지금까지 장서각 소장의 영조 대 ‘어제’류 한글 필사본에 대한 표기와
음운현상을 검토해 보았다. 검토된 내용을 정리하면서 마무리하기로 한다.
　이들 자료에는 초성자 22자, 중성자 23자, 종성자 7자가 사용되어, 18
세기 후기의 다른 자료와 큰 차이는 없었다. 둘 이상의 문자소를 활용한
경음과 격음의 표기는 몇 가지 유형의 표기가 있었지만, 그 사용 환경이
정해져 있어서 혼란스러운 것은 아니었다. 경음의 표기에는 ‘ㅅ’계 합용
병서자(‘ㅼ, ㅺ, ㅼ’)와 ‘ㅂ’계 합용 병서자(‘ㅄ, ㅲ’)가 모두 사용되고 있
었으나 그 사용 분포가 배타적으로 나타나는 특징이 있었다. 모음간 격

---

20) 이 자료에는 이러한 환경에서 현대국어와 같이 y 첨가가 일어나지 않은 ‘쎄에(경세 8a,
　　어제 5a), 되어실(빅힝원 3b), 이에(빅힝원 4a, 어제 4a, 눈음 2a), 이에서(빅힝원 4a)’ 등의
　　예들도 보인다.

음의 표기는 격음자 'ㅊ, ㅋ, ㅌ, ㅍ' 외에 '격음과 동일한 조음위치의 평음자+ㅊ, ㅋ, ㅌ, ㅍ' 유형과 '격음과 동일한 조음위치의 평음자+ㅎ' 유형이 있었으나 중자음인 'ㅊ, ㅌ'은 주로 전자의 유형, 변자음인 'ㅋ, ㅍ'은 주로 후자의 유형으로 표기되었다. 실사와 허사의 경계에서 이루어지던 연철 표기는 거의 분철 표기되어 있었다. 이 자료에서 전체적으로 드러나는 표기상의 특징은 가능하면 형태를 밝혀 적는 것이었다. 그리하여 특정의 음운환경에서 자동적으로 일어나는 음운 현상들(비음화, 유음화 등)은 표기에 반영하지 않고 문자들의 결합을 통하여 표면형을 도출하고자 하였다.

 음운현상은 대체로 근대국어의 특징을 보여주고 있기는 하였으나 당시의 다른 문헌과는 상당한 차이가 나타나기도 하였다. 당시의 다른 문헌과 달리 비어두음절, 형태소 경계, 어두음절 등 모든 위치에서 ㄷ구개음화 그 과도교정의 예들이 나타나기는 하였으나 다른 문헌에 비하여 예들이 적었다. ㄱ구개음화, ㅎ구개음화의 예들은 전혀 보이지 않고, 어두 'ㄴ' 탈락은 몇 예가 나타났다. 이 자료에는 자음 뒤에서 'ㄹ'이 'ㄴ'으로 바뀐 예들이 광범위하게 나타났으며, 또한 현대국어에서 유음화를 일으키는 한자어의 'ㄴ-ㄹ' 통합에서 특이하게도 'ㄹ'이 'ㄴ'으로 교체되는 특징을 보여주었다.

 'ㆍ'의 제2단계 변화 예는 나타나지 않고, 그 관련 예만 몇몇 나타나 이 자료는 'ㆍ'의 제2단계 변화가 시작되기 전이거나 시작된 초기 단계에 있었던 것으로 이해하였다. 비어두음절에서는 어휘형태소 내부보다는 문법형태소에서 'ㆍ'와 'ㅡ'의 변화 예들이 많이 나타났다. 비어두음절ㄴ에서는 변자음 뒤의 'ㆍ>ㅡ' 변화와, 중자음 뒤의 'ㅡ>ㆍ' 변화가 상호작용하면서 'ㆍ'의 제1단계 변화가 진행되고 있었던 것으로 파악하였다.

그 외, 원순모음화 현상은 단 몇 예만이 나타났으며, '一'가 'ㅓ'로 되는 현상, 명사의 말음 'ㅣ'가 속격이나 처격의 '의/의'를 만나면 탈락되는 현상 등 히아투스 현상을 보이는 경우에 일어나는 다양한 모음 관련 현상이 나타나고 있었다.

전체적으로 보아 이 자료는 국어의 음운변화의 흐름을 보여주면서도, 음운변화에 대한 기존의 논의와는 다른 나름대로의 변화 경향을 보여주기도 한다. 구개음화, 원순모음화, 'ㄹ-ㄴ' 연쇄에서 'ㄹ'이 'ㄴ'으로 교체된 현상, 'ㆍ'의 변화나 '-오/우-'의 소멸 과정 등에서 기존의 논의와는 다른 변화의 특성이나 경향이 나타났던 것이다. 'ㄹ-ㄴ' 연쇄에서 'ㄹ'이 'ㄴ'으로 교체되는 현상도 구체적인 논의가 필요한 현상이었지만, 전반적으로 이 자료에서 드러나는 특징은 음운변화가 매우 느리게 진행된다는 것이었다. 이러한 변화의 특성을 표기의 보수성으로 돌리려는 경향이 있으나, 근대국어의 왕실 자료에서 보여주는 이러한 변화의 특성은 오히려 새로운 시각에서 접근할 필요가 있다. 이러한 부류의 자료에 반영되었을 수도 있는 관습적이고 규범적인 표기의 속성을 인정한다 하더라도, 그러한 속성은 음운변화, 나아가 상류층 사람들의 사회에 대한 인식이나 태도에서도 얼마든지 발견될 수 있기 때문이다.

③ <진주하씨 묘 출토 한글 필사 자료>의 표기와 음운현상*

1. 서언

晉州河氏진주하씨 墓묘에서 출토된 한글 자료1)는, 1989년 4월 경북 달성군 구지면 도동리 석문산성에 소재한 진주하씨(忘憂堂망우당 郭再祐곽재우의 從姪종질인 郭澍과주의 再室재실)의 묘를 이장하던 중 출토된 한글 필사 자료(이하 '이 자료'로 약칭하기로 함)를 말한다. 이 자료는 한글 편지 149건과 치부 기록 14건으로 총 163건이다. 진주하씨 묘에서는 이들 한글 자료 외에도 한문 편지 8건이 함께 발견되었으나, 이 글에서는 한글 편지와 치부 기록을 대상으로 하여 당시의 국어 모습을 살펴보고자 한다.

이 자료에 대한 서지적인 고찰은 이미 김일근(1991)에서 행해진 바가

---

* 이 글은 같은 제목으로 『진단학보』 75(진단학회, 1993 : 129~148면)에 수록되었다.

1) 이 자료는 대구시 중구 대봉동에 있는 건들바우박물관에 소장되어 있다. 건들바우박물관에서는 진주하씨 묘에서 출토된 자료들에 대한 보고서 『「진주하씨묘 출토」 문헌과 「복식조사 보고서」』(1991)를 간행한 바가 있다. 한글 필사 자료의 열람을 허락해 주신 건들바우박물관 관계자 여러분께 깊은 사의를 표한다.

있다. 김일근(1991)에서는 진주하씨의 남편인 곽주의 계보를 통한 생존 연대와 일부 한글 편지의 끝에 기록된 연대를 비교·고찰하면서 이 자료가 1602년에서 1646년에 걸쳐 작성되었음을 확인한 것이다. 이 자료는 곽주를 비롯한 그 가족들의 기록인데, 이들 곽씨 일가의 거주지가 달성군 현풍면으로 밝혀졌으므로 이 자료는 17세기 초반의 경상도 달성 방언의 자료가 된다. 그러므로 국어학적인 측면에서 당시의 국어 모습을 밝히고자 할 때, 이 자료는 상당히 좋은 조건을 갖춘 자료라고 할 수 있다. 그러나 아직까지 이들 한글 필사 자료의 전반에 대한 국어학적인 접근은 이루어지지 않고 있는 것으로 보인다.[2]

이에 이 글에서는 이 자료를 바탕으로 17세기 초반의 경상도 방언, 그 중에서도 곽씨 일가가 살았던 경북 달성 지방에서 사용된 17세기 국어의 모습을 구체적으로 검토하고자 한다. 이 자료의 대부분이 한글로 필사된 편지이기 때문에 각기 하나의 완전한 글을 이루고 있다. 그러므로 이 자료는 표기와 음운론, 형태·통사론, 그리고 어휘론적인 측면에서 다각도로 접근될 수 있다. 그러나 이 글에서는 이 자료의 표기와 음운론적인 측면에서 접근하여 그 특징을 고찰하고자 한다.

2. 서지적 고찰

묘주인 진주하씨는 領議政영의정 河允原하윤원의 후손인 贈參議증삼의 河

---

2) 이 자료는 백두현(1992)에서 ㄱ구개음화를 논의하는 과정에서 간단히 언급된 바가 있다(ㄱ 구개음화에 대한 논의를 참조).

遵義하준의의 딸로 1580년(선조 13)에 태어나 1646년경까지 살았던 것으로 추정된다(김일근, 1991). 이러한 추정은 苞山郭氏포산곽씨의 족보와 이 한글 자료에 보이는 연대 기록을 통하여 이루어진 것이다. 1569년에 태어나 1617년에 사망한 그 남편 곽주는 포산곽씨 시조인 鏡경의 19세 손으로 망우당 곽재우의 종질이다. 곽주의 자녀는 4남 5녀인데, 그중 장남 以昌이창(1590~1654)만이 전실 소생이고, 이남 宜昌의창(1613~1647), 삼남 愈昌유창(1615~1673), 사남 亨昌형창(1617~1674)과 딸 다섯(이름은 분명하게 나오지 않는다.)은 진주하씨의 소생이다. 그러므로 진주하씨 묘에서 출토된 한글 필사 자료는 이들의 생존 연대인 17세기 초반의 자료가 된다.

 곽주를 비롯한 곽씨 집안의 거주지는 현재의 경상북도 달성군 현풍면에 있는 '소래'와 '오야'에 있었던 것으로 추정된다(김일근, 1991). 아마도 곽씨 집안의 거주지는 현재의 '소래'였으며 진주하씨의 친정은 '오야'가 아니었나 생각된다. 이들 지명은 편지의 본문에 '소례, 오예'로 표기되어 자주 보인다.[3] 그러나 한문 편지에 '津村진촌 寓所우소'라고 적힌 것으로 보아 편지가 왕래되던 얼마의 기간 동안 진촌이라는 낙동강의 동쪽에 위치한 언덕 마을에 거주한 것으로 보인다.[4] 그러므로 이 자료는 17세기 초반의 경상북도 달성 방언의 모습을 보여주는 한글 필사 자료라고

---

[3] '청되 금동이롤 ᄒᆞ여 소례 가 어더 오라ᄒᆞ소(16), 소례 죵을 가 ᄃᆞ녀 오라 ᄒᆞ새(16), 오예 유무롤 ᄒᆞ여(16), 오예 안부 사ᄅᆞᆷ은 어제 가 ᄃᆞ녀 오듯(?) 쟝모 유무가뇌(55), 오예 안부 사ᄅᆞᆷ은 어제 가 ᄃᆞ녀(55), 어제 소례 와셔(106), 오예 보낼 유무롤 써셔(120).'

[4] 그러나 편지의 내용으로 보아 곽주 자신은 몇몇 지역으로 옮겨 다니며 하급직의 벼슬을 한 것으로 보인다. 과거에 급제하지는 못한 것으로 보인다고 하는데(김일근, 1991), '나와셔도 내직은 면치 몯ᄒᆞ니 출히 드러가 ᄌᆞ식ᄃᆞ리나 그리디 말려 ᄒᆞ뇌(20)'의 내용으로 보아 하급 관리직에 있지 않았나 생각된다. 편지의 군데군데 과거에 대한 언급이 보이며 과거를 보러 서울 간다는 내용도 있다.

할 수 있다.

이 자료는 한글 편지 149건과 치부 기록 14건으로 총 163건이다. 한글 편지 149건은 곽주가 쓴 것이 108건으로 제일 많으며, 곽주의 어머니인 박씨가 쓴 것이 1건, 곽주의 안사돈인 주씨가 쓴 것이 1건, 장남 이창이 쓴 것 1건, 이남 의창이 쓴 것 2건(한문으로 쓴 것 5건이 더 있음.), 삼남 유창이 쓴 것 1건, 사남 형창이 쓴 것 1건, 그리고 출가한 딸들이 쓴 것 46건이다. 이들 자료에 대한 자세한 서지 사항은 김일근(1991)로 미룬다.

이 자료가 당시의 국어의 모습을 밝히고자 할 때 매우 좋은 조건을 구비하고 있다고 앞에서 언급하였으나 반드시 그렇다고만 할 수는 없다. 물론 보존 상태가 상당히 양호한 편이긴 하지만, 이미 떨어져 나갔거나 훼손된 것도 일부 있을 뿐 아니라, 구겨지거나 접혀져서 원 상태의 내용을 알 수 없는 자료도 30여 건이나 된다. 붓으로 쓴 흘림체의 필사본이어서 원래의 글자 형태를 분명히 말하기 어려운 경우도 적지 않다. 문맥과 여타 자료의 비교를 통하여, 그리고 필사자의 필체를 대조함으로써 어느 정도 원래의 글자를 복원할 수 있기는 하지만 판독이 어려운 경우도 적지 않다. 그러나 이들 자료가 총 163건으로 그 양이 적지 않고 대체로 보존 상태가 양호하여, 당시의 국어 모습을 고찰하는 데에 이상의 몇 가지 어려움이 있다 하더라도, 국어사 연구 자료로서의 전체적인 가치에 비하면 그것은 그리 대단한 것이 되지 못한다.

이 자료는 필사한 시기와 필사한 사람이 분명한 자료라는 점에서, 그리하여 이 자료가 17세기 초반의 달성 방언을 반영한 자료라는 점을 확인할 수 있어 국어사 자료로서 중요한 가치를 지닌다. 또한 이 자료는 개인의 일상생활에서 전달하고자 하는 편지나 치부 기록이라는 점에서

17세기의 국어 생활의 단면을 보여주는 생생한 자료로서 판본 자료와는 다른 가치를 지닌다. 그리고 상대방을 염두에 둔 대화체의 문장으로 구성되어 있어 당시의 국어 모습에 다각도로 접근할 수 있는 자료라는 점에서도 중요하다. 국어사 자료로서의 이러한 가치는 국어사, 그중 방언사의 17세기 초반의 공백을 메울 수 있는 자료라는 데에서 무엇보다 중요한 것으로 인정될 수 있다. 1632년 간행된 『重刊杜詩諺解중간두시언해』보다 앞서는 17세기 초반의 경상도 방언을 반영한 자료가 현재로서는 거의 보고되어 있지 않기 때문이다.

3. 표기상의 특징

필사본임에도 불구하고, 진주하씨 묘 출토 한글자료의 표기는 17세기 초반의 여타 국어 자료와 크게 다르지는 않다. 초성자, 중성자, 종성자, 그리고 연철・분철 표기를 중심으로 표기상의 특징을 살펴보기로 한다.

3.1. 초성표기

초성자는 이 시기의 판본 자료와 유사하게 사용되고 있다. 'ㄱ, ㄴ, ㄷ, ㄹ, ㅁ, ㅂ, ㅅ, ㅇ, ㅈ, ㅊ, ㅋ, ㅌ, ㅍ, ㅎ' 등 14자와 'ㅅ'계 병서자 'ㅆ, ㅾ, ㅽ, ㅺ' 등 4자, ㅂ계 병서자 'ㅲ, ㅳ, ㅶ, ㅄ' 등 4자로 총 22자가 사용되고 있다. 각자병서는 사용되지 않으며 합용병서는 'ㅂ'계만 사용되고 있다.[5] 초성자 가운데 병서자의 예를 검토하면서 표기와 음성 실현의 문제를 간단히 논의하기로 한다.

먼저 'ㅅ'계 병서자를 검토하기로 한다.[6]

(1) ㅆ : 유무를 써셔(120), 졍 ᄊᆞᆫ(164)
ㅼ : 이제ᄯᆞᆫ(6), ᄒᆞᆯ 제ᄯᆞᆫ(6), ᄯᆞᆷ이(9), ᄯᅥᆨ으란(19)
ㅽ : ᄲᆞ라셔(4), ᄲᆞᆫ(9), ᄲᅳᆫ(11), ᄲᅳ리(33), ᄲᅩ귀ᄅᆞᆯ(105), 어엿ᄲᅳᆯ샤(143)
ㅺ : ᄭᅮ엿다가(1), 각시님ᄭᅴ(11), 모드링ᄭᅡ(34), ᄒᆞᆷᄭᅴ(110), ᄭᅮᆯ과(142)

(1)에서 알 수 있듯이 'ㅅ'계 합용병서자는 'ㅆ, ㅼ, ㅽ, ㅺ'이 사용되고 있다. 17세기 초반에서 중반의 여타 문헌 자료에 보이는 'ㅶ'은 보이지 않는다. 이 'ㅅ'계 병서자는 이전과 마찬가지로 경음을 표기한 것으로 보인다. 그런데 초성자에서 보여주는 한 특징은 'ㅆ'이 거의 나타나지 않으며, 'ㅆ'이 'ㅅ'이나 'ㅄ'으로 표기되기도 한다는 것이다.

(2) 먹일 법 슨 것도(2), 가늬 스면(35), 그리매ᄅᆞᆯ 스게 ᄒᆞ소(117), 언문 외와 섯다가(134), 편풍 두헤 서 보내라(144), ᄆᆡ죵이 ᄒᆞ여 서 보내라(144), ᄌᆞ셰 서 보내라(144)

(2)의 예들은 15세기에 '쓰다'이던 것들인데, '스다'로 쓰인 예들이다. 'ㅆ'이 'ㅅ'으로 표기된다는 것은 이 시기의 경상도 달성 방언에 'ㅆ'이 음소로 존재하지 않았을 가능성이 있음을 보여준다. 그러나 이 소수의

5) 일반적으로 'ㅄ'계 병서자가 17세기 중엽까지 사용되었던 사실(홍윤표, 1986)에 비교하면 17세기 초반의 이 자료에서 'ㅄ'계의 병서자가 전혀 사용되지 않았다는 점에서 판본 자료와 약간의 차이가 있다.

6) 이 글에 제시되는 자료의 일련번호는 김일근(1991)에서 붙인 출토 자료의 정리 번호이다. 그러므로 이 글에서 사용되는 자료의 번호는 연대순이나 필사자별로 분류된 번호가 아니라는 점에 유의해야 할 것이다.

자료를 이 시기의 경상도 방언에 '씨'이 모두 '人'으로 실현되었다는 근거로 삼는 데 있어서의 문제점은 (1)의 예들에서 볼 수 있는 바와 같이 이들이 '씨'으로 표기되는 경우도 있을 뿐 아니라 'ᄡ'으로도 표기되기도 한다는 데에 있다. '씨'이 이렇게 다양하게 표기되기 때문에 '씨'이 이 방언에 존재하지 않았다고 단정짓기는 어려운 것으로 보인다.

17세기 '씨'이 이 방언에 존재하지 않았다고 할 때, '씨'의 표기는 필사자들이 한글을 배우는 과정에서 습득된 보수적인 표기의 흔적이라고 할 수 있을 것이다. 그러나 그러한 가능성은 '씨'이 'ᄡ'으로도 표기된다는 점에서 이들 자료를 현대 경상도 방언에 기계적으로 대응시키는 것이 아닌가 하는 의문이 생긴다. 그리고 15세기의 '씨'이 현대 달성 방언에서 대부분 '人'으로 실현된다고 하더라도 현대 달성 방언에 '씨'이 전혀 없는 것이 아니다. 가령 『한국방언자료집』에 따르면 현대 달성 방언에서 '(일어)서다'는 [sɘda]이지만 '(불을)켜다'는 [s'ɛ : da]로 보고되어 있어 s'가 경우에 따라 실현되고 있음을 보여주는 것이다.7) 이런 점에서 우리는 이 자료에 나타나는 '씨'이나 'ᄡ'의 표기는 '씨'이 수의적으로 실현된 음성형을 반영한 것으로 이해하고자 한다. 그러므로 '쓰-'형과 '스-'형의 수의적인 표기는 이들의 수의적인 변이형을 반영한 것으로 이해하고자 한다.

다음으로 'ᄇ'계 병서자를 검토하기로 한다.

(3) ᄡ : 빠(2), 쁘고(10), 힘뼈(38), 뽈(49), 쁴이시ᄂ고(94), 뿍(110), 삐(165)

　　 ᄠ : 쁘돌(8), 때(61), 씌워(105), 뗘셔(105), 뜰(146), 뗘나지(164)

---

7) 이외에도 『한국방언자료집』에는 달성 방언에 s'가 실현되고 있는 것으로 보고된 자료가 꽤 보인다. 몇 예만 제시하면 다음과 같다.
　(활을) 쏘다 : s'ogo, s'a : sɛ, s'o : do, 눈썹 : nuns'ɘp

ㅂㄱ : 열흘ㅃ로아(102), 뿔(113), 뿌롤(113)

ㅂㅈ : ㅄ디게(49), 붕어찜(141), 미 ㅉ아(165), ㅉ여(165), 품ㅉ(166)

이 자료에서 보여주는 'ㅂ'계 병서자의 특징은 'ㅄ'계는 없고 이전에 'ㅄ'계의 병서자는 'ㅂ'계 병서자로 사용되고 있다는 점과 'ㅂ'계와 'ㅅ'계가 혼기된다는 점을 들 수 있다. 그리고 이 자료에는 17세기 경에 사용되기도 한 'ㅳ'은 보이지 않는다.

'ㅄ'계가 없고 'ㅄ'계의 병서자가 'ㅂ'계로 사용된다는 점과 'ㅄ'이 'ㅆ'과 혼기되고 있는 것은 'ㅂ'계의 병서자가 이미 된소리를 표기하는 경우에 사용되었다는 점을 말해 준다(홍윤표, 1986). 그러나 'ㅂ'계의 병서자가 된소리를 표기하는 데에 사용되었다고 하더라도 모든 환경에서 'ㅂ'계가 'ㅅ'계와 동일한 음가를 가졌다고 볼 수는 없을 것이다. '츳뿔'과 같은 예들은 'ㅂ'계가 현대 국어에도 계승되고 있기 때문이다. 그러므로 '홈쁴'와 '홈끠'가 공존한다 하더라도 'ㅂ'계와 'ㅅ'계가 동일한 방식으로 경음을 나타내는 것은 아니라고 보아야 할 것이다. 즉 'ㅅ'계는 그 자체로 경음을 표기하지만, 'ㅂ'계의 'ㅂ'은 순음의 위치를 나타내면서 그 뒤의 'ㄱ'이 경음화된 것을 표기한 것으로 볼 수도 있다. 말하자면 'ㅂ'은 해당 조음 위치에서 조음되었던 이전 시기의 경우와 현대에도 'ㅂ'이 남아 있는 '츳뿔'의 경우를 고려하면 그 이전에 순음으로 실현된 흔적을 가지고 있으면서 그 뒤의 문자가 경음을 나타내는 것을 알려주는 것으로 보는 것이 타당할 것으로 간주된다.

15세기와 달리 'ㅂ'계 병서자가 경음을 나타내게 된 이유는 'ㅂ'이 내파함으로써 그 뒤의 평음이 된소리로 바뀌고 자신은 탈락되었기 때문인 것으로 보인다. '뿔'과 '쑬', '홈쁴'와 '홈끠', '열흘ㅃ로야'와 '그믐끠'에서처럼 'ㅂ'계와 'ㅅ'계가 혼기되는 상당히 많은 예들이 경음을 표기하는 데에 사용된 점을 고려하면, 이 시기의 'ㅂ'계 병서자의 'ㅂ' 뒤에 오는 'ㄱ, ㄷ, ㅈ'은 이미 경음으로 실현되고 있었으며, 특수한 환경이 아닌 경우의 'ㅂ'은 화석화된 표기였던 것으로 여겨진다. 그러므로 'ㅂ'계 병서자의 'ㅂ'은 경우에 따라서는 자신의 음가를 가지고 실현되었지만, 대부분의 경우에는 경음을 표기하는 데 동원됨으로써 본래의 음가로 실현되지는 않은 것으로 간주된다. 그러나 이 자료의 'ᄡ'에 대해서도 동일한 설명이 가능한지의 문제는 더 많은 자료를 수집하여, s'를 제대로 인식하지 못하는 방언에 대한 포괄적인 검토를 통하여 접근되어야 할 것이다.

3.2. 중성표기

중성자로는 'ㆍ, ㅏ, ㅓ, ㅗ, ㅜ, ㅡ, ㅣ, ㅑ, ㅕ, ㅛ, ㅠ, ㆎ, ㅢ, ㅘ, ㅝ, ㅒ, ㅖ, ㅚ, ㅟ, ㆌ, ㆋ, ㅙ, ㅞ' 등 23개의 문자가 사용되고 있다. 그러나 이 한글 자료가 붓으로 쓴 흘림체의 글씨로 되어 있기 때문에 이들 중성자 가운데 일부는 서로 구별하기 어려운 경우노 있다. 'ㆍ'와 'ㅡ'의 구별, 초성자가 있는 경우의 'ㅡ'와 'ㅗ'의 구별, 종성자가 있는 경우의 'ㅡ'와 'ㅜ'의 구별이 어려운 것이 그 대표적인 예이다. 중성자에 대해서는 문맥과 필사자의 필체 등을 통한 보다 정밀한 검토가 있어야 할 것이다. 그리하여 이 글에서는 중성자에 대하여 특별히 많은 지면을 할애하지는 않기로 한다.

단지 특징적인 것이 있다면 'ㆍ'의 표기에 상당한 혼란을 보인다는 점이다. 그중에서 제2음절 이하에서의 'ㆍ'와 'ㅡ'는 상당히 혼란된 모습을 보여 이미 이 시기에 'ㆍ'는 'ㅡ'로 변화되었다는 인상을 준다.

중성자의 표기도 대체로 16세기 말이나 17세기 초반의 여타 자료의 표기와 큰 차이는 없다. 글 전체가 한글로만 되어 있어 주격이나 처격의 ‘ㅣ’가 모음으로 끝나는 말 다음에 결합될 때에는 이전의 전통에 따라 선행 음절에 함께 표시되었으며, ‘ㅡ’와 ‘ㅓ’, 또는 ‘ㅔ’와 ‘ㅐ’의 혼기도 눈에 띄지 않는다.

3.3. 종성표기

종성도 이 시기의 다른 문헌 자료와 크게 다르지 않다. ‘ㄱ, ㄴ, ㄷ, ㄹ, ㅁ, ㅂ, ㅅ, ㅇ’ 등의 8종성이 사용되고 있으며 자음군 표기로는 ‘ㄹ’계 자음군이 사용되어 ‘ㄺ, ㄺ, ㄽ’ 등이 표기과정에 나타난다. ‘ㆁ’이 ‘ㅇ’으로 바뀌어 사용되는 것이나 음절말 ‘ㅅ’과 ‘ㄷ’이 혼기되고 있는 것도 이 시기의 표기 경향과 크게 다를 것이 없다. 그런데 후자의 경우, 음절말 ‘ㅅ’과 ‘ㄷ’의 혼기는 ‘ㅅ’이 ‘ㄷ’으로 혼기되는 것은 없고 ‘ㄷ’이 ‘ㅅ’으로 혼기되는 예들만이 나타날 뿐이다. 그 예를 보이면 다음과 같다.

> (4) 엇고(1, 70), 엇거든(4), 밧논(9), 밋븐(12), 엇기(16), 브리 다 븟고(16), 엿즈와(18), 뭇즈오러(43), 밧소(55), 것논가(66), 밧고(70), 벗드되(71), 벗돌과(74), ᄀᆞᆺ게(83), 밋고(112), 밧즙게(122), 밧즈온(122), 일쿳즈오며(156), 듯즙고(156), 듯즈오니(162), 밧즈오셔(162)

(4)의 예들은 ‘얻-, 받-, 묻-, 엳즙-, 걷-, 받-, 벋-, ᄀᆞᇀ-, 믿-, 일쿧-, 듣-’ 등으로 어간의 말음이 ‘ㄷ’이거나 ‘ㅌ’인 예들이다. 이 예들도 ‘ㄷ’으로 표기된 예들이 없는 것은 아니지만, 위의 예들과 같이 ‘ㅅ’으로도 표기함으로써 종성 ‘ㅅ’과 ‘ㄷ’을 혼기하고 있는 것이다. 그러나 형태음

소가 '人'인 예들을 종성에서 'ㄷ'으로 표기한 예들은 보이지 않는다. 물론 '人'이 자음 앞에서 'ㄷ'으로 중화된 결과를 반영한 결과 생긴 이러한 혼기는 당시 표기의 한 경향이었다(이익섭, 1992).

3.4. 연철 표기와 분철 표기

연철 표기와 분철 표기의 상황은 16세기 후반 또는 17세기 초반의 일반적인 표기 상황과 크게 다르지 않다. 즉 체언의 경우에는 거의가 분철 표기되어 있으며, 용언의 경우에는 거의 연철 표기되어 있는 것이다. 그러므로 여기에서는 체언의 연철 표기와 용언의 분철 표기를 살펴보고 그 특징을 검토하기로 한다.

> (5) 니브롤(1), 가스믄(3), 오시(3), 내 타신돗(6), 느믜(6), 마롤(6), 쁘론(8), 마린고(8), 가오술(10), 열흐리(13), 브리(16), 그르세(32), 믜므론(35), 가늬(35), 느믄(37), 얼구리(61), 쁘들(61), 바미면(63), 두 고대(76), 므서시(83), 사르미아(83), 므롤(103), 이린가, 다롤 주리(104), 스워레, 기우레, 수레, 열이틀마늬두(105), 쑤롤(113), 항거슬(127), 긔벼리, 쁘둘, 싸롤(142), 큰 기기, 구드레, 닐웬나론(143), 사드롤(150), 이론(164), 암므롤(166)

(5)는 8종성에 속하는 자음으로 끝나는 체언에 모음으로 시작되는 접사가 통합되더라도 분철 표기하지 않고 연철 표기한 예들이다. 종성이 '人'과 'ㄷ'인 경우, 그리고 'ㄹ'인 경우는 거의 대부분 연철 표기하였다. 사실 복수접미사 '-둘'이나 명사 '날'과 의존명사 '것'은 거의 모든 경우에 연철 표기하여 (5)의 예에서 제외시켰다. 이렇게 종성 '人'과 'ㄷ', 그리고 'ㄹ'을 대부분 연철 표기한 것은 그 표기의 음가와 관련이 있는 것으로 보인다.

종성이 'ㄷ'이나 'ㅅ'으로 끝나는 체언의 경우에 분철 표기하지 않고 연철 표기를 한 것은 이 시기에 음절말 'ㅅ'이 'ㄷ'으로 중화되어 있어서, 모음 앞에서 분철 표기하게 되면 그 음가가 'ㅅ'인지 'ㄷ'인지 구별하는 것이 쉽지 않았기 때문에 나타난 것이다. 음절말 'ㄷ'이 'ㅅ'으로 혼기되기도 했던 앞의 예를 고려하면, 음절말의 'ㅅ'이 이미 'ㄷ'으로 중화되어 있었던 것으로 볼 수 있으므로 종성에 'ㅅ'이나 'ㄷ'은 이미 그 음가가 'ㄷ'으로 실현되는 것으로 간주되어 이들을 연철 표기함으로써 그 음가를 구별해 주었던 것으로 보인다. 'ㄹ'의 경우에도 'ㄹ'이 갖는 음성적 특성에서 그 이유를 찾을 수 있는 것으로 보인다. 'ㄹ'은 종성에서 실현되는 음인 [l]과 초성에서 실현되는 음인 [r]의 차이가 인식되어 초성에서 실현되는 음을 분명하게 알 수 있도록 연철 표기한 것으로 간주된다. 이들 종성 가운데 'ㅅ'과 'ㄹ'의 경우에는 중철 표기에도 나타난다.

체언의 경우와 달리 용언의 경우에는 이 자료에서도 대부분이 연철 표기된다. 그러나 다음과 같은 분철 표기가 나타난다.

(6) 먹일(2), 잡아(12, 18), 숨어서(62), 잡으니(71), 늙은(76), 적을(108), 묵을가(114), 잡아왓거든(144)

(6)의 예들은 8종성에 속하는 자음을 말음으로 하는 용언의 어간에 모음으로 시작되는 접사가 통합될 때 분철 표기한 예들이다. 그 예들이 그리 많지 않아『小學諺解소학언해』의 경우에도 미치지 못하지만, 이 예들 역시 당시 표기의 한 경향을 반영한 것으로 보아도 좋을 것이다.

그런데 이들 예들은 대체로 어간의 말자음이 [+grave]라는 자질을 공통적으로 갖는다는 점에서 주목된다. 즉 어간의 말음이 전부변자음인

'ㅂ, ㅁ'과 후부변자음인 'ㄱ'으로 끝나는 용언의 어간인 것이다. 『闡義昭鑑諺解천의소감언해』의 판본과 필사본을 대조·검토한 정승철(1991)에서도 지적된 바 있는 이러한 특성은 [+grave]의 자질을 가지는 환경에서 분철 표기가 먼저 나타난다는 점에서 흥미있는 일이 아닐 수 없다. 이들 예는 그 다음에 오는 모음이 연구개 영역에서 조음되는 후설모음인 u나 o인 경우가 없다는 점에서 [+grave]와 [-grave]의 연결체에서 분철 표기가 먼저 시작되는 것으로 간주되기 때문이다. 즉 [+grave]의 자질을 갖는 자음과 [-grave]의 위치에서 조음되는 모음의 연결체에서 분철 표기가 먼저 시작되는 것은 다른 연결체보다 음성적으로 분명하게 인식될 수 있다는 점에서 그 설명이 가능해지기 때문이다.[8]

3.5. 중철 표기 및 기타

이 자료에도 중철 표기가 보인다. 그 중철 표기는 평음인 경우와 유기음인 경우의 두 부류로 나뉜다. 먼저 평음의 경우를 검토하기로 한다.

(7) 닑굽 말(5), 반춘는(83), 긔운는(98), 분별리(98), 그런 손니(98), 묽근 후에(105), 너되 가옷술(10), 스믈 다숫시(35), 것술(65), 다엿시나(144)

(7)의 예들 가운데 'ㄹ'이나 'ㅅ'의 경우에는 분철 표기에서 설명한 바가 있는데, 이 중철 표기에서도 그와 동일한 맥락에서 이해할 수 있을 것이다. 'ㄹ'이나 'ㅅ'이 아닌 경우의 중철 표기는 상당히 우발적인 것으로 보이기는 하나 순전히 표기사에서 보여주는 과도기적 표기인지 어떤

---

8) 이러한 접근은 '제 엄의 보는 듸 가(104), 뗜으온 후의(156)' 등과 같은 과잉분철 표기의 예들도 보이기 때문에 이들 과잉분철 표기의 경우와 함께 이루어져야 할 것이다.

음성적인 변화를 반영하고 있는지 현재로서는 분명히 말하기 어렵다. '호나'(102)와 '혼나'(73, 102), '두니다'(101, 134)와 '둔니다'(102, 118)의 경우를 고려하면 이 예들에 어떤 음성적인 특성이 반영되었을 가능성도 배제할 수 없기 때문이다.

다음의 예들은 중철 표기라고 할 수 있기는 하지만 위의 것들과 그 성격을 좀 달리한다.

> (8) 낫낫치(8), 아니 넉코(63), 머리 앏파(96), 앏프로(101), 앏 사립플(101), 앏팟다(143), 앏픠셔(143), 긋치셔든(123), 깃춤을(135, 166), 앏팟다 호니(143), 갑프려(164)

(8)의 예들도 표기사적 흐름과 유기음의 음성적 특징의 두 측면에서 설명이 가능하다. 유기음의 중철 표기는 표기사적으로 분철 표기의 한 경향이라고 할 수 있다. 유기음은 8종성에 속하지 않음으로써 분철할 수가 없었던 바, 동일 조음 위치의 평음자를 받침에 써줌으로써 어간의 형태를 고정시키고자 한 분철 표기의 경향에 따랐다고 할 수 있다. 음성적 특징과 관련하여서는 이들 유기음은 평음보다 폐쇄 지속의 시간이 길기 때문에 그러한 시간의 길이가 한 음성을 두 개의 문자소로 분리 표기하게 되었다고 할 수 있다. 유기음은 폐쇄음이 거치게 되는 폐쇄, 폐쇄의 지속, 파열 등의 과정에서 폐쇄된 후에 지속되는 시간의 길이가 평음에 비해서 두 배 정도 길게 조음되므로 앞 음절의 종성으로 동일 조음의 위치에서 조음되는 평음의 문자소를 쓰고 그 음성이 실현되는 음절에 유기음자를 표기한 것으로 이해된다. 그러나 이 자료에 이른바 재음소적 분리 표기는 보이지 않는다.

4. 음운론적 특징

이 자료에서 보여주는 음운론적인 특징을 음운현상을 중심으로 검토하기로 한다. 자음과 관련되는 현상으로서 구개음화, 반모음 y와 ㄹ 뒤에서의 'ㄱ'의 실현, 'ㅎ'의 탈락, 자음동화 현상 등을 검토하고, 모음과 관련되는 현상으로서 'ㆍ'의 변화, 부사형 어미 '-아/어'의 모음조화 현상, 히아투스 회피 현상, 그리고 이른바 삽입모음 '오/우'의 탈락 등을 중심으로 검토하고자 한다.

4.1. 자음과 관련된 음운현상

4.1.1. 구개음화

먼저 구개음화는 ㄷ구개음화와 기타의 구개음화(ㅎ구개음화, ㄱ구개음화 그리고 'ㄴ'의 구개음화)로 나누어 검토하기로 한다.

4.1.1.1. ㄷ구개음화

이 자료에서는 17세기 초기의 달성 방언에 이미 ㄷ구개음화가 활발하게 일어나고 있었음을 보여준다. 비어두음절에서는 물론 어두음절에서도 ㄷ구개음화가 반영된 표기가 많이 보이는 것이다.

먼저 비어두음절에서의 ㄷ구개음화 현상을 반영한 자료를 검토하기로 한다. 비어두음절에서의 ㄷ구개음화는 상당히 활발하게 나타난다. 다음과 같이 단일어 내부에서(예 9)뿐만 아니라 '아니-, 말-, 몯-' 등의 부정어 앞에 오는 '디-'도 자주 '지-'로 바뀌어 나타난다(예 10).

(9) 바치쟈(1), 싱치(10, 117), 건치(10, 108), 엇지(15), 돕지(35), 고치러(66),
고쳐든(66), 바치노라(69), 아져게(88, 147), 뼈지고(107), 고칠가(113), 고
칠(118), 굿치셔든(123), 업쳐져(142), 고친(148), 고쳐(150), 남치(165)

(10) 관겨치(1, 19, 103), 편치(6, 16, 33, 38, 101, 103), 면치(20, 101), 편챠논
(16), 놀라지(63), 됴치(72, 148), 닛치지(101), 아지(102), 블쵸치(104), 쾌
치(108), 골치(127), 통치(155), 마치지(167), 구치(167)

그런데 부정소 '-디'의 구개음화는 형태소 내부에서 일어난 것으로 볼
수 있으나 사실 이 '-디'의 구개음화 예를 보면 형태소 경계에서도 구개
음화가 이루어지고 있음을 보여 준다. 즉 일반적으로 '편치(6), 관겨치
(19), 면치(20), 쾌치(108), 통치(155), 구치(167)' 등은 '한자어 어근+ᄒ-
+-디'의 구성으로 분석되는데, 이 예들에서의 '티'가 '치'로 되었다는
것은 형태소 경계에서도 구개음화가 일어나고 있는 것을 보여 준다고 할
수 있다. 이 환경에서 파생접미사 'ᄒ-'의 'ㆍ'는 수시로 탈락하는데 그
'ㆍ'가 탈락하고 나서 적용되는 유기음화의 결과 형성된 '티'는 파생접미
사와 부정소의 결합형으로 보아야 할 것이다. 그렇다면 구개음화가 적용
된 '치'는 형태소 경계를 그 내부에 가지고 있을 것이므로 이미 형태소
경계에서도 구개음화가 적용되고 있는 것으로 보아야 하기 때문이다.

실제로 이 자료에서는 다음과 같이 형태소 경계에서 구개음화가 일어
나고 있었음을 보여주고 있다.

(11) 늡은 고지 아니 드릭려니와(59)
술 잘 먹논 얼운버지 셔울셔브터 홈끠 와셔(146)

(11′) 고디 드룰가 커니와(8)

(11)에서는 '곧-'과 '벋'(友)이 그 다음에 부사화접미사 '-이'나 주격조사 '-이'가 오게 되자 구개음화를 일으켜 '고지'와 '버지'로 된 예를 보여 준다.

이 자료에서는 어두음절에서도 이미 ㄷ구개음화가 일어나고 있었음을 보여준다. (12)의 예와 (12′)의 예를 비교해 보면 알 수 있다.

(12) 정ᄒ여(13, 20, 104), 짐치(19, 71), 양식 다엿말이나 지헛다가(20), 지저(34), 메밀 졈 츌화밧소(55), 쟝모(71, 126, 142, 166), 방하에 지허(105), 젹습건마ᄂᆞᆫ(106), 젹을 칙(108), 나박 짐치(110), 두 말만 지허두고(135), 붕어 찜(141), 둘 졈 보내고(144), 졉슈건(151), 정ᄒᆞᆸ더니(154), 즁케 되면(155), 즁케 ᄒᆞ오면(155), 눈믈 지ᄋᆞᆸ노이다(156), 졈심ᄒ여(164), 쟝만ᄒ나마(165)

(12′) 뎌거 보내소(8), 댱모ᄭᅴ(12), 병이 듕ᄒ여(31), 하 듕ᄒ니(43), 뎡치 몯ᄒ여(59), 뎡하여 가랏 말ᄉᆞᆷ을(61), 댱만ᄒᆞᄂᆞᆫ(83), 댱만ᄒ여(104), 반찬 뎜 츌화(135), 둘긔 알 디지니(141), 댱모(144), 뎜심(149), 실러 뼈(105)

이 자료에서는 이러한 구개음화 현상에 대한 과도교정hypercorrection도 보여 준다. 과도교정은 주로 비어두음절에서 나타나지만(예 13) 어두음절에서도 보인다(예 14). 이러한 과도교정은 구개음화의 초창기에서 보이는 것이 아니므로 이 시기의 구개음화가 매우 활발하게 일어나서 양자가 거의 구별 없이 사용되었음을 보여 준다고 할 수 있다.

(13) 가뎌가라(2, 134), 가뎌다가(2, 55, 120), 나고뎌 ᄒᆞ니(6), 정월ᄀᆞ디ᄂᆞᆫ(9), 가뎌오ᄂᆞᆫ(10), 가뎌오라(18, 127), 어들만뎡(18), 봄ᄀᆞ디ᄂᆞᆫ(20), 보고뎌코(72), 가뎌오게(103), 나고뎌(114), 오고뎌(119), 가뎌가디(134), 몬뎌(134), 세 가디(141), 가뎌뻠즉 ᄒᆞ거든(145), 가뎌가닉(147), 가뎌가는(149), 가

더간(151)

(13′) 여슷 가지(35), 가져다가(98), 몬졔(57)

(14) 더그나 바다오라 ᄒ소(103), 뎍게 너기려니와(122), 뎍게 너겨도(122),
  뎌즐 넘고눈가(149)

(14′) 안쥬롤 져그나(53)

이러한 과도교정의 예들을 이미 이 시기에 활발하게 일어나고 있는 ㄷ구개음화의 예들과 함께 생각할 때, 이 시기의 경상도 달성 방언에 ㄷ구개음화가 매우 생산적으로 일어나고 있었으며, 나아가 경상도 방언의 ㄷ구개음화의 발생 시기가 상당히 더 이른 시기로 소급될 수 있음을 직접적으로 보여준다.

한편 이 자료에는 '시쟉ᄒ여둔(61)'과 '시작ᄒ여둔(61)', '셜워(74)'와 '설워(13, 114)'처럼 'ㅈ'이나 'ㅅ' 다음에 단모음과 그에 대응되는 y계 이중모음이 혼기되는 예가 보이기도 하며, '보암즉게(57), 뻠즉 ᄒ 거시(127), 머금즉게(127)'와 같이 '-암직-'의 '직'이 '즉'으로 되어 'ㅈ' 다음에서 'ㅣ'가 'ㅡ'로 되는 경우가 있었음을 보여준다. 이 예는 구개모음화로 불리우기도 하는 전설모음화의 역방향의 변화를 보여주는 것으로 'ㅡ'가 'ㅣ'로 되는 예가 없는 상황에서 이루어졌다는 점에서 흥미롭다. 그리고 불규칙 활용되는 '칩-'이 '츼워(61)'로 나타나 '춥-'으로 재구조화되는[9] 초기 모습을 보여주기도 한다.

---

[9] 현대 달성 방언에서 '춥-'은 $c^hupt'a$(춥다), $c^hubum\exists n$(추우면), c^hui(추위) 등으로 실현되어 어간의 모음이 'u'로 재구조화되어 있다(『한국방언자료집』Ⅶ).

4.1.1.2. 기타의 구개음화

ㄱ구개음화나 ㅎ구개음화, 그리고 구개음화 현상과 관련되는 i나 y앞에서의 어두 'ㄴ'의 탈락 현상은 거의 보이지 않는다. ㄱ구개음화를 직접적으로 반영한 예는 보이지 않는다. 다음과 같이 어두에서도 ㄱ구개음화된 예는 전혀 보이지 않는다.

(15) 견디게(6), 길우게(15), 기름을(16), 겨신고(31), 겻드려(35), 기롭으란(49), 겨(52), 견듸소(52), 교슈ᄒ소(69), 결 업시(69), 기ᄅ게 ᄒ소(72), 김나디(113), 기ᄃ리고(142), 교의예(166), 기춤(166), 깃ᄂ가(166)

그런데 ㄱ구개음화에 대한 과도교정인 것처럼 보이는 다음의 예들이 있어 새로운 문제를 제기한다.

(16) ㄱ. 눕의게 엇기 어려우니(16)
   ㄴ. 덕남이롤 맛겨(17), 덕남일 맛겨(18), 괴 맛기어 더 보내뇌(72), 뫼죵일올 맛겨(149)

(16ㄱ)의 예는 '어렵다' 앞의 '-디'가 ㄱ구개음화에 대한 과도교정으로 인하여 '-기'로 된 것처럼 보인다. 그러나 이는 김완진(1976)에서 지적되었듯이, '어렵다' 앞에서 '-디'가 '-기'로 변한 것이 아니라 '어렵다' 앞부분이 '-기' 명사화된 것으로 보는 것이 타당할 것이다.

(16ㄴ)의 예들은 기존의 논의에서 ㄱ구개음화에 대한 과도교정으로 많이 지적되어 온 예이다. '둘히 맛다가(104), 네츈이 맛다 출화 와셔(110)' 등의 예들이 있어 '맛디다'는 용언의 어간 '맛ㄷ-'에 사동접미사 '-이-'가 결합되어 '맛디-'를 형성한 것으로 볼 수 있는데, 이 '맛디-'의 '디'가 ㄷ구개음화를 일으켜 만들어진 '맛지다'의 '지'에 과도교정이 일어나

'맛기다'로 되었다는 것이다. 그런데 여기에는 몇 가지 문제가 제기된다.

먼저 이 자료에서 ㄱ구개음화를 반영한 예가 전혀 나타나지 않는다는 점에서 '맛기-'를 과도교정으로 볼 수 있느냐 하는 문제가 제기된다. 이에 대해서는 앞으로 더 많은 자료가 확보되어야 좀 더 구체적인 논의를 할 수 있겠지만, '어렵다' 앞의 '-기'처럼 다른 층위에서의 접근을 고려해 볼 수도 있을 것이다. 어간은 '맛ㄷ-'으로 간주되고 있지만, 그 다음에 자음으로 시작되는 접사가 온다면 실제로 실현되는 모습은 [mat'-]이 되므로 'ㄷ'이나 'ㅅ'이 어간의 말음으로 끝나는 경우에 결합되는 사동 접미사 '-기-'가 통합된 것으로 간주될 수 있는 것이다.

이 어형을 과도교정된 것으로 본다 하더라도 ㄱ구개음화를 반영한 예들이 보이지 않기 때문에 백두현(1992)에서처럼 ㄱ구개음화가 생산적인 경우에 일어나는 과도교정으로 볼 수는 없는 것으로 간주된다. 이 어형이 과도교정이라 하더라도 ㄱ구개음화를 반영한 예들이 많이 보이는 경우와는 그 성격을 달리하는 것으로 간주해야 할 것이기 때문이다. 이 예를 과도교정으로 볼 때에 제기되는 또 하나의 문제는 우리가 접할 수 있는 ㄱ구개음화에 대한 과도교정의 예들이 대부분 제1음절에 국한되어 있다는 사실이다. 그러므로 비어두음절인 이 경우에도 동일한 특징을 가지는 것으로 볼 수 있는지, 그리고 그러한 예는 왜 하나뿐인지에 대한 검토가 있어야 할 것이다.

이 자료에는 ㅎ구개음화도 거의 나타나지 않는다. 'ㅣ'나 반모음 y를 선행하는 '흉악ㅎ니(8), 흉악흔가(59), 흔되 힐흡(105)' 등과 같이 'ㅅ'으로 바뀌어 나타나는 예는 거의 없다. 그러나 다음과 같은 예가 있어 이 시기에 ㅎ구개음화가 일부 어사에서 이루어지고 있었음을 알 수 있다.

(17) 심심흔 이리(61, 119), 심심흔여(104, 119, 126)

(17)의 예들은 15세기 문헌에서 '힘힘흔-'로 나타났던 예들인데 이 자료에서 '심심흔-'로 나타난다. 이 '심심흔-'의 예가 보여주는 특징은, ㄷ구개음화는 'ㄷ'이 구개적 환경에서 'ㅈ'으로 바뀐 예들도 있지만 그렇지 않고 'ㄷ' 그대로 표기된 예들이 공존하는 데에 반해, 결코 '힘힘흔-'의 예를 보여주지 않는다는 점과 이 어사 외에는 ㅎ구개음화를 반영하는 것으로 보이는 예가 전혀 없다는 점이다. 이에 대해서도 이 시기의 포괄적인 자료를 바탕으로 '심심흔-'가 진정한 ㅎ구개음화의 자료인지에 대한 고찰이 필요함을 느낀다.

이외에 구개음화와 관련되는 현상으로 어두의 구개적 환경에서의 'ㄴ' 탈락을 들 수 있다. 그러한 예는 잘 보이지 않으나 한자어 '양식'의 경우 어두의 'ㄹ'이 어두 자음의 제약 현상에 의해 'ㅣ'모음 앞에서 'ㄴ'으로 바뀐 다음 탈락되었음을 보여 준다.

4.1.2. 자음농화 현상

이 자료에서는 음절말 폐쇄음 다음에 오는 자음이 경음화 현상을 보이고 있음을 보여 준다. 이 시기의 다른 문헌과 같이 대체로 'ㅅ' 다음의 폐쇄음이 경음으로 실현되는 것을 보여 주는데 이것은 'ㅅ'이 내파음 'ㄷ'으로 중화된 것을 반영하면서 그 내파음 다음의 평음이 경음으로 실현된 것을 일러 주는 것이다.

(18) 아모것쑈(56), 어엿쁠사(143), 밧쓰로셔(154), 밧끠셔도(155), 밧끠셔는(156)

　이러한 경음화 현상은 그 앞의 자음이 파열되지 않음으로써 지속되던 시간대의 긴장성이 후행하는 평음에 영향을 미쳐 일어나는 현상으로 음절말 내파화 현상의 side effect 현상으로 간주되어 온 현상(이병근, 1979)이다. 이러한 음성적 특징을 고려하면 다른 음절말 폐쇄음 다음에서도 이러한 현상이 일어났을 것으로 추측된다. 물론 이 자료는 '도못쏠(16), 자리쏘(54) 동지쏠(98)' 등과 같이 합성어의 형태소 경계에서도 경음화 현상이 일어났음을 보여 준다.

　한편 이 자료에서는 비음화 현상도 일어나고 있었음을 보여 준다. 즉 (20)의 예들은 비음인 'ㄴ'이나 'ㅁ' 앞에서 내파 폐쇄음 'ㄷ'으로 중화된 음들이 비음인 'ㄴ'으로 동화되었음을 보여 주는 것이다.

> (19) 인뇌라(3), 뿔로 혼단 마린고(8), 스므이튼나론(9), 열닐웬날로(9), 돈녀셔 (13), 돈녀오니(16), 볼 건만 브라고(51), 초여드랜날(58), 흐론날(58), 사흔날(58), 나흔날(75), 만나는(104), 간나희(110), 몬내(155)

　이 자료에서는 유음화를 반영한 예는 거의 보이지 않는다. 그러나 '비 골론 양 보다가(119)'의 예는 이 시기의 달성 방언에 유음화가 적용되었음을 보여 준다. 즉 '비 골론'의 '골론'은 '곯-'에 '-는'이 통합되면서 'ㅎ'이 탈락한 다음 후행하는 'ㄴ'이 앞의 유음 'ㄹ'에 동화된 것으로 보이기 때문이다.

4.1.3. 'ㅎ'의 탈락

　이 자료에서는 이른바 'ㅎ'종성 체언의 'ㅎ'이 일부 어사에서 탈락하였음을 보여 준다. 다음 예에서 알 수 있는 바와 같이 몇몇 어사는 이미 그 끝에 오던 'ㅎ'을 탈락시켜 'ㅎ'의 흔적은 찾을 수 없다. 더욱이 복수의 접미사 '-둘'은 예외없이 'ㅎ'이 탈락되어 나타난다.

(20) 듕치막보의(1), 둘란(76), 보로(108), 보롤(108)

이 예들은, 보다 이른 시기라면 각각 '듕치막보희, 둘흐란, 보흐로, 보흐롤'로 나타나야 할 예들인 것이다. 물론 이 자료에도 '집안해(8), 세홀(10), 갓보희(54), 우희(108), 두헤(144)' 등과 같이 'ㅎ'종성을 유지한 어사도 보인다.

한편 어중의 'ㅎ'도 자주 탈락하였음을 보여 준다.

(21) 마온자(1), 셜은 닐곱자(1), 출이(3), 편온 나리(3), 저의롤(6), 저의도(8),
    출왜(62), 면화눈올 치부(122)

이 예들은 보다 이전 시기라면 '마흔, 셜흔, 출히, 편흔, 저희, 출화, 논홀' 등으로 나타났을 예들인 것이다. 물론 이 예들 가운데 '출히(20), 출화(54), 셜흔 분(110), 출화(110)' 등도 함께 사용되고 있기도 하지만, '출화'의 경우, '츠려'로 나타나는 경우도 많아 어중의 'ㅎ'이 탈락함과 아울러 어형의 재구조화가 일어나고 있음을 보여 준다.

4.1.4. 유성 마찰음 ɦ의 소실과 'ㄱ'의 실현

중세 국어에서는 반모음 y나 음절말 자음 ㄹ 뒤에서 k(음성적으로는 [g])가 유성 마찰음 ɦ로 되는 규칙이 있었다. 그런데 이 자료에서는 동일 환경에서 그 규칙이 적용되지 않고 k가 그대로 실현되고 있음을 보여준다.

(22) 잡말말고(1), 싱양연블과(2), 건네고(2), 살고(6), 싱각도 말고(6), 되고(35),

> 살게 ᄒᆞ새(59), 내고(59), 병들거든(67), 주게 되거든(70), 쇠고기(71), 벗
> 둘과(74), 보내게 ᄒᆞ소(74), 보리뿔과 섯거(83), 울게 밍그라(101), 보내고
> (102), 살과뎌(104), 괴거든(105), 희게(110), 쓸고(122), 꿀과(142), 보내고
> (144)

위의 예들은 반모음 y 다음이나 '르' 다음의 'ㄱ'이 그대로 실현되고 있음을 보여 준다. 이러한 현상은 유성 마찰음 ɦ가 소실되었음을 보여 주는 동시에 음소의 소실로 인해 그 환경에서 적용되는 규칙도 소실되었음을 보여 주는 것으로 이해된다. 이러한 해석을 내리기 위해서는 보다 이른 시기의 경상도 방언에 유성 마찰음이 있었던가에 대한 논의가 선행되어야 하겠지만, 유성 마찰음으로서 'ㅸ'과 'ㅿ'이 재구될 수 있다(최명옥, 1978)는 지적을 상기하면, 그리고 용언 '먹-'(食)이 현대 경상도 방언에서 불규칙 활용을 하고 있다는 점을 고려하면, 이전 시기의 경상도 방언에 유성 마찰음의 한 계열로 유성 마찰음 *ɣ가 있었다고 재구할 수 있을 듯하며 그 *ɣ의 변화형으로서 ɦ의 설정은 충분히 개연성이 있는 것으로 간주된다.

그런데 이 자료에서 'ㄱ'이 언제나 그대로 실현되는 것은 아니라는 점이 지적되어야 할 것이다. 다음과 같은 화석형이 보이기 때문이다.

> (23) 외오 너기시야 긔실가(16), 사룸 보내여든(74), 쇠오기(106), 시작ᄒᆞ여둔
> (61), 보내셔눌(62), ᄒᆞ야눌(62), 알외여라(67), 알외ᄋᆞᄂᆞ이다(106)

그러나 이와 달리 위와 같은 환경에서도 'ㄱ'이 표면에 실현되는 'ᄒᆞ거니와(67), ᄒᆞ거든(6)' 등의 예들도 있어 'ㄱ'의 부활이 어떠한 환경에서 어떠한 조건으로 이루어지는지 현재로서는 단정지어 언급하기 어렵다. ɦ

의 소멸이나 그로 인한 'ㄱ'의 실현에 대한 논의가 다음의 예들에 이르면 그 환경이나 제약 조건을 따진다는 것이 더욱이 쉽지 않음을 보여 준다.

(24) 자내옷(1), 병옷 기퍼(1), 싱치옷 자바 왓거든(10), 아히옷(61), 머리옷(11), 사롬옷(74), 나옷(104), 므올옷 현커든(134)

이 예들은 강조의 첨사로서 15세기에는 '곳'과 '옷'으로 교체되던 것이었는데 이 자료에서는 '옷'으로만 나타나는 것이다. 이러한 다양한 예들은 더 많은 자료를 바탕으로 접근되어야 할 것으로 보이는 바, 유성마찰음 ɦ의 소멸 과정과 관련하여 각 어휘의 재구조화에 대한 보다 정밀한 연구가 이루어져야 할 것으로 보인다.

4.1.5. 'ㅸ, ㅿ'의 반사형

이 자료에서 'ㅸ'은 모음 사이에서 대체로 반모음 w나 'ㅗ/ㅜ'로, 'ㅿ'은 탈락된 모습으로 나타난다. 그리하여 다음의 예에서 보듯이 이 자료에시는 'ㅸ'이나 'ㅿ'을 기졌던 용언이 불규치 활용을 하고 있다.

(25) 더러워(4), 셜워 (6, 74, 75), 누워(16), 구워(17, 113), 엿즈와(18, 123), 젓ᄉ와(42), 기워(51, 102), 업ᄉ와(56), 칙워(61), 어려워(83), 누웟다가(96), 수이(97), 어즈러우니(98), 고마와(104), 수이(126), 모ᄅ오와(140), 낫즈와(140), 치워(143), 밧즈와(154), 닛즈와(156), 졍월웃터(164), 지을가(59), 지어낼동(59), 니울 길히(83), 니워(83), 서너번 저어(105)

그러나 언제나 'ㅸ'이나 'ㅿ'을 가졌던 용언이 불규칙 활용을 하는 것은 아니라는 점에 유의해야 한다. 다음의 예들은 이 자료에서 'ㅸ'과 'ㅿ'이 각각 'ㅂ'과 'ㅅ'으로 실현되고 있음을 보여주고 있기 때문이다.

(26) 수비(126), 나사(59), 브스신디(98), 브서(98), 브스시던(98)[10]

위의 예들과 관련하여, 현대 달성 방언도 15세기의 중앙어에 '녕'이나 'ᅀ'을 가졌던 용언이 일률적으로 불규칙활용을 하거나 규칙활용을 하지는 않는다(최명옥, 1978)는 점이 중시되어야 할 것이다. 가령 『한국방언자료집』(경북편)에 보고된 몇몇 예들을 검토해 보면 다음과 같이 다양한 모습을 확인할 수 있다.

돕-(助) : tougo, touk'E, toasƎ, touso
무섭- : musƎk'o, musƎbuiŋk'Ǝ, musƎbƎsƎ, musƎps'o
굿-(劃) : k'Ǝkk'o, k'EEk'inE, k'ƎƎra, k'ƎƎso
낫-(癒) : nasak'o, nasanoik'ƎnƎ, nasƎga, nasƎso

4.2. 모음과 관련된 음운현상

4.2.1. 'ㆍ'의 변화

중성자의 표기에 대한 논의에서 언급하였듯이 이 자료가 붓으로 흘려 쓴 필사본이므로 모음을 구분하는 것은 정밀한 비교·검토를 필요로 한다. 이러한 문제는 'ㆍ'의 경우에 특히 두드러진다.

'ㆍ'는 제2음절 이하에서 'ㅡ'와 혼란된 표기 모습을 보여준다. 'ㆍ'가 'ㅡ'로 표기된 예뿐 아니라 'ㅡ'가 'ㆍ'로 표기된 예들도 일일이 많이 나타나는 것이다. 이러한 사정은 제1음절에서는 호전되지만 역시 '닉일'형

---

10) 『한국방언자료집』(경북편)에 보고된 달성 방언의 예를 보면, 쉽- : suɦƎltʰa, suɦƎlkʰo, suɦƎrƎn, (눈두덩이가) 붓- : puutt'a, pusƎtt'a), 붓-(注) : puk'o, pƎƎgajugo 부스럼 : pusyrƎm 등으로 나타난다.

과 '늬일'형이 함께 나타나는 경우가 많은 것이다. 'ㆍ'의 변화와 관련되는 것으로 보이는 몇 예만 제시한다.

> (27) 미죵의게(1), 견디게(6), 먹는(9), 스므이튼나론(9), 그촌 적(9), 밤의(12), 누륵는(35), 후에는(67), 연즈라(118), 열여돏(122), 믈 흐륵둣(154)

> (28) 팔 겨롤(52), 폴려 ᄒ더니(110), 파라 먹고(117)

(27)은 제2음절에서 'ㆍ'와 'ㅡ'가 서로 혼기된 예이다. 어미나 조사의 경우에는 이러한 예가 일일이 열거할 수 없을 정도로 많이 보인다. (28)은 제1음절에서 'ㆍ'가 'ㅏ'로 바뀐 예이다. 제1음절에서 'ㆍ'와 'ㅡ'가 혼기되는 것처럼 보이는 예는 더러 보이지만 'ㆍ'가 'ㅏ'와 혼기되는 경우는 그리 많지 않다. 아마도 이 예는 'ㆍ'가 'ㅏ'로 변하는 초기적인 모습을 보여 주는 것이 아닌가 생각된다.

그리고 'ㆍ'의 이중모음과 관련하여 관심을 끌었던 '여듧'은 15세기와 마찬가지로 '여듧'과 '여둛'이 일반적인 어형으로 나타난다. 그런데 '야다 뺀가(143)'의 예는 'ㆍ'의 이중모음 재구에 대한 강한 개연성을 던져 주며 또한 그 방언분화의 차이를 보여 주는 예로 보인다.

4.2.2. 부사형어미 '-아/어'의 모음조화

부사형어미 '-아/어'의 통합양상을 어간의 모음에 따라 모음조화의 실현 여부를 검토해 보기로 한다.

> (29) 뻐(2, 33), 와(2, 35), 샌라셔(4), 가려(2), 보아니와(6), 내여(8), 가셔(9), 몰
> 모라(9), 가(14, 20), 도라(16), 보아(30), 킈여(33), 바다(35, 154), 사셔(57,
> 112), 아라셔(61), 만햐(61), 됴햐(61), 보아셔(72), 파라(98), 츳자(98), 다

다(101), 바타(105), ᄭ라(112), ᄑ라(114, 122), 나하(122), 잡아(144), 고
하셔, 고하(147), 나셔(164)

(30) 업서(3, 51), 주워(2, 20, 113), 슬허(6, 155), 뎌거(8, 54), 어더(11), 주어
(12), 병 드러(16), 무러(20), 드러 가(20), 내여(59, 101), 숨어셔(62), 혜여
(71), 무거(74), 브서(98), 너머(101), 녀허(102), 섯거(105), 더러(108), 슬
허서(110), 수워(117, 123), 써셔(120), 더퍼(143), 무러(143), 서 보내라
(143), 녀허(149), ᄭ워(167), 연저(167)

위의 예에서 보듯이 1음절 용언은 그 어간의 모음이 양성모음 '·, ㅏ,
ㅗ'이면 양성모음의 어미 '-아'가, 음성모음 '―, ㅓ, ㅜ'이면 음성모음
의 '-어'가 선택됨으로써 17세기 달성 방언도 모음조화를 지키고 있는
것으로 나타난다.

어간이 i나 반모음 y로 끝나는 경우이면 이 자료에서는 음성모음의 부
사형 어미인 '-어'를 택하고 있어 이미 이 시기에 i와 y가 음성모음으로
기능하고 있음을 보여 준다.

(31) 기펴(1), 되어시니(4), 내여(8, 108, 149), 깃거(19), 지헛다가(20), 비저
(57), 짐치 쳐(71), 믜여 두고(101), 비러(103), 지허(105), 실리 펴셔(105),
혜여(113), 혜여셔(122), 자리 져(135), 믜여(149)

i와 y의 음성모음화와 관련하여, 어간에 y를 가지고 있는 것으로 논의
되기도 하는 용언 '히-'의 경우에도 이미 거의 대부분이 '-어'를 선택함
으로써 같은 시기의 판본에서 흔히 보여주는 '히야' 어형과는 매우 다른
모습을 보여 준다.[11]

---

11) 용언 '히-'가 모든 경우에 '-어'형을 택하는 것은 아니다. '간슈히야(72)'와 같은 예도 보

(32) 병ᄒ여(1), 수이 ᄒ여(1), 짐쟉ᄒ여(6, 59), 칭념ᄒ여(8), 봉개ᄒ여(17), 칙
    ᄒ여(54), ᄒ여다가(56), 뎡ᄒ여(61), 셩ᄒ여(63), ᄒ여던(65), 요란ᄒ여
    (72), 붕ᄒ여(108), 시작ᄒ여셔(142), 브죡ᄒ여(167)

2음절 이상으로 된 용언에 부사형 어미 '-아/어'가 통합되는 양상은 1음절의 경우와 거의 같다. '건너(2), 삼가(6), 나가(13, 101)' 등은 부사형 어미가 표면에 나타나지 않으며 제1음절의 어간 모음과 모음조화를 보여 주던 제2음절의 'ㆍ/ㅡ'는 이 자료에서 제2음절의 위치에서 'ㆍ/ㅡ'의 혼기가 있지만(즉 'ㆍ'가 'ㅡ'로 바뀐 것으로 보이지만), '밧바(71), 알파(106)'과 같이 모음조화는 이전의 모습 그대로 실현된다.

(33) 보틱여(1), 기드려(2), 느려(6), 굴러(6), 드려(8), 골히여(9, 18, 48), 닐러
    셔(10, 61), 보내여(12, 56), 둔녀(16), 맛겨(18), 겻드려(35), 너겨도(51),
    닷겨(52), 가뎌다가(55), 숨겨(59), 블러(63), 고쳐든(66), 브려(69), 가져
    (70), 겨셔(103), 돈겨(117), 불러(149), 걸러(150)

(34) 몰라(8), 츌화(10), 볼라(11), 모릭와(14), 나와셔도(20), 비화(66, 147), 밧
    바(71), 나와(101), 애드라(104), 알파(106), 비홧다가(134)

용언의 어간과 부사형 어미 '-아/어'의 통합에서 보여 주는 이러한 모음조화의 모습은 'ㅸ'이나 'ㅿ'을 어간의 말음으로 가진 경우에도 동일하다. 단지 '-숩-'을 가지고 있는 용언의 활용에 있어서 '숩'에 있는 양성모음의 영향으로 '-아'를 선택한다. 이 점 역시 이 시기의 다른 예들과 그 궤를 같이 하는 것으로 볼 수 있다.

이기 때문이다.

4.2.3. 원순모음화

이 자료의 원순모음화는 어간이 ㅜ인 경우에 부사형 어미 '-아'나 '-어'
가 오면 'ㅏ/ㅓ'가 선행하는 원순모음 'ㅜ'에 동화되어 '워'로 실현되는
경우이다.

> (35) 유지롤 주워(2), 아니 주웟거든(11), 주워 보내여(12), 주워 보내소(20),
>   ᄆᆞ롤 주워 보내게 ᄒᆞ소(103), 주워셔(104), 주워 녀턴돌(104), 두워(108),
>   봉개 주워 보내소(113), 녹도죽과 두 가지롤 수워(117), 아라셔 죽 수워
>   잡습게 ᄒᆞ소(123)

예를 보면 알 수 있듯이 어간이 'ㅜ'로 끝나는 '주-, 수-'에 부사형 어
미 '-어'가 오면 어간모음의 원순성에 동화되어 '어'에 반모음 w를 개입
하여 '워'로 실현되고 있는 것이다. 그러나 어간이 '오-'인 경우에는 '와'
로 비음절화를 겪어 반모음 w가 삽입되지 않는다. 양성모음인 경우에는
음절이 축약되어 원순성의 동화 현상이 일어나지 않고 그리하여 어간 모
음이 반모음으로 실현되는 데 반해, 음성모음인 경우에만 이러한 동화
현상이 일어나는 것이 어디에 연유하는지 현재로서는 설명하기 어렵다.
한편 일반적으로 나타나는 '아ᄆᆞ려나'가 '아모려나(137)'로 나타난 예
가 하나 있는데, 이 예는 'ㆍ'가 'ㅁ'의 원순성에 동화된 것을 반영한 것
으로 이해된다.

4.2.4. 히아투스 회피 현상

히아투스 회피 현상은 어간모음이 i나 반모음 y인 경우에 일어난다.
다음의 예들은 i로 끝나는 어사에 모음으로 시작하는 접사가 통합될 때
히아투스 회피 현상이 비음절화를 통하여 일어나고 있음을 보여준다.

(36) 와(2), 기드려(2), 너겨(8), 숨겨(8), 이셔(8), 모려(9)

그러나 다음과 같이 선행어가 반모음으로 끝나면 반모음 y가 첨가됨으로써 히아투스를 회피한다. 이러한 현상은 y계 하향이중모음이 이 시기의 달성 방언에서 단모음화가 되지 않았다는 것을 말해 준다. 이러한 모습은 'ㅗ'나 'ㅜ'인 경우, '유무예(6, 119)' 외에는 거의 y를 삽입하지 않는 것과는 대조적이다.

(37) 내여왓던(1), 보텨여(1), 비예(2), 블의예(3), 되여시니(4), 됴케야(6), 굴히여(9), 보내요더(10), 제예(49, 71), 빼예(61), 알외여는(67), 내여(67, 108), 알외여라(67), 혜여(71), 되여(74), 그제야(98), 죠히예(140), 닐일 닉예(142)

이 외에 히아투스를 회피하는 한 유형으로 'ㆍ'나 'ㅡ'를 탈락시키는 경우, 또는 동일모음을 삭제하는 경우가 있으나 15세기와 큰 차이가 없다. 단지 공손법의 한 유형으로 등장하는 '식븨'(식브-+-이)와 같은 경우가 있으나 이는 경어법과 관련되므로 구체적으로 다루지는 않는다.

4.2.5. 기타

15세기 국어에서는 용언의 명사형을 만들 때나 어미 '-디'가 통합되면 '오'나 '우'가 삽입되었다. 이 자료에서도 동일한 환경에서 다음과 같이 'ㅗ/ㅜ'가 삽입되는 예들이 있었음을 보여 준다.

(38) 민망호미(61), 업소되(61), 아롬답고 고마오몰(62), 이쇼더(67, 108), 아니호매(146)

그러나 다음과 같이 '오/우'가 삽입되지 않은 어형들이 많이 보인다. 이러한 사정은 16세기 후반이나 17세기 초반의 일반적인 경향으로 간주된다. 이미 16세기 말 교정청에서 간행된 『소학언해』에도 이러한 현상이 보이기 때문이다.

> (39) 편히 이시믈(38), 호시더(61), 편호시믈(62), 무그시믈(74), 겨시믈(75), 호여시매(88), 와시매(102), 울매(113), 거슬매(113), 알매논(118), 보내되(124), 호시되(61)

위의 예들에서 '이쇼믈, 호샤더, 편호샤믈, 무그샤믈, 겨샤믈, 호여(야)쇼매, 와쇼매, 우루메, 거스루메, 아로매, 보내요더, 호샤더' 등으로 나타났어야 할 용언의 활용형들인데 'ㅗ/ㅜ'를 개재하지 않음으로써 위와 같이 된 것이다. 이 'ㅗ/ㅜ'가 개입하지 않게 되는 이유가 어디에 있는지 현재로서는 분명히 말하기 어렵다.

움라우트 현상은 보이지 않지만, '죠히 옛거 스라("종이 아껴 쓰라", 66)'의 예는 움라우트 현상을 보여주는 자료로 간주될 수 있는 가능성은 있다. 그러나 '옛거 스라'인지 '엣거스라'인지 분명하지 않고, '옛거 스라'라 하더라도 '앗기어'의 'ㅣ'모음이 보이지 않는 것이다. 이 시기의 다른 자료와 함께 검토되어야 할 것이다.

5. 결론

지금까지 진주하씨 묘에서 출토된 17세기 초반의 경북 달성 방언을 반영한 것으로 보이는 한글 필사 자료를 표기와 음운론적인 측면에서 검토하였다. 이 자료는 기록된 시기와 기록자, 그리고 기록자의 출신이 분명한 필사본으로서 생활과 관련되는 일상적인 내용을 순간순간 적은 편지나 치부 기록이라는 점에서, 그리고 경상도 방언을 반영한 17세기 초기의 자료로서 국어사(특히 방언사)의 공백을 메울 수 있는 자료라는 점에서 중요한 가치를 지닌다. 이 자료를 검토한 결과를 요약하면서 마무리하고자 한다.

먼저 표기상의 특징은 이 자료가 필사본임에도 불구하고 17세기의 표기 경향에서 크게 벗어나지 않는다는 점이다. 초성자, 중성자, 종성자의 표기가 그러하며 연철 표기와 분철 표기의 경향에 있어서도 17세기 초반의 판본 자료와 큰 차이를 보여 주지 않았던 것이다. 필사본임에도 불구하고 표기에서 두드러지는 특징은 별로 없었지만, 세부적으로는 방언형을 반영한 상이한 표기가 꽤 노정되기도 하였다.

음운론적인 면에서는 자음과 관련하여 먼저 구개음화 현상을 검토하였다. ㄷ구개음화가 비어두나 어두를 가리지 않고 활발하게 일어나고 있음을 보여 주었으나 ㄱ구개음화와 ㅎ구개음화는 거의 나타나지 않았다. 또한 특징적인 현상으로 ‘ㄹ’이나 반모음 뒤에서 ‘ㄱ’이 ɦ로 되지 않고 그대로 실현되는 예들이 많았으며 현대 오늘의 경상도 방언에서 보여주는 것처럼 ㅎ이 탈락되거나 첨가되는 현상이 중앙어에 비해 상당히 활발하게 나타났다. 그리고 ‘ㅸ’이나 ‘ㅿ’은 중앙어와 같은 변화 양상을 보임으로써 ‘ㅂ’불규칙, ‘ㅅ’불규칙 활용을 하는 모습을 보여 주었으나 일부 어사에 있어서는 ‘ㅂ’이나 ‘ㅅ’으로 실현되는 경우도 있어 ‘ㅸ’이나 ‘ㅿ’의 변화에 대해 나름대로의 변화 과정을 검토하는 일이 새로운 과제로 부각되었다.

　모음과 관련하여서는 먼저 'ㆍ'의 변화를 다루었다. 이 자료에서는 제2음절 이하에서는 이미 'ㅡ'로 변하였으며 제1음절에서도 'ㅏ'로의 변화가 일부 나타나고 있음을 보여주고 있다. 원순모음화 현상은 선행하는 원순모음의 영향으로 w를 삽입하는 경우와 순자음에 약모음이 동화되는 경우가 있었음을 보여준다. 히아투스 회피 현상은 약모음의 탈락이나 활음화에 의해, 그리고 i나 y 뒤에서는 y를 첨가함으로써 이루어지고 있는데, y의 첨가 현상을 통하여 이 시기의 달성 방언은 y계 하향이중모음의 단모음화는 아직 일어나지 않았던 것으로 이해하였다. 한편 용언 어간의 모음과 부사형어미 '-아/어'와의 통합에서 보여 주는 모음조화 현상은 음절수에는 관계없이 어간 모음의 특성에 따라 모음조화가 실현되고 있는 것으로 나타났으나 i나 반모음 y 뒤에는 음성모음이 결합되었다. 'ㅎ-'는, 이 시기의 판본에서 흔히 보여 주는 'ㅎ야'와 달리, 거의 현대국어에서처럼 '-어'가 통합되어 'ㅎ여'로 나타났다. 그 외 이 자료에는 '엣기-'가 나타나 움라우트가 일어난 것으로 간주할 수도 있었으나 움라우트를 반영하는 다른 예가 없어 확신하기는 어려웠다.

　이상의 표기와 음운론적 특징에 대한 검토를 통하여 우리는 이 자료가 17세기 초반의 경상도 달성 방언을 반영한 자료로서 국어사 연구, 특히 방언사 연구의 좋은 자료가 됨을 확인하였다. 그러한 작업을 우리는 표기와 음운현상을 바탕으로 하였지만, 앞으로 형태론이나 통사론, 어휘론적인 면에서도 접근이 이루어져야 할 것이다.

4 『금강경삼가해』*

1

『金剛經三家解금강경삼가해』[1]는 冶父道川禪師야부도천선사, 豫章宗鏡禪師예장종경선사, 涵虛堂 得通 己和함허당 득통 기화(1376~1433)가 여러 별행본을 대교하여 만든, 『金剛經五家解금강경오가해』[2]의 주석서인 『金剛經五家解說誼금강경오가해설의』에서 함허당 자신이 설의를 베푼 금강경 본문과 冶父야부의 頌송, 宗鏡종경의 提綱제강, 그리고 야부의 송과 종경의 제강에

* 이 글은 같은 제목으로 『안병희선생 회갑기념논총 국어사 자료와 국어학의 연구』(문학과 지성사, 1993 : 187~208면)에 수록되었다.

1) 『금강경삼가해』는 현재 서울대학교 도서관 가람문고에 제2권에서 제5권까지 보관되어 있는데, 이 자료는 한글학회에서 영인하여 간행한 바가 있다. 그리고 제1권은 그 뒷부분이 일부 파손된 상태로 동국대학교 도서관에, 그리고 그 앞부분이 일부 파손된 상태로 심재완 교수의 소장으로 보관되고 있다. 이에 심재완 교수는 서울대학교 가람문고본 제2, 3, 4, 5권과, 자신이 보관하고 있는 제1권(거기에 없는 '함허당서' 부분을 동국대학교본에서 보완하여)을 합쳐서 영남대학교 민족문화연구소 자료 총서 제1집으로 영인·간행하였다. 필자가 검토한 자료는 이 영인본을 바탕으로 한 것이다.

2) 『금강경오가해』는 唐당 圭峰宗蜜규봉종밀의 『金剛經疏論纂要금강경소론찬요』와 六祖慧能육조혜능의 『金剛經解義금강경해의』(口訣구결), 梁양 雙林傳大士쌍림전대사의 『金剛經提綱頌금강경제강송』, 宋송 冶父道川야부도천의 『金剛經금강경』의 着語착어와 頌송, 宋송 豫章宗鏡예장종경의 『金剛經提綱금강경제강』을 말하는 것으로 이것이 결국 한 책으로 편집된 것을 말한다.

대한 함허당 자신의 설의로 구성되어 있다.

이 책은 세종 28년(1446년)에 소헌황후가 돌아가시어 세종대왕이 야부의 송, 종경의 제강을 구하여 번역을 기도할 즈음, 함허당의 『冶父·宗鏡話說誼야부·종경화설의』를 얻어(1448년) 크게 기뻐하여 『證道歌南明泉繼頌증도가남명천계송』과 함께 『釋譜詳節석보상절』의 끝에 편입시키고자 수양대군(세조)에게 번역을 명하여 그 간행이 시작되었다. 그리하여 번역의 초고는 이미 세종대에 이루어졌으나 교정을 보기 전에 세종이 붕어함으로써(1450년) 간행 작업은 그 후대로 미루어지게 되었다. 세조의 등극과 더불어 불경의 언해 사업이 활발하게 진행되어 『月印釋譜월인석보』, 『楞嚴經능엄경』, 『法華經법화경』, 『六祖解육조해』, 『金剛經금강경』, 『圓覺經원각경』, 『心經심경』, 『永嘉集영가집』 등이 언해되어 간행되었으나 세조 재세중에 『금강경삼가해』는 『증도가남명천계송』과 함께 그 교정을 완결하지 못하여 간행되지 못하였다. 이에 세조비 자성대비가 그 유업을 받들어 學祖학조에게 명하여 『증도가남명천계송언해』와 함께 『금강경삼가해』를 교정하여 성종13년(1482년)에 전자를 500본, 후자를 300본 간행하여 배포하였다고 한다.3)

『금강경삼가해』는 총 5권 5책의 활자본으로, 함허당 득통이 쓴 金剛般若波羅蜜經序금강반야파라밀경서(涵序, 1a~13b)를 시작으로 하여, 종경이 쓴 豫章沙門宗鏡提頌綱要序예장사문종경제송강요서(宗序, 1a~5b), 그 다음에 『金剛般若波羅蜜經금강반야파라밀경』 제1권(一, 1a~35a), 제2권(二, 1a~73b), 제3권(三, 1a~63b), 제4권(四, 1a~64a), 제5권(五, 1a~49b), 그리고 그 뒤의 得通득통의 決疑결의(14면)와, 이 책의 간행 경위를 밝힌 한계희와

---

3) 『금강경삼가해』의 간행 경위에 대해서는 제5권의 말미에 첨부되어 있는 韓繼禧한계희와 姜希孟강희맹의 跋발에 자세하게 나와 있다.

강희맹의 발(5면)로 구성되어 있다. 廣廓광곽은 38.5×25cm이고, 半廓반곽은 27× 9.5cm이며, 版式판식은 四周單邊사주단변으로 有界유계이다. 大字대자로 된 금강경 본문은 9행 14자, 中字중자로 된 三家삼가의 한문으로 된 원문은 11행 21자, 小字소자로 된 언해문과 각 원문 구절 사이의 구결은 한 면에 11행으로 한 행에 두 줄로 縱書종서한 雙行쌍행 21자이다. 版心판심은 上下상하 白口백구이고, 魚尾어미는 上下상하 內向내향의 무늬 없는 黑魚尾흑어미이며, 上下상하의 魚尾어미 사이에 金剛經三家解涵序금강경삼가해함서・金剛經三家解宗序금강경삼가해종서・金剛經三家解금강경삼가해라는 서명과 권차, 장차가 함께 있다. 권두 서명과 권말 서명은 金剛經般若波羅蜜經금강경반야파라밀경으로 되어 있으나 판심 서명에 따라『금강경삼가해』라고 부르고 있다.

각 행의 처음부터 大字대자로 시작되는 금강경 본문은 正文大字정문대자, 각 행의 처음 위치에서 2자 정도 아래에서 시작되는 해설 원문은 乙亥字을해자의 中活字중활자, 언해한 국문자는 小活字소활자이다. 본문은 한문을 大字대자로 하고, 正音정음으로 된 구결을 달았는데, 이 구결은『금강경언해』(金剛般若波羅蜜經六祖解금강반야파라밀경육조해)의 것과 대체로 동일하다.4) 금강경 본문보다 두 자 정도 아래에서 시작되는 三家삼가의 해설 부분은 해설자를 음각하여 표시하고, 正音정음 小字소자로 된 언해 부분은 작은 동그라미(卷點권점)로 표시하여 시작되는 부분을 알려주고 있으며, 국한문 혼용으로 된 언해 부분의 한자 밑에는 동국정운식 한자음을 달아주고 있다. 그리고 함허당 자신이 야부의 송이나 종경의 제강

---

4) 『금강경삼가해』의 '須菩提야 於意云何오(=16b)'를『金剛(般若)經금강(반야)경』의 언해본에서는 '須菩提야 於意예 云何오'로 되어 있어 句節구절 分段분단에 차이를 보여주기도 한다. 그러나 대체적으로 양 문헌의 구결은 동일하다.

에 대해 설의를 베푼 부분은 무늬 없는 下向하향 黑魚尾흑어미를 사용하여 구분해 주고 있다.5)

오랜 세월에 걸쳐, 여러 불경을 언해하면서 축적된 경험을 토대로 이루어진『금강경삼가해』는 그 내용의 원의를 전달하는 데 있어서나 당시 국어의 모습을 보여주는 데 있어서나 매우 뛰어난 면모를 가질 수 있게 되었다고 할 수 있다. 그러므로 사상적·종교적 측면에서 연구하고자 할 때에는 물론, 15세기 국어에 대한 여러 가지 사실을 밝히고자 할 때에도 중요한 문헌 자료가 될 것임은 쉽게 짐작할 수 있다. 이러한 점에 입각하여 이 글에서는 국어학의 측면에서『금강경삼가해』에 접근하여 15세기 국어의 모습을 개략적으로 살펴보고자 한다. 2장에서 표기와 음운 현상을, 3장에서는 형태·통사 및 어휘와 관련되는 몇몇 특징적인 모습을 개략적으로 살펴보고, 4장에서『금강경삼가해』가 국어사에서 가지는 문헌 자료로서의 가치를 간단히 조명하면서 마무리 짓고자 한다.

2

문헌 자료를 바탕으로 어떤 시기의 언어 사실을 검토하고자 할 때 무엇보다 선행되어야 하는 작업은 텍스트에 대한 검토이다. 어떤 시기의 문헌 자료에 당시의 일반적인 표기와 다른 표기가 나타날 때 그것은 당시의 언어 모습을 반영하는 것인가 아니면 단순한 오류인가를 판단한 다

---

5)『금강경삼가해』에 대한 자세한 서지 사항은 고익진(1975), 김영배(1975), 심재완(1981)을 참조.

음, 그에 대한 교정을 거친 정확한 자료를 바탕으로 작업이 진행될 수 있는 바탕을 마련해야 하기 때문이다. 그러나 자료의 정오를 판단한다는 것은 연구자의 본 작업과 표리의 관계에 있어 서로 맞물리는 경우가 많아 작업 또한 쉽지가 않다. 그런 점에서 『금강경삼가해』의 자료에 대한 검토도 예외라고 할 수는 없다. 그 간행 작업이 오랜 세월에 걸쳐 진행되기는 하였으나 단순한 오자나 탈자로 보이는 예들이 전혀 없지는 않을 뿐만 아니라, 성조를 나타내는 방점 표기에 있어서는 상당히 혼란된 모습을 보이고 있는 것이다.6) 그러나 우리는 단순한 오각이나 탈각으로 쉽게 판단하기 어려운 경우에는 다른 문헌 자료의 경우와 관련하여 당시의 언어 사실을 반영하고 있다는 태도를 가지고 접근하고자 한다.

먼저 단순한 오자나 탈자로 보이는 대표적인 몇 예만 제시해 보이기로 한다.

> (1) 칙칙온(涵序, 7a), 긔지 업슨(涵序, 8b), 녯 쭁 잘 투던 사르미오(涵序, 12b),
>   議論홀 뿌니어니와(一, 6a), 塵곧 沙곧닷 마리라(二, 15b), 住업슨 뜨디니
>   (二, 18b), 다 海中에 塊 홀시(二, 18b)

---

6) 이 책에서도 15세기의 다른 문헌들과 마찬가지로 방점을 표시하고 있으나 상당히 혼란된 모습을 보여준다. 동일한 어형에 방점을 달리 찍은 예들을 자주 보여주는 것이다. 편의상 'ㅏ, ㅓ, ㅗ, ㅜ'로 끝나는 1음절로 된 용언의 어간에 '-오-'나 '-우-'가 삽입되는 어미 '-디'나 명사형 어미가 통합된 경우만을 몇 예 제시한다.

(1) 보매(涵序 1a), 두디(涵序 6a), 본딘(涵序 6a), 나디(涵序 12a), 보믈(宗序 4b)

(1´) 건나몰(一 13b), 나미(二 49b), 본디(18b, 二 8a), 보디(四 42b)

'ㅏ, ㅓ, ㅗ, ㅜ'로 끝나는 1음절로 된 용언의 어간에 '-오/우-'가 삽입되는 '-디'나 명사형 어미 '-옴/움-'이 통합되면 표면에는 '-오/우-'가 드러나지 않고 성조가 상성으로 바뀌는 것이 15세기의 일반적인 현상이었다. 그런데 『금강경삼가해』에서는 위의 예에서 볼 수 있는 바와 같이 상성으로 실현되는 예들도 보이지만, 평성이나 거성으로 실현되는 것으로 방점이 표시된 예들이 자주 보이는 것이다.

(1´) 칙칙혼(涵序, 7a), 칙칙ᄒ야도(三, 23b), 시우를 토미 이시나(涵序, 13a), 그
    지 업슨(二, 16b), 몯홀 ᄲᅮᆫ 아니라(一, 12b), 므슴업슨온딕(二, 18b)

 (1)의 '칙칙온'은 (1´)의 '칙칙혼, 칙칙ᄒ야도'로 볼 때 '칙칙혼'이 옳은
어형으로 보인다. '긔지 업슨'에서 '긔지'는 15세기 '期約기약'의 뜻이고
'끝' 또는 '限한'의 뜻으로는 (1´)의 예처럼 '그지'이므로 '그지 업슨'이
옳은 어형인 것으로 판단된다. '녯 ᄯᅳᆨ 잘 튼든 사ᄅᆞ미오'의 '튼든'은 '든'
이 단독으로 사용되는 어미가 아니라 (1´)의 예에서처럼 '-거-, -아/어-,
-나, -더-, -시-' 등과 연결된 복합어미로 쓰이므로(김영배, 1975 :
154), '-아'가 결합된 '타단'이 옳은 것으로 보인다. (1)의 '議論홀 ᄲᅮ니
어니와'의 '뿐'은 'ᄲᅮᆫ'의 誤刻오각으로 보이며, '塵곧 沙곧닷 마리라'의
'塵곧' 다음에는 연결어미 '-고'가 脫刻탈각된 것으로 보인다. '住업슨 ᄠᅳ
디니'에서 '업다'의 초성이 'ㅇ'으로 되어 오각이 된 예이며, '다 海中에
現홀시'는 '現홀시'에 'ㆍ'가 탈각된 것으로 보인다.

 『금강경삼가해』의 표기는 15세기, 특히 15세기 후반 문헌의 일반적인
표기 방법을 보여주고 있다. 초성의 위치에는 음운변화의 결과 사라진
순경음 'ㅸ'을 제외한 거의 모든 初聲字초성자가 사용되고 있다. 『원각경
언해』 이후 사라진 각자병서는 동국정운식 한자음 이외에는 일체 사용되
지 않고 있는데, 'ㅆ'도 각자병서로 간주되어 사용되지 않는다(소미 : 射,
二, 73b 등). 합용병서는 'ㅅ'계, 'ㅂ'계, 'ㅄ'계 등 모두 사용되고 있으나
(예 2), 'ㅂ'계 합용병서의 'ㅂ'은 이미 탈락한 예들도 나타난다(비 타 가
다가 : 四, 28a).

(2) ᄭᅵ며(涵序, 5a), ᄲᅮᆫ(一, 12b), ᄠᅳ디(二, 24b), ᄲᅧ(一, 2b), ᄡᅩᆮ다(三, 12b), ᄠᅳ든
    (涵序, 12b), ᄲᅳ리며(一, 4a), ᄲᅡᆮ린(涵序, 5b)

중성의 표기에 있어서도 이 시기의 다른 문헌의 경우와 큰 차이가 없다. 이러한 경향은 종성의 경우에도 마찬가지인데, 『두시언해』 이후의 다른 문헌과 같이 'ㆆ'을 사용하지 않은 것은 물론,7) 'ㄱ, ㆁ, ㄷ, ㄴ, ㅂ, ㅁ, ㅅ, ㄹ, ㅿ' 등 9개가 쓰인다는 점에서도 크게 차이 나지 않는다.

『금강경삼가해』에서도 음절말 'ㅅ'과 'ㄷ'의 혼기는 나타나지 않는다. 그러나 음절말의 'ㅅ'은 무성 폐쇄음으로 시작하는 다음 음절의 초성과 함께 나타나기도 하여 종성의 위치와 다음 음절의 초성의 위치 사이에 유동을 보이며(예 3), 'ㄷ'은 비음 'ㄴ'으로 시작하는 말 앞에서 동화된 표기를 보이기도 한다(건나맨 : 二, 40b; 나가둔녀 : 三, 25a). 그리고 어간말의 'ㅿ'은 'ㅅ'과 혼기를 보여주는 점에 있어서도 이 시기의 다른 문헌과 유사하다(예 4).

    (3) 깃기(五, 63a), 았디(二, 55a), 어딋던(四, 6a), 숤교미(四, 21a), 기슬(一, 15b),
        안쩨(二, 16b), 어듸쩐(四, 3b), 숩쬬몰(三, 62b)

    (4) 벗아(五, 14b), 슺우니(三, 8a), ᄀᆞᆺ업슨(一, 5a)
        벗아디게(三, 45b), 슷어(五, 11a), ᄀᆞᆺ업슨(二, 19a)

『금강경삼가해』에서 주목되는 표기는 자음으로 끝나는 체언에 모음으로 시작하는 조사나 지정사 '이-'가 통합될 경우에 생기는 연철 표기와 분철 표기이다. 이러한 연철 표기와 분철 표기는 이미 훈민정음 창제시부터 문제되었던 것이기는 하나, 『금강경삼가해』에서는 분철 표기가 상당히 확산되어 나타나고 있다는 점에서 주목할 만한 것이다.

---

7) 단 한자의 동국정운식 표기에 등장하는 소위 以影補來이영보래의 기능을 나타내는 'ㆆ'은 사용되고 있다.

먼저 지적할 수 있는 분철 표기는 유성자음으로 끝나는 체언 다음에
지정사 '이-'나 모음으로 시작하는 조사가 올 경우에 나타나는 예들이다.

> (5) 짜롬이니(涵序, 1b), 사롬이오(涵序, 3a), 긔운이(一, 6b, ; 二, 25b), 막춤앤
> (一, 8b), 얼굴올(一, 11b), 이럼이(一, 15a), 몃 번올(二, 8a), 이 몸이(二,
> 25a), 즈믄 ᄀ롬애(二, 25b), 긔운은(二, 29b), 흔 번에(三, 13b), 잢간인둘
> (三, 25a), 긔운의(三, 49a), 남진온(四, 7b), 남진이오(四, 7b), 잢간인둘(四,
> 8a), 구룸이(四, 12b), 할믜젹삼올(四, 16b), 北녁ᄇ롬이라(四, 18a), 님금이
> 라(四, 40a), 힘올(五, 28b)

이 예들은 체언의 마지막 자음이 유성자음 가운데에서도 'ㅁ, ㄴ, ㄹ'
인 경우이다.

그 말음이 'ㅇ'인 경우에는 '이에, 그에'나 공손법 ᄒ야쎠체의 '-이-'
를 제외하면 대부분이 이미 종성으로 사용되고 있다. 이것이 'ㅇ'이 갖는
특수한 음성적 요인에 의한 것인지, 유성자음의 분철 표기의 일종인지
단정하기 어려우나8) 다른 유성자음의 경우와 달리 'ㅇ'이 15세기 대부
분의 문헌에서 거의 종성으로 사용된다9)는 점에서 'ㅇ'의 특수한 사정에
기인하는 것으로 보인다.

> (6) 바탕이오(涵序, 6a), 굴헝에(涵序, 7b), 벙으로미(涵序, 13b ; 一, 24a), 밠등
> 에(一, 1b), 쥼을(一, 7a), 양올(一, 15a), 손째당이(一, 28a, 二, 34b), 내죵에
> (二, 4b), 바탕이니라(二, 19a), 빙에예(二, 36a), 쏭이라(二, 41a), 쥼온(三,
> 13b), 양올(三, 19b), 손바당에(三, 46b), 당샹애(三, 50b), 버텅을(四, 16a),
> 스숭이(四, 41a), 쥼올(五, 43a)

---

8) 이에 대해서는 이익섭(1963, 1992)를 참조하기 바람.
9) 많지는 않지만, '당다이(二, 44a ; 三, 11a ; 三, 29a), 스스이(二, 59b)' 등 에서와 같이 'ㅇ'
   이 초성으로 사용되고 있는 경우도 있기는 하다.

  그런데 『금강경삼가해』에서는 체언이 유성자음으로 끝나는 경우만이 아니라, 무성 자음으로 끝나는 경우(물론 8종성 이내의 자음인 경우임)에도 그 다음에 지정사 '이-'나 모음으로 시작하는 조사가 오게 되면 다음과 같이 분철 표기된 예들이 다수 나타나는 점이 특징적이다.[10)]

  (7) 조각이라(涵序, 3a), 닐굽올(一, 7a), 숪가락올(一, 8a), 金ㅂ슈락이(一, 20a), 홁은(二, 29b), 一萬조각이나(二, 43b), 眞實ㅅ듀셕이라도(二, 71a), 출쩍이오(三, 51a), 버듨두듥에(四, 5a), 붊나옰솝이오(四, 38b), 녯 도쪽이오(四, 40a), 즈믄 솔옷으로(四, 49b), 픐두듥에(五, 11b), 미혹이(五, 45a)

  위의 예들은 무성 자음으로 끝나는 체언 다음에 모음으로 시작하는 조사나 지정사 '이-'가 통합된 예들인데, 체언의 말음이 'ㄱ, ㄺ, ㅂ'인 경우뿐 아니라 'ㅅ'인 경우까지 분철된 표기를 보여주고 있는 것이다. 이 예들을 통하여 알 수 있는 바와 같이 자음으로 끝나는 용언 어간에 모음으로 시작하는 어미가 통합된 경우에 분철 표기된 예는 보이지 않는다.

  연철 표기를 원칙으로 한 상태에서도 분철 표기가 확산되어 나타나는 이유는 음성적인 요인과 표기법상의 요인이라는 두 측면에서 검토가 요청되지만, 적어도 표기법의 차원에서는, 훈민정음의 표기 체계가 가지고 있었던 표기 원칙의 이중성에 그 원인이 있다고 할 수 있다. 훈민정음을 창제하고 난 후 간행된 15세기 대부분의 문헌에서 정음과 한자를 병용하였다. 그런데 고유어의 경우에는 어절을 단위로 하여 음소적·음절적 원칙에 따라 연철 표기를 하였으나, 언해문 내에 있는 한자어의 경우에는

---

10) 이익섭(1992)에서는 『금강경삼가해』에는 무성 자음으로 끝나는 체언에 모음으로 시작하는 조사나 지정사 '이-'가 통합되는 경우에는 분철 표기된 예를 발견할 수 없다고 하였으나 착오를 일으킨 듯하다.

그 한자어를 한자로 적고 거기에 한자음을 적어줌으로써 분철 표기를 하였다.[11] 이로 인해 15세기 언해문은 하나의 표기 체계 내에 고유어의 경우와 한자의 경우에 상이한 두 종류의 표기 원칙을 가지게 되었던 것이다. 이것은 훈민정음의 표기에서 생길 수 있는 상반된 두 가지 표기 원칙, 즉 연철 표기와 분철 표기를 한 표기 체계 내에 공존하도록 한 결과를 가져오게 됨으로써 표기 원칙에 일관성을 잃게 된 것으로 간주된다. 이런 점에서 한 표기 체계 내에서 표기의 원칙을 단일화하려는 노력이 일어나는 것은 당연한 귀결로 보인다. 고유어는 연철 표기를 하고 한자어는 분철 표기를 함으로써 생긴 이러한 표기 원칙의 이중성을 단일화하려는 노력은 분철 표기 쪽으로 기울게 된다.

15세기의 보다 일반적인 표기 원칙이라고 할 수 있는 연철 표기에서, 보다 특수한 표기라고 할 수 있는 분철 표기 쪽으로 표기 원칙의 단일화 노력이 진행되었던 이유는 먼저 한자어의 표기에서 그 이유를 찾을 수 있는 것으로 보인다. 한자어의 경우에는 그 음을 정음으로 적어주든 적어주지 않든 간에 항상 분철 표기된 모습을 보이는 것이다. 여기에 유추되어 한자어와 문법적 범주가 같아 그 다음에 모음으로 시작하는 조사나 지정사 '이-'가 올 수 있는 말이면 분철 표기를 한 것으로 간주된다. 이러한 관점에서 『금강경삼가해』의 분철 표기가 그 다음에 모음으로 시작하는 조사나 지정사가 오는 경우에 한정된 것으로 이해된다. 15세기의 연철 표기가 분철 표기로 넘어가게 되는 원인을 한자어의 표기에서 찾으려는 이러한 논의는 15세기 후반이나 16세기 초반의 분철 표기된 예들

---

11) 『용비어천가』나 『두시언해』, 오대산 상원사의 『어첩』과 같이 한자에 대한 주음을 하지 않고 한자만 적은 경우에도 해당 위치의 한자가 자음으로 끝나는 경우에는 정음으로 된 어미 쪽의 표기는 당연히 분철 표기된 모습을 보인다.

은 한자어를 한자로 적지 않고 정음으로 적게 되는 경우에 분철 표기가 크게 확산된다는 점에서도 지지받을 수 있다. 상당수의 한자어를 한자로 적지 않고 정음으로 적게 되는 『구급간이방언해』나 『번역노걸대』, 『번역박통사』 등에 이르면 분철 표기가 두드러지게 확산되는 것이다.

한편 연철 표기가 분철 표기로 넘어가게 되는 원인은 15세기의 연철 표기 내에 잠재해 있었다고도 할 수 있다. 모음으로 끝나는 명사는 그 다음에 모음으로 시작하는 조사가 오든 자음으로 시작하는 조사가 오든 단일한 모습을 보여주는 데 비해 자음으로 끝나는 명사는 그렇지 않은 것이다. 말하자면 자음으로 끝나는 명사와 모음으로 끝나는 명사는 그 다음에 오는 조사의 음운론적 환경에 따라 상이한 표기를 보여주었던 것이다. 이러한 문제점을 해결하는 방법은 자음으로 시작하는 조사가 올 때의 모습을 유지시켜 주는 방법, 즉 분철 표기를 하는 것이었다고 할 수 있다. 이러한 관점에서 분철 표기는 형태morph를 시각적으로 단일한 모습으로 나타내고자한 노력의 일환이었던 것으로 보인다.

『금강경삼가해』에서 보여주는 두드러진 음운 현상은 원순성의 동화 현상이다. 『금강경삼가해』에 보이는 원순성의 동화 현상은 두 유형으로 나뉜다. 그 한 유형은 형태소 내부에서 일어나는 경우이고, 다른 한 유형은 형태소 경계에서 일어나는 경우이다. 먼저 형태소 내부에서 일어나는 예들을 보기로 한다.

(8) 외뾰로(一, 11a), 뾰로(一, 11b ; 三, 44a), 밧고로셔(三, 32a), 안호로(四, 17a), 밧고로(五, 36a)

(8′) 외뾰로(一, 11a), 안흐로(三, 34a ; 五, 36a), 뾰로(四, 7b), 밧ㄱ로(四, 35a)

(8´)에서 볼 수 있듯이, (8)의 예들은 모두 형태소 내부에서 원순모음 ‘ㅗ’의 원순성에 그 앞의 약모음 ‘·’나 ‘ㅡ’가 ‘ㅗ’로 동화되어 나타난 것이다. 다시 말하여 위의 (8)에 보이는 형태소 내부에서 이루어지는 원순성의 동화 현상은 동화주가 ‘ㅗ’이고 개재 자음이 ‘ㄹ’인 ‘으로’에 한정되고 있으며(개재 자음과 동화주라는 음운론적 환경은 15세기의 다양한 자료를 충분하게 검토하면 달라질 가능성이 있다.), 후행하는 원순모음에 약모음 ‘·’가 원순성의 동화를 입어 일어나는 역행동화 현상이라는 점이다.[12]

그런데 형태소 경계에서 이루어지는 동화 현상은 형태소 내부의 경우와 그 성격을 달리한다.

(9) 모도와(一, 5a ; 三, 43a, 63a ; 四, 26a), 고줄 픠우워(一, 7a), 보왐직ㅎ며 (一, 17b), 文殊보와 무로디(二, 23a), 보왐직호미(二, 18a), 나토와(二, 27b), 보와ᄂᆞᆫ(三, 43a, 63a ; 四, 5a), 견주워(二, 65a), 모도와(三, 43a, 63a), ᄀᆞ초 와(三, 52a), 므슴두워(五, 16a)

---

12) 다음의 예들도 역행동화를 입은 어형이라는 점에서 위의 예들과 다르지 않은 것으로 보인다.

(1) 새로외야(三, 7a), 외로이(三, 25a), 겨르로이(四, 43a), 슈고로이(五, 32a)
(1´) 신기ᄅᆞ윈(涵序, 4a), 바지ᄅᆞ윈(涵序, 13a), 외ᄅᆞ이(一, 2b), 새ᄅᆞ외리니(一, 3a ; 三, 6b), 외ᄅᆞ도다(一, 18a), 겨르ᄅᆞ거니(一, 22a), 외ᄅᆞ외며(二, 9b), 겨르ᄅᆞ윌시(二, 54a), 겨르ᄅᆞ이(二, 55b), 겨르ᄅᆞ윈(三, 17b), 새ᄅᆞ도다(三, 48b), 조ᅀᆞᄅᆞ윈(四, 39a), 외ᄅᆞ윈(三, 41a), 새ᄅᆞ외도다(五, 27b)

이 예들은 ‘-롭-’형과 ‘-ᄅᆞᆸ-’형 쌍형으로 처리되었으나 형태의 유사성에서 알 수 있듯이 단일형에서 도출된 변이형으로 간주된다. 보다 고형은, 아마 ‘-ᄃᆞᆸ-’과 ‘-ᄃᆞᄫᅵ-’를 고려하면 ‘-ᄅᆞᆸ-’과 ‘-ᄅᆞᄫᅵ-’형이라고 할 수 있을 것인데, 여기에 원순성의 역행 동화작용이 일어나서 ‘-롭-’과 ‘-로외-’형으로 재구조화되는 것으로 생각된다. 원순성의 역행동화의 동화주는 ‘ㅸ’인지, ‘ㅸ’이 변화한 ‘오/우’ 또는 [w]인지 분명하지는 않다. 15세기 후반과 16세기 초반의 많은 자료를 바탕으로 정밀한 연구가 이루어져야 할 것으로 생각된다.

(9)의 예들은 모두 용언 원순모음 'ㅗ'나 'ㅜ'로 끝나는 용언 어간 다음에 부사형 어미 '-아/어'가 오는 형태소 경계에서 원순성의 동화 현상이 일어난 경우이다. (9)의 예들은 (8)의 예들과 달리, 선행하는 어간의 원순모음의 원순성에 후행하는 모음이 동화를 입어 원순 반모음 w를 가지게 되어 이중모음을 형성하였음을 보여준다. 원순모음으로 끝나는 용언의 어간에 후행하는 부사형 어미 '-아'나 '-어'가 동화되어 w계 이중모음 '와'나 '워'를 형성하게 되는 이러한 형태소 경계에서의 원순성의 동화 현상은 선행하는 어간의 원순모음에 어미의 모음에 영향을 주는 순행동화라는 점에서 형태소 내부에서 일어나는 원순성의 역행동화 현상과 달리, 원순 반모음 w를 삽입하여 w계 이중모음을 형성하는 것이 특징이다.

이러한 일련의 현상과 유사한 것으로서 원순모음 'ㅗ'나 'ㅜ'와 관련되는 다음의 예들도 우리의 주목을 끈다.

(10) 누호오미로다(一, 29b), 마초오미(二, 29b), 느토오려(二, 58b), 눈호오미(三, 63a), 모도오몰(三, 10a, 16a), 일우오문(三, 57a), 외오오미(二, 63b), 나토온(四, 28a), 치우며 우우미(四, 43a), 일우오몰(五, 3b)

(10)의 예들은 원순모음 '오'나 '우'로 끝나는 용언의 어간에 명사형 어미 '-옴'이나 '-움'이 통합되는 예들이거나 선어말어미 '-오-'나 '-우-'가 통합된 예들이다. 이 예들은 15세기에 일반적으로 '-오-'나 '-우-'를 표면에 드러내지 않는 예들인데, 왜 위의 예들에서는 '-오-'나 '-우-'가 표면에 드러나 있는지 몇 가지 추론이 가능하기는 하지만, 현재로서는 그 이유를 분명이 말하기 어렵다.

한편 『금강경삼가해』에서는 15세기에 이미 이른바 'ㅎ'종성체언의

'ㅎ'이 탈락하고 있음을 보여준다.

(11) 안밧ㄱ로(二, 54a), 사롭과 하놀왓 福이 報ㅣ 뉘 몬제리오(三, 45a)

(11´) 안팟기(二, 64a), 안ㅎ로(三, 49a), 따쾌 하놀쾌(三, 47a)

(11)의 예들에 보이는 '안'과 '하놀'은 (11´)의 예를 통하여 알 수 있는 바와 같이 이른바 'ㅎ종성체언'이다. 그런데 이 '안ㅎ'이 '밧ㄱ'과 결합되어 복합어를 이루든가, '하놀ㅎ'이 공동격조사 '와'와 결합될 때 'ㅎ'이 탈락한 '안밧ㄱ', '하놀와'로 나타나는 것이다. 여기서 우리의 주목을 끄는 것은 특히 '하놀와'의 경우이다. 'ㅎ'이 탈락하여 체언 말음이 'ㄹ'로 끝나게 되자 그 다음에 결합되는 공동격 조사 '과'는 'ㄹ' 다음에서 유성의 h로 약화되는 규칙까지 적용되어 표면형이 '하놀와'로 나타나는 것이다. 이것은 이 시기에 형태소 경계에서 선행어의 말음이 반모음 y나 l이면 그 뒤에 후행하는 k가 h의 유성음으로 되는 당시의 일반적인 규칙을 따른 것이다.

3

『금강경삼가해』에서 보여주는 형태·통사 및 어휘적인 모습도 15세기 후반의 일반적인 국어의 모습을 보여준다. 특수 어간 교체를 보이는 어형들이 활용이나 곡용이 당시의 다른 문헌과 차이 나지 않으며, 피사동 접미사도 15세기의 일반적인 모습에서 크게 벗어나지 않는다.[13] 의도법

(또는 인칭법)의 선어말어미 '-오/우-', 시제나 경어법의 선어말어미 등도 아직은 변화를 겪은 모습을 쉽게 찾을 수 없다. 그러므로 여기에서는 당시의 형태·통사 및 어휘적인 특징과 관련되는 몇몇 현상을 기존의 논의와 관련하여 임의로 선별하여 살펴보기로 한다.

먼저 다음의 용례를 검토해보기로 한다.

(12) 이런ᄃ로 그르 ᄃ외요미 傳ᄒ야 스리 그르호몰 브틀 ᄯᄅ미니라(所以舛訛ㅣ蓋緣傳寫之誤耳라) (涵序, 13b)

여기서 문제되는 것은 '스리'의 구성이다. 김영배(1975)에서는 이 '스리'를 '쓰는 것의'라는 뜻을 가지는 것으로서, '書서'(여기서는 寫사)의 의미를 갖는 '쓰다'보다 더 고어형인 용언어간 '스-'에 관형사형 어미 '-ㄹ'이 통합되었고, 거기에 다시 관형격 조사 '이'가 결합된 것으로 간주하였다.

그러나 여기에서 우리가 먼저 지적할 수 있는 것은, '스리'의 어간 '스-'를 '쓰다'의 고형으로 간주하였으나, 현재로서는 승거가 불충분하다는 것이다. 훈민정음 창제 후에 간행된 15세기 중엽의 대부분의 문헌, 즉 『훈민정음언해』, 『월인천강지곡』, 『석보상절』, 『능엄경언해』에서 '쓰다'를 사용하고 있으며, 각자병서가 폐기된 『원각경언해』 이후의 문헌에서 '스다'가 등장하기 때문이다.

'스리'에 대한 분석도 다양한 각도에서의 논의가 필요한 것으로 간주된다. '스리'가 용언 어간 '스-'에 관형사형 어미 '-ㄹ'이 결합되었다고

---

13) 피사동 접미사의 경우에 나타나는 'ㆀ'은 사용되지 않고 있다. 이것이 직접적으로는 각자병서의 폐기 때문이라고 할 수 있으나, 유성의 h가 약화되는 과정과 관련하여서도 검토되어야 할 것이다.

본 것은 단순한 관형 구성이므로 문제가 없지만, 거기에 바로 관형격 조사 '이'가 결합되었다는 지적은 15세기의 공시적인 현상을 토대로 할 때, 많은 논거를 필요로 하는 것으로 보이기 때문이다. 위의 문맥에서 '스릭'는 그 다음에 오는 '그르홈'이라는 용언의 명사형을 고려하면, 표면적으로는 속격 형태를 취하면서 실질적으로는 주어가 되는 명사가 와야 할 것이다. 그런데 적어도 15세기에 있어서 동명사형(관형사형)이 속격조사 '이'나 '의'를 취하여 주어가 되는 경우는 지적된 바가 없으므로, 위의 경우를 속격 형태를 취하면서 '그르홈'의 실질적인 주어로 간주하게 되면, 이 경우만 특이한 현상이 되므로 바람직한 설명으로 간주되지 않는다.14)

문맥을 존중하면서도 15세기의 일반적인 현상을 토대로 하여 '스릭'의 구성을 분석하면, '슬'과 '이' 사이에 '것'에 해당하는 의존명사 '이'가 있었던 것으로 보아, '스-(용언어간)+-ㄹ(동명사 어미) # 이(의존명사)+의(속격조사)'로 분석하는 것이 15세기의 공시적인 분석으로는 자연스러운 것으로 보인다. 즉 '스릭'는 용언 어간에 관형형 어미가 통합되어 '슬'을 형성하고 그 관형 구성의 표제명사가 되는 의존명사 '이'가 있었으며, 거기에 속격조사가 통합되어 만들어진 것으로 보고, 속격조사가 통합되는 과정에서 모음 'ㅣ'가 탈락하는 현상이 적용된 것으로 간주된다. 15세기에 있어서 'ㅣ'로 끝나는 체언 다음에 속격조사가 통합될 때, 체언

---

14) 물론 이 분석을 기원적으로는 용인할 수 있는 것으로 보인다. 가령 "다욇 업슨 이 마술(二, 45a), 다욇 업스니라(三, 4b), 다욇 업게 홀 디니(五, 49a)" 등에서의 동명사 어미 '-ㄹ'과 같이 볼 수도 있을 것이다. 그러나 동명사 어미 '-ㄹ'이 주어 역할을 하는 경우를 보면 서술어가 '업다'에 한정되고 있어 적어도 15세기에는 하나의 관용구로 보아야 할 정도이다. 여기에다가 '-ㄴ'이 이렇게 동명사 어미 '-ㄹ'과 같이 사용된 예로 15세기 자료에서 위의 예도 동일한 것으로 간주할 수도 있으나, 다음에서 설명하는 다름 현상들과 함께 논의되어야 하므로 다양한 각도에서의 공시적·통시적 연구가 요구된다.

말 ‘ㅣ’모음이 탈락하고 그 자리에 속격조사 ‘이’나 ‘의’가 통합되는 현상은 다음의 예를 통하여 알 수 있는 바와 같이 일반적인 현상이었던 것이다.15)

    (13) 곳고리 우룸과 져븨 말왜 서르 곧ᄒᆞ니 (二, 23a)

         져비와 져븨 마리 마리 ᄒᆞᆫ 가지로다 (二, 23b)

         어듸 住ᄒᆞ뇨 무르린댄 (四, 2a)

         이 늘그늬 그리 잡드로며 (五, 49b)

위의 예에서 ‘곳고릐’는 ‘곳고리+의’로, ‘져븨’는 ‘져비+의’로, ‘어듸’는 ‘어디+의’로 분석된다. 이들 ‘ㅣ’로 끝나는 어사들은 그 다음에 조사 ‘의’나 ‘이’가 오게 된다면 체언의 마지막 모음인 ‘ㅣ’가 탈락하는 것이 일반적인 현상이었던 것이다. 마지막의 ‘늘그늬’는 우리가 앞에서 본 ‘스릐’ 구성과 크게 다르지 않은 것으로 보인다. 허웅(1972 : 321)에서처럼 ‘이’를 의존명사로 간주한다면 ‘스릐’와 같이 [[[늙-+-은]#[이]]+의]의 구성으로 볼 수 있기 때문이다. 그렇다면 위의 예 ‘늘그늬’는 ‘스릐’와 같은 구성이라 할 수 있는 것이다. 즉 ‘스릐’도 ‘늘그늬’와 같이 분석하여 용언 어간 ‘스-’에 관형사형 어미 ‘-ㄹ’이 통합되어 만들어진 관형 구성에 의존명사 ‘이’가 통합되고 거기에 다시 속격조사 ‘의’가 통합되어 만들어진 것으로 [[[스-+-ㄹ]#[이]]+의]로 분석할 수 있기 때문이다.

이러한 현상을 통하여 우리는 『금강경삼가해』와 『능엄경언해』의 다음의 예나 김영배(1975)에서 ‘스릐’와 같은 구성의 예로 들었던 『선종영가

---

15) 이러한 유형을 바탕으로 허웅(1975 : 320~23)에서도 우리의 논의와 같이, 매인 이름씨(즉 의존명사)가 ‘의/이’ 앞에서 탈락한 것으로 간주하고 있다. 나아가 허웅(1975 : 321)에서는 ‘늘그늬, 져므늬’도 ‘어디니, 病ᄒᆞ니, 得ᄒᆞ니’ 등과 같이 ‘늙은-+-이, 져믄-+-이’로 분석하여 ‘이’를 파생 접미사가 아니라 의존명사로 간주하고 있다.

집언해』의 다음 예도 동일한 방식으로 설명할 수 있다.

(14) 기지게 ᄒᆞ며 기춤호몰 다ᄅᆞ니 히믈 비디 아니 ᄒᆞᄂᆞ니라 (二, 11b)
　　　變ᄒᆞ야 다ᄅᆞ니 이 冷과 이 熱와(變異의 是冷是熱와) (楞 五, 37)
　　　眞實로 行ᄒᆞ리 便宜를 브틀시(誠由行者之便宜) (영가집 下,31)

『금강경삼가해』와 『능엄경언해』의 '다ᄅᆞ니'도 용언 어간 '다ᄅᆞ-'에 동명사 어미 '-ㄴ'이 통합되어 구성한 '다론'에 의존명사 '이'가 다시 통합된 '다론 # 이'(다ᄅᆞ니)에 속격조사 '이'가 통합되는 과정에서 의존명사 'ㅣ'가 탈락하여 '다ᄅᆞ니'가 형성된 것으로 보인다. 또한 '行ᄒᆞ리'도 마찬가지로 어간 '行ᄒᆞ-'에 어미 '-ㄹ'이 통합되어 '行ᄒᆞ리'를 형성한 다음 거기에 다시 속격조사 '이'가 통합되어 의존명사 'ㅣ'가 탈락하여 '行ᄒᆞ리'를 형성한 것으로 보이는 것이다.

여기서 우리에게 주목되는 현상은 어간말 'ㅣ'모음 탈락 현상이 형태소 하나, 나아가 통사론적 구성 요소 하나를 없애버린다는 점이다. 즉 용언 어간의 관형사형에 의존명사 '이'가 통합되어 만들어진 통사론적 구성에 다시 속격조사인 '이'나 '의'가 통합되어 관형어의 수식을 받은 의존명사 '이'를 탈락시켜 통사론적 구성에서 중요한 역할을 하는 '이'를 탈락시켜버리는 것이다. 이것은 당시에 존재하던 일종의 음운규칙이 통사론적 구성의 층위에도 작용하고 있음을 보여주는 예로 간주된다.

그러나 통사론적인 구성의 층위에 음운규칙이 작용하여 통사론적인 구성에서 중요한 역할을 담당하는 의존명사를 탈락시켜 내포문 서술어의 주체를 표면에 드러낼 수 없게 되었지만, 의존명사 '이'를 탈락시킨 속격조사와 그 환경에서 적용되던 당시의 '이' 탈락 규칙을 통하여 탈락한 의존명사 '이'를 복원해낼 수 있다는 점에서 통사론적인 구성을 해치

지는 않기 때문에 자연스러운 국어의 문장이 성립될 수 있었던 것으로 보인다.16)

한편 『금강경삼가해』에 나오는 다음의 예는 국어 색채형용사의 체계에서 빈칸으로 남아 있던 한 어휘를 보여주므로 중요한 예로 간주된다. '감붉다'가 복합어이기는 하지만, '붉다'가 '明'의 뜻만이 아니라, '赤'의 뜻으로도 사용되었음을 보여주므로 '붉다'의 양모음 계열의 짝으로서 15세기 색채 형용사의 체계를 세울 수 있게 해주는 것이다.

(15) 복샹홰 불그며 오야지 히며 薔微 감불고몰17)(挑紅李白薔薇紫) (一, 23b)

15세기 국어의 색채 형용사는 거므니라(二, 50b), 희다, 프르다, 누른(一, 25b), 블그며(一, 23b) 등을 통하여 알 수 있는 바와 같이 黑·白·靑·黃·赤의 다섯 계열로 나뉜다. 이들 음성모음으로 된 다섯 계열의 색채 형용사는 모음조화에 따라 각각 양성모음형의 짝으로 "감다, 희다, 파르다, 노르다" 등은 다음과 같이 문증된다.

---

16) 통사론적 구성에 음운규칙이 관여하여 그 구성 요소 하나를 탈락시키는 것이 문제점으로 대두되는 점에서 본다면, 기원적으로 파생접사 '이', 의존명사 '이'에 대한 폭넓은 검토가 요구된다. 동시에 동명사 어미로 지칭되어 온 -ㄴ, -ㄹ의 국어의 내적인 발달 과정에 대한 본질적이고 포괄적인 연구가 요구된다.

17) '감붉다'를 김영배(1975)에서는 '감[柿]처럼 붉다'로 설명하고 있으나 그것은 자의적인 해석으로 보인다. '감붉다'는 '감프르다'와 동일한 구성으로 보이는데, 김영배(1975)에서는 '감붉다'의 '감'은 '柿'의 의미로 보았으면서, 동일 어휘 항목란에서 행하는 '감프르다'의 '감'에 대한 설명은 "감-'은 '柿'의 뜻은 아니지만 [……] '감프르다'는 '조금 검은 듯이 푸르다' 즉 '검푸르다'의 對가 되는 말로 쓰이게 된 것이 '감다 : 검다'에 유추된 것이다 본다'라고 함으로써 '감붉다'의의 '감-'과 '감프르다'의 '감'을 달리 보고 있는 것이다. 그러나 15세기 색채 형용사의 체계에서 알 수 있듯이, 그리고 김영배(1975)의 '감프르다'의 설명에서 어느 정도 근접한 설명을 하고 있듯이 '감-'은 黑의 뜻을 갖는 '검다'의 양모음 짝인 것이다.

(16) 가몰 현 (玄, 杜初 十七, 6a)

오야지 히며 (李白, 金三 一, 23b)

프론 시미 어즈럽도다 (杜初 七, 36a)

비치 노르고 (月釋 一, 44b)

이 시기에 단독형의 '붉다'는 이미 '明'의 의미로 전이된 듯한데, 위의 예 (16)에서 '감붉다'가 '紫'의 뜻으로 사용되었음은 '붉다'가 '붉다'의 양성모음형으로도 사용되었음을 보여주는 중요한 예라고 할 수 있다. 다시 말해서 색채 형용사의 짝으로 존재하는 음성모음형과 양성모음형에서 '검다 / 감다, 희다 / 히다, 프르다 / 푸르다, 누르다 / 노르다, 붉다 / (붉다)'에서 대체로 '明'의 의미로만 사용되는 것으로 알려진 색채 형용사의 '붉다'의 칸을 채울 수 있도록 해주는 것이다.

현대 국어에서 '수적으로 전부의' 또는 '모든'을 뜻하는 관형사 '온'이 '百'을 의미하는 중세어 '온'에서 의미가 전이되어 사용되고 있다(심재기 1982, 이익섭 1983)는 기존의 논의를 검토하기로 한다. 먼저 15세기에 '百'을 의미하는 '온'의 사용 예를 보기로 한다.

(17) 몇 온 가지오(幾百般고) (四), 40a)

불그며 불근 온 프셩귓머리예(明明百章頭예) (四, 10a)

녜롤 브터 온 가짓 고지 옷곳ᄒ리라장(依舊百花香ᄒ리라) (二, 18a)

15세기에도 위의 예 (17)과 같이 '온'이 사용되었다. 그러나 15세기의 '온'은 '百'을 의미할 뿐 아니라 특징적인 것은 이 '百'을 의미하는 '온'이 거성이라는 점이다. 다시 말하면 15세기의 '온'은 거성인 데 반하여 오늘날 사용되는 '수적으로 전부의' 또는 '모든'을 의미하는 관형사 '온'은 장음이라는 점이다. 그 형태만 같다뿐이지 성조와 의미에 있어서 15

세기의 '온'을 오늘날의 관형사 '온'과 관련지을 만한 근거가 없는 것이다. 의미론적인 측면에서 '千'을 의미하는 '즈믄'과 같은 다른 수 관형사가 아니라 하필이면 왜 '百'이 '모든'이라는 포괄적인 의미를 가지게 되었는지에 대한 필연적인 이유를 찾기도 어렵다. 현대 국어의 장음은 대체적으로 15세기의 상성에 소급된다는 점에서 15세기의 '온'이 현대 국어의 관형사 '온'으로 의미가 전이되었다는 근거를 찾기는 어려운 것으로 보인다.

이런 점에서 '全'(또는 渾)을 의미하는 15세기의 다음의 용례들은, 현대 국어의 관형사 '온'이 중세 국어에서 '百'을 의미하는 '온'에서 왔다는 기존의 논의를 다시 한 번 검토하게 해준다는 점에서 중요하다.

(18) 敎의 쁘디 오ᅀᆞ로 나톤 디 아니라(非獨敎義全彰이라) (涵序, 11a)
여슷 가줄보미 오ᅀᆞ로 낟ᄂ니(六喩ㅣ 全彰ᄒᄂ니) (宗序, 2b)
오온 모미 희요미 서리두고 더으미(渾身이 百勝霜ᄒ니) (二, 61b)
眞아롤 法에 ᄆᆞ슴 오ᄋᆞ오면(專心悟眞之法ᄒ면) (三, 60b)
오온 모미며(全身이며) (四, 91)
즈믄 수플 오온 體ㅣ 天眞이 나탓도다(千林全體露千眞ᄒ도다) (五, 27b)

위의 예를 보면 알 수 있듯이 현대 국어의 '온'은 死語사어인 용언 '오올다'에 관형형 어미 '-ㄴ'이 결합되어 이루어진 '오온'에 소급되는 것으로서 용언 '오올다'는 사어가 되었지만 그 관형사형인 '오온'이 '온'으로 되어 현대어에 이어지고 있는 것으로 보인다. 다시 말하면 현대 국어의 '全'을 뜻하는 관형사 '온'은 '百'을 뜻하는 중세 국어의 '온'에 소급되는 것이 아니라, '全'을 뜻하는 용언 '오올다'의 관형사형으로 소급된다고 할 수 있다. 현대 국어 '온'의 의미가 중세 국어의 어형 '오올다'의 관형사형에 직접 관련될 뿐만 아니라, 관형사 '온'이 갖는 현대 국어의 장음도 '오올다'의 관형사형 '오온'의 성조형이 평성·상성이기 때문이다.

이 중세어형 '오온'이 '온'으로 되는 과정은 두 가지 방안을 생각할 수 있다. 그 하나는 음절이 축약된 것으로 보는 것이요, 다른 하나는 제2음절의 'ᆞ'가 제1음절 모음 'ㅗ'에 동화된 다음 음절이 축약되었다고 보는 것이다. 16·7세기의 문헌에 '오올다'라는 어형이 나타나는 것을 보면 후자의 방안이 가능성이 높지만, 전자의 방안이든 후자의 방안이든 제2음절이 비음절화를 겪으면서 보상적 장모음화를 일으켰거나 또는 평성·상성이 한 음절로 축약되어 나타나는 상성의 잉여적 장음이 현대 국어의 장음으로 계승되었다고 할 수 있다.

대명사와 관련되는 다음의 예들도 매우 흥미 있다. 이 예들은 모두 대명사로서 일상적으로 사용되는 대명사 '이, 나, 저, 누'에 'ㄹ'이 덧붙어 나타난다.[18]

> (19) 눌드려 니르리오(與誰談고) (二, 45a)
>
> 눌드려 니르료(與誰談고) (二, 45a)
>
> 일로뻐(以此로) (涵序, 10b, 二, 20a)
>
> 일로브터(由是ᄒ야) (宗序, 5b)
>
> 절로 더ᄂ니(自除ᄒᄂ니) (宗序, 3a)
>
> 妄이 본디 업슨 둘 절로 아라(自知妄元無ᄒ야) (五, 16b)
>
> 날드려 니르샤디(胃自曰ᄒ샤디) (一, 7a)

이 예들의 형태소 분석은 쉽지가 않은 듯하다. 대명사와 그 다음에 통합되는 조사 사이에 'ㄹ'이 개입되어 있기 때문이다. 'ㄹ'이 개입된 이유

---

18) 여기에 '널로'나 '글로' 등의 예들도 추가로 검토되어야 할 것이다.

는 '일(事), 날(日)' 등과 같이 '르'로 끝나는 명사 다음에 '로'가 통합되는 데에서 이루어질 수도 있는 유추 현상 때문인지, 아니면 대명사나, 그 다음에 통합되는 조사의 특수성 때문인지 또 그것도 아니면 '르'이 갖는 어떤 특징 때문인지 현재로서는 알 수가 없다. 그래서 이들 형태소를 분석하는 것이 쉽지 않은 것이다. '누, 이, 저, 나'를 각각 형태소로 분석한다면 '르 드려, 르 로뻐, 르 로' 등을 '드려, 로뻐(로+뻐), 로(+브터)'의 이형태로 인정해야 할 것으로 보이고, '드려, 로뻐(로+뻐), 로(+브터)'를 각각 하나의 형태소로 인정한다면 '눌, 일, 절, 날' 등을 각각 '드려, 로뻐(로+뻐), 로(+브터)'의 이형태로 간주해야 할 것이다. 왜냐하면 제1음절에 있는 '르'을 별도의 형태소로 인정할 근거가 없기 때문이다. 그러나 아무래도 대명사를 '누, 이, 저, 나'와 같이 잡고, 각 조사 '르로' 등으로 잡아주는 것이 낫지 않을까 생각된다. 그런데 형태소를 어떤 방식으로 분석하든 간에 현재로서는 두 형태 사이에 있는 '르'이 왜 1음절로 된 대명사 다음에 특정의 조사가 올 때에만 개재하게 되었는지에 대한 이유를 설명하기가 어렵다.[19]

4

이상에서 우리는 15세기 후반의 문헌인 『금강경삼가해』를 서지학적으

---

[19] 이외에 『금강경삼가해』에 나오는 희귀어와 그에 대한 語釋어석은 심재완(1981)에서 영인본의 해제 뒷부분에 제시해주고 있다. 심재완(1981)에는 희귀어에 대한 어석뿐 아니라, 『금강경삼가해』의 중요한 어휘 자료를 상당히 많은 분량을 할애하고 있으며, 또한 그 말미에 국어 어휘 자료의 색인을 만들어 제공해줌으로써 이용에 편리하도록 해주고 있다.

로 간단히 살펴본 다음, 『금강경삼가해』의 자료를 바탕으로 15세기 후반의 국어의 모습을, 몇몇 소주제를 중심으로 살펴보았다.

우리는 먼저 표기와 음운 현상에 대한 검토를 통하여 『금강경삼가해』는 15세기 후반의 국어의 표기와 음운론적 모습을 충실하게 보여주고 있음을 확인하였다. 각자병서의 폐기라든가 음절말(어간말) 'ㅅ'과 'ㅿ'의 혼기, 또는 상당히 혼란된 모습을 보이는 방점의 표시나, 모음조화 현상, 그리고 유성자음으로 끝나는 체언에 모음으로 시작하는 조사 앞에서 유성자음으로 끝나는 명사뿐만 아니라 무성 자음 'ㄱ, ㄺ, ㅅ' 등으로 끝나는 명사의 경우에도 이미 분철 표기가 상당히 확산되어 나타나고 있다는 사실도 15세기 중반과 16세기 초반의 여러 특징과 경향 사이에 있음을 보여주었다. 원순성의 동화 현상이나 'ㅎ'종성체언의 'ㅎ'탈락경향, 'ㅂ'계 합용병서의 'ㅂ'탈락 현상 등도 이 시기의 국어 모습을 보여주는 중요한 면이었다고 할 수 있다.

한편 형태·통사·어휘론적인 측면에서는 기존의 논의와 관련하여 몇몇 소주제를 다루었던 바, '스릐'와 같은 특수한 구성의 분석에 관한 문제, 색채 형용사의 체계, 현대 국어의 관형사 '온'이 '百'을 의미하는 '온'에 기원하는 것이 아니라 '全'을 의미하는 용언 '오올다'의 관형형에 유래한다는 사실의 확인, 대명사와 관련되는 형태소 분석의 문제 등등의 여러 가지 문제에 대한 논의를 하는 과정에서 알 수 있었던 바와 같이 『금강경삼가해』는 15세기 후반의 국어에 대한 중요한 자료를 충실히 제공해 주고 있음을 확인하였다.

결국 우리는 『금강경삼가해』의 자료를 토대로 15세기 후반기 국어의 일부 모습을 논의하는 데 그쳤지만, 이러한 단편적인 논의를 통해서도, 『금강경삼가해』는 15세기 후반의 문헌 자료로서 당시 국어의 모습을 충실하게 보여주고 있다는 점에서, 그리고 5권 3책의 폭넓은 자료를 제공해준다는 점에서 15세기 후반의 국어를 살펴보는 데에 중요한 문헌 자료가 된다는 사실을 확인한 셈이다.

참고문헌

강신항(1957), 이조초 불경언해 경위에 대하여, 『국어연구』 1, 서울대 국어연구회.

고영근(1982), 『중세국어의 시상과 서법』, 탑출판사.

고영근(1991), 삼강행실도의 번역 연대, 『김영배 선생 회갑기념 논문집』, 경운출판사.

고익진(1974), 함허의 금강경 오가해설의에 대하여, 『불교학보』 11.

고익진(1975), 금강경삼가해 권일 해제, 『불교학보』 12, 한국 불교학회.

곽충구(1980), 18세기 국어의 음운론적 연구, 『국어연구』 43, 국어연구회.

곽충구(1990), 원순모음화 및 비원순모음화, 『국어연구 어디까지 왔나』, 서울대 대학원
    국어연구회 편, 동아출판사, 84~94면.

곽충구(2001), 구개음화 규칙의 발생과 그 확산, 『진단학보』 92, 진단학회, 237~266면.

김성규(1988), 비자동적 교체의 공시적 기술, 『관악어문연구』 13, 서울대 국어국문학과,
    25~44면.

김영배(1975), 금강경삼가해 제일에 대하여－그 희귀어를 중심으로, 『수련어문논집』 3,
    부산여대 국어교육과.

김영배(1991), 『이륜행실도』의 원간본과 중간본의 비교, 『동방학지』 71, 동방학연구소
    (연세대), 499~533면.

김완진(1957), －n, －l 동명사의 통사론적 기능과 발달에 대하여, 『국어연구』 2, 국어연
    구회.

김완진(1967), 음운사, 『한국문화사 대계(한국어발달사)(상)』V, 고려대 민족문화연구소,
    115~164면.

김완진(1971), 『국어 음운체계의 연구』, 일조각.

김완진(1972), 다시 β>w를 찾아서, 『어학연구』 8-1, 서울대.

김완진(1974), 음운변화와 음소의 분포, 『진단학보』 38, 진단학회.

김완진(1976), 노걸대의 언해에 대한 비교 연구, 한국연구원.

김완진(1978), 모음체계와 모음조화에 대한 반성, 『어학연구』 38, 서울대학교 어학연구
    소.

김일근(1991), 진주하씨 묘 출토문헌의 개관, 진주하씨 묘 출토문헌과 복식조사 보고서,

　　　　　　대구 : 건들바우 박물관.

김주원(1984), 18세기 경상도 방언의 음운현상-몇몇 불서를 중심으로-,『인문연구』6,
　　　　　　영남대.

김주원(1997), 구개음화와 과도교정,『국어학』29, 국어학회, 33~49면.

김주필(1985), 구개음화에 대한 통시론적 연구,『국어연구』68, 국어연구회.

김주필(1988), 15세기 피동접미사의 이형태와 그 분화과정에 대하여,『관악어문연구』
　　　　　　13, 서울대.

김주필(1990), 국어 폐쇄음의 음성적 특징과 음운현상,『강신항교수 회갑기념 국어학 논
　　　　　　문집』, 태학사.

김주필(1992), 국어 표기사에 있어서 역사성의 인식,『어학연구』28-3, 서울대학교 어학
　　　　　　연구소.

김주필(1994), 17·8세기 국어의 구개음화와 관련 음운현상에 대한 통시론적 연구, 서
　　　　　　울대학교 박사학위.

김주필(1995), 두음법칙의 음운론적 해석에 대하여,『이종철 교수 회갑기념 논문집』.

김주필(1997), 음운변화와 표기의 대응 관계,『국어학』32, 국어학회, 49~76면.

김주필(2003), 후기 중세국어의 모음체계와 음운현상,『어문연구』71, 어문교육연구회,
　　　　　　5~30면.

김주필(2004), 18세기 중·후기 왕실 자료의 '·' 변화,『어문연구』122, 한국어문교육
　　　　　　연구회, 41~68면.

김주필(2004), 영조 어제류 한글 필사본의 표기와 음운현상,『장서각』제11집, 한국정신
　　　　　　문화연구원, 27~59면.

김주필(2004), 영조의 어제에 나타난 '·'와 '一'의 표기와 음성 실현 양상,『어문학논총』
　　　　　　23, 국민대학교 어문학연구소, 87~107면.

김주필(2005), 18세기 역서류 문헌과 왕실 문헌의 음운변화 : ㄷ구개음화와 원순모음화
　　　　　　를 중심으로,『어문연구』126, 어문교육연구회, 29~57면.

김주필(2005), 역서류 문헌과 왕실 문헌의 음운변화 : ㄷ구개음화와 원순모음화를 중심
　　　　　　으로,『어문연구』122, 한국어문교육연구회, 29~57면.

김주필(2005),『됴야긔문』의 음운현상, 한국학중앙연구원 학술대회 발표문.

김주필(2006), 18세기 왕실 문헌의 구개음화와 원순모음화,『정신문화연구』102, 한국
　　　　　　정신문화연구원, 127~157면.

김주필(2006), 자석류(자석류) 문헌의 원순모음화와 구개음화,『어문학논총』25, 국민대
　　　　　　학교 어문학연구소, 87~109면.

김주필(2006), 『곤범』의 음운론적 특징, 『2006년도 한국학중앙연구원 공동연구과제 학술 대회 발표집』.

김주필(2007), 장서각 소장 『천자문』의 표기와 음운현상, 『장서각소장 한글 필사자료연구』(이광호 외 지음), 태학사, 443~468면.

김진학 역주(1980), 『신역 금강경오가해』, 『현암신서』 68, 현암사.

남광우 편저(1995), 『고금한한자전』, 인하대학교 출판부.

남광우(1979), 『오륜행실도』 연구, 『백사 전광용 박사 회갑기념논문집』.

남풍현(1972), 남명천계송언해, 『자료총서』 1, 단국대 국문과.

박부자(2002), 장서각 소장 왕실 『천자문』에 대하여, 『서지학보』 제26호, 한국서지학회, 135~163면.

박용만(2004), 영조 어제책의 자료적 성격, 『장서각』1, 한국정신문화연구원, 5~25면.

박종희(2001), 원순모음화 현상의 음운사적 연구. 『국어국문학』 126호, 국어국문학회, 1~26면.

백두현(1988), 'ᄋ, 오, 으, 우'의 대립관계와 원순모음화, 『국어학』 17, 국어학회, 177~202면.

백두현(1990), 영남 문헌어의 통시적 음운 연구, 경북대 박사학위논문.

백두현(1992), 몽산화상육도보설의 국어학적 연구, 『어문논총』 25, 경북대.

백두현(1992), 원순모음화 'ㆍ>ㅗ'형의 분포와 통시성, 『국어학』 22, 국어학회.

백두현(1997), 19세기 국어의 음운사적 고찰－모음론, 『한국문화』 20, 서울대 한국문화연구소.

소신애(2001), 연변 훈춘 지역 조선어의 진행 중인 음변화 연구－구개음화 현상을 중심으로, 서강대 석사학위논문.

송 민(1974), 모음 'ㆍ'의 비음운화 시기, 『논문집』 5, 성심여대.

송 민(1986), 『전기 근대국어 음운론 연구』, 국어학총서 제8호, 태학사.

송철의 외(2006), 『역주 <오륜행실도>』, 서울대학교 출판부.

송철의(1987), 15세기 국어의 표기법에 대한 음운론적 고찰, 『국어학』 16, 국어학회.

송철의(1987), 십오세기 국어의 표기법에 대한 음운론적 고찰－훈민정음 창제 초기문헌을 중심으로, 『국어학』 16, 국어학회.

심재기(1982), 『국어어휘론』, 집문당.

심재완(1976), 금강경삼가해의 문헌적 연구－신자료 소개를 겸하여, 『우촌 강복수박사 회갑기념논문집』.

심재완(1981), 금강반야파라밀경 해제, 『금강경삼가해 영인본』(민족문화자료총서 1), 영남대 민족문화연구소, 영남대 출판부.

안병희(1957), 중간 두시언해에 나타난 ㅌ구개음화에 대하여, 『일석 이희승 선생 송수기념논총』, 일조각.

안병희(1959), 십오세기 국어 용언활용에 대한 형태론적 연구, 『국어연구』 7, 서울대 국어연구회(1977년 탑출판사에서 재간).

안병희(1972), 임진란 직전 국어사 자료의 이삼 문제에 대하여, 『진단학보』 33.

안병희(1978), 이륜행실도 경민편언해 해제, 『영인본 이륜행실도 경민편언해』, 동양학연구소(단국대), 389~407면.

안병희(1979), 중세어의 한글자료에 대한 종합적인 고찰, 『규장각』 3.

안병희(1985), 별행록절요언해에 대하여, 『건국어문학』 9・10, 『김일근 박사 회갑기념논총』, 건국대 국어국문학과.

안병희(1990), 규장각소장 근대국어자료의 서지학적 검토, 『계간 서지학보』 2, 서지학회, 3~21면.

안병희(1992), 『천자문』의 계통, 『국어사 자료 연구』, 문학과지성사.

안병희(1999), 왕실 자료의 한글 필사본에 대한 국어학적 검토, 『장서각』 제1집, 한국정신문화연구원, 1~20면.

이광호(1993), 근대국어 표기법에 대한 의미론적 해석, 『정신문화연구』 제16권 제1호, 한국정신문화연구원, 55~73면.

이광호(2004), 『근대국어 문법론』, 태학사.

이광호・최진옥・임치균(2000), 해제, 『조야기문』, 한국정신문화연구원.

이근용(2007), 『뎡미가례시일긔』에 대하여, 『장서각소장 한글 필사자료 연구』(이광호 외 지음), 태학사, 413~441면.

이기문(1955), 어두 자음군의 생성과 발달에 대하여, 『진단학보』 17, 진단학회.

이기문(1961), 『국어사개설』, 민중서관.

이기문(1963), 『국어표기법의 역사적 연구』(한국학연구총서 18), 한국연구원.

이기문(1972), 『국어 음운사 연구』, 서울대 한국문화연구소(1977년 탑출판사 재간).

이기문(1972), 『개정 국어사 개설』, 민중서관(1977년 탑출판사 재간).

이기문(1973), 천자문 해제, 『동양학총서 천자문』 제3집, 단국대학교 동양학총서.

이래호(2002), 장서각 소장 유일본 『어제』에 대한 국어학적 연구, 『장서각』5, 한국정신문화연구원, 239~263면.

이명규(1990), 구개음화, 『국어연구 어디까지 왔나』, 동아출판사.

이병근(1970), 19세기 후기 국어의 모음체계, 『학술원 논문집』(인문사회편) 9, 학술원.

이병근(1970), 모음체계와 비원순모음화, 『동아문화』 9집, 서울대 동아문화연구소.

이병근(1975), 음운규칙과 비음운론적 제약, 『국어학』 3, 국어학회.

이병근(1976), 19세기 국어의 모음체계와 모음조화, 『국어국문학』 72・73, 국어국문학회.

이병근(1977), 자음동화의 제약과 방향, 『이숭녕 선생 고희 기념 국어국문학논총』.

이병근(1979), 『음운현상에 있어서의 제약』, 탑출판사.

이병근(1990), 『가례석의』의 국어자료, 『강신항교수 회갑기념 국어학 논문집』, 태학사.

이숭녕(1949), 『조선어 음운론 연구 제1집・음고』, 을유문화사.

이숭녕(1977), /・/ 음의 소실기 추정에 대하여, 『학술원 논문집』 16, 학술원, 79~136면.

이익섭(1963), 십오세기 국어의 표기법 연구, 『국어연구』 10, 국어연구회.

이익섭(1983), 『국어사개설』, 학연사.

이익섭(1990), 근대국어 문헌의 표기체계 : 중철 표기를 중심으로, 『한국문화』, 서울대.

이익섭(1991), 국어사와 표기법, 『국어사 논의에 있어서의 몇 가지 문제』, 한국정신문화
　　　연구원 어문연구실.

이익섭(1991), 『국어 표기법 연구』, 서울대학교출판부.

이현희(1999), 장서각 소장의 영조 대 한글 문헌, 『장서각』 2, 한국정신문화연구원.

전광현(1967), 17세기 국어의 연구, 『국어연구』 19, 국어연구회.

전광현(1971), 18세기 후기국어의 일고찰-『윤음언해』를 중심으로-, 『논문집』 13, 전
　　　북대, 39~70면.

정승철(1991), 『천의소감언해』의 이본 비교, 『규장각』 13, 서울대.

정재영(2002), 세자가 읽던 천자문(해제), 『천자문』(영인본), 한국정신문화연구원.

최명옥(1978), ㅸ, △와 동남방언, 『어학연구』 14-2, 서울대.

최명옥(1988), 변칙동사의 음운현상에 대하여-li-, lə-, (jə)-, h- 변칙동사를 중심으로,
　　　『어학연구』 24-1, 서울대 어학연구소.

최명옥(1992), 경상북도의 방언 지리학-부사형어미 ‘-아’의 모음조화를 중심으로-,
　　　『진단학보』 73.

최전승(1975), 중세국어에서의 이화작용에 의한 원순성 자질의 소실에 대하여, 『국어연
　　　구』 33, 국어연구회.

최전승(1986), 『19세기 후기 전라방언의 음운현상과 그 역사성』, 한신문화사.

최전승(1987), 언어 변화와 과도교정의 기능, 『국어학신연구 Ⅱ』, 탑출판사.

최전승(2001), 원순모음화 현상의 내적 발달과 개별 방언어휘적 특질, 『국어국문학』 134
　　　호, 국어국문학회, 103~150면.

한국정신문화연구원(1989), 『한국방언자료집』 Ⅶ(경상북도편).

한영균(1988), 비음절화 규칙의 변화와 그 의미, 『울산어문논집』 4, 울산대 국어국문학과.

한영균(1990), 모음조화의 붕괴와 ‘·’의 제1단계 변화, 『국어학』 20, 국어학회, 71~
　　　136면.

한영균(1994), 후기 중세국어의 모음조화 연구, 서울대 박사학위논문.

한영균(1997), 모음의 변화, 『국어사연구』, 국어사연구회, 457~489면.

허　웅(1975), 『우리옛말본』, 샘문화사.

허　웅(1985), 『국어음운학』, 샘문화사.

허원기(2002), 『곤범』의 자료적 성격과 의미, 『장서각』 제8집, 한국정신문화연구원.

홍윤표(1985), 구개음화에 대한 역사적 연구, 『진단학보』 60.

홍윤표(1986), 근대국어의 표기법 연구, 『민족문화연구』 19. 고려대, 113~140면.

홍윤표(1987), 근대국어의 어간말 자음군 표기에 대하여, 『국어학』 16, 국어학회.

홍윤표(1993), 근대국어 한글 문헌의 중철 표기에 대하여, 『정신문화연구』 16-1, 한국정
　　　신문화연구원, 75~92면.

홍윤표(1994), 『근대국어의 연구(Ⅰ)』, 태학사.

황문환(2001), 근대문헌의 ‘ㅅ’ 분철 표기에 대하여, 『국어연구의 이론과 실제』, 353~
　　　372면(송기중 외 5인 공편, 『한국의 문자와 문자 연구』, 집문당, 2003,
　　　827~844면에 재수록).

황문환(2004), 영조 어제류 한글 필사본의 문법론적 특징, 『장서각』 11, 한국정신문화연
　　　구원.

황문환(2006), 『곤범』의 문법론적 특징, 『2006년도 한국학중앙연구원 공동연구과제 학
　　　술 대회 발표집』.

황선엽(2000), 뎡미가례시일긔, 『장서각 한글자료 해제』, 한국학중앙연구원.

Chen, Matthew and Hshin-I Hsieh(1971), The time variable in phonological change,
　　　Jurnal of Linguistics 7.

Keller, Rudi, Sprashwandel(1994), 이기숙(역), 『언어변화』, 서울 : 서광학술자료사, 1994.

Kim, Joo-phil(2001), "The Dynamic Pattern of t-Palatalization and its Hypercorrection :
　　　Historical Data from the Korean Central Dialect", *Seoul Journal of Korean
　　　Studies*, Vol. 14, Institute of the Korean Studies, Seoul National
　　　University, pp.37~58.

King, R., D.(1969), *Historical Linguistics and Generative Grammar*, Englewood Cliffs, N.
　　　J. : Prentice-Hall.

Kiparsky, Paul(1996), The Phonological Basis of Sound Change, *The Handbook of Phonological Theory*, John A. Goldsmith(ed.), Cambridge : Blackwell Publishers, pp.640~670.

Labov, W.(1972), *Sociolinguistic Pattern*, University of Pennsylvania Press Inc..

Labov, William(1992), Evidence for regular sound change in English dialect geography, In M. Rissanen ed. al., *History of Englishes : New Methodes and Interpretations in Historical Linguistics*, Berlin : Mouton de Gruyter.

Lehmann, W. P. and Yakov Malkiel(eds)(1968), *Directions for Historical Linguistics*, University of Texas Press.

Rudi Keller(1994), Sprashwandel(이기숙 역(1994), 『언어변화』, 서광학술자료사).

Trudgill, P.(1974), *The Social Differentiation of English in Norwich*, London : Cambridge University Press.

Vacheek, J.(1973), Written language—General Problems and problems of English, *Janua Linguarum, Series Critica 14*, The Hague : Mouton, Paris.

Vacheek, J.(1976), *Selected Writings in English and General Linguistics*, The Hague : Mouton.

Vacheek, J.(1973), Written language—General Problems and problems of English, *Janua Linguarum, Series Critica 14*, The Hague : Mouton, Paris.

Wang, W. S.-Y(1969), Competing Change as a cause of residue, *Language 45*.

Weinreich, Uriel, William Labov and Marvin Herzog(1968), Empirical foundations for a theory of language change, In W, Lehmann and Y. Malkiel (eds.), *Directions for Historical Linguistics*, Austin : University of Texas.

저자 **김주필**

성균관대학교 국어국문학과 졸업
서울대학교 대학원 문학석사, 문학 박사
국어연구소(현 국립국어원) 연구원
영남대학교 국어교육과 전임강사－교수
펜실베니아대학교 언어학과 방문교수
현재 국민대학교 국어국문학과 교수

<주요 논저>
「구개음화에 대한 통시론적 연구」(1985), 「국어 표기사에 있어서 역사성의 인식」(1992),
「17・8세기 국어의 구개음화와 관련 음운현상에 대한 통시론적 연구」(1994), 「후기중
세국어의 음운현상과 모음체계」(2003), 「중국 문자학과 『훈민정음』 문자 이론」(2005),
「언문 자모의 반절적 운용과 반절표의 성격」(2009)
『어제자성편(언해)』(공저, 2006), 『어제경세문답(언해)』(공저, 2006), 『역주 곤범(壺範)』
(공저, 2008), 『정미가례시일기(丁未家禮時日記)』(공저, 2011) 외 다수

음운변화와 국어사 자료 연구

초판 인쇄 2011년 12월 20일
초판 발행 2011년 12월 30일

지은이 김주필
펴낸이 이대현
편 집 이소희
펴낸곳 도서출판 역락
　　　　서울 서초구 반포4동 577-25 문창빌딩 2층
　　　　전화 02-3409-2058, 3409-2060 I FAX 02-3409-2059
　　　　이메일 youkrack@hanmail.net
　　　　등록 1999년 4월 19일 제303-2002-000014호
ISBN 978-89-5556-976-6 93710

정 가 30,000원

* 잘못된 책은 교환해 드립니다.